Heinrich Müller

DIE BEWAFFNUNG

Das Heerwesen in Brandenburg und Preußen von 1640 bis 1806

DIE BEWAFFNUNG

Heinrich Müller

Aufnahmen von Jean Molitor

Brandenburgisches Verlagshaus

Aufnahmen von J. Molitor nach Originalen des
Berliner Zeughauses, Fotoaufnahmen weiterhin
vom Deutschen Historischen Museum,
Zeughaus Berlin,
Fotoatelier Hille, Gardelegen,
Dr. Rolf Wirtgen, Koblenz

Einband: Der Große Kurfürst in der Schlacht
bei Fehrbellin, Gobelin von Pierre Mercier,
um 1695 (Berlin, Schloß Charlottenburg)

Müller, Heinrich: Das Heerwesen in Brandenburg und
Preußen von 1640 bis 1806, Bd. 1, Die Bewaffnung/
von Heinrich Müller. – 1. Aufl. – Brandenburg.
Verl.-Haus, 1991. – 240 S., 266 Abb.

ISBN 3-327-01072-2

1. Auflage

Printed in Germany
Gesamtherstellung: Verlag und Druckerei
Fortschritt Erfurt GmbH
Lektor: Brita Judt
Gesamtgestaltung: Wolfgang Ritter

Inhalt

BEWAFFNUNG DER KAVALLERIE

BEWAFFNUNG DER ARTILLERIE

ANHANG

Ein Wort zuvor

Die Literatur über das brandenburgisch-preußische Heerwesen ist sehr umfangreich. Durch den Verlust von Beständen des ehemaligen Heeresarchivs Potsdam im 2. Weltkrieg sind besonders jene Veröffentlichungen wertvoll und in dieser Arbeit berücksichtigt worden, deren Verfasser Schriftquellen ausgewertet haben.[1] Auch Publikationen aus neuester Zeit, die wegweisend für die Bestimmung und Datierung preußischer Waffen sind, liegen manchen Ausführungen zugrunde.[2] Nach mehreren Veröffentlichungen[3] kann der Verfasser erneut umfangreiche waffengeschichtlich bedeutende Bestände des Zeughauses Berlin der Öffentlichkeit vorstellen, ein Hauptanliegen dieser Publikation. Im Zeughaus entstand eine einzigartige Sammlung preußischer Waffen. Sie wurde durch umfangreiche Neuerwerbungen des ehemaligen Museums für Deutsche Geschichte bedeutend erweitert. Einmalige oder nur in wenigen Exemplaren erhaltene Stücke, zahlreiche personengebundene Waffen, aber vor allem umfangreiche Bestände von Typen blanker, Hand- und Faustfeuerwaffen sowie Geschützrohren zeichnen diese Sammlung aus. Die Altbestände des Zeughauses an Uniformen und Waffen dienten schon Adolph von Menzel als Vorlagen für sein großes Werk «Die Armee Friedrichs des Großen in ihrer Uniformierung» mit 400 Lithographien. Zahlreiche Originalstücke sind durch den 2. Weltkrieg verlorengegangen. Vieles ist nicht zu ersetzen. Für die Unterstützung bei der zielstrebigen Vervollständigung der Spezialsammlung sei vielen Museen und Privatpersonen gedankt.

Meine Arbeit für diese Publikation fand vielseitige Unterstützung, und ich danke für Rat und Tat insbesondere meinen Mitarbeitern, Dr. Gerhard Quaas, Klaus-Peter Merta, Rainer Wiehagen und Joachim Zemke, letzterer nahm die vielen Marken und Stempel an Handfeuerwaffen sorgfältig ab und zeichnete sie. Mein besonderer Dank gilt ferner den Restauratoren Peter Burde, Ute Hausdörfer, Michael Otto und Kurt Schmidt, die durch ihre Arbeit wesentliche Voraussetzungen für die Erhaltung und Bearbeitung der musealen Objekte schufen. Mein Dank gilt ferner den Herren Claus Besch (Berlin), Museumsdirektor Oberstleutnant Uwe-Peter Böhm (Rastatt), Hans Grunewald (Stuttgart), Heinz Korbe (Berlin), Georg Ortenburg (Beckum), Harald Schulze (Könnigde), Florian Wilke (Fürstenwalde/Spree), Dr. Arnold Wirtgen (Neuwied), Dr. Rolf Wirtgen (Koblenz), Alfred Wunderlich (Glashütten) und Johannes Zierach (Berlin). Herzlich zu danken habe ich Frau Edith Schnelle, die engagiert und zuverlässig die Schreibarbeiten erledigte.

In meinen Dank schließe ich ferner die Mitarbeiter des Brandenburgischen Verlagshauses, Herrn Klaus Dorst und Herrn Wolfgang Ritter ein, die seit Jahren mit großem Engagement und Einfühlungsvermögen meine Publikationen betreuen sowie die Lektorin Frau Brita Judt und den Fotografen Herrn Jean Molitor. Mein herzlicher Dank gilt ganz besonders meiner Frau, Elisabeth Müller, für vielfältige Unterstützung und wohlwollendes Verständnis für meine Arbeit.

Heinrich Müller

Abkürzungen und Hinweise

Maßangaben:

Gl	= Gesamtlänge	Pf	= Pfeilhöhe
L	= Länge	H	= Höhe
Kl	= Klingenlänge	K	= Kaliber
B	= Breite	G	= Gewicht
Kb	= Klingenbreite		

Gewichtsangaben werden bei Stangenwaffen nur angegeben, wenn sie einen ungekürzten Originalschaft besitzen. Abgebildete Objekte, die nicht aus dem Zeughaus Berlin stammen, sind mit dem Namen des betreffenden Museums oder Eigentümers gekennzeichnet. Die Inventarnummern des Zeughauses Berlin lassen den Zeitpunkt der Erwerbung erkennen: Die alten Nummern des ehemaligen Zeughauses Berlin stehen in Klammern. Die Inventarbezeichnungen bedeuten:

AD = Artilleriedepot (Objekte befanden sich bereits vor 1885 im Berliner Zeughaus)
AB = Alter Bestand (zwischen 1885 und 1894 erworben, darunter jedoch auch früher erworbene)
PC = Prinz-Carl-Sammlung (seit 1883 im Berliner Zeughaus)

Die seit 1895 eingegangenen Objekte erhielten eine Inventarnummer mit vorangestellter entsprechender Jahreszahl, beispielsweise 15.66.

Bei einer Neuinventarisierung der Sammlung erhielten im Museum für Deutsche Geschichte Berlin die Waffen ein «W» vor der Nummer, neu erworbene zusätzlich eine Jahreszahl, z. B. W 75.22.

Marken und Zeichen auf den Hand- und Faustfeuerwaffen sind auf den Tafeln S. 225 bis S. 229 im Maßstab 1:2, die mit * versehenen 1:1 zusammengefaßt.

Einleitende Bemerkungen

Jeder Territorialstaat des «Heiligen Römischen Reiches Deutscher Nation» hat seine eigene Militärgeschichte und somit auch seine spezifische Geschichte der Bewaffnung und Uniformierung. Mehr als in anderen deutschen Staaten wurde in Brandenburg-Preußen das Leben seiner Bewohner in den Jahren von 1640 bis 1806 durch den Auf- und Ausbau des Heeres und durch Kriege beeinflußt. Zwischen den letzten acht Jahren des Dreißigjährigen Krieges und der Niederlage von Jena und Auerstedt liegen zahlreiche Schlachten, Siege und Niederlagen. Erinnert sei hier nur an die Schlachten bei Fehrbellin (1675), Höchstädt (1704), Mollwitz (1741), Leuthen (1757) oder Kunersdorf (1759).

Das gegenwärtig zunehmende Streben der Völker unseres Erdballs nach Erhaltung des Friedens, nach Abrüstung und Völkerverständigung wird auch von vielen Historikern nach Kräften unterstützt. Das erfordert jedoch auch, der Entwicklung und den Zusammenhängen von Politik, Heerwesen und Kriegen in der Geschichte der Menschheit verstärkte Aufmerksamkeit in der Forschung zu widmen. Kenntnisse, Erkenntnisse und Erlebnisse über Militär, Kriege und deren furchtbare Folgen haben zu verstärkter Friedenssehnsucht beigetragen. Vieles geschah und geschieht in Friedensperioden nicht nur zur Sicherung des Friedens, sondern auch zur Vorbereitung neuer Kriege. Deshalb gehört in eine Geschichte zur Bewaffnung eines Heeres auch vieles, das Politiker, Militärs, Unternehmer, Konstrukteure und Arbeiter in diesem Zusammenhang anstrebten und leisteten. Es ist unerläßlich, bestimmte Erscheinungen und Fakten der Bewaffnung der Truppen eines Landes in den allgemeinen Rahmen der militärischen, ökonomischen, politischen und kulturellen Entwicklung einzuordnen.

Waffenproduktion erfolgte zu einem bedeutenden Teil in Friedenszeiten. Zwangsläufig verdienten spezialisierte Handwerker und Lohnarbeiter dadurch ihr Brot. Erfindergeist und schöpferische Tätigkeit vieler intelligenter Leute waren auf die Fortentwicklung der Waffen ausgerichtet. Über Jahre und Jahrzehnte mußten sich Soldaten, für die Armee ausgehoben und in diese gepreßt, tagtäglich mit dem Instrument Waffe auf den Exerzierplätzen plagen, um wie Marionetten an einer Schnur auf Kommando eines Offiziers oder Unteroffiziers stereotype Bewegungen zum Laden und Schießen auszuführen. Sie hatten Gewehre oder Pistolen sowie blanke Waffen täglich zu pflegen und auf Hochglanz zu bringen. Nur die Kenntnis über die Konstruktion des Gewehres sowie die Lade- und weiteren Handhabungsgriffe nach dem jeweiligen Exerzierreglement ermöglicht ein Nachempfinden dieser Torturen eines Musketiers, Grenadiers oder Füsiliers. Der eiserne Drill und die Härte des Exerzierens mit Steinschloßflinten in der preußischen Infanterie des 18. Jahrhunderts verfolgten das Ziel, schneller als die gegnerische Infanterie zu schießen, um auch eine zahlenmäßig stärkere

Armee besiegen zu können. Der Soldat sollte sein Kriegswerkzeug funktionell so beherrschen, wie die Gliedmaßen seines eigenen Körpers. Trotz der Einflüsse durch gegnerisches Feuer, durch Tote und Verwundete in den eigenen Reihen hatte er monoton ladend und feuernd auf den Feind zuzumarschieren. Doch Drill und Angst vor den Chargen allein erklären nicht die Erfolge, wie sie die Armee Friedrichs des Großen in ihren Schlachten errang. Strategie, Taktik, Feldherrnkunst schlechthin, Schlachten- und Kriegsglück gehörten dazu. Ohne Kenntnisse über die Bewaffnung und den Kampf mit der Waffe kann jedoch kein Bild über den Verlauf und die Bedeutung einer Schlacht, die die Entwicklung von Völkern oft entscheidend mitbestimmt hat, gewonnen werden.

Die Produktion von Waffen ist in den Entwicklungsprozeß des technischen Fortschritts eingebunden, hat diesen beeinflußt und beflügelt. Verwiesen sei hier auf die Technologie der Metallverarbeitung von der Bronzezeit bis in die neueste Zeit. Waffen sind deshalb bedeutende historische Objekte zur Wirtschafts-, Technik- und Kulturgeschichte der Menschheit. Die Untersuchung der Arbeitsbedingungen der Waffenhandwerker gehört zur Geschichte der Produktivkräfte, die Bewaffnung ist im Zusammenhang mit der Militärwirtschaft zu betrachten. Institutionelle Einrichtungen und differenzierte Auftraggeber (vom Obristen als Kriegsunternehmer mit beachtlichen Gewinnen bis zum Roi-Connétable [König-Heerführer] in der Zeit des Absolutismus mit ausgeprägtem stehendem Heer) leiteten und steuerten die Bewaffnung und Ausrüstung, Verpflegung und Unterbringung des Heeres. Die Herstellung des Kriegswerkzeuges wurde systematisch in den Gesamtrahmen einer merkantilistischen Wirtschaftspolitik eingeordnet.

Was können brandenburgisch-preußische Degen, Säbel oder Bajonette, Gewehre, Pistolen oder Kanonen im einzelnen heute noch bedeuten oder gar vermitteln? Es sind zunächst einmal anschauliche historische Gegenstände, die keine noch so gute Beschreibung ersetzen kann. Sie können auch Nachrichten aus schriftlichen Quelllen bestätigen. Bisher waren beispielsweise in der Fachliteratur nur vier brandenburgisch-preußische Infanteriegewehre aus der Zeit von 1688 bis 1713 bekannt. Verfasser konnte weitere 17 dieser Gewehre im Fürstenwalder Museum nachweisen. Marken auf den Gewehren bestätigen die Herkunft der Gewehre aus Suhl, Zella in Thüringen, Amsterdam und Essen. Die nun bekannte größere Anzahl ermöglicht Verallgemeinerungen über die Gewehrtypen der preußischen Infanterie in diesem Zeitraum.

Es war keine geringe Überraschung, beim Demontieren eines preußischen Infanteriegewehrs M 1740 insgesamt 23 Stempel, Marken und andere Kennzeichnungen auf Einzelteilen des Gewehrs festzustellen. Sie belegen ein bestimmtes System der Arbeitsteilung in einer Waffenmanufaktur sowie der privaten und staatlichen Kontrolle. Es befinden sich darunter auch Beschußzeichen oder Kennzeichnungen für vorgenommene Änderungen nach Einführung neuer Modelle. Das Gewehr selbst belegt bestimmte Einzelheiten zu seiner Herstellung und Geschichte. Schriftliche Überlieferungen allein erfassen die genannten Details nicht in dieser Vollständigkeit.

Das äußere Erscheinungsbild der alten Waffe resultiert nicht nur aus seiner Zweckgebundenheit. Das Kriegswerkzeug war zugleich in Abstimmung mit der Uniform und dem Lederzeug ein schmückendes Accessoire für den Soldaten der verschiedenen Waffengattungen, die sich auch durch die Waffe unterschieden. Je nach Bedeutung und Ansehen beim König erhielten bestimmte Regimenter besonders dekorative Griffwaffen. Die Waffen der Offiziere hoben sich vorwiegend durch vergoldete oder versilberte Gefäße von denen der Mannschaften ab. Höheren Offizierschargen gestattete der Monarch auch, von der Form der normierten Modelle abweichende, oft kostbar verzierte Waffen zu tragen.

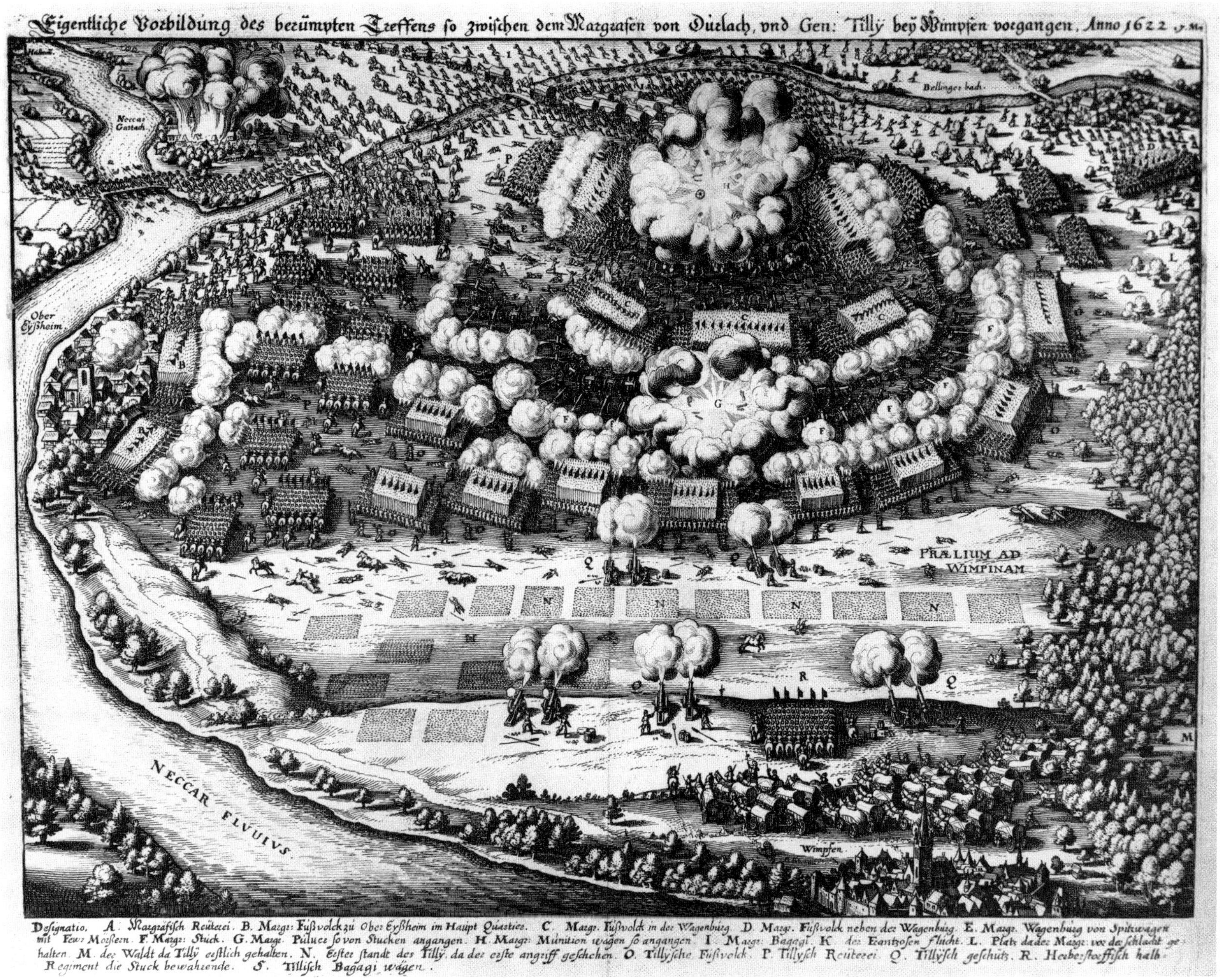

Schlacht bei Wimpfen 1622, Kupferstich

Über den rein militärtechnischen Zweck hinaus bezeugen erhaltene Geschützrohre oft Einzelheiten zu politischen, kulturgeschichtlichen und gelegentlich auch zu künstlerischen Inhalten. «NON SOLI CEDIT» («Er weicht der Sonne nicht» – gemeint ist der preußische Adler) stand als Devise auf Bronzerohren König Friedrich Wilhelms I., bewußt gegen den französischen Sonnenkönig gerichtet. Der Barock brachte Mündungs- und Bodenstücke der Rohre mit vielgestaltiger Gliederung wie bei Gesimsen an repräsentativen Bauten. Sie lassen Einflüsse des Kunststils erkennen. Berühmte Künstler, wie Andreas Schlüter, entwarfen Vorlagen für Verzierungen kunstvoll gestalteter Bronzerohre, gegossen von dem hervorragenden Berliner Bild- und Stückgießer Johann Jacobi.

Leider muß auch heute immer wieder darauf hingewiesen werden, daß historische Waffen unwiederbringliche Zeugnisse der Vergangenheit sind und deshalb nicht auf den Schrotthaufen gehören. Auf den Spuren vergangenen menschlichen Lebens trifft man immer wieder auf Soldaten, ihren Alltag, ihre Kämpfe und Niederlagen. Neben den schönen und interessanten Gegenständen des friedlichen Daseins sind auch die materiellen Zeugnisse der Heeres- und Kriegsgeschichte mit gleichem Engagement wissenschaftlich zu untersuchen, verdienen sie gleiche öffentliche Aufmerksamkeit als kulturelle Hinterlassenschaft.

Immer mehr Menschen setzen sich heute für die Erhaltung des Friedens und die Verhinderung eines atomaren Krieges, für Abrüstung und ein friedliches Nebeneinander der Völker ein. Die Problematik Krieg oder Frieden läßt sich nicht dadurch bewältigen, daß beispielsweise in einem Museum alte Zweihänderschwerter, Lunten- und Steinschloßgewehre gemeinsam mit Karabinern des 2. Weltkrieges als «Schrott» aufgetürmt und Darstellungen über friedliche Ereignisse gegenübergestellt werden.[4)] Wer den Ausspruch «Schwerter zu Pflugscharen» wörtlich nimmt, zerstört wertvolles Kulturgut. Nicht in den historischen Waffen selbst «verbergen» sich Militarismus und Chauvinimus, sondern in den Köpfen von Menschen, in ihren Aktionen und Verhaltensweisen. Die materielle Hinterlassenschaft der Menschheit kann nicht nach gut und böse getrennt werden, sie selbst ist frei von ethischer und moralischer Bewertung. Letztere kann sich immer nur auf den handelnden Menschen beziehen. Historische Waffen müssen aus wissenschaftlicher Sicht als Zeugnisse der Geschichte und der Arbeit von Menschen gewertet und in Ausstellungen präsentiert werden.

DER ÜBERGANG VON SÖLDNERHEEREN AUF ZEIT ZU STEHENDEN HEEREN

Als in der zweiten Hälfte des 17. Jahrhunderts in europäischen Staaten stehende Heere aufgestellt wurden, vollzogen sich gleichzeitig einschneidende Veränderungen in der Bewaffnung. Die Neubewaffnung großer Armeen mit Steinschloßgewehren und -pistolen, mit Bajonetten und Griffwaffen nach einheitlichem Muster sowie die zahlenmäßige Vergrößerung des Geschützparks setzten leistungsstarke Produktionsstätten voraus. Der Staat nahm mehr als früher Einfluß auf Handwerk und Manufaktur, speziell auf die Fertigung der Waffen. Um die Unterschiede zu verdeutlichen, seien einige Aspekte der Waffenproduktion aus dem 16./17. Jahrhundert kurz angeführt.

Die Typen der Hieb- und Stichwaffen und die Konstruktionssysteme der Feuerwaffen sowie die militärische Taktik waren in den meisten Ländern Europas im 16. Jahrhundert gleich. Aus diesen Gründen konnten Waffen von Herstellern aus dem In- und Ausland bezogen werden. Durch die Ausbildung frühkapitalistischer Produktionsverhältnisse standen für die Bewaffnung der Söldnerheere bedeutende Zentren der Waffenproduktion zur Verfügung. Verleger und Büchsenmacher aus Nürnberg lieferten beispielsweise um 1538 10000 Handfeuerwaffen an verschiedene Besteller.[5] Einige Innsbrucker und Mühlauer Plattner übernahmen 1508 einen Großauftrag von 2000 Brustharnischen für Landsknechte von Kaiser Maximilian I. Der bedeutendste Stückgießer des 16. Jahrhunderts, Gregor Löffler aus Innsbruck, goß in seiner Stückgießerei von etwa 1525 bis 1565 über 1000 mittlere und größere Bronzegeschützrohre.[6] Rund 19500 Läufe für Handfeuerwaffen konnten zwischen 1575 und 1587 in Suhl jährlich von zehn Rohrschmiedebesitzern mit zusammen 48 Gesellen gefertigt werden. In Zeiten der Hochkonjunktur, wie im Dreißigjährigen Krieg, stiegen diese Produktionszahlen noch weiter darüber hinaus. 1626 produzierten 36 Büchsenmacher mit 70 Gesellen und 33 Schäfter mit 20 Gesellen, nach Lieferung der Läufe durch Rohrschmiede, 31225 Musketen für deutsche und ausländische Auftraggeber.[7]

In der Kurmark Brandenburg gab es keine nennenswerten Waffenproduzenten. Die Mehrzahl der Waffen wurde aus dem Ausland importiert. Doch die bisherige Waffenproduktion konnte den Bedarf der zahlenmäßig wesentlich größeren stehenden Heere am Ende des 17. und im 18. Jahrhundert nicht decken. Das ermöglichte erst eine steigende manufaktur-kapitalistische Produktion.

Unter den Waffenmanufakturen gab es zentralisierte und dezentralisierte Manufakturen. Die Neueinrichtung derartiger Betriebe erforderte nicht nur das Vorhandensein von Erzen, Wasserläufen für Poch- und Hammerwerke, Kohle oder Holzkohle für die Schmelzen und Herdfeuer, sondern es bedurfte auch vor allem erfahrener Laufschmiede, Schloßmacher, Schäfter, Schleifer, Klingenschmiede und anderer spezialisierter Handwerker. Der differen-

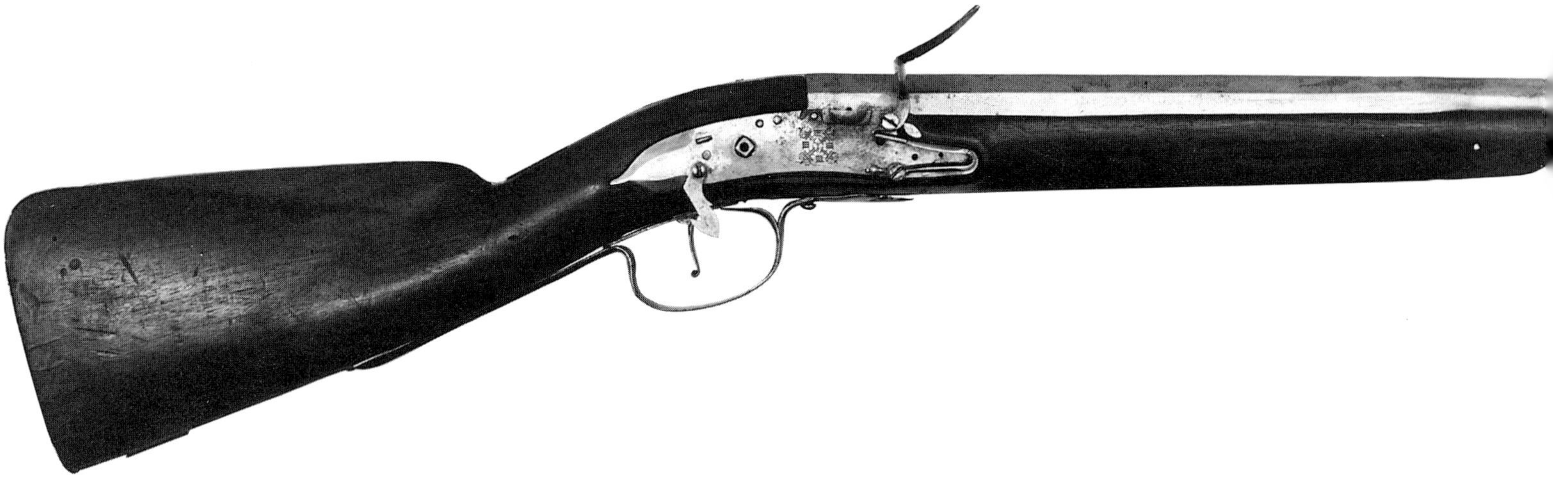

zierte Produktionsprozeß in Gewehrmanufakturen ermöglichte daneben auch den Einsatz ungelernter Arbeiter mit geringerem Lohn, wodurch die Produktion weiter gesteigert werden konnte.

Die Konzentrierung der Produktion von Militärwaffen in zentralisierten Manufakturen lag im Interesse der staatlichen Militärbehörden, erleichterte sie doch vor allem die Überprüfung durch staatliche Kontrolleure unmittelbar vor Ort. Früher überprüften Musterkommissare die Bewaffnung und Ausrüstung der Söldner erst in den von Obristen aufgestellten Regimentern. Jetzt konnten Reklamationen unmittelbar gegenüber den Fabrikanten geltend gemacht werden.

Die europäischen Staaten strebten zunehmend danach, Waffenmanufakturen im eigenen Land einzurichten, um von Lieferungen aus dem Ausland unabhängig zu sein. Bemühungen des Kurfürsten Friedrich Wilhelm, Produktionsstätten im eigenen Land zu beleben, wie beispielsweise den Geschützguß in Berlin und die Herstellung von Geschützkugeln in Zehdenick und anderen Hüttenwerken sowie die Klingenfabrikation im Herzogtum Berg, können nicht darüber hinwegtäuschen, daß die meisten Waffen noch immer importiert werden mußten. Bis zum Jahre 1723 traf das weiterhin für Hieb- und Stichwaffen sowie für Hand- und Faustfeuerwaffen zu. Erst mit der Gründung der Waffenmanufaktur in Potsdam-Spandau durch Friedrich Wilhelm I. trat hier eine entscheidende Änderung ein. Der Monarch strebte danach, insbesondere den gesamten Heeresbedarf durch Produktion im eigenen Lande abzudecken. Aufschlußreich für seine Zielstrebigkeit in dieser Richtung ist die Gründung und Einrichtung der genannten Waffenmanufaktur. Der Aufbau der Gebäude und Anlagen und die Organisierung der Produktion bis zur ersten Lieferung von Gewehren erfolgte in einer erstaunlich kurzen Zeit: 1721 Auftrag zur Errichtung eines Werkes; Grundsteinlegung in Potsdam am 26. März 1722; Vertragsabschluß mit den Fabrikanten Splitberger und Daum am 31. März 1722; bereits 1723 Auslieferung von 10 000 Waffen. Deutlich wird, mit welcher Energie Friedrich Wilhelm I. dieses Projekt verfolgte. Die zentralisierte Herstellung der Waffen in einem Betrieb, unter Endkontrolle von Militärbeauftragten, erleichterte ferner die Vereinheitlichung der Waffentypen für die jeweilige Waffengattung nach einem vorgegebenen Muster. So entstand ein spezifisch preußisches Waffensystem. Vorbild für die Hand- und Faustfeuerwaffen waren Erzeugnisse des Büchsenmachers François Henoul aus Lüttich. Für alle Waffengattungen wurden sukzessive spezielle Blankwaffentypen entwickelt. Die Einflußnahme des preußischen Staates auf die von den Fabrikanten Splitgerber und Daum geleitete und gepachtete Manufaktur wurde durch Verträge gesichert wie in kaum einem anderen europäischen Land.[8] Die Fabrikanten und ihre Nachfolger besaßen in Preußen bis 1809 eine staatlich sanktionierte Monopolstel-

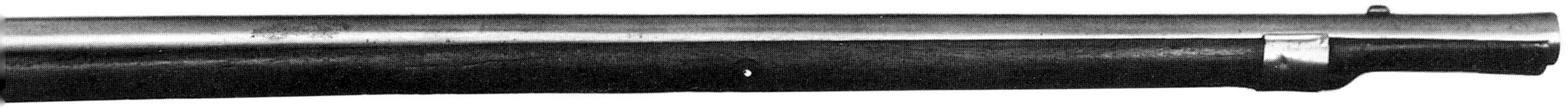

Infanteriegewehr mit Steinschloß, *Kurbrandenburg, 1688–1700*
Einziges bekanntes Infanteriegewehr aus der Regierungszeit Friedrichs III. mit dem typischen vierfachen Monogramm (Abb. S. 81). In den Lauf sind die Beschaumarke der Stadt Zella in Thüringen und die Meistermarke «SH» – vermutlich Marke des Gewehrhändlers Hans Wolff Schneyder aus Zella – sowie «LK» eingeschlagen.
Gl 151,5 cm; L des Laufes 113,5 cm; K 19 mm; G 3810 g; Inv.-Nr. W 3377 (12.61), Hahn und Ladestock fehlen

lung in der Waffenproduktion. Dazu trugen auch die Pachtverträge mit dem Hegermühler Messinghammer und dem Eisenhüttenwerk in Zehdenick bei. Diese Kooperation zwischen König und Vertretern des Manufakturbürgertums ist nur für die Militärwirtschaft festzustellen. Auch Friedrich II. blieb diesen Prinzipien treu. So verbot er zeitweise die Anschaffung von Klingen für Hieb- und Stichwaffen aus anderen Herstellungszentren als der Potsdamer Manufaktur.[9] Aufschlußreich ist auch das Zusammengehen zwischen Militärbehörden und Unternehmer gegen einen drohenden Streik von Arbeitern des Zehdenicker Hüttenwerkes im Jahre 1760.[10]

Mit der Festigung absolutistischer Herrschaftsgewalt und dem weiteren Ausbau des Manufakturkapitalismus hatten sich in der zweiten Hälfte des 17. Jahrhunderts einschneidende neue Strukturen im Militärwesen europäischer Staaten herausgebildet. Den auf Zeit dienenden Söldner löste der für ein stehendes Heer geworbene oder ausgehobene Söldner ab. Dies wiederum hatte tiefgreifende Auswirkungen innerhalb des gesellschaftlichen, ökonomischen und kulturellen Lebens der Völker. Bewaffnung, Ausbildung, Strategie und Taktik mußten neuen Bedingungen und Zielstellungen im Sinne absolutistischer Machtpolitik angepaßt werden.

Im 16./17. Jahrhundert beauftragten Landesherren ausgewählte Feldherren und Obristen mit der Aufstellung eines Heeres. Kapitalkräftige Söldnerführer vorfinanzierten die Anwerbung, Einkleidung und Bewaffnung der Truppen. Ware-Geld-Beziehungen dominierten zwischen höheren Söldnerführern und den für Sold dienenden Angeworbenen. Als Kurfürst Johann Sigismund von Brandenburg während des Jülich-Clevischen Erbfolgestreits Truppen benötigte, beauftragte er 1609 Obristen mit der Anwerbung von Offizieren und Söldnern. In einer «Kapitulation» wurden die gegenseitigen Verpflichtungen zwischen Kriegsherrn und Obristen festgelegt. Landesherrliche Kriegskommissare überprüften Vollzähligkeit, Bewaffnung und Ausrüstung der aufgestellten Truppen. Die Anwerbung erfolgte in der Regel nur für einige Monate. Nach dem Feldzug wurden die Söldner wieder entlassen, so daß sie gezwungen waren, sich einen neuen Kriegsherrn zu suchen.

Der Soldknecht des 17. Jahrhunderts hatte selbst seinen finanziellen Beitrag für das Kriegswerkzeug zu leisten. Wie der Handwerksgeselle sein Handwerkszeug zur Einstellung bei einem Meister, so mußte auch der Söldner seine Waffen und Rüstungsteile zum Militärdienst mitbringen oder bei der Anwerbung käuflich erwerben. Besaß er nicht das nötige Geld, wurde ihm ein Teil des Soldes solange abgezogen, bis der Betrag beglichen war. Die Kosten für Waffen und Rüstungsteile betrugen in der Regel etwa einen Monatssold. Im Jahre 1610 bekam in Kurbrandenburg ein Pikenier neun, ein Musketier acht Gulden Sold, ein Kürisser (schwerer Reiter) 33 und ein Harquebusier (leichter Reiter) 24 Gulden.[11] Geschütze, Pulver, Munition und weiteres Artillerie- und Pioniergerät erwarben die Landesherren und die größeren Städte. Alles das befand sich in Zeughäusern oder Festungen. Hier lagerten auch Bestände an Handwaffen und Zubehör für Truppen des Landesaufgebo-

C. Berkowski

Gemälde des Reiterführers Joachim Hennigs von Treffenfeld, von C. Berkowski (Kirche von Könnigde)

tes sowie Reservewaffen. Nur kleine Kontingente stehender Truppen dienten als Leibgarden oder in Festungen.

Die Mehrzahl der Söldner auf Zeit bestand aus Fußkämpfern. Das resultierte aus ihrer sozialen Herkunft, denn meist waren es Bauernsöhne oder Angehörige der Stadtarmut, die sich eine Reiterausrüstung und -bewaffnung finanziell nicht leisten konnten. Da sie ihre Kampfkraft (Arbeitskraft) an einen Kriegsunternehmer verdingen mußten, war es für sie in der Regel keine Sache der Ehre oder der moralischen Verpflichtung zu kämpfen, sondern – im modernen Sinne gesprochen – ein Job, der ihre Existenzgrundlage bedeutete, und den sie jederzeit aufgaben, wenn sich bessere Bedingungen im Hinblick auf Sold und Beute anboten. Auf diesen Kriegertyp mußten Bewaffnung und Taktik abgestimmt werden. Eine Zusammenfassung der Fußkämpfer in größere dichte taktische «Haufen» entsprach sowohl der unsicheren Kampfmoral als auch der vorherrschenden Waffe der Söldneraufgebote, dem Langspieß. Der «spießestarrende Gewalthaufen», der nach vier Seiten die oft über fünf Meter langen Piken fällen konnte, gab den Söldnern ein gewisses Gefühl der Sicherheit, wenn sie kraftvoll dicht nebeneinander stehend dem Druck des Feindes standhielten.

Etwa seit Mitte des 16. Jahrhunderts nahm die Zahl der Schützen bei den Fußkämpfern durch die Einführung der Luntenschloßmuskete wesentlich zu. Bis ins 17. Jahrhundert hinein waren Pikeniere und Musketiere etwa in gleicher Stärke am Gefecht beteiligt. Das Laden der Muskete mit glimmender Lunte und der Stützgabel, auf die das Gewehr beim Schießen gelegt wurde, war kompliziert, denn der Schütze hatte im wahrsten Sinne des Wortes alle Hände voll zu tun. Um die Schützen wirkungsvoll einsetzen zu können, bedurfte es einer intensiven Ausbildung und besonderer taktischer Gruppierungen. Die Musketiere schossen gliederweise und liefen dann durch Lücken zwischen den Schützen oder an den Seiten hinter das letzte Glied, um neu zu laden. Laden und Schießen wurden nach Kommando eingeübt. Das erste bedeutende Exerzierreglement wurde in den Niederlanden entwickelt und trägt den Titel «Wapenhandelinghe van Roers, Musquetten ende Spießen . . .», herausgegeben von Moritz von Oranien 1607 und bereits 1608 in deutscher Sprache erschienen.[12)] Instruktive Kupferstiche von Jacob de Gheyn erläuterten die Handhabung der Muskete nach 43 Kommandos. Je schneller die Schützen luden, desto geringer konnte die Zahl der Glieder sein. In Kurbrandenburg, dessen Infanterie nach niederländischem Vorbild ausgebildet wurde, waren es zehn Glieder.[13)] Gustav Adolf von Schweden verringerte die Zahl der Glieder bei seinen Musketieren auf sechs, erhöhte die Anzahl der Schützen und steigerte damit die Feuerkraft der Infanterie.

In fast allen europäischen Armeen wurde in den letzten beiden Jahrzehnten des 17. Jahrhunderts die Luntenschloßmuskete der Infanterie allmählich durch die Steinschloßflinte abgelöst. Beide Gewehrtypen hatten bei den Fußtruppen jeweils eine lange Lebensdauer: das Gewehr mit Luntenschloß von etwa 1475 bis gegen Ende des 17. Jahrhunderts, das militärische Steinschloßgewehr vom letzten Drittel des 17. Jahrhunderts bis um 1835/40. Doch diese Konstruktionen bedeuteten deshalb nicht den technischen Höchststand in der Handfeuerwaffenproduktion jener Zeit. Für Zivilwaffen gab es bereits im 16. Jahrhundert Gewehrkonstruktionen mit gezogenen Läufen und Drall, Hinterladergewehre mit Klappverschluß, Gewehre und Pistolen mit hintereinander im Lauf liegenden Ladungen, mit Stecherschloß, mit Trommelmagazinen. Im 17. Jahrhundert konstruierten Büchsenmacher Magazingewehre mit getrenntem Kugel- und Pulvermagazin bis zu 30 Schuß und zahlreiche Arten von mehrschüssigen Handfeuerwaffen und Hinterladern. Büchsenmacher des 18. Jahrhunderts entwickelten weitere Varianten dieser Typen von Hand- und Faustfeuerwaffen, Windbüchsen, Gewehre mit verdeckten Steinschlössern und sogar versuchsweise

Silber
Gold
Oberjäger.
Rücken.
Der Jägerranzen
fehlt.

Feldjäger vom Jäger-Korps zu Fuß, um 1785, Lithographie von A. v. Menzel, aus dem großen Armee-Werk, 1857

Gewehre und Pistolen mit elektrischer Zündung.[14] Wie kommt es nun, daß alle diese Erfindungen und technischen Konstruktionen, die die Handhabung, Feuerkraft und Zielsicherheit der Handfeuerwaffen verbessern sollten, nicht zur Einführung in die Armeen der europäischen Staaten kamen? Vorwiegend waren es Konstruktionen, die von hochspezialisierten Büchsenmachern gefertigt wurden, für die aber keine produktionstechnischen Voraussetzungen einer Massenherstellung bestanden. Die Waffen waren außerdem zu teuer, weder der Soldat noch der Staat wollten so hohe Summen für die Bewaffnung ausgeben. Dem mit technisch komplizierten und anfälligen Gerätschaften nicht vertrauten und ungebildeten Söldner konnten derartige Waffen zudem nicht anvertraut werden.

Die mechanische Funkenerzeugung beim Steinschloßgewehr durch Schlag mit Hilfe eines Feuersteins, der in einem Hahn fest eingeschraubt war und beim Ziehen des Abzuges gegen eine eiserne Schlagfläche (die Batterie) traf, war der umständlichen Handhabung mit der Lunte überlegen. Obwohl das Steinschloß bereits 1610 bis 1620 höchstwahrscheinlich von dem französischen Büchsenmacher Marin le Bourgeois aus Lisieux erfunden wurde und sich als Jagdgewehr lange bewährt hatte, wurde es für die Militärbewaffnung erst im letzten Drittel des 17. Jahrhunderts allmählich eingeführt.

Die Massenproduktion von Steinschloßflinten ermögliche die Bewaffnung der gesamten Infanterie mit Gewehren. Das Zusammenwirken zwischen Bewaffnung, strenger exerziermäßiger Ausbildung an der Waffe und im taktischen Verband brachte zudem entscheidende Vorteile im Gefecht. Schnelles Laden und Schießen ermöglichte die Reduzierung auf vier, später auf drei Glieder, die gleichzeitig eine Feuersalve abgeben konnten. Bei viergliedriger Aufstellung diente das vierte Glied als Feuerreserve. Unter Friedrich Wilhelm I. und Friedrich II. kniete in der dreigliedrigen Aufstellung das erste Glied nieder, das dritte trat auf Lücke zum zweiten und alle drei Glieder feuerten auf Kommando gleichzeitig. Bei attakkierender gegnerischer Kavallerie war es ungünstig, wenn alle Infanteristen eines Bataillons zur gleichen Zeit ihre Gewehre luden und abfeuerten. Die Ladephase hätte es den Reitern ermöglicht, das Feuer zu unterlaufen. Deshalb wurde ein preußisches Bataillon in acht Feuereinheiten, sogenannten Pelotons, von meist 24 Rotten Breite eingeteilt, die in einer bestimmten Reihenfolge ihre Salven abgaben, danach wieder neu im Stand luden, sich abwechselnd im Normal- und im Pelotonschritt (nur ein fußlanger Schritt) vorwärts bewegten. Durch diese Methode wurden der Zusammenhalt und die Richtung der oft kilometerlangen Linie, die Lineartaktik, aufrechterhalten. Diese Taktik erforderte weiterhin ein vielseitig ausgeprägtes System der Truppenbewegungen beim Übergang vom Marsch in die Schlachtordnung. Die brandenburgische Infanterie wandte diese Feuertaktik, damals «holländische Salve» genannt, bereits um 1688 an.[15]

Die Idee der absoluten Feuerüberlegenheit der Infanterie über den Gegner geht auf Leopold I. von Anhalt-Dessau (1676–1747) zurück. In seinem Regiment wurde die Verbindung von schnellem Salvenfeuer mit rhythmischer, gleichmäßiger Vorwärtsbewegung in Linie zum Ausbildungsprinzip mit hartem Drill. Leopold führte auch den Gleichschritt ein. Durch die absolute Beherrschung sämtlicher Bewegungsabläufe und durch schnelleres Schießen als der Gegner konnte eine zahlenmäßig unterlegene Armee eine größere Armee schlagen. Hierin liegen die Hauptursachen für den unbarmherzigen Drill, die keinen Widerspruch duldende Disziplin und Unterordnung – Methoden der preußischen Armee, die Leopold von Anhalt-Dessau zuerst in seinem Regiment unerbittlich einführte. Der einmal ausgebildete, perfekte Soldat bedeutete deshalb ein großes Kapital, und Friedrich II. gab in seiner Instruktion für seine Generale (1748) nicht ohne Grund zwölf genaue Hinweise zur Verhinderung von Fahnenflucht[16], die hart mit Spießrutenlaufen bestraft wurde.

Uniformhandschrift «Samlung der Koenigl. Preußischen Trouppen . . .», um 1750 (Privatsammlung)

Musketier vom Regiment Graf zu Dohna (No. 16), 1748–1762

Kürassier vom Regiment von Stille (K 6), 1744–1753

Viele Erscheinungen im Militärwesen des 18. Jahrhunderts, die der militärischen Stärke dienten und im preußischen Heer mit oft unerträglicher Härte praktiziert wurden, dürfen nicht als ursprünglich und allein typisch preußisch betrachtet werden. Strengste Disziplin herrschte bereits in der spanischen Infanterie Philipps II. (1556–1598), die durch harte Ausbildung die beste in Europa war. Die hohen Schußleistungen der preußischen Infanterie, durch eisernen Drill erzielt, haben ihr Vorbild in den niederländischen Generalstaaten. Bezeichnenderweise trägt eine Ausgabe der «Wapenhandelinghe von Roers, Musquetten ende Spießen» aus dem Jahr 1610 die Bezeichnung «Trillin Buch». Jedoch kann dieser in der preußischen Armee durch Leopold I., Fürst von Anhalt-Dessau, eingeführte Drill nicht ohne weiteres mit dem niederländischen gleichgesetzt werden. Zu unterschiedlich waren die gesellschaftlichen und militärischen Zustände in beiden Ländern.[17)]

Frankreich, die «klassische» absolute Monarchie war im Militärwesen wie auch in vielen Bereichen des politischen, wirtschaftlichen und kulturellen Lebens Vorbild für andere europäische Staaten. Die Heeresform unter Kriegsminister François Marquis de Louvois (1641–1691) schuf Voraussetzungen für das erste, das ganze Land betreffende stehende Heer in Europa im Zeitalter des Absolutismus. Es erreichte in Friedenszeiten bereits im 17. Jahrhundert die Stärke von etwa 100 000 Mann mit einer zentral gelenkten Militärbürokratie.

Militärisches Schrifttum[18)], das die militärische Praxis im 17./18. Jahrhundert bestimmte oder beeinflußte, gehörte ebenso zu preußischen Vorbildern wie die Erfahrungen von Feldherren und Offizieren, die in ausländischen Armeen gedient hatten. All das schließt nicht aus, daß sich in der Behandlung, Ausbildung und Disziplin der Soldaten in der Militärtechnik und Taktik spezifisch preußische Merkmale herausgebildet haben.

Feldjäger zu Fuß, 1744

Dragoner vom Regiment von Alemann (D 1), 1751–1755

Husar vom Regiment von Wechmar (H 6), 1747–1757

Artillerist vom Feldartillerie-Regiment von Linger, 2. Bataillon, 1744–1755

Vorstellungen und Forderungen der Monarchen und der einflußreichen Militärs widerspiegeln sich in Reglements für die einzelnen Waffengattungen. Für die militärische Ausbildung unter Friedrich Wilhelm I. ist das «Reglement vor die Königl. Preußische Infanterie» von 1726[19] sehr aufschlußreich. Dort heißt es beispielsweise: «Das erste im Exerciren muß seyn, einen Kerl zu dressieren, und ihm das air von einem Soldaten beyzubringen, daß der Bauer heraus kommt, wozu gehöret, daß einem Kerl gelernet wird: Wie er den Kopf halten solle, nemlich selbigen nicht hangen lasse, . . . Daß ein Kerl steiff auf den Füssen, und nicht mit gebogenen Knien . . . stehe.»[20]

Für die Handhabung des Gewehres werden ebenfalls allgemeine, grundsätzliche Regeln gegeben. Dabei wird durchaus auch der ungelenke Bauer berücksichtigt, wird methodisch und psychologisch durchdacht begonnen: zuerst Einzelausbildung der neuen Rekruten und der zum Exerzieren einberufenen Beurlaubten, anschließend gliedweise Ausbildung, danach in einer Rotte von drei Mann, in zwei bis drei Rotten, in Pelotons und schließlich in der ganzen Kompanie. Auch einem Übermaß an Exerzieren wurde durch Anweisungen vorgebeugt: «Die Compagnien sollen in den Exercier-Monathen nur um den andern oder 3ten Tag exerciren, und nicht länger als 4. Stunden draussen auf dem Exercier-Platze seyn. Auch müssen die Compagnien und Bataillons bey warmen Wetter früh heraus, und höchstens um 10. Uhr wieder herein marchiren.»[21]

Wegen schlechter Übungen Aufgeschriebene mußten am nächsten Tag nachexerzieren. Auch unter Friedrich II. werden im Infanterie-Reglement milde Töne für die Ausbildung der Rekruten angeschlagen: «. . . und es muß einem neuen Kerl, damit er nicht gleich im Anfang verdrüßlich und furchtsam gemachet werde, sondern Lust und Liebe zum Dienst bekommen möge, alles durch gütige Vorstellungen, sonder Schelten und Schmählen, gelernet, auch muß der neue Kerl mit Exerciren nicht auf einmahl so starck angegriffen, vielweniger mit Schlägen und dergleichen Übel tractiret werden, absonderlich wann es ein einfältiger oder unteutscher Kerl ist.»[22]

Verwerflich war, daß überhaupt Stockhiebe für Fehlverhalten und nicht exakter Ausübung beim Exerzieren ausgeteilt wurden. Der mit List zum preußischen Militärdienst gezwungene Schweizer Ulrich Bräker gibt in seinen Lebenserinnerungen[23] bewegende Empfindungen über die Ausbildungsmethoden auf dem Exerzierplatz wieder: «Auch da war des Fluchens und Karbatschens von prügelsüchtigen Jünkerlins und hinwieder des Lamentierens der Geprügelten kein Ende. Wir selber zwar waren immer von den ersten auf der Stelle und tummelten uns wacker. Aber es tat uns nicht minder in der Seele weh, andre um jeder Kleinigkeit willen so unbarmherzig behandelt und uns selber so jahrein, jahraus kujoniert zu sehn; oft ganzer fünf Stunden lang in unsrer Montur eingeschnürt wie geschraubt stehen, in die Kreuz und Quere pfahlgerad marschieren und ununterbrochen blitzschnelle Handgriffe machen zu müssen, und das alles auf Geheiß eines Offiziers, der mit einem furiosen Gesicht und aufgehobnem Stock vor uns stund und alle Augenblick wie unter Kabisköpfe (Kohlköpfe – H. M.) dreinzuhauen drohte. Bei einem solchen Traktament mußte auch der starknervigste Kerl lahm und der geduldigste rasend werden.» Wenn auch, wie Bräker vermutete, der bevorstehende Kriegsausbruch 1756 zur härteren Ausbildung veranlaßte, so bleibt die Tatsache, daß Soldaten in dieser Weise jederzeit gezüchtigt werden konnten.

An Längerdienende wurden harte Anforderungen beim Gewehrexerzieren gestellt. Wurden in anderen Armeen kaum zwei Schuß in der Minute abgegeben, sollte es der preußische Infanterist im Gefecht in gleicher Zeit auf drei bringen. Beim Blindladen ohne scharfe Munition, bei dem einige Ladebewegungen nur angedeutet oder mit aus Holz geschnitzten

Exerzierpatronen ausgeführt wurden, konnten perfekte Infanteristen fünf- bis sechsmal in der Minute die Ladebewegungen ausführen. Entsprechende Anweisungen für Höchstleistungen erhielten im Reglement von 1726 Offiziere und Mannschaften: «Sobald die Patron ergriffen, müssen die Bursche selbige sehr *geschwinde* kurtz abbeissen, daß sie Pulver ins Maul bekommen, darauf *geschwinde* Pulver auf die Pfanne schütten, die Pfanne *geschwinde* schliessen, das Gewehr *hurtig* zur Ladung herumwerffen . . . Nach diesem muß die Patron *geschwinde* in den Lauff gebracht, und rein ausgeschüttet, der Lade=Stock mit zweymal auf das *allergeschwindeste* herausgezogen, *geschwinde* verkürtzet, *geschwinde* in den Lauff gestecket, und sehr stark herunter geschmissen werden, daß die Ladung fest angesetzet wird, worauf sämmtliche Officiers gute Acht haben . . .» (Hervorhebungen – H. M.)[24)] Mit der Uhr in der Hand kontrollierte der König bei Besichtigungen der Truppen die Schußfolge der Salven.[25)]

Die Beispiele zeigen, daß bei der Rekrutenausbildung laut Reglement psychologische Aspekte durchaus bedacht wurden, vom ausgebildeten Soldaten aber ein Höchstmaß an Perfektion im Kriegshandwerk verlangt wurde. Gegen ausgebildete, im Exerzieren unwillige, widerspenstige und störrische Soldaten wurde mit Stockschlägen hart vorgegangen. Ein der Sprache nicht ganz mächtiger Söldner gelangte dabei oft in große Schwierigkeiten. Immerhin waren in der Armee von 103 000 Landeskindern im Jahre 1763 37 000 Ausländer, 1786 von 164 000 gemeinen Soldaten sogar 83 000 Ausländer.[26)]

Auch im Gefecht gab es keinen Pardon, wenn Soldaten zurückweichen wollten. Im Infanterie-Reglement von 1743 heißt es: «Die Officiers und Unter-Officiers müssen die Leute immer encouragiren, ihnen die Sache gantz leicht machen und wann jemand zu weichen anfangen wolte, selbigem den Degen, das Esponton oder das Kurtz=Gewehr in die Rippen stoßen.»[27)] Zu dieser Zeit lagen bereits Erfahrungen aus den Schlachten des 1. Schlesischen Krieges vor.

Während auf dem Exerzierplatz die einzelnen Ladebewegungen und das Schießen nach Kommandos geübt und ausgeführt wurden, gab im Gefecht der Offizier, drei Schritt vor der Front stehend, für sein Peloton nur noch die Kommandos: «Peloton!» (das erste Glied kniete nieder, das dritte trat auf Lücke zum zweiten), «Fertig!» (der Hahn wurde aus der Ruhrast in die Spannrast zurückgezogen), «Tan!» (der Infanterist ging in Anschlag) und «Feuer!». Nach der Salve luden die Soldaten sofort wieder und schulterten das Gewehr – als Zeichen für den Offizier, daß sie geladen hatten.

Die wirksame Reichweite der Kugeln, die aus den Steinschloßflinten mit glatten Läufen abgefeuert wurden, betrug gleich den Luntenschloßmusketen nur 250 bis 300 Schritt. Dietrich Sigismund von Buch berichtet in seinem Tagebuch aus den Jahren 1674 bis 1683 über die Belagerung von Anklam durch die Brandenburger 1676/1677, daß Major Lühe von der Garde «. . . 4 Schuß, auf den Küraß, die Hellebarde, Aermel und Schuhe bekommen (hatte), ohne verwundet zu sein, der Schuß auf den Aermel hatte ihm den Arm ein wenig entzündet, indem ich mit ihm sprach stand ein Lieuttenant bei uns, welcher einen Schuß in die Schulter erhielt, der ihn zur Erde warf, indeß kam er gleich wieder zu sich». Ein anderer Brandenburger erhielt «. . . einen Flintenschuß, welcher ihm unter die rechte Brust eindrang, und zwei Finger von der Herzgrube durch die Leber ging und tiefer nahe dem Rückgrade derselben Seite austrat, woran er ¼ Stunde später starb».[28)] Hier wird deutlich, wie unterschiedlich die Durchschlagskraft der Gewehrschüsse war.

Körpergröße und Armlänge hatten für die Handhabung des Ladestockes, der beim Laden um 180 Grad gedreht werden mußte, große Bedeutung. Seit 1730 mußten die Regimenter jährlich in «Maßlisten» die Größen der Mannschaften und eventuelle Veränderungen an den

Infanterist beim Gewehrexerzieren, Lithographie von A. v. Menzel, aus dem großen Armee-Werk, 1857

Gewehrexerzieren nach einem preußischen Reglement von 1711 (nach C. v. Eickstedt)

König nach Potsdam melden. Gingen die Körpergrößen im Regiment durch neugeworbene Rekruten zurück, wurde der Regimentschef gemaßregelt. Wie sorgfältig bei Ausfall eines Mannes mit bestimmter Körpergröße für gleichen Ersatz gesucht werden mußte, geht aus Anordnungen im Infanterie-Reglement von 1726 hervor. Wollte in Friedenszeiten der Offizier einen Burschen als Bediensteten auswählen, mußte er ihn aus dem dritten Glied nehmen, hier standen nämlich die kleineren Leute.[29)] Wurde ein «Kerl» als Unteroffizier für eine andere Kompanie ausgewählt, so mußte an die alte Kompanie ein Mann abgegeben werden, «welcher in das Glied und in die Rotte, wo der gemachte Unter-Officier gestanden hat, wieder zu stehen kömt»[30)]. Bei Abgang eines Soldaten mußte bei der Werbung eines neuen dieser «in des abgegangenen seinem Zuge, Gliede und Rotte zu stehen kommen, damit die Regimenter an Mannschafft wenigstens sich nicht verschlimmern . . .»[31)]. Die anzuwerbenden Rekruten mußten unter Friedrich Wilhelm I. für die Infanterie wenigstens 1,72 Meter groß sein. Die für hohe Summen von Friedrich Wilhelm I. und oft gewaltsam angeworbenen Riesengrenadiere müssen jedoch, gegenüber dem aus ladetechnischen Gründen berechtigten Streben nach großen Soldaten, als kostspielige Marotte dieses Königs gewertet werden.

Ein oft spitzfindig ausgeklügeltes System von Verantwortung und Kontrolle sicherte in der Armee Friedrich Wilhelms I. und Friedrichs II. den Bestand und den einwandfreien Zustand der Waffen der Soldaten. Das begann bereits bei der Herstellung der Waffen. Sie unterlagen einer Kontrolle und Abnahme durch Armeeoffiziere in der Potsdam-Spandauer Gewehrmanufaktur. Alle einwandfreien Exemplare erhielten einen Abnahmestempel.[32)] Friedrich Wilhelm I. überprüfte bei Revuen, Manövern und sonstigen Besichtigungen der Regimenter Uniformen und Waffen zahlreicher Soldaten oft peinlich genau. Dieses Damoklesschwert der Kontrolle drohte stets den Offizieren, und bei Unregelmäßigkeiten fielen

I.
1.
2
3.
4.
5.
6

II
7.
8.
9.
9.
10.

V.
17.
18.
19
20.

VI
20.
21.
22.
23.

sie in Ungnade. Wo staatliche Instanzen und der König selbst die vielfältigen und verzweigten Probleme der ordnungsgemäßen Behandlung der Waffen nicht mehr im Griff haben konnten, war die Verantwortung den Offizieren übertragen worden. Vieles wurde direkt in Reglements festgelegt. Im Reglement für die Infanterie von 1726 werden festgestellte Mißstände bei der Gewehrkontrolle in einigen Regimentern direkt beim Namen genannt und daraus die notwendigen Aufgaben für Soldaten und Offiziere abgeleitet: «Weshalb Seine Königl. Majestät alles Ernstes befehlen, daß die Commandeurs der Regimenter die Captaines dazu anhalten sollen, das Gewehr im trefflichen Stande zu halten; Worauf die sämtliche Stabs-Officiers Acht haben, und davor rêpondiren sollen.»[33)] Das Gewehr sollte «allezeit in solchem Stande gehalten werden . . . als wenn es erst neu ausgegeben worden wäre . . .»[34)]. Was neben der aufwendigen Pflege der Uniform, des Lederzeugs und der Haare die Soldaten belastete, geht aus folgender Anweisung hervor: «Alles was Messing und Eisen ist, muß allezeit Spiegel-Blanck geputzet seyn.»[35)] Oft wurde dies so gründlich besorgt, daß die Laufwandungen der Gewehre über Jahre hinaus an Materialstärke beträchtlich verloren. Nicht nur aus Gründen der Ordnung und Disziplin achteten die Kompaniechefs auf den einwandfreien Zustand der Waffen. Sie selbst waren in höchstem Maße daran interessiert, denn Waffen waren Eigentum des Kompaniechefs. Gab ein Kapitän seine Kompanie auf, so mußte ihm sein Nachfolger für «Gewehr, Bajonet, Säbels, Unter=Officiers-Kurtz=Gewehr und Messingene Trommeln 800 Rthlr.»[36)] (Reichs-Thaler) bezahlen, wenn sie nicht älter als zehn Jahre waren, sonst 500 Rthlr. Für Reparaturen erhielt die Kompanie monatlich vom König fünf Rthlr.

WAFFENPRODUKTION

Waffenimporte von 1640 bis 1722

Die Anschaffung von Waffen und Rüstungsteilen durch Söldner selbst oder durch Kriegsobristen erschwert die Erforschung der Waffen, die in einer bestimmten Armee geführt wurden, und auch den Nachweis über die Hersteller und Lieferanten. Waffenkäufe sind schwer nachweisbar. In der Regel ermöglichen Bestellungen durch Landesherren oder deren Beauftragte, Einzelheiten über Waffentypen, Umfang des Auftrages, Produzenten und Lieferanten zu erschließen.

Eindeutig brandenburgisch-preußische Realstücke aus dem 17. und den beiden ersten Jahrzehnten des 18. Jahrhunderts sind außerordentlich selten. Das trifft auch auf zeitgenössische Bildquellen zu, auf denen Waffen und Rüstungsteile deutlich zu erkennen sind. Von einigen ehemals im Berliner Zeughaus befindlichen Gemälden von brandenburgischen Offizieren und Soldaten existieren nur noch Fotos.

An Material und Verarbeitung von Waffen und Rüstungen wurden so hohe Qualitätsanforderungen gestellt, daß diese nur von spezialisierten Handwerkern gefertigt werden konnten. Zunftordnungen ließen es auch nicht zu, daß andere als eingetragene Meister der differenzierten Zweige des Waffenhandwerks diese Kriegswerkzeuge herstellten. In kurbrandenburgischen Städten gab es zwar Büchsenmacher und Klingenschmiede, sie fertigten aber vorwiegend Jagd- und Schützenwaffen.[37)] Bestellungen von Hand- und Faustfeuerwaffen gingen an Büchsenmacher oder Lieferanten in Suhl und Zella in Thüringen, nach Essen, Lippstadt, Lüttich und Amsterdam. Eine beachtliche Bestellung erfolgte durch Kurfürst Friedrich Wilhelm im Jahre 1674 bei einem Gewehrhändler in Zella: 3000 Musketen mit Luntenschloß, 1000 Dragonermusketen mit Luntenschloß, 500 Feuerröhre (Karabiner mit Radschloß) und 500 Musketen mit Feuer- und Luntenschloß (Doppelschloß). 1675 wurden von der kurfürstlichen Kriegskasse für Teillieferungen dieses Auftrages bezahlt: Für 1050 Musketen je 1 Taler 8 Groschen, für 889 Dragonermusketen je 1 Taler 4 Groschen, für 58 lange Musketen mit Feuer- und Luntenschloß je 2 Taler 4 Groschen.[38)] In einigen Fällen werden die Waffen nach dem Lieferort oder dem Herkunftsland benannt. So führte das Anhaltische Regiment 1683 «Lippstädtische Flinten mit rotjuchtenen Riemen»; jede Kompanie des Regiments der Kurfürstin im gleichen Jahr «25 holländische Flinten».[39)] Der Begriff Flinte wird für Gewehre mit Feuersteinschloß gebraucht. Die Bezeichnung «holländische Flinten» kann sich sowohl auf Gewehre mit holländischem Schnapphahnschloß als auch mit Steinschloß beziehen. Umfangreiche Gewehrlieferungen erfolgten unter Kurfürst Friedrich III. aus Essen[40)]: 1689 an den kurbrandenburgischen Generalmajor Fürst Friedrich Ludwig zu Schleswig-Holstein innerhalb von vier Monaten 600 Gewehre mit Schnapphähnen; 1690 erfolgte eine Abschlagszahlung der General-Militär-Kasse in Berlin von 1000

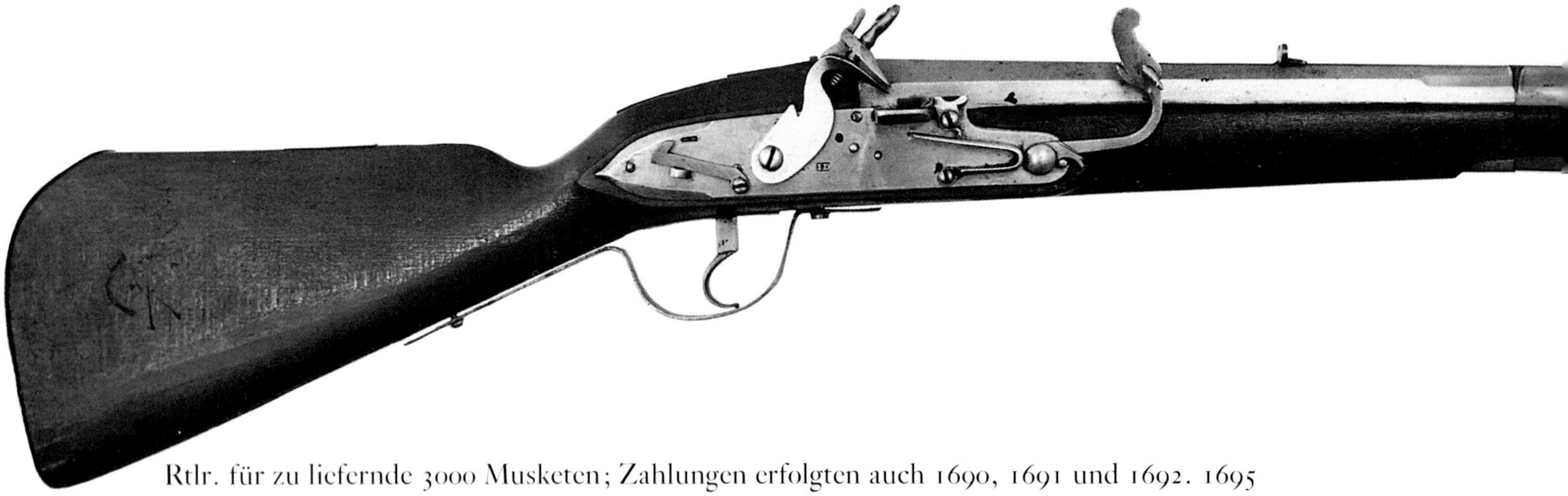

Rtlr. für zu liefernde 3000 Musketen; Zahlungen erfolgten auch 1690, 1691 und 1692. 1695 wurden nur Läufe nach Berlin und Lippstadt geliefert.[41] Für Gewehrlieferungen aus der Zeit König Friedrichs I. stehen neben schriftlichen Überlieferungen als Belege erhaltene Infanteriegewehre aus dem Museum Fürstenwalde/Spree und dem Zeughaus Berlin zur Verfügung. Die Identifizierung ermöglichen Beschau- oder Beschußstempel aus den Produktionsorten. In Suhl wurde bereits 1564 eine «Beschuß- und Schauordnung für die Meister des Büchsenbereiterhandwerkes des Stadtfleckens Sula» erlassen. Danach mußten alle über eine Elle langen Läufe «zu zweyn mahlen, geladen und beschossen werden».[42] 1596 heißt es im «Receß über die Rohrschmiede, Büchsenschmiede und Schäfterhandwerk»: «Sollen die Schaw (Beschau – H. M.) und beschießmeister, Die bißhero gewöhnlichen Zeichen, Nemlichen Drey buchstaben SVL beneben einer Hennen darauff Schlagen und Solcher gestalt Die Röhr vor Suhler und Kauffmannswahr bekrefftigen.»[43] Auf insgesamt vier Gewehrläufen der erhaltenen Originale in den genannten Museen sind die Zeichen «SVL» und die Henne (Wappentier der Grafen von Henneberg, zu deren Grafschaft die Stadt Suhl gehörte) eingeschlagen. Weitere Zeichen auf anderen Gewehren belegen die Herkunft aus Amsterdam, Zella und Essen. Der Name «DOELNE» auf dem Schloßblech weist einen niederländischen Schloßmacher nach.[44] Vor der Beschau hatten die Meister ihre Zeichen einzuschlagen. So heißt es in der Gewehrordnung von Essen aus dem Jahre 1695: «Der Laufschmiedmeister soll auf jeden Lauf sein Zeichen, warm und tief genug schlagen, damit es nicht leicht ausgeschliffen werden könne.» Im gleichen Jahre wird erneut festgelegt: «Die in der Probe gut befundenen Läufe sollen und zwar oben auf der Seite des Laufs gezeichnet werden. Auf einem feinen Lauf soll das Stadtschwert mit einer Krone geschlagen werden.»[45] Interessant ist eine weitere Festlegung aus dem Jahre 1676, daß nämlich «nebens dem Schwert auf die löpe (Läufe) geschlagen werden, ob es löpe von 10, 12, 14 oder andere Kugeln sein»[46]. In Kurbrandenburg hatte man sich für Gewehre entschieden, bei denen 14 Kugeln einem Pfund Gewicht entsprachen. «Am 18. Juli 1688 . . . angewiesen, sich mit neuem Gewehr von gleichem Kaliber, da 14 Kugeln auf ein Pfund gehen . . . zu versehen.»[47] 1704 wurde erneuert, «daß bei der Infanterie, wie schon 1688 bestimmt worden war, 14 Kugeln, bei den Reitern und Dragoner 16 und zu den Pistolen 24 Kugeln auf ein Pfund gehen sollten . . .»[48].

Friedrich III. hatte sich für die Erhebung des Herzogtums Preußen in ein Königreich in einem Kronvertrag gegenüber Österreich verpflichten müssen, im Falle eines Krieges 8000 Mann zur Verfügung zu stellen. Preußen sollte dafür 100 000 Taler Subsidien erhalten. Nach der Unterzeichnung am 16. November 1700 setzte eine wesentliche Verstärkung der Armee ein, die im Jahre 1704 auf 40 604 Mann anstieg.[49] Die Infanteriegewehre mit der

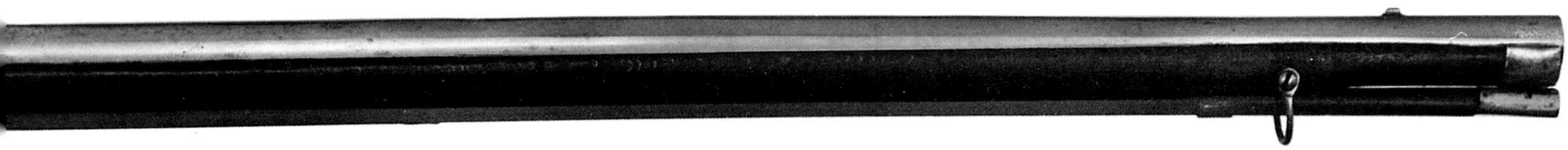

Muskete mit kombiniertem Lunten- und Steinschloß
Zella/Thüringen, um 1670/80
Seit dem letzten Viertel des 17. Jahrhunderts setzte sich das Steinschloß – erfunden um 1610 in Frankreich – auch bei militärischen Hand- und Faustfeuerwaffen in europäischen Heeren durch. Häufige Versager bei der Zündung führten dazu, daß anfangs aus Sicherheitsgründen Doppelschlösser mit dem bisherigen Luntenschloß und dem neuen Steinschloßmechanismus gefertigt wurden. Der bewegliche Haken sicherte den Hahn gegen unbeabsichtigtes Auslösen des Schusses.
Gl 143,5 cm; L des Laufes 103,5 cm; K 18 mm; G 4140 g; Inv.-Nr. W 59.1295

Innenansicht des Schlosses

Chiffre «FR» auf den Schloßblechen gehören zu den Aufträgen, um neue Regimenter zu bewaffnen, die dann im Spanischen Erbfolgekrieg eingesetzt wurden.

Zu den Großlieferanten von Gewehren gehörten auch Büchsenmacher aus Lüttich, insbesondere Angehörige der Familie Henoul. Sie hatten 1705 für die Grenadier-Garde, das Regiment Kronprinz zu Fuß, das Regiment Kronprinz zu Pferde und die Garde du Corps Pulverwaffen geliefert. Diese Beziehungen wurden unter Friedrich Wilhelm I. ausgebaut, und der Gewehrfabrikant François Henoul erhielt vom König am 25. April 1713 den Titel eines «Grand armurier de Sa Majesté le Roy de Prusse».[50)] Laut Archivmaterial[51)] erhielt Preußen in den Jahren 1717/18 von Henoul 200 Flinten für 1214 Rtlr. und 670 Paar Pistolen für 2728 Rtlr., 1718/19 aus Lüttich 700 und 1720/21 wiederum 450 Karabiner. Diese Gewehre wurden nach vorgegebenem und staatlich besiegeltem Muster gearbeitet. Fünf Infanteriegewehre sind in einer Privatsammlung auf Burg Forchtenstein in Österreich erhalten. Diese Henoul-Gewehre für die Infanterie werden in der Fachliteratur[52)] als «Modell 1713» bezeichnet, da in diesem Jahr die Neubewaffnung mit Henoul-Gewehren begann. Das Schloßblech des Gewehrs trägt die Bezeichnung «Henoul». Zur Neubewaffnung wurden auch Bestellungen in Suhl und Maastricht vergeben. Auf Burg Forchtenstein befindet sich ein Infanteriegewehr mit der Inschrift «IEAN KRANS A MASTRICH» und der Chiffre «FWR» auf dem Daumenblech. Dieses «Krans-Gewehr» entspricht in wesentlichen Merkmalen dem Henoulgewehr Modell 1713.[53)] Das Inventar der Königlichen Rüstkammer von 1718, früher im Zeughaus Berlin, bezeugt, daß bereits 1691 Henoulgewehre von brandenburgischen Truppen, die nach Ungarn zogen, geführt wurden. Das Inventar bestätigt auch Zugänge für 1714 und 1718.[54)] Im Jahre 1722 wurden Karabiner und Pistolen aus Essen bezogen.[55)]

Einrichtung und Entwicklung der Waffenmanufaktur in Potsdam-Spandau

Von den Grundsätzen merkantilistischer Wirtschaftspolitik geleitet, strebte Friedrich Wilhelm I. danach, die kostenaufwendigen Waffenimporte durch eine konzentrierte Produktion von Waffen im eigenen Lande zu ersetzen. Im Jahre 1721 beauftragte der König den Artillerieoberst Christian Nikolaus von Linger, Verhandlungen wegen des Aufbaus einer Waffenmanufaktur in Potsdam zu führen. Mehrere Entwürfe für die Errichtung der Gewehrmanufaktur wurden eingereicht, darunter auch von Philipp Henoul, dem Sohn François Henouls aus Lüttich. Philipp war als Faktor (Leiter des Betriebes) vorgesehen. David Splitgerber und Gottfried Adolph Daum, Inhaber eines Handels- und Bankhauses in Berlin, sollten Unternehmer der Waffenmanufaktur sein. In wenigen Jahren wurden sie in Preußen zu leistungsstarken und finanzkräftigen Handelsherren. 1719 hatten sie bereits den Kupferhammer bei Eberswalde gepachtet, nach der Potsdamer Gewehrmanufaktur 1722 pachteten sie 1725 den Zehdenicker Eisenhammer und 1729 das Hegermühler Messingwerk bei Neustadt-Eberswalde, alles wichtige Betriebe für Lieferungen an die Armee.

Für den Aufbau wurden staatliche Mitwirkung, finanzielle Hilfe und Vergünstigungen, aber auch staatliche Kontrolle vereinbart. Friedrich Wilhelm I. erließ am 31. März 1722 eine Allerhöchste Resolution, die Einzelheiten zwischen dem Staat und den Fabrikanten Splitgerber und Daum regelte:[56)]

«1. Der König liefert den Unternehmern die für die Fabrik und zur Wohnung notwendigen Gebäude in Potsdam und auf dem sogenannten ‹Plan› bei Spandau, auch ‹das große Arbeitszeug, nemlich die großen Ambose, Blasebälge, Feil-Kloben, so viel als zu der Fabrique in Potsdam, auch zu denen Platten-Hammer, Bohr- und Schleifmühlen vonnöthen›. Dagegen müssen die Unternehmer die Unterhaltungskosten für die Einrichtungen und die Beschaffung der kleinen Werkzeuge ‹als Zangen, Feile, Kloben› auf sich nehmen und den Arbeitern vorschußweise liefern. Diesen kann der Wert hierfür nach und nach am Lohn gekürzt werden.

2. Die aus fremden Landen angeworbenen Meister und Gesellen werden mit Familie und Umzugsgut entweder durch Gestellung von Vorspann frei befördert oder mit Geld entschädigt. Sobald sie aber in Potsdam angekommen sind, haben die Unternehmer für ihren Unterhalt zu sorgen, bis sie an die Arbeit gestellt werden.

3. Den Angehörigen der römisch-katholischen Kirche soll freie Religionsübung gestattet werden.

4. So viel Flinten, Karabiner und Pistolen, als in der Fabrik angefertigt werden, ‹tüchtig und untadelhaft, eben so gut und eben so conditionieret als dasjenige, welches zu Lüttich gemachet wird›, sollten in Lieferungen von 300 Stück bar bezahlt werden, und

zwar für eine Infanterieflinte mit Bajonett 6 Taler, 12 Groschen. Werden höhere Anforderungen als augenblicklich gestellt, soll sich der Preis dementsprechend erhöhen.

5. Den Büchsenmachern und Meistern im Lande wird gestattet, ihre Arbeit an die Fabrik zu verkaufen, die zunächst mit Lieferung der Bajonette nach Lütticher Muster so lange auf diese Bezugsquellen angewiesen bleibt, als sie noch nicht die Einrichtungen zu deren Herstellung hat.
6. Später sollen auch Kürasse, Degenklingen, Spontons, Kurzgewehre, Degengefäße usw. verfertigt werden.
7. Gewehrlieferungen an andere Mächte, ‹die nicht etwa mit Seiner Königl. Maj. oder den Alliierten in Krieg begriffen›, sind gestattet und sollen ‹Zoll und Licent- auch andere Imposten frey passieren›.
8. Die Unternehmer müssen die Materialien, Eisen, Stahl, Holz, Messing usw., ebenso wie andere Fabrikanten versteuern, die verfertigten Gewehre aber bleiben frei von allen Abgaben.
9. Von dem in großen Posten bezogenen schwedischen Eisen dürfen die Unternehmer für die Fabrik das beste aussuchen und das übrige nach Gefallen in Berlin oder anderswo an die Grob- oder Kleinschmiede oder andere verkaufen.
10. Den Arbeitern sollen besondere Vergünstigungen gewährt werden. Sie sollen nicht ‹unter den ordinairen Stadt-Magistrat, sondern immediate unter dem Königlichen Hofgerichte stehen und bey demselben ihr forum haben›. Obwohl ferner in Potsdam der König ‹en egard der dasigen Garnison, allen Brandtwein Schank ernstlich untersaget: So soll zwar denen Arbeiter der Fabrique frey stehen, Branntwein zu trinken und einen Marquetender anzunehmen, der solchen gegen Erlegung der gewöhnlichen Accise ausschenket, dieser aber soll sich bey Strafe der Karr nicht unterstehen, einigen Soldaten das geringste von Branntwein zukommen zu lassen.›
11. Die Gewehre werden ohne Flintenstein geliefert.
12. Das Pulver zum Beschuß der Läufe, den ein Artillerieoffizier überwacht, wird den Unternehmern unentgeltlich geliefert. Die brauchbaren Läufe, mit dem Zeichen des Meisters und nach dem Beschuß mit einem Adler gestempelt, kommen zum Schäften, die unbrauchbaren sind Ausschuß.
13. Der überwachende Artillerieoffizier probiert auch die Schlösser und läßt auf die brauchbaren einen Adler schlagen.
14. Den Arbeitern wird Schutz vor gewaltsamer Werbung, und, wenn sie sich in den Städten seßhaft machen wollen, das Bürger- und Meisterrecht unentgeltlich zugestanden. Auch sollen sie in die Zünfte aufgenommen werden. Hinsichtlich der Fabriktätigkeit aber unterstehen sie der Strafgewalt der Unternehmer, die auch das Recht haben, sie anzunehmen und zu entlassen.
15. Geeignete Jungen aus den Waisenhäusern in Potsdam und Berlin sollen als Lehrlinge in der Fabrik ausgebildet werden.
16. Die Materialien Eisen, Holz, Messing dürfen von den Unternehmen auch aus dem Ausland bezogen werden, um nur beste Werkstoffe zu verarbeiten.
17. Klagen über die Müller, die den Fabrikmühlen irgendwelchen Schaden zufügen sollten, sind von den Unternehmern sofort immediate dem König zu melden, der für ihre Beseitigung sorgen wird.
18. Für Holzkohlen soll den Unternehmern das erforderliche Holz bei Potsdam und Spandau für etwa 20 Jahre jedesmal zum Preise der Holztaxe überlassen, das Bauholz für Instandsetzungen aber unentgeltlich abgegeben werden. Wenn Steinkohlen den Arbei-

Büchsenmacher. Im Vordergrund eine Bohrmaschine, im Hintergrund eine Laufziehbank. Aus: Christoph Weigels Ständebuch, 1698

tern aus Lüttich ihrer Gewohnheit gemäß angenehmer sind als Holzkohlen, so sollen sie frei von allen Abgaben bleiben, also anders als die in Ziffer 7 genannten Materialien behandelt werden.

19. Die Unternehmer sollen ein staatliches Monopol auf Lieferung von Militärgewehren haben.
20. Andere Gewehrfabriken sollen im Lande nicht angelegt werden. Die freie Nutznießung der eingeräumten Gebäude und Wohnungen steht den Unternehmern zu, dagegen verbleibt dem König das Eigentum daran.
21. Auch wenn das Vertragsverhältnis aufhört, soll den Unternehmern wegen der zur Verfügung gestellten Häuser keine Nachrechnung gemacht werden, dagegen soll der Nachfolger ihnen die Kosten für angeschaffte Werkzeuge und Geräte ersetzen. Feuer- und Wasserschäden werden auf Kosten des Königs beseitigt. Mit den Unternehmern wird noch ein besonderer Vertrag geschlossen werden. ‹Und nach diesen allergnädigsten Resolutionen haben dieselben sich allerunterthänigst zu achten›.»

Der König drängte auf schnelle Fertigstellung und Aufnahme der Produktion, wie aus einem Brief an Oberst von Linger hervorgeht.[57] Durch die eigenen finanziellen und materiellen Leistungen und die Kontrolle der Produktion wollte Friedrich Wilhelm immer entscheidenden Einfluß auf die Firma behalten. Die Reglementierung bei der Materialbeschaffung und dem Verkauf der Waffen entsprach den dirigistischen Methoden in der Wirtschaftspolitik des Königs. Von unabhängigem Manufakturbürgertum konnte hierbei keine Rede sein.

Der König hatte den Fabrikanten eine Monopolstellung in der Handfeuerwaffenproduktion ausdrücklich zugestanden, für Preußen eine völlig neue Erscheinung. Erst Garantien und Sicherheiten, die der König den Unternehmern, den Meistern und Arbeitern zusicherte, ermöglichten die Realisierung seines großen Vorhabens, vom Import der Waffen weitgehend unabhängig zu werden.

Für die Errichtung eines durch Wasserkraft angetriebenen schweren Hammers für die Schmiedearbeiten, für ein Bohrwerk und eine Schleiferei hatten von Linger und Philipp Henoul einen günstigen Platz auf dem «Plan» östlich der Festung Spandau an der Havel ausgewählt. Alle anderen Gebäude, Werkstätten, Magazine und Wohnhäuser für die Arbeiter wurden in Potsdam zwischen Havel und ehemaliger Garnisonkirche errichtet. In Spandau sollten neben den Läufen, Schwanzschrauben, Ladestöcke, Blankwaffen und Kürasse gefertigt und mit Kähnen auf der Havel nach Potsdam befördert werden. Für die Fertigung von Schlössern, Beschlägen und Schäften sowie den Zusammenbau von Hand- und Faustfeuerwaffen war Potsdam vorgesehen.

Ein Hauptproblem war die Anwerbung von Fachkräften. In Lüttich warben Daum und Henoul 116 Meister und Gesellen für die Gewehrmanufaktur an. Notariell beglaubigte Einzelverträge, in denen bereits die hauptsächlichsten Arbeiten und Stücklöhne festgelegt waren, wurden für drei Jahre abgeschlossen. Den ausländischen Arbeitskräften wurden in vielerlei Hinsicht große Freizügigkeiten und finanzielle Vorzüge gewährt, wie aus der Resolution hervorgeht. Weitere Facharbeiter wurden aus Essen, Solingen, Suhl und Zella in Thüringen angeworben. Der König beorderte außerdem 15 Soldaten, die für Schlosserarbeiten geeignet waren, in die Manufaktur ab. Die Anzahl der Arbeiter stieg von 166 im Jahre 1722 auf 180 im Jahre 1723, im folgenden auf 220 und zwischen 1726 bis 1740 auf 300 Personen an. Das Werkgelände der Manufaktur mit Wohnhäusern, Gärten und einer katholischen Kirche lag an der heutigen Bauhofstraße in Potsdam. In 138 Wohnungen waren zeitweise 517 Menschen, davon 200 Arbeitende, untergebracht.[58] Der zielstrebige Ausbau

David Splitgerber (1683–1764), Kupferstich von G. F. Schmidt, Berlin 1766, nach einem Gemälde von J. M. Falbe

Gottfried Adolph Daum (1679–1743), Kupferstich von A. B. König nach einem Gemälde von A. Pesne

der Armee zu einem Machtinstrument nach innen und außen von 46 000 Mann zu Beginn bis auf 81 000 Mann am Ende der Regierungszeit Friedrich Wilhelms I. erforderte einen entsprechenden Anstieg der benötigten Waffen.

Um die spezifische Struktur der landeseigenen Gewehrmanufaktur in Preußen einschätzen zu können, ist es angeraten, die Gründung, Leitung und Organsiation dieser Manufaktur mit Produktionsstätten in einigen anderen europäischen Ländern kurz zu vergleichen. Die Entwicklung von der handwerklichen, zunftmäßig organisierten zur manufakturellen Produktion vollzog sich in den meisten Ländern dort, wo sich leistungsstarke größere Gruppen von Büchsenmachern niedergelassen hatten, sowie in Gegenden, in denen sich Erze, Holz oder Kohle und Wasserläufe befanden. Dezentralisierte Manufakturen mit speziellen Laufschmieden, Schloßmachern und Schäftern, die in eigenen kleinen Werkstätten arbeiteten und das Material von einem kapitalkräftigen Unternehmer, der meistens die Handfeuerwaffen verkaufte, erhielten, gab es in mehreren europäischen Ländern bereits in der ersten Hälfte des 17. Jahrhunderts. Sie lieferten sowohl Jagd-, Schützen- als auch Militärgewehre. Die Bildung von zentralisierten Manufakturen, die nur oder fast ausschließlich für den Heeresbedarf produzierten, fand jeweils zu dem Zeitpunkt statt, an dem stehende Heere aufgestellt wurden. Die neuen Produktionsformen und Abhängigkeiten stießen bei den Büchsenmachern häufig auf Widerstand. So widersetzten sich beispielsweise Unternehmer und Handwerker von Charleville in Frankreich den Bestrebungen des Staates, die gesamte

Produktion für den Heeresbedarf zu reservieren. Die Militärbehörden bestanden jedoch darauf und richteten 1675 ein «Magazin Royal» und 1688 eine «Manufacture Royal» unter Leitung von Fabrikanten für die Verlagsproduktion ein. Gleichartige Organisationsformen bildeten sich in St. Etienne und Maubeuge heraus. In St. Etienne und der näheren Umgebung waren 1727, ein Jahr der Hochkonjunktur, für die militärische und zivile Waffenproduktion 470 Meister und rund 3500 Arbeiter tätig. Die eigentliche Manufaktur beschäftigte 1769 insgesamt 1100 Mann.[59)]

Wie in der Heeresorganisation und der Gefechtstaktik hatte König Gustav II. Adolf von Schweden auch in der Gewehrproduktion für seine Zeit eine ungewöhnliche, der Zeit vorauseilende, effektive Organisation durchgesetzt. Um für seine Armee einheitliche Typen von Handfeuerwaffen in größerer Zahl und in guter Qualität zu sichern, verstaatlichte er zwischen 1627 bis 1632 alle Werkstätten und dezentralisierten Manufakturen, von denen es in Schweden wegen der reichlichen Erzvorkommen eine relativ große Zahl gab, so in Arboga, Huskvarna und Jönköping, in Norrköping, Norrtälje, Örebro und Söderhamn. Auch Dorfschmieden wurden in das Organisationsnetz der Waffenproduktion einbezogen. Sie mußten die Teile für Handfeuerwaffen an Werkstätten abliefern. Nach der Endabnahme erfolgte eine staatliche Qualitätskontrolle. Zusätzlich importierte Schweden noch Handfeuerwaffen aus den Vereinigten Niederlanden und aus deutschen Territorien. Mit der Einführung des Steinschloßgewehres Modell 1690 unter König Karl XI. wurde die Schloßherstellung weitgehend in Huskvarna konzentriert, das auch im 18. Jahrhundert Schwerpunkt der Gewehrproduktion war.[60)]

Wegen der Kleinstaaterei bestanden im «Heiligen Römischen Reich Deutscher Nation» für die Herstellung von Handfeuerwaffen besondere Bedingungen. Die Entwicklung hochproduktiver Zentren für die Bewaffnung der Armeen kleinerer und mittlerer Territorialstaaten lohnte sich nicht, da diese Armeen in sehr kurzer Frist mit Waffen ausgerüstet werden konnten, und die Gewehre lange gebrauchsfähig blieben. Nur bei der Chance, Waffen exportieren zu können, bestand Aussicht auf Rentabilität. In dieser Hinsicht hatten sich die Produktionszentren in Suhl, Essen und Lüttich als Lieferanten für deutsche und viele europäische Staaten etabliert. Auf die Leistungsfähigkeit der Suhler Büchsenmacher wurde bereits hingewiesen. Diese Stadt galt in Zusammenarbeit mit Zella als «Rüstkammer Europas». Drei Innungen hatten sich im 16./17. Jahrhundert herausgebildet, die der Rohrschmiede, der Schlosser-Sporer-Büchsenschmiede und Windenmacher sowie die der Schäfter. Zur Organisation der Handwerker vermerkt J. S. Hallens 1764[61)]: «Die Einwoner der beiden lezztern Oerter sind in gewissem Verstande ihre eigene Herren zu nennen, es steht ihnen frei, für wen sie wollen zu arbeiten . . .» Diese Freiheit bestand jedoch nur in Zeiten der Hochkonjunktur, das beweisen die zahlreichen Auseinandersetzungen mit den Gewehrhändlern, die auch das Stadtregiment führte. Zeitweise waren zehn bis zwölf Ratsherren in Suhl Gewehrhändler. Im Jahre 1705 lieferte der Ratsbürgermeister, ein Gewehrhändler, allein nach Dresden 26628 Waffen.[62)] Die Suhler Gewehrfabrikation darf also als dezentralisierte Manufaktur angesehen werden.

Auf der Basis eines traditionsreichen Büchsenmachergewerbes entwickelte sich zu Beginn des 18. Jahrhunderts auch in Ferlach/Kärnten die Herstellung von Handfeuerwaffen unter Leitung von Verlegern und Waffenhändlern. In Steyr/Oberösterreich entstand 1655 auf kaiserlichen Befehl die erste Gewehrmanufaktur.[63)] 1726 bewarb sich der Armaturgewehr-Inspektor Anton Penzeneter um die Errichtung einer Gewehrmanufaktur für Lieferungen an das Militär. Er bot an, bessere und billigere Militärgewehre zu liefern als andere Produzenten, verlangte jedoch eine Garantie für jährlich 6000 bis 8000 Gewehre, die der Staat ankaufen müßte.[64] Durch staatliche Direktive und unter militärischer Kontrolle ließ Peter der Große in Tula 1705 eine zentralisierte Gewehrmanufaktur errichten. Selbständige Waffenhandwerker aus Tula wurden gezwungen, in dieser Manufaktur zu arbeiten. Im Jahre 1714 erfolgte eine zweite Gründung in Sestrorezk (Süsterbeck), doch erst seit 1721 läßt sich eine größere Produktion nachweisen. Die Fabrik wurde mit niederländischen Fachleuten errichtet, 1735 wurde sie unter militärische Verwaltung gestellt.

In England wurden militärische Handfeuerwaffen ursprünglich in London gefertigt, jedoch ein großer Teil auch aus Lüttich und anderen niederländischen Produktionsstätten importiert. Steigende Aufträge für das stehende Heer und für die Kolonien förderten das Büchsenmachergewerbe in Birmingham, wo in der Umgebung Eisenerz, Kohle und Wasserkraft reichlich zur Verfügung standen. Läufe wurden in größeren Werkstätten, Einzelteile in Familien- und Kleinbetrieben hergestellt. Bei Großaufträgen schlossen sich spezialisierte Handwerksmeister oft zu Interessengruppen zusammen.

Die hier in Kürze aufgezeigten Struktur- und Organisationsformen von zentralisierten und dezentralisierten Gewehrmanufakturen lassen die Besonderheiten und Schwierigkeiten der Entstehung und Entwicklung der Potsdam-Spandauer Manufaktur erkennen. Sie entstand nicht an einem Ort mit traditionsreichem Büchsenmacherhandwerk, nicht in einer Gegend mit geeigneten Erzvorkommen. So mußten Eisen aus Schweden, Steinkohle aus England eingeführt, die Facharbeiter aus anderen Zentren der Gewehrproduktion angeworben werden. In Preußen nahmen der König und Militärbehörden beim Aufbau, bei der Einrichtung, der Organisation und des Produktionsablaufes der Manufaktur direkten Einfluß. Das reichte vom Auftrag an den Artillerieoberst von Linger bis zur Endabnahme der Waffen durch Kontrolleure der Armee. Die Unterstützung durch den Staat garantierte den Aufbau des Betriebes innerhalb eines Jahres, so daß bereits 1723 insgesamt 10 000 Gewehre ausgeliefert werden konnten. Die für Potsdam-Spandau angeworbenen, weil dringend benötigten ausländischen Arbeiter konnten dem König von Preußen nach bereits vielen zugesicherten Freizügigkeiten noch weitere Bedingungen stellen,[65] die sich am neuen Arbeitsplatz ergaben.

Wie die Beispiele aus Schweden, Frankreich und Rußland zeigen, setzten Monarchen in anderen Staaten zum Teil ohne Rücksicht auf historisch gewachsene Arbeitsbedingungen von Büchsenmachern die Errichtung von Gewehrmanufakturen durch. Auch diese Monarchen waren typische Vertreter absolutistischer Herrschergewalt, die im Interesse ihrer Armee Wirtschaftsstrukturen veränderten. In Preußen war es ein völliger Neubeginn der Gewehrmanufaktur ohne derartige Probleme. Waffenmanufakturen waren ein sehr konjunkturabhängiger, risikoreicher Wirtschaftszweig mit Folgen des Kapitalverlustes für Unternehmer und in Zyklen mit sozialem Elend der Arbeiter. Die Neuaufstellung von Truppen für bevorstehende Kriege und Verluste an Waffen in den Schlachten gaben wesentliche Impulse für die Produktion. Sehr schnelle Auftragserledigung war in diesen Situationen stets notwendig. In Krisenzeiten wurde der Pesonalbestand an Meistern und Gesellen gering gehalten, und in Konjunkturzeiten fehlten deshalb oft die erforderlichen Fachkräfte. So konnte auf den Waffenimport nicht ganz verzichtet werden. Während des Siebenjährigen Krieges waren sowohl Friedrich II. als auch Maria Theresia gezwungen, im Ausland Gewehre zu kaufen. Der preußische König erwarb allein in Suhl zwischen 1757 und 1762 20 000, im Jahre 1762 in den Niederlanden 12 000 Gewehre.[66] Österreich bestellte 1757 bei Gewehrlieferanten in Lüttich 25 000 Flinten. Sowohl Potsdam als auch Steyr, Hainfeld, Ferlach und Wien konnten die Verluste an Gewehren im Kriege nicht in der erforderlichen kurzen Zeit ersetzen. Schweden bezog die ersten neuen Steinschloßflinten aus Holland. Rußland führte

Handfeuerwaffen aus Holland und Preußen ein.[67] Das zentralisierte Frankreich konnte auf drei leistungsstarke Zentren für die Produktion von Militärwaffen zurückgreifen: Charleville, Maubeuge und St. Etienne. Es mußte jedoch 1792 eine neue Waffenfabrik, die «Manufacture de Versailles», gründen, um den Bedarf wegen der Volksbewaffnung decken zu können. Facharbeiter wurden dazu aus Lüttich angeworben, 1793 begann der Aufbau einer Manufaktur in Mutzig/Bas-Rhin.

Fertigungsmethoden bei Handfeuerwaffen

Bei der handwerklichen Fertigung von Hand- und Faustfeuerwaffen in Büchsenmacherwerkstätten und im Rahmen der dezentralisierten Manufaktur teilten sich spezialisierte Lauf- oder Rohrschmiede, Schloßmacher, Schäfter und Büchsenmacher die Arbeit. Die letzteren setzten die Einzelteile zusammen und verkauften sie. Aus Zentren der Produktion wie beispielsweise Suhl, wurden jedoch auch nur Gewehrläufe in hoher Zahl geliefert. Bei Aufträgen für den zivilen Bedarf stellten die einzelnen Büchsenmacher oft auch alle Teile selbst her. Großaufträge für die stehenden Heere förderten eine weitere Differenzierung und Spezialisierung im Arbeitsprozeß.

In der Potsdam-Spandauer Gewehrmanufaktur war der Auftragnehmer zunächst die Firma Splitgerber und Daum. Sie vergab die Arbeiten an die Meister der einzelnen Fertigungsstufen innerhalb der Manufaktur, die das Risiko bei der Qualitätsprüfung zu tragen hatten. Der vertraglich festgesetzte Stückpreis setzte sich aus den Einzelpreisen der Meister zusammen. Er betrug beispielsweise um 1723 für ein Gewehr 4 Taler. Die Unternehmer erhielten vom preußischen Staat 6 Taler 12 Groschen.

Nach F. L. Streit gab es folgende spezialisierte Arbeiter in einer Gewehrmanufaktur: Hammerschmiede (bearbeiteten die Platinen), Rohrschmiede, Rohrverschweißer, Laufbohrer, Schleifer, Polierer, Garniseure oder Rohrverschrauber (fertigten die Schwanzschrauben und setzten sie ein), Arbeiter für die Beschußproben, Schloßmacher, Ekipagenschmiede (bohrten Zündlöcher, löteten das Korn auf, schnitten alle Schrauben), Gelbgießer, Messingfeiler, Bügelmacher, Schäfter, Schmiede für Ladestöcke, Laufstangen für Karabiner, Bajonette und Krätzer, Graveure, Bajonettaufpasser (schnitten Bajonettüllen ein) und Ekipeure, auch Reparierer genannt (setzten die Waffe zusammen). Arbeiter schnitten mit Laufziehmaschinen in Läufe der Büchsen die Züge ein. Wie die unterschiedlichen Markeneinschläge erkennen lassen, war die Herstellung und Bearbeitung der Messingbeschläge oft auch noch unterteilt.

Das Material für die Gewehrteile erhielten die einzelnen Meister gegen Bezahlung von der Firma Splitgerber und Daum. Wie bereits angedeutet, wurden auf dem Plan in Spandau Läufe, Ladestöcke und Bajonette, ferner Klingen für Degen, Säbel, Pallasche, Spontons, Unteroffizierskurzgewehre und Kürasse gefertigt.

Das Eisen für Gewehrteile wurde aus Schweden eingeführt und zwar in Stäben von zehn bis zwölf Fuß lang, drei Zoll breit und ½ Zoll hoch (ein Fuß oder Schuh zu zwölf Zoll war 0,31 Meter lang). Entsprechend der gewünschten Lauflänge wurden die Stäbe geteilt, erwärmt und unter dem von Wasser getriebenen Eisenhammer zu Platinen geschmiedet. Wegen des Verlustes bei der weiteren Bearbeitung mußte das Gewicht der Platine größer sein als das des fertigen Laufes. Die Platinen für Gewehrläufe waren wegen der unterschiedlichen Laufstärke von der Laufmündung bis zum Pulversack unterschiedlich breit.[68] Der Rohrschmied schlug auf einem Amboß die glühend gemachten Platinen um einen eisernen Dorn, der kleiner als das Laufkaliber war. Die Seiten der Platinen reichten etwa 1½ Zoll übereinander. Sie wurden bei wiederholtem Glühen des Rohres mit schnellen Hammerschlägen zusammengeschweißt, die Läufe auf einem Amboß in die gewünschten Laufstärken mit Pulversack und Verjüngung gehämmert. Hiernach steckte der Rohrschmied den Dorn in den Lauf, und dieser wurde noch einmal mehrere Male geglüht und unter schnellem Drehen mit geschwinden Schlägen gehämmert, so daß das Eisen fest und verdichtet wurde. Vier bis fünf Läufe von gleichem Kaliber konnte ein Laufschmied an einem Tag schmieden. Mit einer von einem Wasserrad angetriebenen Bohrmaschine wurde der Lauf ausgebohrt. Streit schreibt dazu: «Der Bohrer ist viereckig, von gehärtetem Stahl, mit vier scharfen Schneiden, seine Länge ist etwa 10 Zoll . . . Zum Ausbohren werden mehrere Bohrer gebraucht, deren Zahl oft bis 20 steigt, der Folgende immer etwas größer als der Vorhergehende, bis der Lauf das bestimmte Kaliber hat. Der Bohrer wird jedesmal wohl geölt in den Lauf gebracht und während des Bohrens wird der Lauf allmählich vorgedrückt, bis er ganz ausgebohrt ist.» Da sich der Lauf beim Bohren oft krümmte, wurde er mit Wasser gekühlt. Mit einem Bleizylinder, der in sehr feinen Schmirgel und Öl getaucht wurde, beseitigte man die feinen Striche, die der Bohrer im Lauf verursacht hatte. Auf Schleifsteinen, von Wasserrädern angetrieben, erhielt der Lauf die endgültige runde oder kantige Form. Auf einer Ziehbank schnitten Handwerker Züge in Büchsenläufe ein. Johann Samuel Halle hat im 3. Band seines Buches «Werkstaete der heutigen Künste oder die neue Kunsthistorie» aus dem Jahre 1764 eine Laufziehmaschine abgebildet und beschrieben. Auf einer Holzbohle war ein Zugrohr mit eingeschnittenen Zügen befestigt, in dem ein gewundenes bewegliches Bleirohr lief, mit dem die Züge und der Drall mit Hilfe eines Schneidkolbens in den starrbefestigten Lauf eingeschnitten wurden. Auf der Ziehstange steckte «ein kleines Hölzchen, welches mit gefeiltem Drahte ausgelegt ist . . . Diese kurzen Zähne des hölzernen Kolbens sind es eben, die die Furchen in die Seele einfeilen müssen». Der hölzerne Kolben konnte mit zwei, drei oder vier Schneiden versehen sein. Wurde die Zugstange zurückgezogen, so folgte der Schneidkopf der Drehbewegung des Bleikolbens und schnitt gewundene Züge ein. Mit einer Einstellscheibe, die eine numerierte Einteilung besaß, ließ sich der Mutterlauf mit seiner Ziehvorrichtung um bestimmte Grade drehen und wieder festlegen. Dadurch konnte die Anzahl der Züge bestimmt und ein genauer Abstand von Zug zu Zug eingehalten werden. Die Büchsenläufe hatten in Preußen sieben oder acht Züge.[69]

Schloßteile entstanden in Handarbeit in dem Potsdamer Werk durch Ausglühen der Schmiedestücke aus Eisen und durch Formen mit dem Schmiedehammer auf dem Amboß. Mit groben Feilen entfernte man den Zunder, bearbeitete die Stücke mit feinen Feilen und überprüfte die Teile mit Lehren. Johann Georg Krünitz berichtet, daß ein Schmied mit seinem Gesellen täglich Schloßbleche, Batterien, Hähne, Studeln und Stangen für acht Schlösser abliefern konnte. Die stark beanspruchten Schlag-, Batterie- und Stangenfedern bestanden aus Stahl. Auf die Schlagfläche der Batterie wurde eine dünne Stahlschicht aufgeschweißt, die Stahlteile einem besonderen Härteverfahren unterzogen, rotwarm in kaltem Wasser abgekühlt, mit Talg bestrichen und auf Kohlen abgebrannt, anschließend in trockenem Sand abgekühlt.[70] Vor dem Härten schnitt ein Graveur mit einem Grabstichel auf der Außenseite des Schloßbleches die Bezeichnung «POTZDAM MAGAZ» und auf der unteren Schrägkante des Schloßbleches die Anfangsbuchstaben der Firmeninhaber ein.

Einzelheiten berichtet Streit auch über die Herstellung des Ladestockes: «Zu dem Ladstock wird höchstens 2¼ Pfund Stahl und 1¼ Pfund Eisen verbraucht. Der Stahl wird zuerst unter dem Reckhammer gereckt und dann von den Klingenschmieden mit einem Gesenke auf dem Amboß geschmiedet. Das Eisen zum Kopf wird angeschweißt und das Krätzergewinde auf einer besonderen Maschine eingeschnitten. Den Krätzer verfertigt der Krätzermacher. Der geschmiedete Ladestock wird hierauf gehärtet, geschliffen und poliert.»[71] Für den Krätzer verwendete man dünnes Stabeisen, das vorn mit dem Meißel gespalten wurde, so daß aus den beiden Enden zwei spiralförmige, korkenzieherartige Arme gedreht werden konnten. Bei Ladestöcken der frühen Gewehrtypen wurde der Krätzer auf ein Gewinde des dünnen Endes des Ladestockes aufgeschraubt, bei späteren in ein Gewinde des Kopfes eingeschraubt. Der Krätzer diente zum Herausziehen nicht abgefeuerter Patronen und Geschosse, auch von Pflastern und Putzlappen.

Für Schäfte von Handfeuerwaffen wurde Nußbaumholz bevorzugt. Es mußte jedoch zum größten Teil aus dem Ausland, vorwiegend aus Italien, Burgund und Nordafrika, beschafft werden. Johann Samuel Hallens lobte das Nußbaumholz aus der Gegend von Frankfurt am Main und meinte, daß das aus der Schweiz spröder sei und leicht Risse bekäme.[72] Neben Nußbaumholz wurden in Potsdam auch Ahorn und Buche verwendet, insbesondere in Kriegszeiten, jedoch auch schon für das Infanteriegewehr M 1723. Gegen die Anordnung, derartige Holzsorten zu verwenden, protestierten Büchsenschäfter und Fabrikanten des öfteren, weil es sich schwerer bearbeiten ließ, mehr Werkzeug kostete, nicht so dauerhaft und leicht wäre sowie mehr Feuchtigkeit bei Regenwetter anziehe.

Das Schaftholz mußte ohne Äste und Risse sein. «Es ist zu den Soldatenmusketen am besten, wenn es jung und schön weiß ist, indem ein junges Holz Zähigkeit und eine Eigenschaft bei sich führt, welche macht, daß die Beize keine üblen Eindrücke darin machen kann.»[73]

Die Schäfter erhielten das Schaftholz in annähernd bemessener und zugehauener Form. Für jedes Modell einer Handfeuerwaffe besaßen sie einen Modellschaft. Mit Ausnahme des Bajonetts erhielten sie außerdem alle Gewehrteile, die genau angepaßt werden mußten. Der Arbeitsablauf war bei allen Schäftern im wesentlichen im 18. Jahrhundert gleich, und J. S. Hallens schildert ihn sehr präzise[74]: »Man schraubet den erhandelten Schaft in den Schraubstocke, . . . man legt den Lauf auf, man ziehet die Linien desselben mit dem Schnizzer vor, man hebt das Holz mit dem Holzeisen heraus, wenn man solches vorher nach der Linie eingehauen. Alle Stellen, welche eingehauen werden, müssen mit dem Schnizzer, den der Hammer schlägt, vorgezogen werden. Nach diesem haut man das Lager zu dem Schlosse aus, man bort die Schraubenlöcher an die gehörigen Stellen, alles nach dem angepasten Schlosse . . . (dann) wird das Seitenblech eingesenkt . . . Nach diesem haut man an dem Fusse des Schaftes die Tiefe zu den Kappen aus, nachdem man ihm seinen proportionirlichen Ausschnitt für die Krümmung gegeben . . . Das Abzugsblech mit dem Abzug wird eingehauen, das Loch zu den Haften gebort, und der Lauf mit der Schraube des Abzugsbleches (Kreuzschraube) eingeschroben. Nun bort man den Abzug, so daß er eine freie Spielung behält, man sezzt den Biegel an, man formirt die Länge vom Schlosse bis zum Spizzröhrchen, nebst der Nut, worinnen die Röhrchen zu sizzen kommen werden. Das Loch für den Ladestock, der zum Theil verborgen fortläuft, wird mit einem sehr dünnen und langen holborer aufgebort; doch so, daß er nicht die Schlosschraube berüre . . . Man haut also die Stelle zu den Röhrchen ein, man schneidet den Schaft rund mit dem Schneidemesser als ob er rund gedreht wäre.»

Alle diese Arbeiten mußten mit höchster Präzision ausgeführt werden, da insbesondere die Verbindungen der Einzelteile mit Schrauben oder Stiften von vornherein genau passen mußten. Auch das Schloß mußte entsprechend der Höhe des Zündloches einwandfrei in das Schloßlager zu liegen kommen.

Die Oberflächen der «Kommisgewehre» wurden wie folgt behandelt[75]: «Man ziehet nämlich ihre Schäfte mit der Ziehklingen gleich, man beizet sie mit Scheidewasser über dem Feuer, man reibt sie mit Schafthalm und Bimstein glatt, man überzieht sie mit dem roten Alkannenöle, und der lezzte Glanz wird von Bimstein und Tripel aufgerieben. Wenn man den Schaft schwarz beizen will, so vermischt man Scheidewasser mit Eisenfeile, und man trägt den reinen Auszug davon einige male nach einander auf.» Ein besonderer Kontrolleur überprüfte nach Fertigstellung des Schaftes noch einmal den Sitz und die Funktion von Einzelteilen des Gewehres, und die Teile erhielten für die Endmontage römische Zahlen eingeschlagen, damit sie nicht mehr mit anderen vertauscht werden konnten. Nach dem Polieren des Laufes, dem Härten des Schlosses und der Oberflächenbehandlung des Schaftes setzte der Reparierer die Teile zusammen und probierte den Sitz des Bajonettes.

Bereits bei den Henoulgewehren hatte zur Qualitätskontrolle ein Beschuß stattgefunden[76], der mit einem Beschußstempel gekennzeichnet wurde. In der «Allerhöchsten Resolution» vom 31. März 1722 wurde festgelegt, daß ein Artillerieoffizier diesen Beschuß überwacht und daß die mit dem Zeichen des Laufschmiedemeisters gekennzeichneten einwandfreien Läufe «nach dem Beschuß mit einem Adler gestempelt»[77] werden. Die in Spandau gefertigten Läufe wurden einer Beschußprobe unterzogen. Dazu schraubte der Rohrverschrauber eine Behelfsschwanzschraube ohne Schwanzschraubenblatt ein.[78] Zum Nachweis der Haltbarkeit der Läufe erfolgte der Beschuß oft mit doppelter kugelschwerer oder auch nur mit kugelschwerer Ladung. J. S. Hallens berichtet dazu allgemein: «Man probirt Gewehre erst mit gewöhnlicher, dann mit doppelter Ladung!» Das in der Papierpatrone enthaltene Pulver entsprach etwa der Hälfte des Kugelgewichts.

25 Läufe wurden in der Regel gleichzeitig beschossen. Sie lagen dicht beieinander in einer Bettung und wurden mit einem Holzriegel festgelegt. Eine mit Zündpulver bestreute Rinne entflammte dicht hintereinander die Ladungen.[79] Der Beschuß von Jagdgewehrläufen erfolgt in dieser Weise mit Schwarzpulver noch bis in die Gegenwart, beispielsweise in Suhl.

Nach dem ersten Beschuß wurden ein, später auch drei Adlerstempel auf die Oberseite, seltener auf die Laufunterseite am Pulversack eingeschlagen. Gelegentlich finden sie sich auch an der Unterseite des Schwanzschraubenblattes.[80] Dieter Lehner meint, daß bei zwei Beschußproben der Endbeschuß mit einem Adlerstempel am Schweifteil der Schwanzschraube besiegelt wurde. Für die Abnahme wurden bestimmte Tage zwischen Fabrikanten und Artillerieoffizieren bzw. Fabrikenkommissaren vereinbart.[81]

Lederzeug, wie Gewehrriemen und Batteriedeckel zum Schutz gegen Regen, Bandeliere für die Kavallerie und auch Scheiden für die Blankwaffen lieferte die Gewehrmanufaktur nicht. Das bestellten die Regimenter bei entsprechenden Handwerkern.

Über die Fertigung der Beschläge der Handfeuerwaffen sind in den angeführten Werken, die sonst über Arbeitsgänge ausführlich berichten, wenig Einzelheiten überliefert. Messing für die Beschläge lieferte das Messingwerk in Hegermühle bei Neustadt-Eberswalde nach Potsdam. Röhrchen, Abzugsbügel, Schloßgegenblech (Schlange), Daumenblech und Kolbenkappe bestanden aus Messingguß, das Nasenband wurde aus Messingblech gebogen, Riemenbügel, Abzugsblech und der Abzug wurden aus Eisen geschmiedet. Johann Georg Krünitz schreibt zur Fertigung der Beschläge: «Die messingenen Garnituren der Militärgewehre wurden früher aus geschlagenem Metall gestanzt und dann gebogen; jetzt werden sie in Sand- oder Lehmformen gerade gegossen und dann über Dorne gebogen und gelöthet.»[82]

Die Überprüfung von Beschuß- und Abnahmestempeln, von Meisterzeichen der Laufschmiede und Schloßmacher sowie anderer Kennzeichnungen von Einzelteilen der preußischen Gewehre und Pistolen von 1723 bis 1806 aus der Waffensammlung des Zeughauses Berlin ermöglicht eine gewisse Gesamteinschätzung dieser Problematik. Bei sämtlichen Waffen wurden alle Einzelteile demontiert (bis auf wenige Ausnahmen, bei denen eine Beschädigung durch die Demontage zu befürchten war), um Stempel und Marken auch auf den Rückseiten der Teile feststellen zu können. Eine Waffe, das Infanteriegewehr M 1740 (Inv.-Nr. W 57.258) besitzt 23 Kennzeichnungen auf Einzelteilen. Allein in den Lauf sind neun Zeichen eingeschlagen, davon ein preußischer Adler auf der Oberseite und drei auf der Unterseite, ferner fünf Marken mit Buchstaben (s. Tabelle, S. 225). Das mit «POTZDAM MAGAZ» und «VLW» auf der Vorderseite des Schloßbleches gekennzeichnete Schloß trägt an der Innenseite ebenfalls zwei Adlerstempel. Wichtig ist die Feststellung, daß fast alle Teile der Messingbeschläge auf der Rückseite ebenfalls Einschläge besitzen: die Röhrchen «I» oder «III», das Spitzröhrchen ein «S», die Schlange in einem Rechteckdie Buchstaben «TRZ», der Abzugsbügel in einem Rechteck «STR» und das Kolbenblech ebenfalls in Rechteck die Buchstaben «TRZ». Ohne Zweifel handelt es sich bei diesen Einschlägen um Marken oder Kennzeichnungen der zuständigen Meister oder Manufakturarbeiter. Die Teile belegen den differenzierten Arbeitsprozeß in der Potsdam-Spandauer Gewehrfabrik.

Die Allerhöchste Resolution zur Errichtung der neuen Gewehrmanufaktur vom 31. März 1722 legte fest: «Das Pulver zum Beschuß der Läufe, den ein Artillerieoffizier überwacht, wird den Unternehmern unentgeltlich geliefert. Die brauchbaren Läufe mit dem Zeichen des Meisters und nach dem Beschuß mit einem Adler gestempelt . . .» Artillerieoffiziere wurden für die Kontrolle ausgewählt, weil sie gute Kenntnisse über Schießpulver und größeres technisches Wissen als Offiziere anderer Waffengattungen besaßen. Wie die Tabelle (s. S. 225) ausweist, sind sehr häufig drei Adlerstempel auf der Oberseite der Läufe eingeschlagen. Einzelne Adlerstempel befinden sich auch an der hinteren Laufseite oder auf der Unterseite. Die Adlerstempel sind in jedem Fall als Abnahmestempel für Läufe und Schlösser zu werten. In einigen wenigen Fällen, bei Pistolen, befindet sich ein Adlerstempel auch auf dem Schwanzschraubenblatt und auf der Bodenfläche der Laufwandung.

Die Fülle von Marken und Stempeln am Hinterstück des Laufes läßt den Schluß zu, daß mehrere Meister, die an der Herstellung beteiligt waren, ihr Zeichen einschlugen. Dazu gehören neben dem Rohr- und Laufschmied der Bohrmeister, der Schleifer und der Rohrverschrauber. Fest steht, daß der Rohrschmied seine Marke an der Unterseite einschlug, da der Lauf an dieser Stelle nicht poliert wurde und die Marke nicht verwischt werden konnte. Auch Umänderungen der Läufe, wie Kürzen oder Einarbeiten eines konischen Zündloches, werden ihre Besiegelung durch eine Marke oder ein Zeichen erfahren haben.

Eine wesentliche Hilfe bei der Datierung von preußischen Handfeuerwaffen sind die Kennzeichnungen auf der Vorderseite des Schloßbleches. Seit 1722 war es üblich, diese mit der Bezeichnung «POTZDAM MAGAZ» (meist «AM» = ligiert) zu kennzeichnen. An der abgeschrägten Unterkante des Schloßbleches stehen außerdem eingravierte Anfangsbuchstaben der Inhaber der Gewehrmanufaktur Potsdam:

«S et D» = Splitgerber und Daum
(Kennzeichnung von 1722 bis 1774)
«D S E» = David Splitgerbers Erben
(Kennzeichnung von 1775 bis 31. 12. 1795)
«G. S» = Gebrüder Schickler
(Kennzeichnung vom 1. 1. 1796 bis 1853)

Erst mit dem sogenannten Nothardtgewehr wird ab 1802 die Kennzeichnung «POTZDAM MAGAZ» durch die Ortsbezeichnung «POTSDAM» abgelöst, jetzt statt mit «Z» mit «S» geschrieben. Beim Nothardtgewehr fehlt auch die Firmenbezeichnung auf dem abgeschrägten Rand des Schloßbleches.

Von 41 untersuchten Handfeuerwaffen des Zeughauses Berlin tragen 33 Meistermarken auf dem Schloßblech, 32 an der Innenseite und nur eine an der Außenseite. In weitere zwei ist nur der Adlerstempel eingeschlagen. Neun Waffen besitzen eine Meistermarke aber keinen Adlerstempel, zeitlich vom M 1723 bis zum Nothardtgewehr M 1801. 25 Schloßmachermarken sind Buchstabeneinschläge, sieben symbolische Zeichen wie Kreuze, Kreis mit vier Punkten oder Kleeblatt. Die Buchstaben beziehen sich auf die Anfangsbuchstaben von Vor- und Zuname des Schloßmachers, der bei einer Qualitätskontrolle oder Beanstandung zur Verantwortung gezogen werden konnte. Übersichten mit den verwendeten Marken von den tätigen Handwerkern gibt es vermutlich nicht, jedoch sind die Namen mancher eingestellter Meister und Gesellen überliefert. Die Zuordnung von Buchstabenmarken zu diesen wenigen bekannten Namen bleibt fraglich, da oft auch die spezielle Tätigkeit als Laufschmied, Schloßmacher usw. nicht bekannt ist.

Ein Absatz der erwähnten Resolution vom 31. März 1722 zur Einrichtung der Gewehrmanufaktur behandelt auch die Kontrolle des Gewehrschlosses: «Der überwachende Artillerieoffizier probiert auch die Schlösser und läßt auf die brauchbaren einen Adler schlagen.»[83)]

Auch Beschläge wurden bei allen Modellen, vom Infanteriegewehr M 1723 bis zum Nothardtgewehr sowie bei Karabinern und Pistolen bei der Herstellung mit Marken oder anderen Zeichen versehen. Eine Anweisung zur Stempelung dieser Teile ist in der genannten Resolution nicht enthalten. Beschläge hatten für die sichere Funktion einer Handfeuerwaffe keine so hohe Bedeutung wie Lauf und Schloß. Die Anweisung zur Kennzeichnung mit Marken und Zeichen dieser Teile dürfte auf die Fabrikanten zurückgehen. Sie wollten bei Ausschuß und Mängel Meister und Arbeiter verantwortlich machen, die Teile zurückweisen oder mit finanziellen Abzügen belegen können. In einigen Fällen sind alle Messingbeschläge gekennzeichnet, in weiteren nur einige Teile. Auch in das aus Eisen bestehende Abzugsblech ist manchmal ein Herstellerzeichen eingeschlagen. Wiederum lassen auch bei den Beschlagteilen die vorrangigen Buchstabenmarken auf eine Kennzeichnung durch die für die Arbeit verantwortlichen Meister schließen. Bei keiner Waffe ist in alle Beschlagteile das gleiche Zeichen eingeschlagen. Selbst Röhrchen und Spitzröhrchen zeigen hier Unterschiede. Ein Blick in die Tabelle (S. 225) läßt sehr schnell erkennen, wie unterschiedlich die Identität der Marken bei den Beschlagteilen ist. Schlange und Abzugsbügel, Schlange und Kolbenblech, Abzugsbügel und Kolbenblech u. a. können gleiche Einschläge haben. Eine ausschließliche Arbeitsteilung beim Guß oder der Überarbeitung dieser Messingteile gab es offensichtlich nicht. Sicher ist auch nicht, ob es sich um einen Kontrollstempel des Meisters für die Arbeit des Gesellen handelt.

Die hier etwas ausführlicher behandelte Markenthematik sollte deutlich machen, wie die Organisation der Produktion, die Herstellungstechnik, die Kontrolle der Produkte und die Verantwortlichkeiten ihren Niederschlag an der militärischen Waffe gefunden haben. Sie belegen den durchorganisierten Arbeitsprozeß und die vom Auftraggeber verlangten Qualitätsgarantien der preußischen Waffenmanufaktur. Die Fabrikanten schufen ein System der Verantwortung für die Qualität der Waffen, indem sie jeden Meister für das von ihm hergestellte Produkt verantwortlich machten. Mängel ergaben sich jedoch nicht nur durch schlechte Verarbeitung, sondern auch durch Lieferung ungeeigneten Materials, beispielsweise beim Holz.

Offiziersdegen *der Kürassiere und Offiziersstock des Generals Friedrich Wilhelm von Seydlitz, 1721–1773, 3. Viertel 18. Jahrhundert*
Die ältere Klinge ist bezeichnet: «me fecit Solingen Anno 1593. Omnia Cum Deo» (Alles mit Gott). Offiziere führten oft von der Modellwaffe abweichende Klingen oder Gefäße. Auf der Unterseite des quartseitigen Stichblattes die Inschrift: «General von Seidlitz». Der Offiziersstock hat eine vergoldete Knaufkappe mit Rosette und Perlstab auf der Scheitelfläche.
Degen: Gl 101,5 cm; Kl 84,7 cm; Kb 2,3 cm; G 920 g, mit Scheide 1290 g; Inv.-Nr. W 1087 a, b (AD 3571 a, b)
Stock: Gl 91,5 cm; G 180 g; Inv.-Nr. W 1075

Klingen von zwei Offiziersdegen mit der Bezeichnung «BERLIN», um 1740/50

auf glühende Kohlen, wo sie gelb anliefen, und anschließend steckte er sie noch einmal in kaltes Wasser. Krünitz erwähnt auch ein Verfahren[94], das man in Frankreich anwendete, bei dem die Klinge bis zum Heft in kochendes Fett gesteckt, darin zwei Stunden lang verbleibt und anschließend langsam abgekühlt wurde. Nach der Härtung übernahm der Schleifer die Klingen. Für glatte Klingenflächen und für die Bearbeitung der Hohlkehlen standen unterschiedliche Schleifsteine und Polierscheiben, die auf Wellen montiert waren und durch Wasserkraft angetrieben wurden, zur Verfügung. Die Polierscheiben waren mit Leder überzogen, darauf trug man Schmirgel vermischt mit Baumöl auf. Sollte die Oberfläche eine besondere Glätte erhalten, kam sie auf eine weitere Polierscheibe, die mit Blutstein (Hämatit) oder Kohlenstaub bestreut war.

Fertige Klingen unterzog ein Kontrolleur einer Schlag- und Biegeprobe. 1748 heißt es in einem Schreiben von Splitgerber und Daum, daß der König die Probe so vorgeschrieben habe, daß die Klingen «auf beiden Seiten gebogen und zwey gute Hiebe in ein starken Stamm Holtz» geführt werden müssen. Die Klinge mußte nach dem Biegetest gerade bleiben und durfte nach dem Schlagtest keine Scharten zeigen.[95]

Auch im Jahre 1799 erfolgte noch die Klingenprobe durch Hieb in einen Holzblock. In einem Schreiben vom 9. September[96], unterzeichnet «Königlich Preußisches Ober Kriegs Collegium, von Boyen, Gretz», wird hierzu jedoch bemerkt: «Hierbei ist noch in Erwägung zu ziehen, daß im Kriege der Hieb oft auf Eisen und nicht immer in der bestimmten Richtung fällt, noch fallen kann, sollten daher die Klingen das Hauen in einen Holzblock . . . nicht auszuhalten im Stande seyn . . . wie viel weniger würden solche beim Dienstgebrauch, ohne auf flache Hiebe Rücksicht zu nehmen, Zweckmäßig andwendbar seyn sollen und müßen.»

Über die Herstellung des Degengefäßes bei den selbständigen Handwerkern schreibt Krünitz[97]: «Es werden die Gefäße von den Schwertfegern, und Langmesser- oder Degenklingenschmieden, hiernächst aber auch von andern, als: Goldschmieden usw. nach Unterschied ihrer Materie, gemacht . . . Ein goldenes oder silbernes Degengefäß besteht aus drey Theilen, dem Griff, dem Bügel, und dem Stichblatt. Jedes Stück wird besonders gegossen. Den Griff gießt der Galanteriearbeiter als zwo Hälften, und lötet sie zusammen . . . Der Bügel und das Stichblatt werden im Ganzen gegossen. Alle drey Stücke bearbeitet der Galanteriearbeiter mit der Feile und den Grabsticheln, und poliert sie . . . Den Bügel lötet er untem dem Stichblatt an . . . An den Knopf des Gefäßes wird er aber entweder angeschraubt, oder man steckt ihn in ein schief gebohrtes Loch des Kopfs, damit er nicht abspringe, und lötet ihn ein . . . Vermittels des Zwirnrades wird in den Fabriken der Messing- oder Silberdraht gezwirnt. Dieser wird vermittels einer eisenen Griffwinde auf den hölzernen Griff gewickelt. Mit der sogenannten Riffelfeile werden vertiefte Flächen ausgefeilt, und insbesondere das glatte Stichblatt an einem Officierdegen, weil es mit einem Rand umgeben ist . . . Die Schwertfeger kaufen den Messingdraht schon vergoldet und versilbert, aber den Silberdraht pflegen sie sich selbst auf einer Ziehbank zu ziehen.» Die Griffe wurden ebenso über einem Kern von Lehm gegossen. Für die Gefäße aus Stahl verwendete der Schmied gutes schwedisches Eisen.[98] Einige aufschlußreiche Bemerkungen

Stichdegen *für Kürassieroffiziere des Generals Friedrich Wilhelm von Seydlitz, 1755–1773*
Im Garnisonsdienst trugen die Kürassieroffiziere den leichteren Stichdegen, auch Interimsdegen genannt. Auf der Klinge unter einer Krone zwei gekreuzte Schwerter, darunter die Buchstaben «GZ» (= G. Ziegler, berühmter Klingenfabrikant in Dresden) und als Schmiedezeichen ein halbes Wagenrad (nach Krünitz).
Gl 100 cm; Kl 82,4 cm; Kb 2,4 cm; G 900 g;
L der Scheide 82,5 cm; G 150 g;
Inv.-Nr. W 1086 a, b (AD 3572 a, b)

W.1086.b

Terzseite des Knaufes von Abb. S. 49, eingraviert: «Genr[l]. d. Kavllr. / F. W. v. Seydlitz. / 1755 –1773»

Quartseite des Knaufes von Abb. S. 49 mit Wappen von Seydlitz

zur Herstellung der Degenscheiden sollen noch nach Krünitz zitiert werden.[99)] Für die Späne wurden Holzstreifen der Rotbuche verwendet. «Beyde Späne werden gehörig auf die Klinge gelegt, und mit Bindfaden zusammengezogen, bis sie sich an den Seiten berühren. In die Fugen schmiert man zwischen dem Bindfaden Tischlerleim, und vereinigt hierdurch beyde Späne. Wenn der Leim völlig trocken ist, wird der Bindfaden abgewickelt . . . Zugleich klebt man auch in die Oeffnung der Scheide Tuch oder Sammelt mit Leim ein ... . Das Leder wird nämlich nicht auf dem Holze, sondern vor der Vereinigung, mit einem gewichsten Zwirnfaden zusammengenähet. Damit aber das Leder desto besser beym Ueberziehen nachgebe, weichet man es in warmen Wasser ein. Beym Ueberziehen selbst wird durch das zusammengenähte Leder Flüssiger Leim gegossen, und die Späne werden gleich alle mit Leim bestrichen.»

Während im 16./17. Jahrhundert mit dem Bewußtsein des Handwerkerstolzes und zur Qualitätsgarantie der Meistername des Klingenschmieds in den Hohlschliff oder wenigstens seine Meisterwerke auf die Fehlschärfe der Klinge eingeschlagen wurde, erhielten die in der Manufaktur Potsdam-Spandau hergestellten Blankwaffen nur noch den Ortsnamen «POTZDAM» eingeschlagen. Der Wandel vom zunftgebundenen Handwerk zur Manufaktur mit Lohnarbeitern wird auch hierin deutlich. Jedoch mußten die selbständigen Klingenschmiede und Schwertfeger, beispielsweise in Berlin, ebenfalls auf die persönliche Kenn-

Stichdegen *für Kürassieroffiziere des Prinzen Louis Ferdinand von Preußen (1772–1806), um 1800 Auf der Klinge unter einer Krone gekreuzte Schwerter, zwischen den Klingen ein «I», darunter die Buchstaben «GZ» und drei kleine Sterne. Portepee und braune Lederscheide mit Tragehaken, Mundblech und Ortband innen liegend. Gl 102,5 cm; Kl 85 cm; Kb 2,5 cm; G 1080 g (mit Portepee und Scheide); L der Scheide 84,5 cm; Inv.-Nr. W 59.3109 a, b*

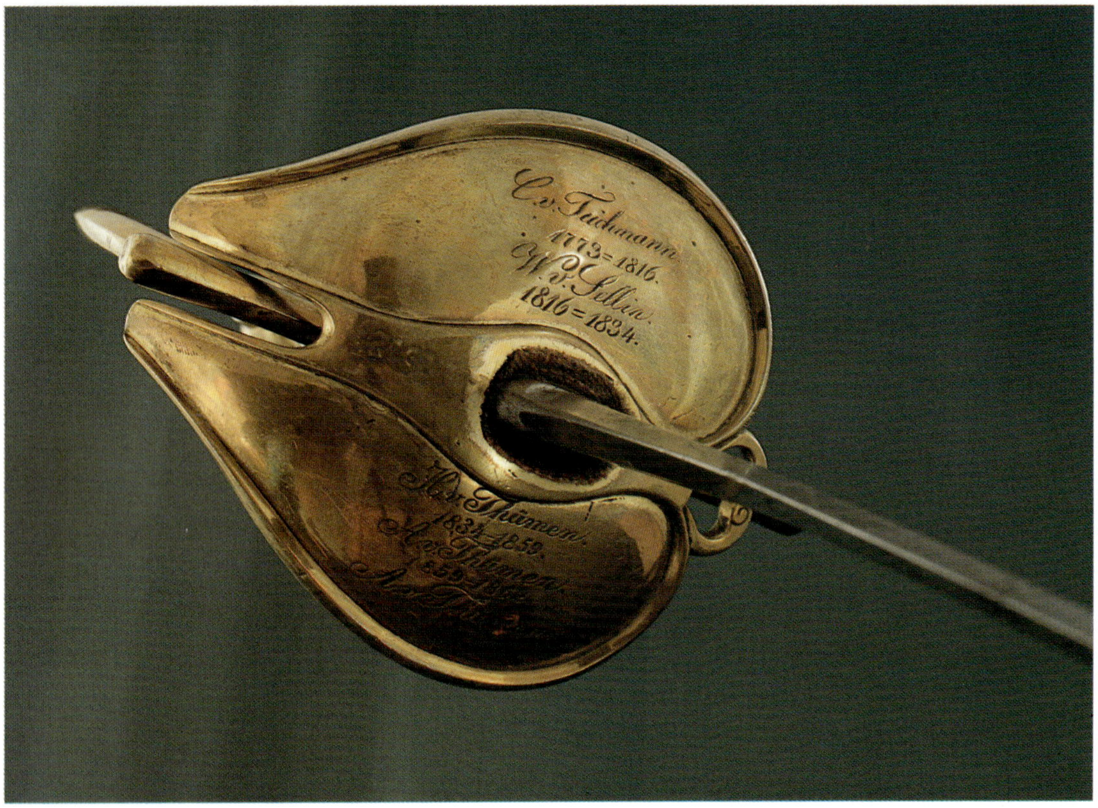

Stichblatt des Degens Abb. S. 49 Namen der späteren Träger eingraviert, Terzseite: «C. v. Teichmann./ 1773–1816./ W. v. Sellin./ 1816–1834.» Quartseite: «H. v. Thümen. / 1834–1859./ A. v. Thümen./ 1859–1862./ A. v. Thümen.»

zeichnung der Klingen von Offizierswaffen verzichten. Wie auf Geschützrohren und Handfeuerwaffen duldeten die absolutistischen Herrscher neben ihren Namenszügen, Symbolen und Emblemen auch auf Hieb- und Stichwaffen keine Namen von bürgerlichen Handwerkern mehr in repräsentativer Form.[100)]

Während auf den Schloßblechen der Hand- und Faustfeuerwaffen «POTZDAM MAGAZ» eingraviert wurde, erhielten die Klingen in der Regel nur den Namen «POTZDAM» als Kennzeichen. Auf einer Säbel- oder Plautenklinge steht in großen Buchstaben geätzt: «ME · FECIT · POTZDAM · 1736».[101)] Die gleiche Kennzeichnung befindet sich auf zwei Degenklingen in einem eingelegten Silberstreifen, auf der einen mit der Jahreszahl 1736, auf der anderen mit 1738.[102)] Auch eine Klinge von 1740 trägt noch diese Kennzeichnung.[103)] Bereits in früheren Jahrhunderten waren diese «ME FECIT»-Kennzeichnungen üblich, beispielsweise in Solingen.[104)] So trägt ein Degen des Generals Friedrich Wilhelm von Seydlitz mit einer älteren Klinge die Inschrift: «SOLINGEN ANNO 1593».[105)] Die Klinge eines preußischen Offiziersdegens ist auf einem eingelegten Silberstreifen mit «ME FECIT SOLINGEN 1730» gekennzeichnet.[106)] Diese Waffe liefert die Bestätigung, daß im Jahre 1730 neben Potsdam auch aus anderen Orten Klingen bezogen wurden.

Ab 1740 setzte sich immer mehr die Kennzeichnung nur mit dem Ortsnamen durch, bei Mannschaftswaffen quer zur Klinge frei stehend oder im Rechteck längs gerichtet zur Klinge. Bei Offizierswaffen stehen die Namen «POTZDAM» oder «BERLIN», eingerahmt von einem Perlkranz auf einem eingelegten Messing- oder Silberstreifen. Auf der Fehlschärfe befindet sich in gleicher Technik ein Adler, bewehrt mit Schwert und Zepter, in einem von einem Perlkranz gebildeten Kreis.[107)] Ob der Adler in dem eingelegten Messingschild als Kennzeichen für Berliner Klingenschmiede vorgeschrieben war, kann nur vermutet werden. So wurde am 18. Juli 1693 im «Reglement und Mandat wieder bey Verarbeitung des Goldes, Silbers, Zinnes, Meßings und Kupffers wegen des Gehalts eingeschlichenen

Mißbräuche und Unterschleife» festgelegt, daß jedes Stück aus diesen Materialien «nebst dem gemeinen Stadt- und Meister-Zeichen, auch mit einem Zepter oder Adler . . . gestempelt» werden mußte.[108)] Eine ähnliche Anordnung könnte für die Klingen bestanden haben.

Daß die Herstellung von Offiziersdegen unter Friedrich Wilhelm I. auch in Berlin durchaus keine Ausnahme war, geht aus dem «General-Privilegium und Gülde-Brief des Schwertfeger-Gewercks in der Chur- und Marck Brandenburg dies- und jenseit der Oder und Elbe, insonderheit des combinierten Schwertfeger-Gewercks in Berlin» vom 15. September 1735 hervor. Neben einem «Weidner zur Jagt» und einem «Hirschfänger am Gefässe mit Silber ausgelegt» mußte als Meisterstück ein «Degen nach Facon, wie die Uns approbirte Montirungs-Degen für die Ober-Officiers bey der Infanterie, mit einem verguldeten Gefässe» gefertigt werden. Das gleiche General-Privileg läßt auch erkennen, daß gelegentlich an Kurmärkische bzw. Berliner Schwertfeger größere Aufträge für das Heer erteilt wurden: «Wenn aber bey einem Lang-Messer-Schmid oder Schwertfeger einige Hof- oder Regiments-Arbeit bestellet wird, kan ihm zwar nicht verwehret werden, die Lieferung davon alleine anzunehmen, und nach seinem besten Vermögen zu bedingen; Er sol aber selbst weiter nicht, denn hundert Stück davon verfertigen, und hingegen das übrige unter sämtliche Meister zur völligen Ausarbeitung, gleich austheilen; Es müssen aber diese Meister, so die Arbeit angenommen, Wort halten, bey zehn Rthlr. Straffe . . .» Anderen Handwerkern war es untersagt, «meßingene oder Printzmetallene Gefässe zu poliren, oder zu vergulden, wie auch Ort-Bänder zu machen.»[109)]

Friedrich II. befahl im Jahre 1743 erneut, zukünftig nur noch Klingen aus der Gewehrfabrik Potsdam zu beziehen. Das geht aus einem Brief an den Chef des ersten Infanterie-Regiments, Hans Christian Friedrich Graf von Hacke, ab 1747 Kommandant von Berlin, hervor: «Da ich in Erfahrung komme, wie daß zeithero verschiedene Regimenter ihre Klingen nicht mehr von der Gewehr-Fabrique zu Potsdam, sondern von allerhand Schwerdfegern genommen, welche mehrentheils liederlich Guth außer Landes kommen laßen; So habe Ich nicht nur das Einführen der fremden Klingen vor die Armée von neuen verbothen sondern befehle auch alles Ernstes, daß von nun an bey den Regimentern keine anderen Klingen genommen noch in einer Abrechnung paßiret werden sollen, als nur allein die so mit dem Zeichen und dem Probe-Stempel der Gewehr-Fabrique zu Potsdam marquiret worden; wie denn forthin überhaupt kein anderes Gewehr, als welches vorher tüchtig probiret worden, und daß solches geschehen sey, durch den darauf gesetzten Probe-Stempel der Potsdamschen Gewehr-Fabrique certificiret worden, bey denen Regimentern paßiret werden soll. Ihr habt Euch also darnach zu achten, und denen sämtl. Capitains solches gleichfalß bekannt zu machen. Ich bin Euer wohlaffectionierter König Friedrich. Potsdam, den 7. May 1743.»

Der König bezeichnet im Schreiben die aus dem Ausland bezogenen Klingen als «liederlich Guth». Die Qualität der Potsdamer Waffen schätzte er somit hoch ein, wenn er die Erwerbung nur aus dieser Manufaktur anordnete. Trotzdem wurden blanke Waffen auch später noch von anderen Schwertfegern bezogen. In den Designationen von 1753 und 1767 werden auch Namen von Handwerkern genannt: «Der Schwerdtfeger SIEBERT in Berlin verfertigt die Officiers- und Gemeinen Degens . . .» und «Der Hof-Schwerdtfeger WIEPRECHT verfertiget» die gleichen Waffen.[110)]

Der Stempel «POTZDAM» ist gewöhnlich auf einer Seite, der Adler-Stempel auf der anderen Klingenseite eingeschlagen. Es sind jedoch auch Klingen mit Königsmonogramm erhalten, die nur einen oder gar keinen der beiden Stempel besitzen. Im Brief Friedrichs II. an den Oberst von Hacke wird dieser Adler-Stempel als «Probe-Stempel der

Gewehr-Fabrique zu Potsdam» bezeichnet. Die Prüfung durch staatliche Kontrolleure bezog sich auf den Biegetest, die Schlagprobe mit den flachen Klingenseiten und den Härtetest der Schneiden.[111)]

Es fällt auf, daß die Klingen der erhalten gebliebenen Degen von Angehörigen des Königshauses meistens keine Kennzeichnungen oder Marken besitzen. Der Hof-Schwertfeger war bekannt und hatte diese Kennzeichnung nicht nötig. Derartigen Verzicht auf Kennzeichnung gab es beispielsweise auch im 16. Jahrhundert bei Hof-Plattnern, die kostbare Rüstungen für Könige fertigten. Der von einem Hof-Schwertfeger hergestellte Degen bedurfte auch keiner Abnahme. Anders verhielt es sich mit Klingen, die importiert wurden. Ein Degen des Prinzen Louis Ferdinand von Preußen und ein Degen des Generals Friedrich Wilhelm von Seydlitz sind auf der Klinge mit einem großen «G Z» gekennzeichnet. Johann Samuel Hallens berichtet in seiner «Werkstaette der heutigen Künste»[112)] über derartige Klingen folgendes: «Die Zieglerklingen des ehemaligen sächsischen Ministers Ziegler in Dresden, führen ein halbes Wagenrad mit den Buchstaben G. Z. Es galt eine dergleichen Ministerklinge 20 und mehr Ducaten. Sie waren sehr leicht, zum Hiebe und Stoße gehärtet, nicht sehr breit, wohlgeschliffen, aber lang und viereckig, d. i. sie hatten in ihrer Mitte hohe Ecken, des Stoßes wegen, indem eine hohe Ecke die Klinge im Stoße steif erhält; und sie waren zugleich, zum Hiebe, hohl geschliffen.» Auf dem Degen des Generals von Seydlitz ist auch das sogenannte «halbe Wagenrad» eingeätzt. Beim zweiten Degen fehlt dieses Zeichen auf der Klinge, dafür steht unten zwischen den gekreuzten Schwertklingen ein «I», unter den Buchstaben «G Z» befinden sich drei kleine Sterne. Die besondere Stellung des Klingenfabrikanten Ziegler als ehemaliger sächsischer Minister gestattete ihm wohl eine repräsentative Kennzeichnung auf der Klinge.

Wie bei Hand- und Faustfeuerwaffen läßt sich auch bei Blankwaffen feststellen, daß die manufakturelle Fertigung in Potsdam-Spandau nicht aus einem traditionellen Zentrum von handwerklich arbeitenden selbständigen Klingenproduzenten erwuchs. Fachkräfte mußten aus anderen Orten angeworben, Eisen und Stahl importiert werden. Der Neuaufbau der Manufaktur in Preußen erleichterte auch die Konzentration der gesamten Handwaffen-Produktion in einem Zentrum. In anderen größeren europäischen Staaten gab es meistens mehrere Zentren, und oft wurden Handfeuerwaffen und Blankwaffen an verschiedenen Orten hergestellt. In Preußen war es nicht notwenig, auf Produktionsstätten innerhalb des Staates Rücksicht zu nehmen. Die Zentralisierung der Waffenproduktion erleichterte auch die Einflußnahme von Militärbehörden, die Kontrolle über die Arbeit und die Endabnahme der Waffen. Friedrich Wilhelm I. konnte so die Waffenfertigung systematisch in seine Militärwirtschaft einordnen.

Guß von Geschützen und Artilleriemunition

Bis in die zweite Hälfte des 17. Jahrhunderts hinein wurde der Bronzegeschützguß vorwiegend durch Stückgießer, die in freiem Gewerbe tätig waren, ausgeübt. Viele gossen auch Glocken und waren zugleich Bildgießer. Manche Stückgießer hatten eine eigene oder gepachtete Gießerei an einem festen Platz gelegen, andere zogen als wandernde Handwerker auf Anforderung in den Ort des Auftraggebers und gossen dort in einer bestehenden oder unter Leitung des angeworbenen Stückgießers zu errichtenden Gießerei die gewünschten Rohre.

Geschützgießerei. Hinter dem Schmelzofen befindet sich die Grube mit den eingedämmten Gußformen, die Gußkanäle sind sichtbar; über der Grube ein Holzgerüst mit Flaschenzug zum Herausheben der Formen mit den gegossenen Rohren. Kupferstich von J. Lamsvelt

Das Gewerbe des Stückgießers war nicht ohne Risiko. Wenn beim Probeschießen Rohre zersprangen, mußte meistens der Gießer auf eigene Kosten neue gießen. Dieses Risiko und andere Faktoren führten dazu, daß sich im Konkurrenzkampf die erfahrensten und erfolgreichsten Gießer durchsetzten. Monarchen, Fürsten und große Städte strebten danach, diese Spezialisten durch Verträge, manchmal auf Lebenszeit, zu verpflichten. Sie gewährten ihnen oft viele Privilegien. Die Standortgebundenheit und die zunehmende Einflußnahme der Herrscher auf die Wirtschaftsstruktur im Rahmen merkantilistischer Wirtschaftspolitik führten schließlich zu zentralisierten Stückgießereien.

Die Technologie der Herstellung von Gußformen und das Gießen der Bronzegeschützrohre lassen erkennen, welche Kenntnisse ein Stückgießer besitzen mußte, um in diesem Beruf bestehen zu können. Selten wurden die differenzierten Arbeitsprozesse schriftlich festgehalten. Aus zwei Quellen für den Guß in preußischen Gießhäusern können wichtige Erkenntnisse gewonnen werden, nämlich aus einem Manuskript des Kapitäns Schacht, der unter Friedrich Wilhelm I. eine «Anweisung zur Stückgießerei» schrieb[113)], und aus dem Werk «Militärische Encyklopädie für künftige Offiziere», Berlin 1800, von Streit.[114)]

Geschützbronze bestand aus einer Legierung von Kupfer und Zinn, vorwiegend in einem Verhältnis von 10:1. War das Kupfer von guter Qualität, konnte weniger, war es von schlechterer, mußte mehr Zinn genommen werden. Wurde altes Geschützmetall oder Glokkengut als Zusatz verwendet, war dessen Zusammensetzung zu berücksichtigen. Für die brandenburgische Gießerei gelangte das in Rothenburg an der Saale gewonnene Kupfererz auf dem Wasserwege nach Neustadt an der Dosse und wurde hier im Saigerverfahren bearbeitet. Das Kupfer wurde ebenfalls auf dem Wasserwege in die Gießerei nach Berlin befördert. Zinnerz war nicht im eigenen Lande vorhanden, es wurde aus England importiert. Dieses Zinn eignete sich besonders gut für den Geschützguß.

Der Stückgießer erhielt für jedes Geschützrohr bzw. für einen bestimmten Rohrtyp eine unterschriebene und besiegelte Zeichnung. Danach fertigte er ein originalgetreues Modell im Maßstab 1:1 an. Es entstand über einer Spindel aus Holz, die sich nach einem Ende entsprechend der Form des späteren Geschützrohres verjüngte und die etwas länger als das geplante Rohr war. Die Enden der Spindel lagen auf einer niedrigen gemauerten Wand oder auf feststehenden Holzböcken. Mit Handgriffen konnte die Spindel gedreht werden. Sie wurde zunächst mit Seife bestrichen, danach dicht mit Hanfstricken umwickelt, und schließlich wurde Lehm aufgetragen. «Der Lehm zur Form sollte die Eigenschaft haben, während des Trocknens nicht zu sehr aufzureißen, der zum Mantel aber die nöthige Festigkeit besitzen. Bei nicht sehr fettem Lehm mengte man 9 Th. (Teile – H. M.) geschleimten Lehm, 3 Th. alten Lehm, 5 Th. Kuhmist und 7 Th. Kuhhaare mit Wasser oder Pferdemistlauge, ließ die Masse so lange liegen, bis sie faulte und ein bläuliches Aussehen bekam, und formte davon die Gestalt des Geschützes bis auf ¼″ (Zoll – H. M.) der nöthigen Stärke.»[115] Durch die Kuhhaare verband sich der Lehm besser mit den Hanfseilen. Dieser Lehm wurde über Holzkohlenfeuer getrocknet. Über diesen trug man einen feineren und dünneren Lehm auf, bestehend aus drei Teilen frisch gegrabenem Lehm, eineinhalb Teilen Pferdemist und zwei Teilen Kuhhaaren, der ebenfalls über dem Kohlenfeuer trocknen mußte.

Dicht neben dem Rohrmodell war ein Formbrett (Schablone) starr gelagert, in das alle gewünschten Erhöhungen der Geschützoberfläche eingeschnitten waren. Das Formbrett verbreiterte sich entsprechend der geplanten Verjüngung des Rohres nach vorn. Die Schmalseite des Formbrettes mit den Einschnitten war mit Eisenblech beschlagen. Der Former drehte das Rohrmodell gegen die Schablone, wobei die Oberfläche geglättet und alle Profile des Mündungskopfes und der Bänder erhöht stehen blieben.

Die Modelle für Henkel und Handhabe am Stoßboden entstanden aus Wachs in Gipsformen, die für Hoheitszeichen, Embleme und Inschriften in Holz- oder getriebenen Blechmodeln. Henkel und Verzierungen sowie das Korn und die Stollen für den Zündlochdeckel wurden mit Nägeln auf dem Rohrmodell befestigt. Die Modelle für die Schildzapfen bestanden aus Holz. Sie wurden seitlich in das Lehmmodell getrieben. Über diesem fertigen Modell entstand nun die eigentliche Gußform. Damit später beide leicht getrennt werden konnten, überzog man das Modell mit geschmolzenem Talg. Nachdem alle Teile befestigt waren, kam in mehreren Lagen der Mantellehm darauf. Beim Erwärmen der Gußform floß das Wachs der montierten Modellteile durch kleine Knaäle ab. Nach dem letzten Trocknen versah man den gesamten Körper mit Längsschienen und Bändern aus Eisen, danach trug man wiederum eine Lehmschicht auf. Nun wurde das Rohrmodell aus dem Mantel entfernt, das Hanfseil, die Lehmschichten und die Spindel sorgfältig herausgeholt.

Das Modell für das Bodenstück war extra abgeformt worden. Die gesamte Form kam nun in die sogenannte Dammgrube, zuerst das Bodenstück mit der Handhabe am Stoßboden.

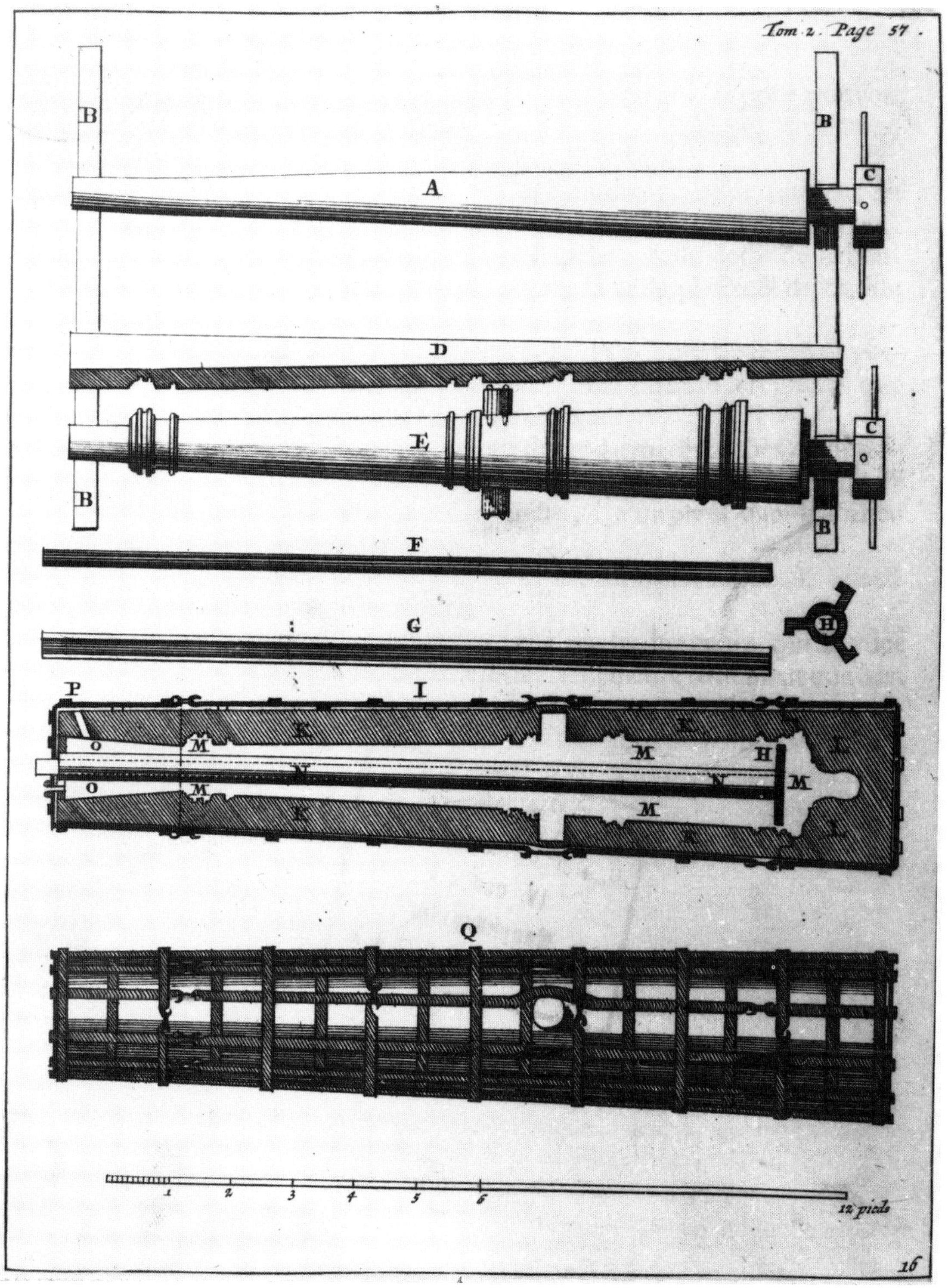

Herstellung einer Gußform
A – Kernspindel
B – Formbank
C – Drehkreuz
D – Formbrett
E – Lehmmodell
F – Kernstange
G – Längsschnitt der Kernstange (Stange mit Asche und Lehm bestrichen)
H – Kerneisen mit drei Armen zur Zentrierung der Kernstange
I – Längsschnitt durch die Form
K – Lehmmantel
L – Gußform für das Bodenstück
M – Hohlraum, in den das Metall fließt
N – Kernstange
O – Hohlraum für den verlorenen Kopf
P – Kanal, durch den das Metall in die Form fließt
Q – Mit Eisenbändern verstärkte Hohlform
(Mémoires d'Artillerie . . ., Par le St. Súrivey de Saint Remy, Bd. II, Amsterdam 1702)

Darauf setzte man das Rohrmodell mit der Mündung nach oben und verband es fest mit der Gußform des Bodenstückes durch Eisenbänder. In die Gußform senkte man nun eine eiserne, mit Lehm überzogene Kernstange, durch die beim Guß ein Hohlraum, die Seele des Rohres, entstand. Ein Kerneisen am unteren und Querstäbe am vorderen Ende zentrierten diese Kernstange. Die hölzernen Modelle für die Schildzapfen wurden oft erst in der Dammgrube entfernt, die Löcher mit Ziegelsteinen und Lehm geschlossen. Die gesamte Gußform wurde nun mit Sand verdämmt. Die Dammgrube befand sich in unmittelbarer

Nähe des Schmelzofens. Bei einem Guß wurden meistens mehrere Rohre gefertigt. Ein System von Rinnen leitete die Gußmasse zu den einzelnen Formen.

Nach dem Erkalten der Bronze entfernte man die Kernstange und schaufelte die Dämmerde wieder aus. Danach zerschlugen Männer mit schweren Hämmern die Gußform. Die Former hatten das Rohrmodell und damit auch die Gußform an der Rohrmündung ein Stück verlängert. Dadurch ragte nach dem Guß über den Mündungskopf der sogenannte «verlorene Kopf» hinaus. Durch diese Methode verdichtete sich das Metall besser und entstehende Luftblasen (Lunker), die immer beim Guß nach oben stiegen, sammelten sich im verlorenen Kopf. Dieser wurde nach dem Guß abgesägt. Er diente aber auch zur Überprüfung des Materials. Das Rohr wurde auch in seiner Länge, der Wandstärke, auf Risse, richtigen Sitz der Henkel, der Schildzapfen und der Handhabe am Stoßboden überprüft.

In den Gießhäusern Berlin und Breslau befanden sich vertikale Bohrmaschinen, mit denen die Seele des Rohres in mehreren Bohrungen gesäubert und auf das beabsichtigte Rohrkaliber gebracht wurde. Das Geschützrohr hing bei dieser Bohrmethode mit der Mündung nach unten in einem Schlitten, der von einem Räderwerk mit Seilzug gehoben und gesenkt werden konnte. Das Gewicht des Rohres drückte gegen den darunter senkrecht stehenden Bohrer, der mit einem Göpelwerk von Pferden gedreht wurde. Die Bohrspäne fielen bei einer Vertikalbohrmaschine besser heraus als bei der horizontalen Bohrmaschine. Ziseleure bearbeiteten am Schluß mit Hammer, Meißel und Stichel Henkel, Handhabe sowie alle Verzierungen und Kennzeichnungen des Rohres.

Im Jahre 1757 hatte der Stückgießer Fuchs aus Den Haag in Berlin den Massivguß erfolgreich versucht. Hierbei wurde keine Kernstange verwendet. Die Seele mußte aus dem vollen Metall ausgebohrt werden. Diese Methode setzte sich hiernach in Berlin durch, in Breslau wurde sie erst seit 1772 angewendet.[116)]

Während gußeiserne Geschützrohre aus qualitätvollem Eisen gegossen werden mußten und deshalb weitgehend aus Schweden importiert wurden, eignete sich das in der Mark aus Raseneisenstein gewonnene Eisen gut zur Herstellung von Artilleriegeschossen. Kurfürst Friedrich Wilhelm ließ 1658 im Hüttenwerk bei der Veste Peitz einen Hochofen errichten, weitere 1664 bis 1666 im Hüttenwerk Zehdenick und im Einvernehmen mit dem Landgrafen Friedrich von Hessen-Homburg im Amt Neustadt a. d. Dosse, das diesem als Lehen gehörte.[117)] Alle Hüttenwerke lieferten Kanonenkugeln, Bomben und Granaten. Unter Friedrich Wilhelm I. gehörte auch der Eisenofen in Schadow dazu. Zu den Eisenschmelzen, die aus Raseneisenstein Kanonenkugeln gossen, zählte auch die Vietzer Schmelze im Kreis Landsberg/Warthe, in der im Jahre 1753 auf Anordnung Friedrichs II. ein Hochofen erbaut wurde.[118)] Ein Jahr später wurde auf königliche Rechnung unter Leitung des Geheimen Finanzrats Zinnow ein Eisenhüttenwerk in Gottow, Kreis Luckenwalde, errichtet, 1760 und 1764 das Werk durch neue Hämmer erweitert. Es verarbeitete Roheisen auch zu Stabeisen.

Über die Gewinnung des Raseneisensteins und seine Verarbeitung berichtet der Schriftsteller Christlob Mylius, ein Verwandter Lessings, in seinen «Physikalischen Belustigungen»[119)] sehr ausführlich. Mylius hatte das Zehdenicker Hüttenwerk vom 25. bis 27. September 1750 besucht und selbst Raseneisenstein gegraben. «Man findet ihn gemeiniglich nur ohngefähr 2 Schuh tief, selten bis 3 Schuh, auch oft nur ½ Schuh tief . . . Da er allemal in Sümpfen bricht, so bohrt man erstlich in solchen Sümpfen mit einem spitzen Eisen ein. Wenn man steinichten Grund findet und unten an dem spitzen Eisen sich ockerhafter Schlamm anlegt, so ist dieses ein Zeichen, daß Eisenstein da ist.» Mylius berichtet weiter: «Der Gräber zeigte mir einen Sumpf, ohngefähr 250 Schritt lang, und 80 Schritt breit,

Johann Jacobi (1661–1726), Oberinspektor der königlichen Hof- und Artilleriegießerei in Berlin. Im Vordergrund Mündungskopf des 100-Pfünders «Asia», darunter «Königsgeschütz» und «Kurfürstenrohre», im Hintergrund Reiterstandbild Kurfürst Friedrich Wilhelms. Stich von J. G. Wolffgang, nach einem Gemälde von J. F. Wentzel

aus welchem 9000 Fuder Eisenstein gegraben worden.» Im Hüttenwerk wurden die Klumpen mit Hacken klein geklopft, das Erz dann mit Zuschlag von Seifensiederasche und Mergelerde im Hochofen geschmolzen. «Alle 24 Stunden wird beynahe 2 mal gegossen. Ich sage gegossen; denn es wird nicht gestochen, wie in anderen Schmelzhütten; weil, da dieses Eisen viel zu spröde ist, es sich nicht hämmern, sondern nur gießen läßt . . . Man giesset also dieses Eisen sogleich aus dem Ofen, in die zubereiteten Formen, zu Kugeln und Bomben . . . Die Formen zu den Kugeln werden aus Erde, die zu den Bomben und anderen

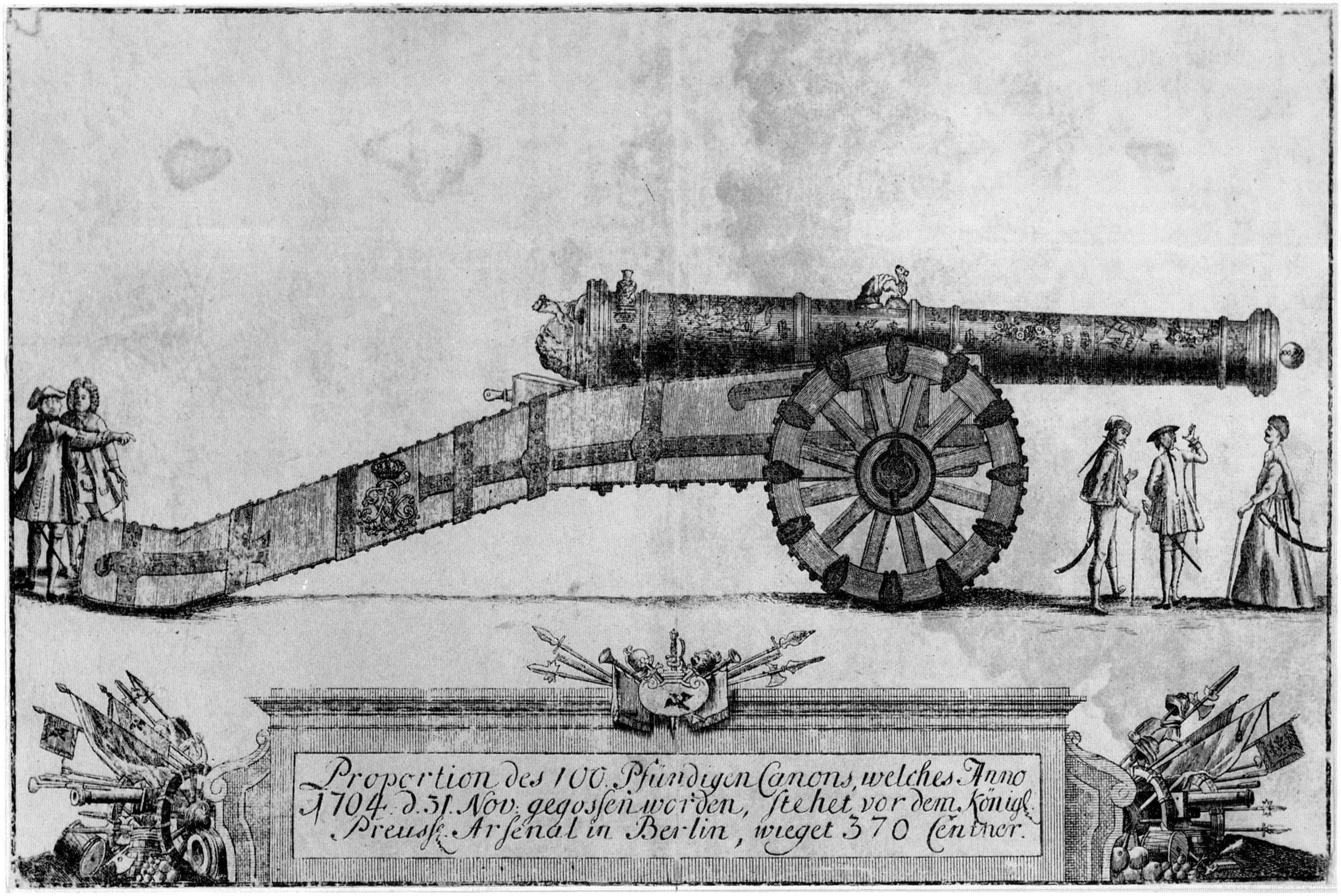

Hundertpfünder «Asia», gegossen von Johann Jacobi, Berlin 1704, Kupferstich

künstlichen Figuren aber aus Thon gemacht . . . Als ich zugegen war, wurden das eine mal 120 dreypfündige und 23 vier- und zwanzigpfündige Kugeln gegossen, welches 8¼ Centner macht.» Auf einem «Plan von der Lage des Hohen Offens oder Eisen Schmeltze bey Zehdenick» aus dem Jahre 1737[120)] sind folgende Gebäude eingezeichnet: eine «Puffe» (durch Wasserrad angetriebener mechanischer Hammer), ein Magazin mit Kohlenscheune, ein Formhaus, die Schmelze mit der Wohnung des Faktors in einem Gebäude und Wohnhäuser für Arbeiter.[121)]

Ohne Zweifel gehörte Zehdenick zu den bedeutendsten Lieferanten von Artilleriegeschossen[122)]. Der Verleger und Schriftsteller Friedrich Nicolai berichtet über den Hochofen in Zehdenick:[123)] «Merkwürdig ist übrigens der seltene, bey den Eisenhütten in Deutschland vielleicht noch nie vorgekommene Fall, daß dieser Hohe Ofen zum letztenmal unterm 1. September 1783 angeblasen worden, und bis jetzt schon 134 Wochen in ununterbrochenem Gang geblieben ist, auch noch einige Zeit zu kontinuiren alle Hoffnung giebt; es sind in dieser Zeit von gedachtem Ofen 21 440 Centner Gußeisen geliefert.» Die höchste Produktion soll das Werk mit 11 830 Zentnern im Jahre 1795 erreicht haben.[124)] Am Anfang des 19. Jahrhunderts wurden in Zehdenick «Ordinäre Munition, Kartätschenkugeln, Rebhühner=Granaten, Spiegelgranaten, Hohlkugeln, Grapen» und andere Gebrauchsgegenstände gegossen.[125)] Auf einer Bauzeichnung von einem Familienhaus des Werkes befindet sich

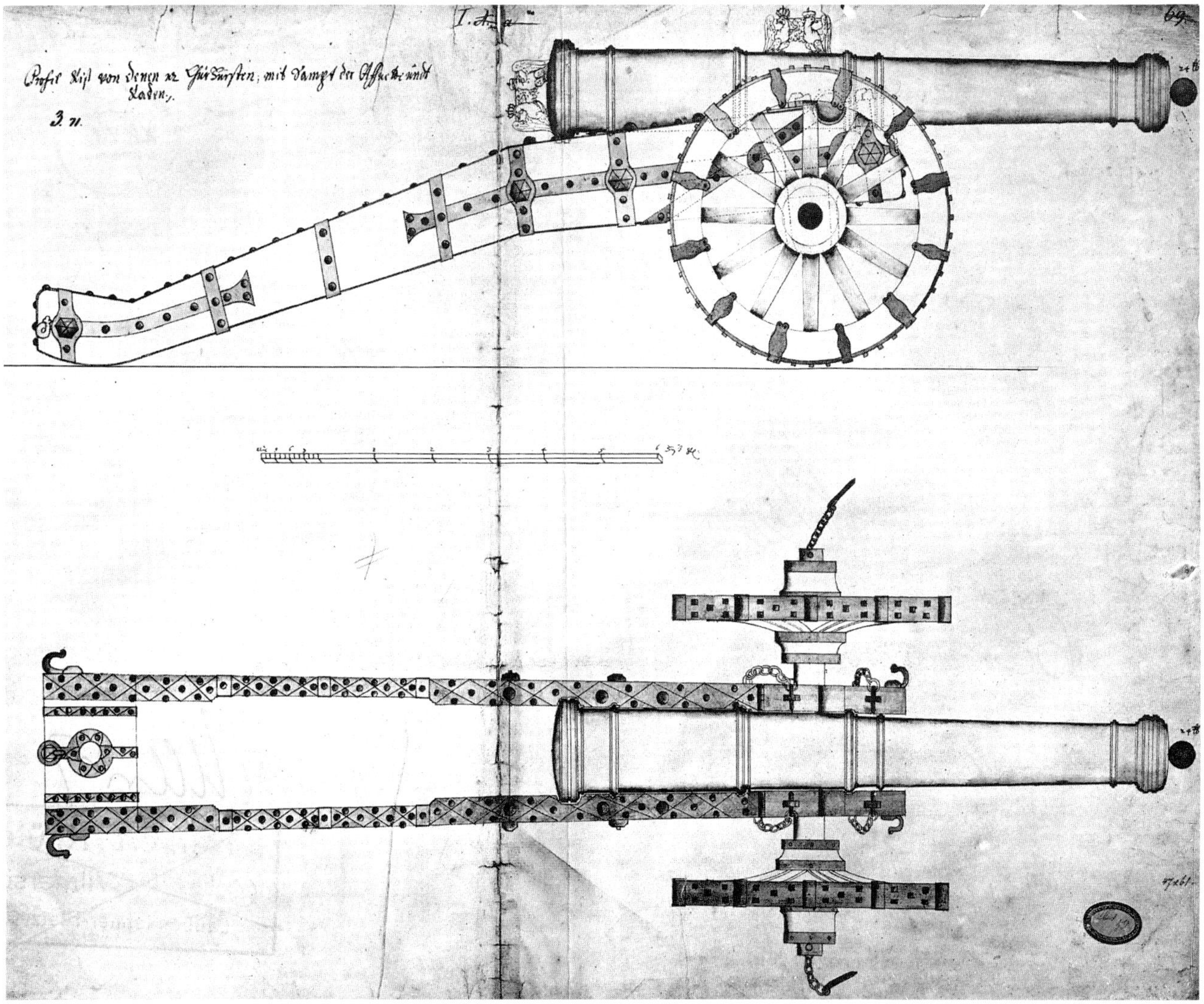

Rohr der Kurfürstenserie in Lafette

24pfündige Bronzekanone «Neptun», Kurbrandenburg, gegossen von A. Benninck, Lübeck 1678
12pfündige Bronzekanone «Intrepidus», Kurbrandenburg, gegossen von A. Benninck, Lübeck 1679
16pfündige Bronzehaubitze, Kurbrandenburg, gegossen von J. Neuwert, Berlin 1654
12pfündige Feldschlange aus Bronze, Kurbrandenburg, 1580

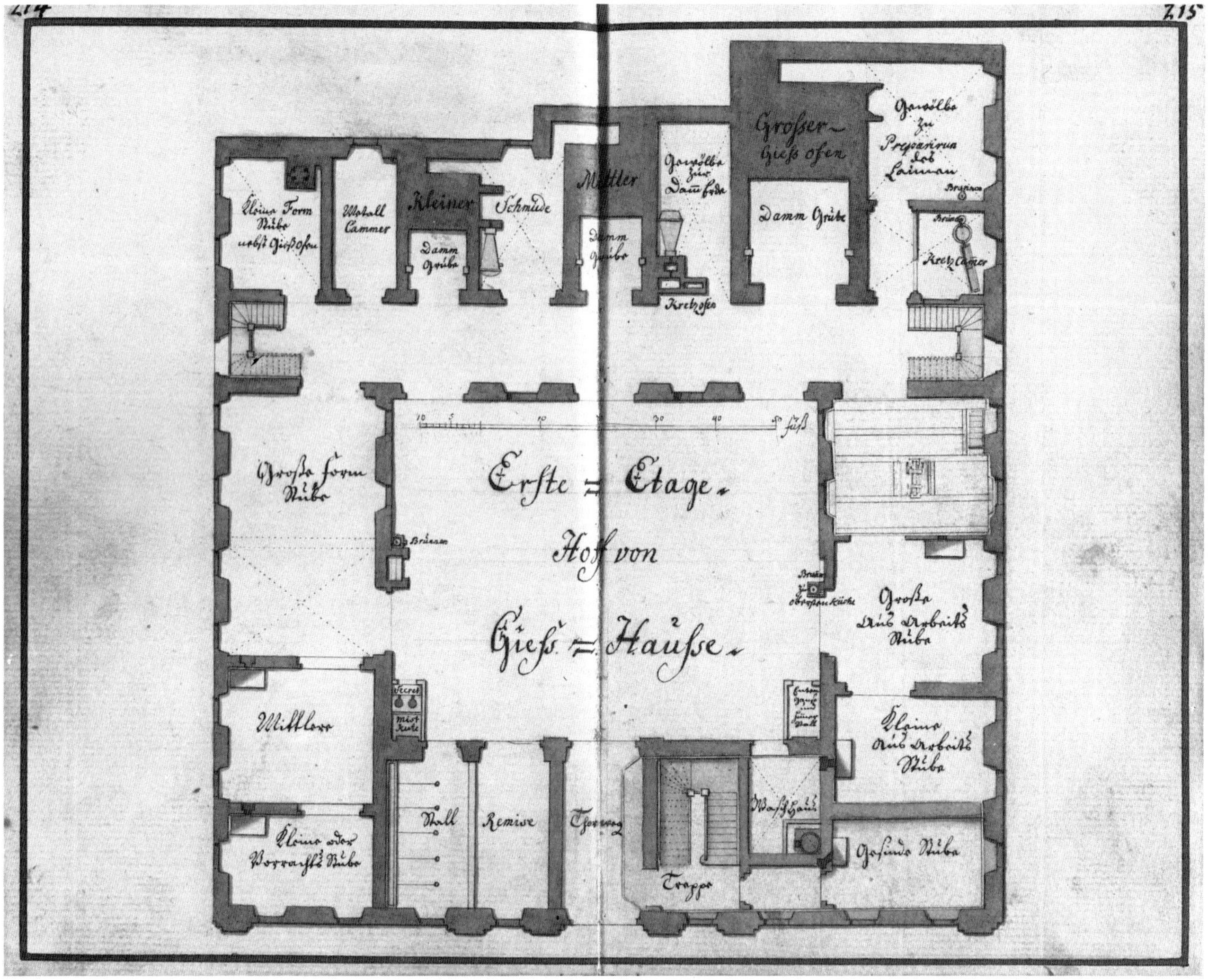

Königliches Gießhaus (erste Etage), ehemals hinter dem Berliner Zeughaus gelegen, Preußische Artilleriehandschrift, um 1745, Wehrgeschichtliches Museum Rastatt

der Vermerk: «Weil 18 Familien auf der Schmelze beschäftigt sind . . .»[126] Ob außer den Männern noch andere Familienangehörige im Werk arbeiteten, läßt sich nicht feststellen.

1725 pachteten Splitgerber und Daum das Eisenhüttenwerk Zehdenick. Eine Akte im Staatlichen Archiv Potsdam gibt interessante Aufschlüsse über das Verhältnis zwischen diesen manufakturkapitalistischen Unternehmern und ihren Arbeitern.[127] Nachdem schwedische Truppen im Jahre 1758 das Zehdenicker Eisenwerk zerstört hatten, wurden die Zehdenicker Arbeiter zunächst in den Hüttenwerken Schadow und Gottow beschäftigt. 1760 kehrten sie nach Zehdenick zurück. Offensichtlich waren die Arbeitsbedingungen in den anderen Werken besser als in Zehdenick, was aus einem Brief Splitgerbers vom 13. Februar 1760 an die Kurmärkische Kriegs- und Domänen-Kammer hervorgeht: «Die häufigen Persuasoria und annehmliche Conditionnes . . . fangen schon an, die befürchteten Folgen nach sich zu ziehen und sie ganz rebellisch und aufsäßig zu machen.» Der Former Johann Zacharias Braun soll sich geäußert haben: «Wenn man ihm und seinen Cammeradten künftigen Monath keine Zulage gebe, und ihren anderen Forderungen Genüge leistete, so würden sie alles stehen und liegen lassen und ihre Straße gehen, und solte sie kein Mensch,

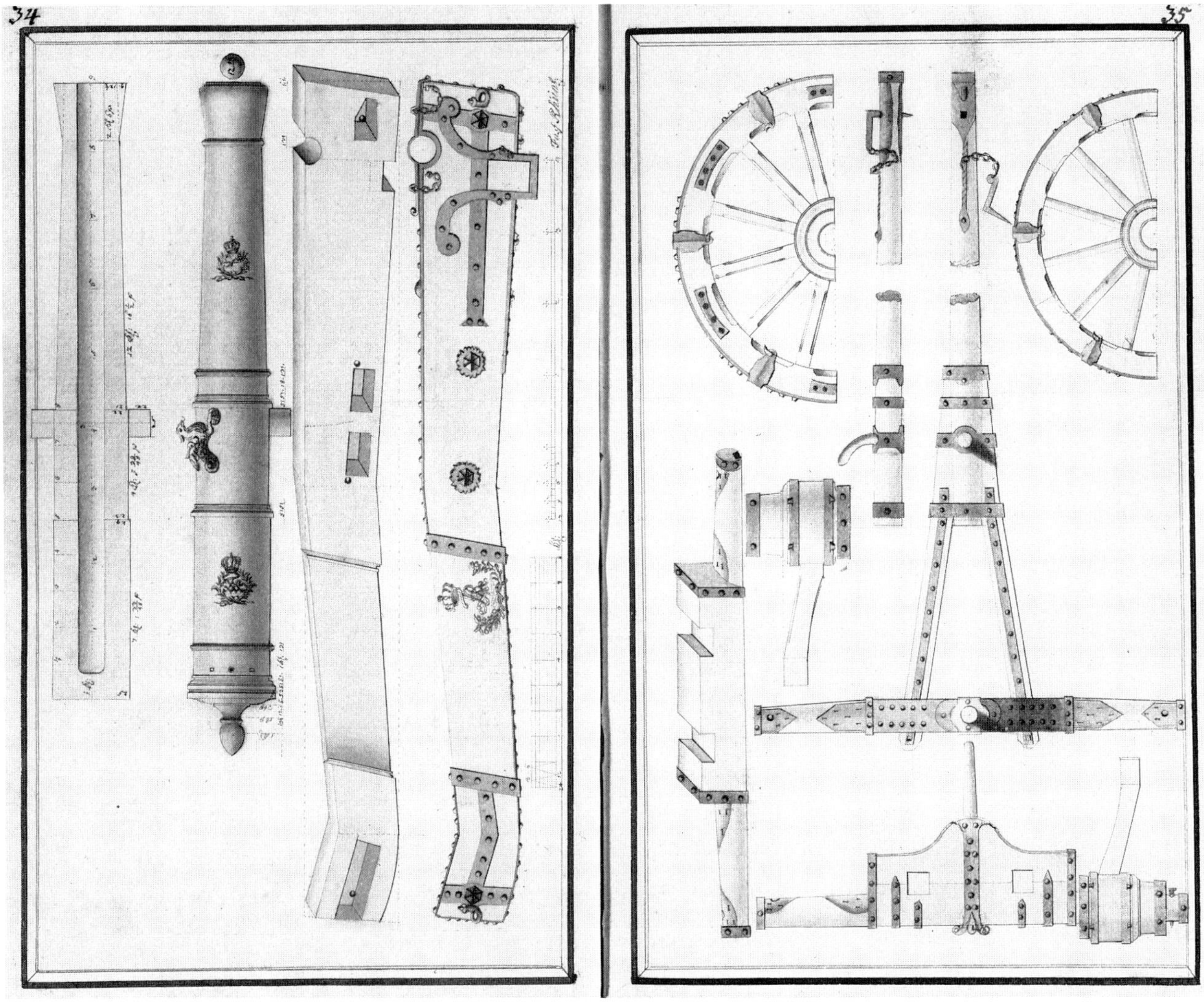

Zwölfpfündige Kanone, *Preußen, 1717*
Querschnitt des Rohres, Rohraufsicht, Lafette und Protze,
Preußische Artilleriehandschrift, um 1745, Wehrgeschichtliches Museum Rastatt

er sey auch wer er wollen, davon abhalten«. Splitgerber fordert deshalb in seinem Schreiben: «Vors erste denen Bedienten zu Schadow und Gottow ernstlich anzubefehlen keinen Zehdenick'schen Hohen Ofen Arbeiter auf dasige Wercke zu engagieren oder anzunehmen, wenn er auch gleich seines Ungehorsams wegen weggejaget syn solte. Hiernächst aber eine Ordre an die Arbeiter in Zehdenick ergehen zu lassen, worinnen sie bey Vestungsarbeit zu ihrem Devoir angehalten werden, und aller Hoffnung, jemahls auf andere Königl. Wercke emploiret zu seyn, entsagen müssen.» Die königlichen Behörden kamen den Wünschen Splitgerbers nach, wie eine Verfügung in der genannten Akte erkennen läßt.[128)] Gegen diesen Beschluß waren die Arbeiter machtlos.

Der preußische König hatte der Firma Splitgerber und Daum nicht nur eine Monopolstellung in der Waffenproduktion uberlassen, er stützte mit seinem staatlichen Machtapparat auch dieses Unternehmen bei harten Auseinandersetzungen mit Arbeitern, ohne eine genaue Untersuchung eingeleitet zu haben. Auch in anderen Gewerbezweigen wurden 1763 und 1769, beispielsweise in Neustadt-Eberswalde und im Domänenamt Wollup, bei Streiks und Unruhen Militär eingesetzt.[129)]

Auf die Herstellungstechnik bei Artilleriegeschossen kann hier nur kurz eingegangen werden.[130)] Zum Guß der eisernen Vollkugeln diente ein hölzerner Formkasten, aus zwei Teilen bestehend, und der meistens für den Guß mehrerer Geschosse zugleich geeignet war. Eine hölzerne Kugel in der Größe des zu gießenden Geschosses wurde jeweils zur Hälfte in den Formsand jeder Kastenhälfte gedrückt, der Formsand festgestampft, für jede Kugel in einem Kasten ein Gußloch geformt, und nach Herausnehmen der Kugel wurden beide Kastenhälften zusammengefügt. Das flüssige Metall füllte der Gießer mit einer Kelle, die mit Lehm ausgestrichen war, in die Gußform. Da es durch die verwendete Holzkugel, die auch austrocknete, oft Ungenauigkeiten gab, verwendete man nach 1747 in Preußen nach französischem Vorbild eine Messingkugel aus zwei Teilen.

Komplizierter als bei Vollkugeln war die Herstellung von Formen für hohle Bomben und Granaten. «Zuest formte man einen Kern auf einer eisenen Kernstange mit Hilfe eines Formbrettes. Letzteres hatte ein rundes Loch und in der Mitte, der Länge nach, eine halbrunde Rinne für die Kernstange. Auf diese steckte man an das stärkere Ende eine Kurbel und bewickelte jene so lange mit gesponnenem Heu, bis das runde Loch in dem Formbrette bis etwa auf ⅓″ ausgefüllt war. Dann trug man mit Pferdemist bereiteten Formlehm bis zur völligen Ausfüllung des Loches auf, und trocknete den durch Umdrehen entstandenen runden Kern über Kohlenfeuer.»[131)] Danach wurde nochmals Lehm aufgetragen und erst ein drittes Formbrett gab dem Kern die gewünschte Größe. Für die Abformung der Bombe diente wie bei der Vollkugel eine hölzerne, später messingene Kugel. Nach der Entfernung des Holzmodells aus dem Formkasten wurde der gebrannte Kern in die Form eingepaßt, beide Hälften des Formkastens zusammengefügt. Nun erfolgte der Guß. Nach dem Erkalten der Kugel holte man die Kernstange heraus. Der Kern mit dem Heu wurde ausgebrannt, die Reste herausgeschüttelt.

BEWAFFNUNG DER INFANTERIE

Exerzier-Reglements

Das Fußvolk hatte in den Heeren des 17. Jahrhunderts zahlenmäßig den größten Anteil. Auch in deutschen Territorien setzte sich seit dieser Zeit für diese Waffengattung die Bezeichnung Infanterie durch. Die Kriegstechnik hatte zunächst gegenüber dem 16. Jahrhundert keine nennenswerten Fortschritte erfahren, Langspieße und Handfeuerwaffen waren die Hauptwaffen, als Zweitwaffe trugen Pikeniere und Musketiere einen Degen. Das zahlenmäßige Verhältnis der Musketiere zu den Pikenieren wandelte sich im 17. Jahrhundert jedoch stetig zugunsten der Musketiere. Im Dreißigjährigen Krieg bestand anfangs ein Verhältnis von 50:50. König Gustav II. Adolf von Schweden erhöhte es als erster in seinem Heer auf zwei Drittel Musketiere und ein Drittel Pikeniere. Andere Heere folgten seinem Vorbild, so auch Kurbrandenburg. Das leichtere Gewicht der Musketen von 4½ bis 5 Kilogramm und eine systematische Ausbildung der Schützen im Laden und Schießen ermöglichten eine flachere taktische Aufstellung in sechs Gliedern, die den bisherigen tiefen Schlachthaufen, Terzios genannt, durch die Beweglichkeit überlegen waren.

Die Luntenschloßmuskete, wie sie auch in brandenburgischen Regimentern geführt wurde, gehörte zu den Vorderladern mit glattem Lauf von 19 bis 20 Millimeter Kaliber. Das Kugelkaliber war meist zwei Millimeter geringer. Dieser Spielraum war zum Laden erforderlich, da das Pulver Rückstände hinterließ. In den Lauf wurde eine abgemessene Pulverladung aus einem Pulverbüchschen, das an einem Bandelier mit meist zwölf bis 15 weiteren Büchschen hing, oder aus einer Pulverflasche geschüttet. Der Musketier stieß danach eine Bleikugel und ein Abdichtungsläppchen mit einem Ladestock bis auf den Stoßboden des Laufes hinab. Die Zündung erfolgte mit Hilfe einer glimmenden Lunte, die zwischen die Lippen eines Hahnes eingeklemmt war und die beim Druck gegen den Abzug auf die mit feinem Zündpulver gefüllte Pfanne fiel. Die Lunte bestand aus Hanf, der in Bleiacetat getränkt wurde. Das aufflammende Pulver auf der Pfanne schlug durch einen Zündkanal in das Laufinnere und zündete hier die Ladung. In den ersten Jahrzehnten des 17. Jahrhundert waren die Musketen sechs bis sieben Kilogramm schwer und mußten beim Schießen auf eine Gewehrgabel, Fourquett genannt, gelegt werden. Nach der Verringerung des Gewichtes konnte auf die Stützgabel allmählich verzichtet werden. Die wirksamen Schußweiten der Musketen betrugen 225 bis 250 Meter. Die 40 bis 50 Gramm schweren Bleigeschosse hatten eine beachtliche Durchschlagskraft. Sappenhelme und Sappenpanzer wurden deshalb zur Qualitätskontrolle auf Musketen beschossen. Tiefe Eindrücke lassen diesen Probebeschuß erkennen. Mineure mußten sich mit derartigen Rüstungsteilen feindlichen Festungen nähern. Von der Qualität des Schießpulvers hing die Durchschlagskraft entscheidend ab. Das Pulver mußte vor allem trocken gehalten werden.

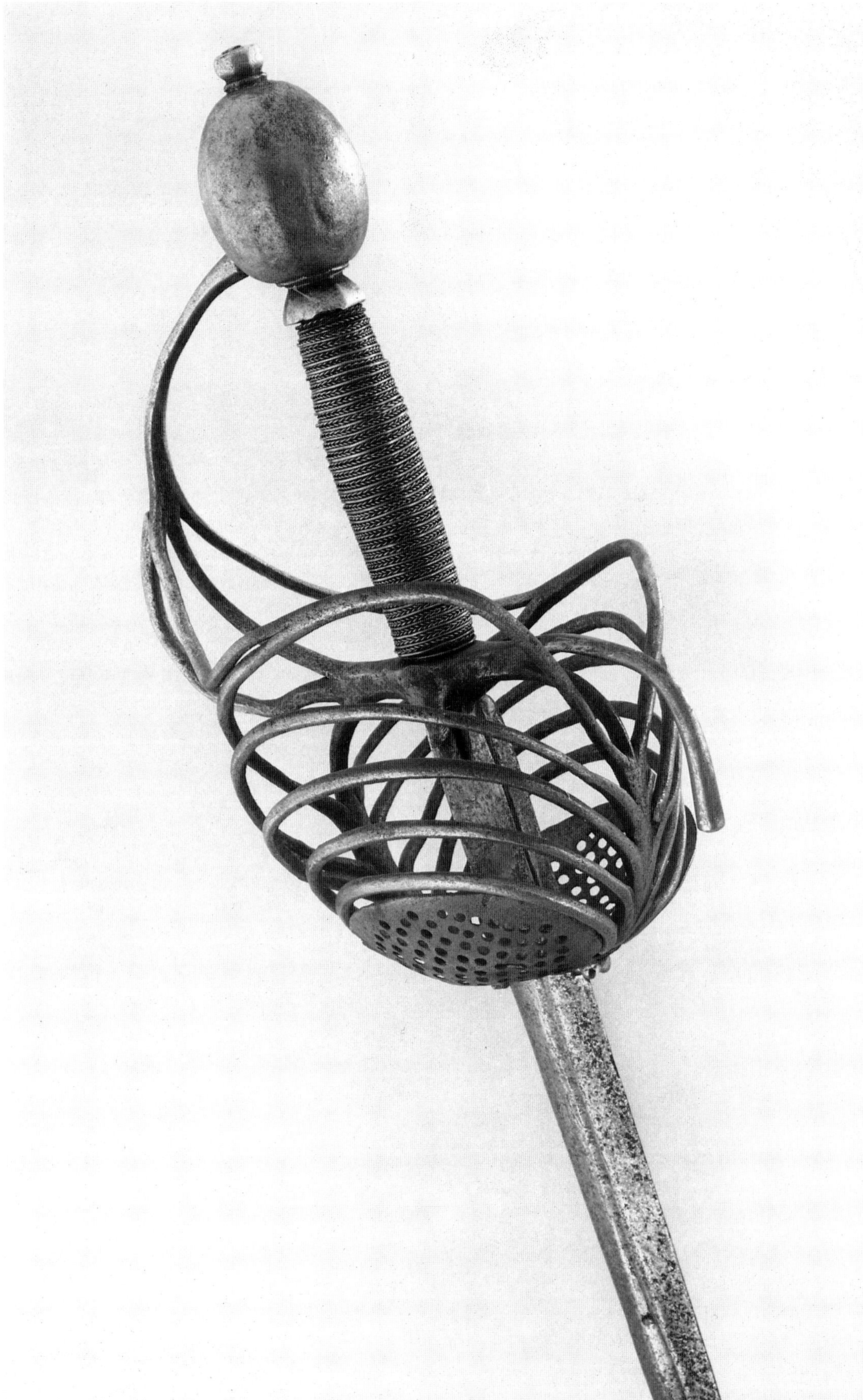

Die in taktischen Formationen kämpfenden Pikeniere und Musketiere wurden für das Gefecht ausgebildet. Die fünf bis sechs Meter lange Pike (frz. piquer = stechen) ermöglichte es, daß beim Angriff und bei der Verteidigung mehrere Glieder gleichzeitig ihre Waffen der feindlichen Infanterie oder Kavallerie entgegenstrecken konnten. Die Handhabung des Langspießes wurde nach Kommandos exerziermäßig geübt. Wallhausen berichtet über 21 Handhabungsgriffe.[132)] In dem niederländischen Exerzierreglement von Moritz von Oranien «Wapenhandelinghe van Roers, Musquetten ende Spießen . . .» mit Kupferstichen von Jacob de Gheyn, Amsterdam 1607, werden 32 Kommandos aufgeführt. Auf diesem Exerzierreglement beruhte auch die Ausbildung kurbrandenburgischer Infanteristen. Die Kommandos beziehen sich auch auf das Tragen der Waffe, das Ablegen sowie auf Wendungen des Söldners mit dem Spieß. Die wichtigsten Stoßarten mit beiden Händen waren der gerade Stoß in Hüfthöhe und der in Schulterhöhe, der Stoß nach unten und schräg oben, in Höhe der Brust eines Pferdes. Bei dem zuletzt genannten wurde das Spießende am zurückgesetzten, quer gestellten rechten Fuß abgestützt. Die Pike wurde hierbei mit der linken Hand gehalten, wobei der Ellenbogen auf dem linken Knie ruhte. Die rechte Hand erfaßte den Degengriff und zog den Degen heraus. Das Kommando hierzu lautete: «Gegen den rechten Fuß Euern Spieß faellet und die Wehr vom Leder ziehet!» Der sprichwörtliche Ausdruck «vom Leder ziehen» hat hier seine sprachlichen Wurzeln.

Die vorderen Glieder erfaßten meist beim Stoß den Spieß im hinteren Viertel bis Fünftel des Schaftes, die hinteren Glieder mit der rechten Hand am Schaftende, am Schuh. Das Spießeisen war, um Vorderlastigkeit zu mindern, sehr schmal und leicht. Der Pikenier trug den Langspieß auf dem Schlachtfeld vor dem Kampf senkrecht an der rechten Schulter, die rechte Hand umfaßte dabei den Schuh am Ende des Schaftes. Auf dem Marsch lag die Pike schräg auf der rechten Schulter, gehalten von der rechten Hand etwa in Schaftmitte. Auf längeren Märschen wurden die Spieße auf Wagen transportiert.

Der Pikenier war in kurbrandenburgischen Regimentern, wie in anderen Heeren auch, mit einem geschwärzten Halbharnisch ausgerüstet. Dieser bestand aus einem Bruststück mit Beintaschen und einem Rückenstück, einem Harnischkragen – mit oder ohne Schulterstücken – und aus einem Helm aus Eisenblech (Schützenhaube oder Birnhelm). Unter dem Harnisch trug der Pikenier einen Koller aus Elenleder. Da die angeworbenen Pikeniere oft keinen Harnisch mitbrachten und die Bestände in den Zeughäusern nicht ausreichten, kämpften sie in brandenburgischen Regimentern auch ohne Harnisch. 1674 werden noch Pikenierharnische erwähnt.[133)] In Kurbrandenburg waren diese Fußkämpfer oft zusätzlich mit einer Pistole im Gürtel bewaffnet, so beispielsweise im Hilfskorps in Ungarn 1686.[134)] In der Schlachtaufstellung standen Pikeniere und Musketiere in sechs Gliedern, erstere in der Mitte, letztere jeweils an den Flügeln. Im Jahre 1689 wurden in Brandenburg die Pikeniere in den Infanterieregimentern abgeschafft und alle Mannschaften mit der Steinschloßflinte und Bajonett bewaffnet. Für das Laden und Schießen mit Luntenschloßmusketen wurden ebenfalls Exerzier-Reglements erarbeitet. Die Handhabung dieser Feuerwaffe in geschlossenen Formationen war wegen des Umgangs mit der glimmenden Lunte und wegen möglicher unbeabsichtigter Auslösung eines Schusses besonders gefährlich. Das erste

Degen, *deutsch, Mitte 17. Jahrhundert*
Pikenier und Musketier führten als Zweitwaffe neben Langspieß bzw. Luntenschloßmuskete einen langen Degen mit zweischneidiger Klinge für Hieb und Stich. Zum Handschutz besaß er ein Gefäß mit Griffbügel, Parierstange, mehreren Bügeln und Spangen, ein Stichblatt oder einen halbkugeligen Korb. Der lange Degen war im dichten Kampfgewühl schwer zu handhaben und wurde deshalb am Ende des 17. Jahrhunderts durch kürzere Griffwaffen abgelöst.
Gl 134,5 cm; Kl 117 cm; Kb 2,9 cm; G 1390 g;
Inv.-Nr. W 59.3144

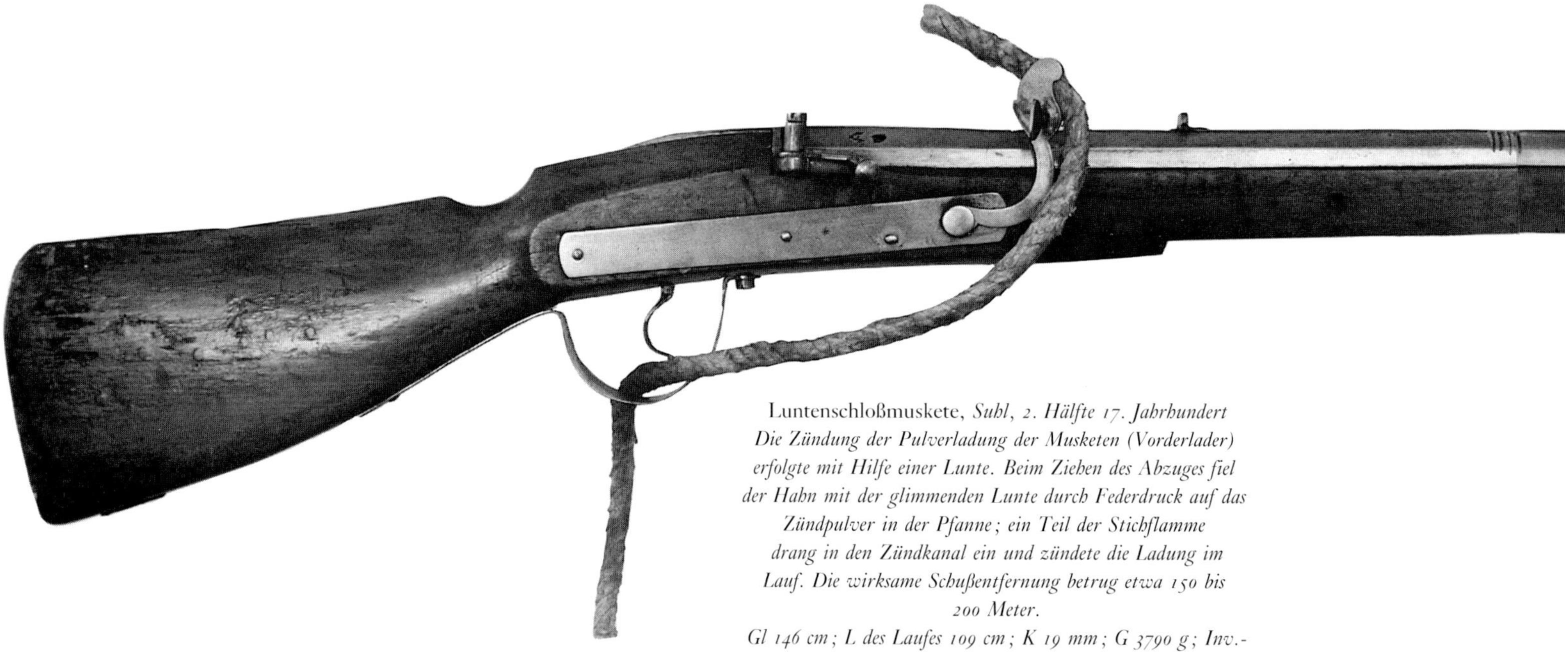

Luntenschloßmuskete, *Suhl, 2. Hälfte 17. Jahrhundert*
Die Zündung der Pulverladung der Musketen (Vorderlader) erfolgte mit Hilfe einer Lunte. Beim Ziehen des Abzuges fiel der Hahn mit der glimmenden Lunte durch Federdruck auf das Zündpulver in der Pfanne; ein Teil der Stichflamme drang in den Zündkanal ein und zündete die Ladung im Lauf. Die wirksame Schußentfernung betrug etwa 150 bis 200 Meter.
Gl 146 cm; L des Laufes 109 cm; K 19 mm; G 3790 g; Inv.-Nr. W 3318

bedeutungsvolle Reglement für das Laden und Schießen mit der Muskete war das bereits erwähnte niederländische mit dem Titel «Wapenhandelinghe van Roers, Musquetten ende Spießen ...»[135] Es war auch Vorbild für die Ausbildung der Musketiere in den Regimentern, die im Dienste des Kurfürsten Friedrich Wilhelm von Brandenburg standen. Das geht beispielsweise aus einem vom Hauptmann Berndt um 1653 bis 1655 herausgegebenen Büchlein hervor, das den Titel trägt: «Heutige Teutsche Krieges-Waffenhandlung zu Fuß / Wie dieselbe Unter S. Churfl. Durchl. zu Brandenburg / etc. Löblichen Leib=Garde / Nach Anweisung des Durchläuchtigen Printzen Mauritzen von Uranien / etc. S. Andenkens gebrauchet wird.»[136]

Der Musketier hatte beim Exerzieren sein Gewehr, die Stützgabel und die glimmende Lunte zeitweise in einer Hand zu halten. Daraus läßt sich schon erschließen, wie schwierig das Laden dieser Waffe war.[137]

Die Handgriffe nach Kommandos führte der Musketier nur beim Exerzieren aus, während eines Gefechtes ging eine Bewegung in die andere über. 21 Exerziertempos waren nach Abgabe eines Schusses zum eigentlichen Laden festgelegt. Danach war der Musketier wieder schußbereit. Beim Exerzieren wurde im allgemeinen blind geladen, also ohne Pulver und Kugel in den Lauf einzuführen. Diese Bewegungen wurden nur angedeutet.

Vergleicht man kurbrandenburgisch-preußische Kommandos vom Ende des 17. und Anfang des 18. Jahrunderts mit dem niederländischen Reglement, so ist man überrascht, daß sich die Kommandos von 43 auf 80 bis 90 erhöhen. Zu berücksichtigen ist hierbei, daß mehrere Wendungen des Soldaten auf der Stelle, das Präsentieren, das Gewehr unter dem linken Arm tragen – zum Schutz gegen Regen – sowie das Aufpflanzen und Abnehmen des Bajonetts hinzukamen. Jedoch scheint manches auch aufgepfropft und gekünstelt. Das niederländische Reglement konzentrierte auf die wirklich notwendigen Übungen zum Laden und Schießen. Die jüngeren Reglements verbinden mit dem Gewehrexerzieren schon einige mögliche Varianten des Frontwechsels zum Gegner. Die Handgriffe in dem ältesten amtlichen preußischen Reglement mit dem Titel «Exercise Von den Handgriffen Mit der Flint Wie es bey der Königlichen Preußischen Infanterie auf allergnädigsten Befehl Ihro Königli-

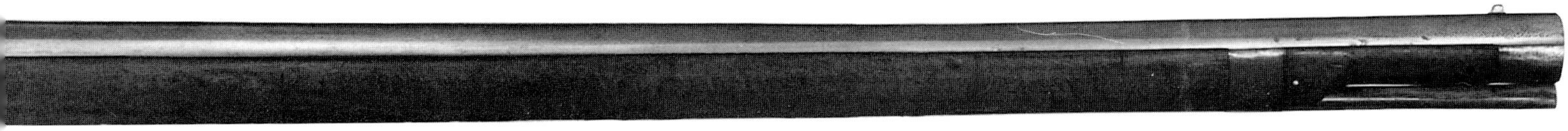

Zündkrautflasche und Pulverflasche, *17. Jahrhundert*
Die typische trapezförmige Pulverflasche der Musketiere enthielt Schießpulver zum Nachfüllen der Pulverbüchsen am Bandelier, jedoch konnte auch unmittelbar aus der Pulverflasche geladen werden. Der Gußhals mit einer Verschlußkappe an der Mündung und einer Federsperre am Ende nahm eine Pulverladung auf. Das Bandelier und die große Pulverflasche wurden im Verlauf der 2. Hälfte des 17. Jahrhunderts durch Pulverladungen in Papierumhüllungen allmählich verdrängt. Sie wurden in Patronentaschen mitgeführt.
H 24,5 cm, 14 cm; B 17 cm, 9,5 cm; G 530 g, 150 g; Inv.-Nr. W 59.3225, W 59.3549

Bekleidung und Bewaffnung eines Musketiers, *1. Hälfte 17. Jahrhundert*
An einem Schulterbandelier führte der Musketier zwölf bis vierzehn Pulverbüchsen mit sich. Sie enthielten jeweils die Pulvermenge für einen Schuß. Am Bandelier hingen ferner ein Zündkrautfläschchen mit feinerem Zündpulver, außerdem ein lederner Kugelbeutel für Bleikugeln mit einem Gewicht von je etwa 50 Gramm. Die Luntenschloßmuskete wurde beim Schießen auf eine Stützgabel gelegt (ehemaliges Zeughaus Berlin, seit dem 2. Weltkrieg verschollen).

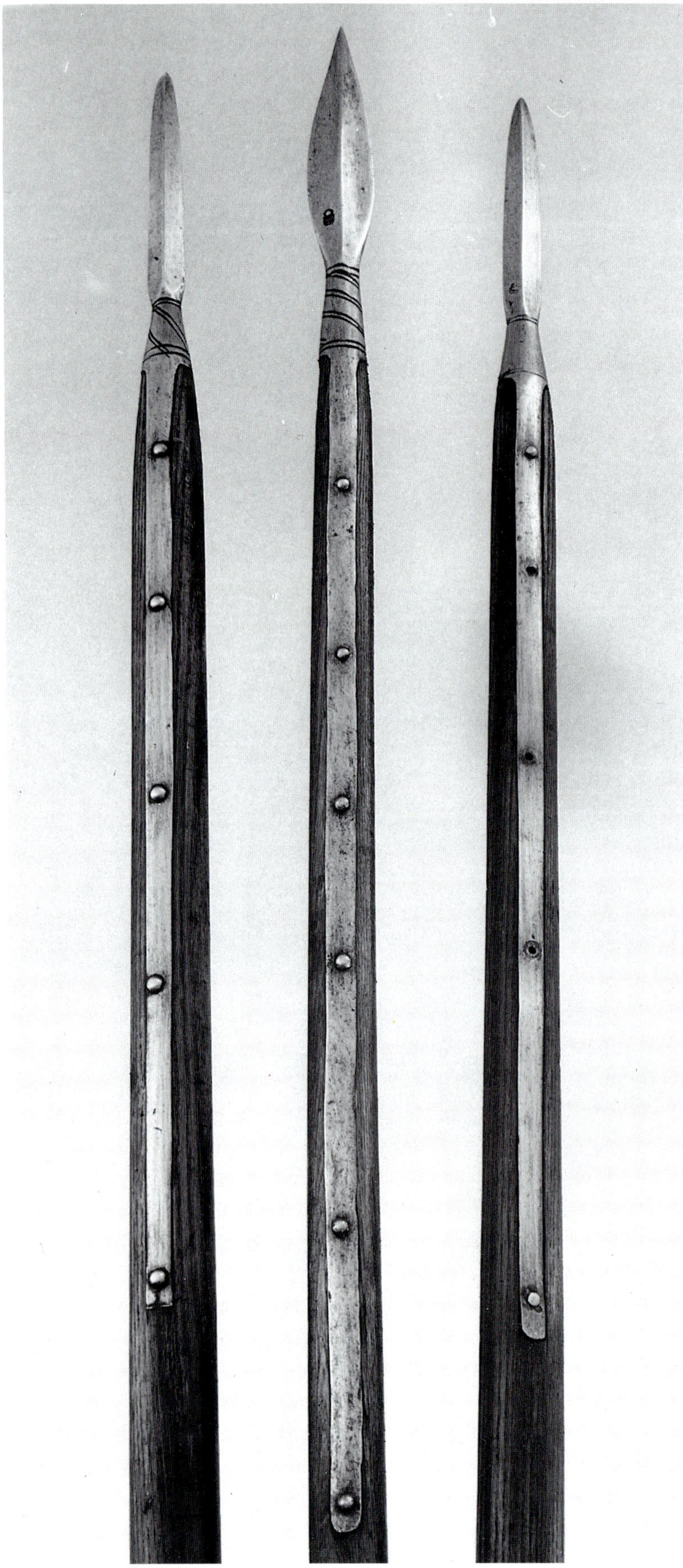

Langspieße *(Piken), deutsch, 17. Jahrhundert*
Die Pikeniere bildeten vor der Schlacht tiefgestaffelte taktische Haufen, in denen Spieße nach allen vier Seiten gefällt werden konnten. Dadurch waren sie auch in der Lage, Flankenangriffe feindlicher Reiterei wirksam abzuwehren.
Gl 493 cm, 495 cm, 494 cm; Kl mit Schaftfedern 55 cm, 63 cm, 57 cm; G 2700 g, 2270 g, 2770 g; Inv.-Nr. W 2812, W 2810, W 2814

Schützenhauben, *deutsch, 1. und 2. Hälfte 17. Jahrhundert*
Neben breitkrempigen Hüten trugen Musketiere vorwiegend Schützenhauben aus dünnem Eisenblech.
H 22,5 cm, 19 cm; G 1410 g, 1230 g; Inv.-Nr. W 732 (AD 2152), W 3978

Schwerer Eisenhut, *Brandenburg, 2. Hälfte 17. Jahrhundert*
Schwere Eisenhüte schützten Offiziere und Mannschaften, die im Belagerungskrieg dicht vor dem Feind operieren mußten, beispielsweise in Gräben (Sappen), die an Festungen vorgetrieben wurden, um Sprengladungen anzubringen. Die kostbare Ausführung mit Vergoldung und Innenfutter aus Leinen und Seide läßt auf einen Träger in hoher militärischer Funktion schließen. Einen etwa gleichartigen Helm trug Kurfürst Friedrich Wilhelm von Brandenburg bei der Belagerung Stettins im Jahre 1677/78.
H 19,7 cm; G 6710 g; Inv.-Nr. W 738 (36.1223)

Harnischbrust eines Pikeniers, *deutsch, Mitte 17. Jahrhundert*
Der brandenburgische Pikenier trug, wie der in anderen deutschen und vielen Heeren europäischer Länder auch, einen halben Harnisch aus dünnem geschwärztem Eisenblech. Diese Körperpanzerung bestand aus einem leichten, am Gesicht offenen Helm (Morion, Birnhelm oder Schützenhaube), Kragenstück mit anhängenden Oberarmteilen (Spangeröl), Harnischbrust mit Beintaschen und Harnischrücken. Die Rüstung schützte zwar gegen Hieb- und Stichwaffen, sie wurde aber von einer Musketenkugel bis zu einer Distanz von etwa 150 Meter durchschlagen.
G 3200 g; Inv.-Nr. W 678

chen Majestät eingericht und geordnet ist», Cölln a. d. Spree, 18. Dezember 1702, betrugen nach Einführung der Steinschloßflinten beispielsweise noch 82.[138] Als Vorbild für dieses Exerzierreglement wurde das des Markgräflich Philippschen Regiments gewählt, das nun für alle Regimenter verbindlich sein sollte.

Bevor hierauf näher eingegangen wird, einige Bemerkungen zur neu eingeführten Steinschloßflinte: Das Zündsystem des Steinschlosses beruhte auf dem Prinzip des Funkenschlagens mit Hilfe eines Feuersteins, Flint genannt. Dieser wurde zwischen die Lippen eines Hahnes, der beweglich am Schloßblech befestigt war, eingeklemmt. An der Innenseite des Schloßbleches war der Hahn fest mit einer Nuß verbunden. Diese Nuß besaß zwei Einkerbungen, die Ruhrast und die Spannrast, in die eine Nase der Abzugsstange beim Zurückziehen des Hahnes jeweils einrastete. Beim ersten Einrasten in die Ruhrast war der Hahn gegen unbeabsichtigtes Lösen eines Schusses gesichert. Auf einer vorspringenden Nußkralle lag die Kralle der starken Schlagfeder auf. Beim Zurückziehen des Hahnes wurde durch die gleichzeitige Bewegung der Nuß die Schlagfeder gehoben und dadurch gespannt. Nach dem Zurückziehen des Hahnes in die zweite Stellung, in die Spannrast, und nach dem Druck auf den Abzug rastete die Abzugsstange aus der Nuß aus und die Schlagfeder schnellte nach unten, drückte die Nuß ebenfalls nach unten und der mit ihr verbundene Hahn schlug blitzartig nach vorn. Der Feuerstein traf auf die eiserne Schlagfläche, die Batterie, und schlug Funken. Die Batterie wurde dabei nach vorn geworfen. Der untere, winklig abgesetzte Teil der Batterie bildete den Pfannendeckel. Er wurde gleichzeitig angehoben, gab damit die Pfanne frei und die Funken zündeten das Pulver auf der Pfanne. Die Flamme schlug durch den Zündkanal in das Laufinnere und entflammte die Ladung.

Die Vorteile gegenüber dem Luntenschloß sind leicht zu erkennen. Das Abnehmen der Lunte aus dem Hahn nach dem Schuß, das erneute Aufsetzen, das Probieren des richtigen Sitzes und das Anblasen der Lunte fielen als Handhabungsgriffe weg. Sieben Kommandos betreffen im niederländischen Reglement von 1607 die Handhabung der Lunte für die Abgabe eines Schusses und das Abnehmen nach dem Schuß. Nur zwei genügten beim Steinschloß: Zurückziehen des Hahnes in die Ruhrast und Zurückziehen in die Spannrast – eine wesentliche Vereinfachung und ein großer Zeitgewinn. Trotzdem müssen in den ersten Jahren der Einführung des Steinschlosses Mängel aufgetreten sein, denn in den achtziger und neunziger Jahren des 17. Jahrhunderts wurden Gewehre mit Doppelschlössern zur Sicherheit der Zündung verwendet, so auch in brandenburgischen Regimentern. Am Schloßblech waren ein Lunten- und ein Steinschloßhahn montiert. Bei der Massenfertigung wurde die erforderliche genaue Präzision der Schloßteile des Steinschlosses nicht immer erreicht. Schlagfeder und Batteriefeder mußten aufeinander genauestens abgestimmt sein. Die Batteriefeder mußte genügend Gegendruck ausüben, damit der Feuerstein Funken schlagen konnte. Sie durfte andererseits nicht zu stark sein, da sonst der Pfannendeckel nicht aufgeschlagen wurde. Form, Höhe und Abstand des Hahnes von der Batterie mußten ebenfalls genau berechnet sein.[139] Auch die Verwendung ungeeigneter Feuersteine, die leicht zerbrachen und schlecht Funken schlugen, hat vermutlich Skepsis gegen die neue Schloßkonstruktion hervorgerufen.

Besonders gefährlich war es, die glimmende Lunte zu Pferde mitzuführen. Deshalb wurden bereits 1672 und 1675 Steinschloßflinten bei den Dragonern in Kurbrandenburg eingeführt.[140] Die Schußleistungen der Steinschloßflinten übertrafen nicht die der Luntenschloßmusketen. Lauflänge, Kaliber, Pulverladung und Geschoß waren etwa gleich, und sie bestimmten in erster Linie Reichweite und Durchschlagskraft der Kugeln. Da der gefährliche Funkenflug beim Anblasen der Lunte nicht mehr den Vorder- und Nebenmann behinderte, konnten die Infanteristen in einer Linie und Rotte dichter beieinanderstehend laden und schießen. Unter Friedrich I. betrug beispielsweise der Abstand von Rotte zu Rotte noch eine Armlänge, unter Friedrich Wilhelm I. und Friedrich II. standen sie dicht beieinander, jedoch «daß die Kerls die Arme rühren können».[141]

Die neuen Steinschloßflinten brachten für alle Armeen die gleichen Vorteile. Gezieltes Einzelschießen war bei der Masse der Infanterie nicht gefragt. Es wurde auf Kommando in Salven gefeuert. Fürst Leopold von Anhalt-Dessau, seit 1694 Chef eines brandenburgischen Infanterieregiments, entwickelte ein Ausbildungssystem, bei dem die eigene Infanterie gegenüber der feindlichen Vorteile im Feuergefecht erreichen sollte. Durch eiserne Disziplin und harten Drill strebte er danach, daß die Infanteristen seines Regiments schneller und präziser laden und schießen konnten als andere. Diese Feuerüberlegenheit gegenüber feindlicher Infanterie und die angestrebte Überlegenheit gegenüber der Kavallerie wurde zum Kernstück der Ausbildung im Regiment des Dessauers. Sein Ziel war, daß die gesamte brandenburgisch-preußische Infanterie zur entscheidenden Waffengattung in der Feldschlacht werden sollte. Das Interesse für Fußkämpfer und die Stärkung ihrer Kampfkraft war für einen Angehörigen seines Standes durchaus ungewöhnlich, da der Adel die Kavallerie als seine traditionelle Waffengattung bevorzugte. Leopold fand in dem Kronprinzen, dem späteren König Friedrich Wilhelm I., einen Verbündeten für seine Pläne. Von anderen Regimentschefs wurden diese zum Teil abgelehnt.

In der Ausbildungspraxis Leopolds liegen die Wurzeln für den typisch «preußischen Drill», der durch unermüdliches Exerzieren im Laden und Schießen mit perfekten Gefechtsbewegungen in der Lineartaktik zu einer Feuerüberlegenheit gegenüber dem Feind führen sollte. In einer Vorschrift König Friedrichs I. «Evolutiones der Kgl. Preuß. Infanterie . . . »[142] heißt es noch in Ausführungen über das Pelotonfeuer: «Dabei ist zu observieren, daß die Ober- und Unteroffiziers langsam und laut kommandieren, auch nicht die Pelotons zu geschwinde auf einander Feuer geben, damit die ersten wieder Zeit gewinnen zu laden.» Unter Friedrich Wilhelm I. wird das Wort «geschwinde . . . geschwinde» zur Richtschnur des Ladens und Schießens. Die «Dressur» war eine Tortur für die Mannschaften. Sie belastete Körper und Geist für Stunden am Tage. Sie war aber auch ein hartes Brot für die ausbildenden Offiziere und Unteroffiziere. Unter dem Druck des täglichen Einerleis wurden die Soldaten widerspenstig, die Ausbilder unbeherrscht bei auftretenden Mängeln trotz häufiger Übungen. Stockschläge waren die Folge. Nicht nur die Handgriffe mit der Flinte waren zu üben, hinzu kamen eine Vielzahl von zum Teil komplizierten Truppenbewegungen im Marsch, im Angriff und im Rückzug. Die Feuerüberlegenheit war nicht von heut auf morgen zu erreichen. Der niedrige Bildungsstand mancher Söldner trug zum Teil zu den notwendigen Wiederholungen bei, die das Ziel verfolgten, alle Griffe und Bewegungen automatisch zu beherrschen wie Kriegsmaschinen.

König Gustav Adolf von Schweden hatte bereits im Dreißigjährigen Krieg beim Fußvolk Papierpatronen und Patronentaschen eingeführt. In der kurbrandenburgischen Infanterie erfolgte das um 1670. Jeder Schütze erhielt 24 Patronen in sechs Bunden. Die Papierhülse enthielt die am Gußhals eingebundene Kugel und die abgemessene Pulverladung. Das leere Ende der Papierhülse wurde zusammengefaltet und zum Laden biß der Infanterist mit den Zähnen ein kleines umgefalztes Ende auf. Das Pulver wurde in den Lauf geschüttet und das Geschoß mit der Papierhülle, die gleichzeitig als Abdichtungsmittel diente, hinterher. In Preußen erhielt der Mann 1730 insgesamt 30 und im Jahre 1750 sogar 60 Patronen. Nicht selten zerbrach der hölzerne Ladestock beim schnellen Laden. Leopold von Anhalt-Dessau hatte deshalb 1698 bei seinen Grenadieren und 1699 bei seinem Regiment insgesamt einen eisernen Ladestock eingeführt. Erst 1718 wurde er bei der gesamten preußischen Infanterie angenommen.

Im folgenden nun die Kommandos nach dem preußischen Exerzier-Reglement von 1702:[143)]

«1. Ihr Herren Officiers, man wird exerciren!
2. Tragt das Gewehr wohl!
3. Macht euch fertig zum exerciren!
4. Die rechte Hand an euer Gewehr!
5. Das Gewehr hoch!
6. Mit der linken Hand an's Gewehr!
7. Spannet den Haen!
8. Schlaget an!
9. Feuer!
10. Setzet ab!
11. Den Haen in seine Ruhe!
12. Wischet die Pfane aus!
13. Bringt das Gewehr an die rechte Seit!
14. Ergreifft euer Pulverhorn!
15. Pulver auf die Pfann!
16. Schließt die Pfanne!
17. Bringt das Gewehr vor euch!
18. Lincks schwenkt euer Gewehr zur Ladung!
19. Ergreifft die Patron!
20. Öffnet die Patron!
21. Steckt sie in den Lauff!
22. Ziehet aus den Ladstock!
23. Den Ladstock hoch!
24. Verkürtzet den Ladstock!
25. Steckt ihn in den Lauff!
26. Setzet an die Ladung!
27. Ziehet aus den Ladstock!
28. Den Ladstock hoch!
29. Verkürtzet den Ladstock!
30. Bringt ihn an seinen Ort!
31. Ergreift euer Bajonet!
32. Hoch die Bajonet!
33. Bringt sie auf den Lauff!
34. Bringt das Gewehr hoch vor euch!
35. Vorwärts fällt euer Gewehr!
36. Rechts umb!
37. Herstellt euch!
38. Lincks umb!
39. Herstellt euch!
40. Rechts umb kehrt euch!
41. Lincks her stellt euch!
42. Lincks umb kehrt euch!
43. Rechts her stellt euch!

44. Das Gewehr hoch vor euch!
45. Bringt das Gewehr an die lincke Seite!
46. Ergreifft die Bajonet!
47. Hoch die Bajonet!
48. Bringt sie an ihren Ort!
49. Mit der rechten Hand unter den Haen!
50. Das Gewehr hoch!
51. Das Gewehr auf die Schulter!
52. Praesentirt euer Gewehr!
53. Das Gewehr beym Fuß!
54. Streckt das Gewehr!
55. Ergreifft das Gewehr!
56. Praesentirt das Gewehr!
57. Rechts umb!
58. Her stellt euch!
59. Lincks umb!
60. Her stellt euch!
61. Rechts umb kehrt euch!
62. Lincks her stellt euch!
63. Lincks umb kehrt euch!
64. Rechts her stellt euch!
65. Das Gewehr hoch!
66. Das Gewehr auf die Schulter!
67. Praesentirt euer Gewehr!
68. Verkehrt schuldert euer Gewehr!
69. Praesentirt euer Gewehr!
70. Das Gewehr auf die Schulter!
71. Das Gewehr verdeckt unter dem lincken Arm!
72. Das Gewehr auf die Schulter!
73. Das Gewehr verkehrt unter den lincken Arm!
74. Das Gewehr auf die Schulter!»
(75. bis 82. erneut die Wendungen – H. M.)

Den eigentlichen Ladevorgang der Flinte belegen die Kommandos 11. bis 30.

Das Reglement erschien noch in weiteren Ausgaben 1709 und 1711. Eine Bilderhandschrift aus dem Jahre 1711 mit Darstellung der einzelnen Handgriffe, ausgeführt von preußischen Kadetten, schenkte Fürst Leopold von Anhalt-Dessau dem damaligen Kronprinzen Friedrich Wilhelm.[144)] Die Tafeln I bis VIII mit den Kommandos 1 bis 31, die das eigentliche Gewehrexerzieren erkennen lassen, sind hier abgebildet.

In einem Exerzier-Reglement aus der Zeit Friedrichs I., das die «Handgriffe der Hand Granadirer» enthält, sind auch Kommandos für das Handgranatenwerfen enthalten.[145)] Die Kommandos lauteten (Erläuterungen – H. M.):

«28. Ergreifft eure Lunten.»
Die rechte Hand öffnet den Luntenverberger (eine am Riemen der Granatentasche befestigte Blechröhre mit Luftlöchern); die linke Hand zieht die glimmende Lunte heraus.

«29. Granade auß der Tasche.

30. Oeffnet und decket eure Granade.»
    Der aus der Granate herausragende Brandsatz wird mit den Zähnen aufgebissen. Der Grenadier tritt mit dem rechten Fuß zurück und hält die Granate in waagerecht vorgestreckter Hand.
«31. Blaset die Lunte ab.
32. Zündet und werffet von euch.»
    Der Wurfarm wird zweimal geschwenkt und beim Werfen der rechte Fuß nach vorn gesetzt.
«33. Verberget euer Lunte.»
    Die Lunte wird wieder in den Luntenverberger gesteckt.

Luntenverberger trugen Schützen bereits im 16./17. Jahrhundert. Auf dem Marsch mußte jeweils einer mit glimmender Lunte im Luntenverberger marschieren. Er zündete vor dem Gefecht die Lunten der anderen an. Dadurch wurde der Luntenverbrauch eingeschränkt.

Vor dem Handgranatenwerfen wurde die Flinte – mit dem Kolben nach unten – mit einem Gewehrriemen über die Schulter gehängt. Handgranaten aus Gußeisen, Glas oder gebranntem Ton, die mit Pulver gefüllt waren, kamen vorwiegend im Festungskrieg zur Anwendung.[146)] Im «Reglement vor die Königl. Preußische Infanterie von 1726» wird für das Handgranatenwerfen die gleiche Reihenfolge gewählt. In Erläuterungen wird hier ausdrücklich gefordert, nach dem Herausnehmen der Granate aus der Tasche, den Daumen auf den Zünder zu legen. In dem Reglement aus der Zeit Friedrichs I. ist diese Anweisung im Kommando Nr. 30 «Oeffnet und *decket* eure Granade» enthalten, eine Vorsichtsmaßnahme, die unbeabsichtigtes Entzünden verhindern sollte.

Seit 1726 entnahm der preußische Infanterist aus der aufgebissenen Papierpatrone ein wenig Zündpulver und schüttete es vor dem Laden auf die Pulverpfanne. Auf ein besonderes Zündkrautfläschchen konnte deshalb verzichtet werden. Das Reglement für die Infanterie von 1726 enthält nur noch etwa die Hälfte der Kommandos gegenüber dem Reglement unter Friedrich I. Nachdem ein Schuß gefallen war, lauteten die Kommandos für das Laden:
«No. 8 Den Hahnen in die Ruhe!
No. 9 Ergreiffet die Patron!
No. 10 Oeffnet die Patron!
No. 11 Pulver auf die Pfanne!
No. 12 Schliesset die Pfanne!
No. 13 Lincks schwenget das Gewehr zur Ladung!
No. 14 Die Patronen in den Lauff!
No. 15 Ziehet aus den Lade=Stock!
No. 16 Den Lade=Stock in den Lauff!
No. 17 Den Lade=Stock an seinen Orth!
No. 18 Das Gewehr auf die Schulter!»

Die Ladebewegungen, wie sie nach dem Reglement von 1726 vorgeschrieben wurden, blieben bis 1773 bestehen. Beim Exerzieren wurde beim Einzelgriff äußerste Schnelligkeit angestrebt, zwischen den einzelnen Griffen jedoch eine Pause eingelegt. Im Reglement heißt es dazu:[147)] «Zwischen denen Tempos in denen Hand=Griffen muß wol und égal angehalten werden, so lange bis man 8. zählen kan.» Der konische Ladestock wurde im Jahre 1773 durch einen zylindrischen, bei dem beide Enden gleich dick waren, abgelöst. Dadurch entfiel die zweimalige Drehung des Ladestocks um 180°. Er wurde schwerer und die Ladestocknut mußte erweitert werden, wodurch der Schaft leichter brechen konnte. Das nahm man in Kauf, denn schnelles Schießen war oberstes Prinzip. 1780 erhielten die Infanteriegewehre statt der zylindrischen Zündlöcher konische. Beim Feststoßen der Ladung rieselte etwas Pulver aus dem Lauf durch das erweiterte Zündloch auf die Pfanne. Das besondere Aufschütten von Zündpulver aus der Patrone auf die Pfanne entfiel nun.

Von Reglement zu Reglement läßt sich eine Verringerung der Kommandos feststellen. Von insgesamt 62 Kommandos im Jahre 1726 werden 1743 nur noch 39 aufgeführt. Unter anderem fallen die Übungen, das Gewehr unter den linken Arm zu nehmen und die Befehle für das Aufpflanzen des Bajonetts weg. Das Bajonett befand sich beim Laden bereits auf dem Lauf. Nach den Änderungen von 1773 und 1780 mußte der Infanterist nach Abgabe eines Schusses nur noch neun Ladegriffe ausführen:

«1. Hahn in Ruh!
2. Schließet die Pfanne!
3. Bringt das Gewehr links vor euch!
4. Ergreifet die Patron!
5. Oeffnet die Patron!
6. Schüttel die Patron in den Lauf!
7. Ergreift den Ladestock!
8. Setzet an die Ladung!
9. Bringt den Ladestock an seinen Ort!»[148)]

Die Feuergeschwindigkeit konnte weiter erhöht werden, weil das Aufschütten von Pulver aus der Papierpatrone entfiel.

Aus einem «Anhang zu dem Reglement, gegeben Potsdam, den 1. Oktober 1779», geht hervor, welche Feuergeschwindigkeit Friedrich II. erreichen wollte.[149)] «So bald die neuen Leute wissen, alles blind gut zu machen, sollen ihnen fürs erste hölzerne Patronen gegeben werden, wobey von dem Officier einem jeden besonders gezeigt wird, wie er die Patron geschwinde zu ergreifen, Pulver aufzuschütten, die Patron ohne langes Wirbeln zwischen denen Fingern, in den Lauf zu werfen habe; Wie die Züge des Ladestocks, so geschwinde als geschickt mit dem Gelenke zu machen, und die Ladung gehörig anzusetzen sey. Wenn die Recruten alles dieses gut machen, so sollen sie hierauf mit Pulver laden und feuern; womit täglich und so lange continuiret werden muß, bis die neuen Leute viermahl in einer Minute feuern können.» Dieser Anhang enthält weitere interessante Ausführungen zur Ausbildung der Rekruten. Sie wurden nach ihren Fähigkeiten in Gruppen eingeteilt, «weil sonsten ein geschickter Kerl im exerciren aufgehalten, und verdrüßlich gemacht wird, ein dummer hingegen übereilet wird, und hierüber ein beständiger Stümper bleibt».[150)] Zuerst wurde das Tragen des Gewehrs im Stehen geübt, anschließend Wendungen mit dem Gewehr ausgeführt, danach das Laden des Gewehrs «wobey nothwendig ist, daß die neuen Leute bey dem Laden in ein Glied gestellet werden, weil man sie in solchem besser corrigiren und übersehen kann . . . Wobey man zu observiren hat, daß die Recruten niemahls eher hintereinander weg laden müssen, bis sie langsam nach Commando gut laden können».[151)]

Über die Schießausbildung mit scharfer Munition wird ausgeführt: «Hierauf muß jeder Kerl einige Patronen einzeln verfeuern, und danach drey Patronen rottweise verfeuern; wobey aber hauptsächlich darauf zu sehen ist, daß die Kerls die Patronen aus der Tasche hurtig heraus nehmen, solche geschwind und recht aufbeissen, das Pulver hurtig aufschütten, und die Patronen hierbey nicht zerdrücken, sondern solche geschwinde im Lauf bringen, und damit nicht lange wirbeln.»

Die technische Entwicklung der Handfeuerwaffen und die damit verbundene Bewaffnung der gesamten Infanterie mit Gewehren sowie die Zielstellung, eine Feuerüberlegenheit über den Gegner zu erreichen, waren wesentliche Ausgangspunkte für die Herausbildung des sogenannten «preußischen Drills».

Die ersten Infanterie-Gewehre, die durch amtliche Kennzeichnungen als brandenburgisch und preußisch nachweisbar sind, stammen aus der Zeit Kurfürst Friedrichs III. bzw. König Friedrichs I. Sie sollen im folgenden näher betrachtet werden.

Infanterie- und Füsiliergewehre

In der einschlägigen Literatur wurden bisher nur vier Infanteriegewehre aus der Regierungszeit Kurfürst Friedrichs III. bzw. König Friedrichs I. erwähnt.[152] Diese Gewehre erhielt das ehemalige Zeughaus Berlin im Jahre 1912 von der Stadt Fürstenwalde an der Spree als Geschenk. Drei dieser Gewehre befinden sich heute noch im Zeughaus, das vierte ging im 2. Weltkrieg verloren.

Der Verfasser konnte bei seinen Nachforschungen im Stadt- und Kreismuseum Fürstenwalde/Spree weitere 17 Infanteriegewehre aus der ehemaligen Fürstenwalder Rüstkammer untersuchen, die ebenfalls in die Regierungszeit König Friedrichs I. gehören.[153] Durch Chiffre (Monogramm) «FR» und Bezeichnung «MAGASIN ROYALL» lassen sich mit den Berliner Gewehren insgesamt elf Stücke eindeutig als brandenburgisch-preußisch nachweisen. Nur ein Gewehr[154] dieser Exemplare trägt das Monogramm aus der Kurfürstenzeit von 1688 bis 1701 auf dem Schloßblech, die gravierte Kennzeichnung: viermal im Kreis angeordnet doppeltes «F» (gespiegelt) mit Kurhut darüber sowie viermal daneben «III», in der Mitte das Kurzepter.[155] Ebenfalls nur ein Exemplar ist durch ein großes schrägliegendes ligiertes gekröntes «FR» auf dem Schloßblech gekennzeichnet.[156] Der obere Bogen des «R» reicht über den oberen Querstrich des «F» hinaus. Die dritte Form der Kennzeichnung der Gewehrschlösser aus dem Fürstenwalder und Berliner Bestand besteht aus einem gekrönten ligierten «FR» auf dem Mittelteil des Schloßbleches und einem großen gekrönten Adler hinter dem Hahnfuß.[157] Der Bogen des «R» liegt jetzt unter dem oberen Querstrich des «F».[158] Die Kennzeichnung des Laufes mit «MAGASIN ROYALL» oder «MAGASIN ROYALL DE PRUSSE»[159] beweist eindeutig die Auftragserteilung für diese Gewehre durch den preußischen König. Wie so vieles, wurde auch diese Kennzeichnung in jener Zeit nach französischem Vorbild gewählt. In Paris bestand seit 1665 in der Bastille ein «MAGASIN ROYAL». Der Direktor dieses königlichen Magazins schloß Lieferverträge ab und überprüfte die Qualität durch Beschußprobe. Die Regimentskommandeure erwarben die Waffen aus dem Magazin.[160] Von den Originalgewehren in Fürstenwalde und Berlin tragen zehn Läufe die Inschrift «MAGASIN ROYALL», eines nur mit einem «L» am Ende, die Kennzeichnung «MAGASIN ROYALL DE PRUSSE» ebenfalls nur ein Lauf.[161]

Der Lauf des ältesten Gewehres ist mit der Beschaumarke von Zella in Thüringen versehen.[162] Zwei Marken auf diesem Lauf, eine mit den Buchstaben «SH», die andere mit «LK» (?) lassen auf einen Auftrag schließen, bei dem für einen Lieferanten ein Laufschmied arbeitete.[163] An der Innenseite des Schloßbleches befindet sich eine Lilienmarke, mit den Buchstaben «VB» darüber[164]. Vier Läufe stammen aus Suhl in Thüringen. Sie sind durch die Beschußstempel «SVL» und die «Henne» (Wappen der Grafen von Henneberg, zu deren Territorium die Stadt Suhl gehörte) gekennzeichnet.

Seit der Regierungszeit des Kurfürsten Friedrich Wilhelm von Brandenburg bestanden ausgedehnte Handelsbeziehungen zu den Niederländischen Generalstaaten. Auch unter Friedrich I. lassen sich Gewehrlieferungen aus Holland nachweisen[165]. Ein Gewehr des Fürstenwalder Bestandes mit der Laufaufschrift «MAGASIN ROYALL» ist am Schloßblech mit «DOELNE» gekennzeichnet. Ein Büchsenmacher Leonhard Doelne stammt nach dem «Neuen Støckel» von Eugen Heer aus den Niederlanden und lebte um 1690.[166] Im gleichen Sammlungsbestand ist ein Lauf auf der Oberseite mit der Beschaumarke der Stadt Amsterdam und an der Unterseite mit der Laufschmiedemarke «W» gestempelt. Das Schloß und mehrere Teile der Eisengarnitur fehlen. Schaftholz und das primitive Kolbenblech sowie das Fehlen einer Bajonetthalterung lassen die Zugehörigkeit zu dem Bestand der Gewehre aus der Zeit Friedrichs I. als wahrscheinlich gelten.

Auffällig ist, daß die mit gekröntem «FR» und großem gekrönten Adler gravierten Schloßbleche keine Marken tragen. Sie sind teilweise mit Suhler Läufen vereinigt. Daraus kann jedoch nicht ohne weiteres geschlußfolgert werden, daß sie ebenfalls an diesem Ort hergestellt wurden.

Zu den Produktionsstätten, aus denen Brandenburg-Preußen zur Zeit König Friedrichs I. Handfeuerwaffen bezog, gehörte auch Lippstadt in Westfalen. Als Großlieferant für Militärwaffen wird 1688 bis 1698 Adrian Lindeman (auch Lindemann, Linmann) erwähnt, der auch für Aufträge Waffen aus Essen bezog.[167] Büchsenmacher aus Lippstadt waren um 1700 auch Melchior Ablegnee[168], Peter Kleinschmidt und Bernt Lemat (Leimat)[169].

Die Gewehre aus der ehemaligen Fürstenwalder Rüstkammer erlauben einige Verallgemeinerungen über Qualität, Form und Beschaffenheit der Einzelteile. Da Läufe und Schlösser aus traditionsreichen Produktionsstätten, wie Suhl, Zella, Amsterdam und Lüttich bezogen wurden, sind sie von guter Qualität. Die mit «MAGASIN ROYALL» gekennzeichneten Läufe sind rund und laufen im hinteren Fünftel achtkantig aus. Vor dem achtkantigen Teil liegen meist zwei Querbänder. Dieser Typ besitzt ein eingeschobenes Messingkorn. In einem Fall befindet sich eine Ausfräsung für eine eingeschobene Kimme, in einem anderen Falle ist die Kimme in ein erhöhtes Schwanzschraubenblatt tief eingefeilt. Die anderen Läufe besitzen keine Kimme. Die Laufwandungen sind an der Mündung 2,5 bis 4 Millimeter stark. Die Einzelteile der Gewehrschlösser mit «FR» und großem Adler sind auf einem bananenförmig gebogenen Schloßblech montiert, das bereits die später bei preußischen Schloßblechen übliche senkrechte Kehlung besitzt. Typisch sind der Schwanenhalshahn mit Sporn und Hahnlippenschraube mit Schlitz im Schraubenkopf. Die Batterie hat in der Mitte einen senkrecht verlaufenden Grat, die Batteriefeder läuft noch nicht spitz oder rund aus, wie sie für spätere preußische Modelle typisch ist. Bei den Schlössern mit «FR» und dem großen Adler ist die Nuß noch nicht mit einer Studel bedeckt, auch nicht bei dem Schloß mit der Meisterbezeichnung «DOELNE». Dagegen besitzt das älteste Gewehr von 1688 bis 1701 eine etwa ovale Studel, außerdem an der Außenseite einen Sicherungshaken, die Nuß hat trotz der Sicherung zwei Rasten (der Hahn fehlt bei diesem Gewehr).

Während Läufe und Schlösser von guter Qualität sind, lassen Schäfte und Eisenbeschläge viele Mängel erkennen. Die Gesamtlängen aller als preußisch von 1701 bis 1705 zu bestimmenden Gewehre aus Fürstenwalde liegen zwischen 1423 bis 1470 Millimeter. Abgeschlagene und an anderer Stelle neuangebrachte Stiftösen beweisen Kürzung der Läufe und Neuschäftung an anderer Stelle. Das Gewehr von 1688 bis 1701 hat dagegen eine Länge von

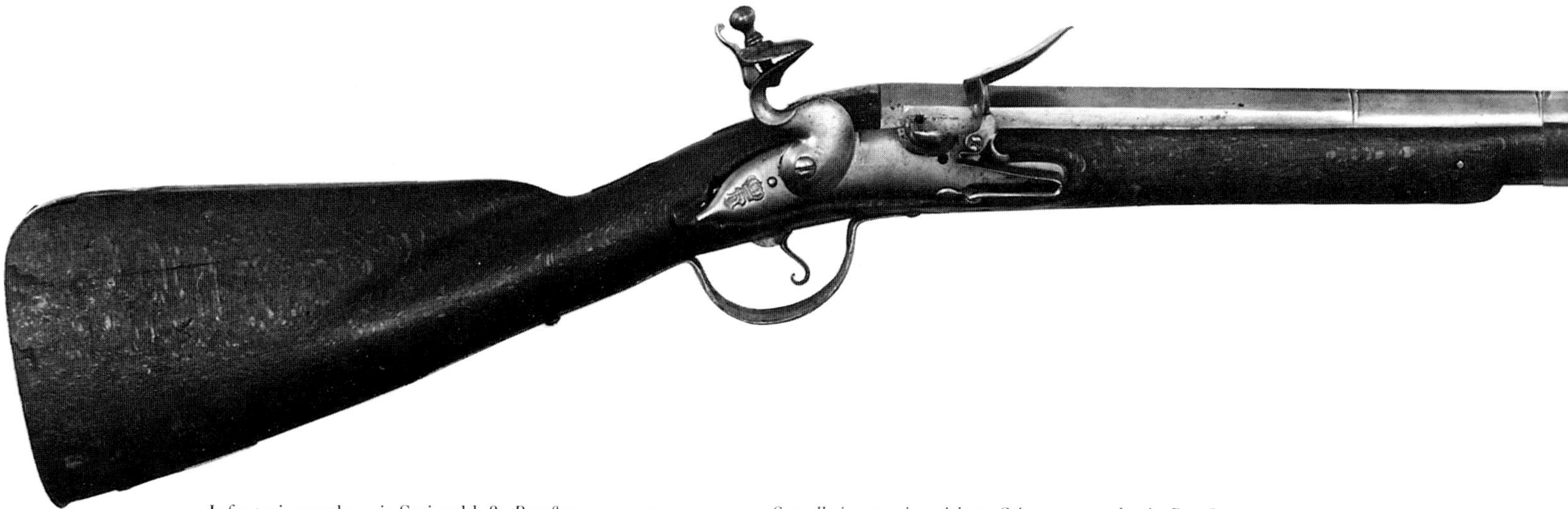

Infanteriegewehr mit Steinschloß, *Preußen, 1701–1705*
Dieses Gewehr trägt die Beschaumarke der Stadt «SVL» und die Henne (Wappen der Grafen von Henneberg) auf dem Lauf. Auftraggeber war der König, wie die Inschrift «MAGASIN ROYAL» auf dem Lauf belegt. Der Schaft reicht bis zur Laufmündung. Die Gewehre waren noch für Spundbajonette eingerichtet. Seit 1705 wurden in Preußen Tüllenbajonette, für die ein Bajonetthaft unter dem Lauf notwendig war, eingeführt.
Gl 142,3 cm; L des Laufes 103,5 cm; K 19 mm; G 4140 g; Inv.-Nr. W 3376 (12.63)

1515 Millimeter und drei ursprüngliche Stiftösen. Die Gesamtlängen der Gewehre des Fürstenwalder Bestandes, die keine Kennzeichnungen mit Monogramm oder Adler besitzen, liegen zwischen 1523 und 1610 Millimeter. Diese Maße dürften auch die anderen Gewehre vor der Kürzung gehabt haben. Ursache der Kürzungen könnten die teilweise kleinen Körpergrößen der Männer der Landmiliz gewesen sein, wie später bei der Einführung spezieller Füsiliergewehre.

Die Neuschäftungen führten höchstwahrscheinlich keine gelernten Schäfter aus, wie die mangelhafte Qualität erkennen läßt. So sind insbesondere die Aushebungen für das Schloßlager und das Schloßblech, für den Abzugsbügel und das Abzugsblech sehr mangelhaft, grob und ungenau. Die Lauf-Schaftverbindung erfolgte durch Stifte, die quer durch den Schaft und durch Stiftösen an der Unterseite des Schaftes führten. Durch Erschütterungen bei der Handhabung und beim Schießen lockerten sich diese Verbindungen. Man versuchte dem entgegenzuwirken, indem diese Stifte krumm gebogen wurden und dadurch fester saßen.

Ein Teil der Eisenbeschläge dürfte bei der Neuschäftung ebenfalls von weniger qualifizierten Arbeitern ausgeführt worden sein. Kolbenbleche von einfachster Art ohne Kolbennase sind vielfach mit bis zu sieben Nägeln befestigt. Die einfachen Nasenbänder sind meist geschwärzt (evtl. später). Einige Gewehre lassen jedoch bei Teilen der Eisenbeschläge typische und besser ausgeführte Formen erkennen. Mehrere Kolbenbleche verjüngen sich zu Kolbennasen, die in lange Spitzen bis zu 115 Millimeter auslaufen. Die eisernen Röhrchen und Spitzröhrchen sind dreimal quer wulstartig gegliedert, die Schloßgegenbleche (mit zwei Schraubenlöchern) S-förmig geschwungen, der Abzug ist am Ende stark eingerollt. Die Ladestockröhrchen wurden von drei auf zwei reduziert.

Alle veränderten Gewehre besitzen keine Bajonetthalterung. Das läßt eindeutig darauf schließen, daß sie noch für Spundbajonette vorgesehen waren, diese wurden im Jahre 1705 abgeschafft.

Konstruktionsmäßig ungünstig war bei einigen Gewehren die Einführung und Verschraubung der Kreuzschraube von unten in das Schwanzschraubenblatt. Um den Lauf herausneh-

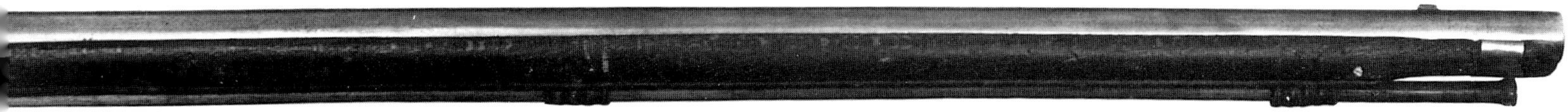

Kennzeichnung der Schloßplatte des Gewehrs Abb. S. 14/15 mit dem Monogramm Kurfürst Friedrichs III. – gespiegeltes «F» und «III»

Schloßplatte mit Monogramm «FR» hinter dem Hahnfuß; zwischen der Batteriefeder die Marke «HD» oder «HP» Inv.-Nr. W 3376

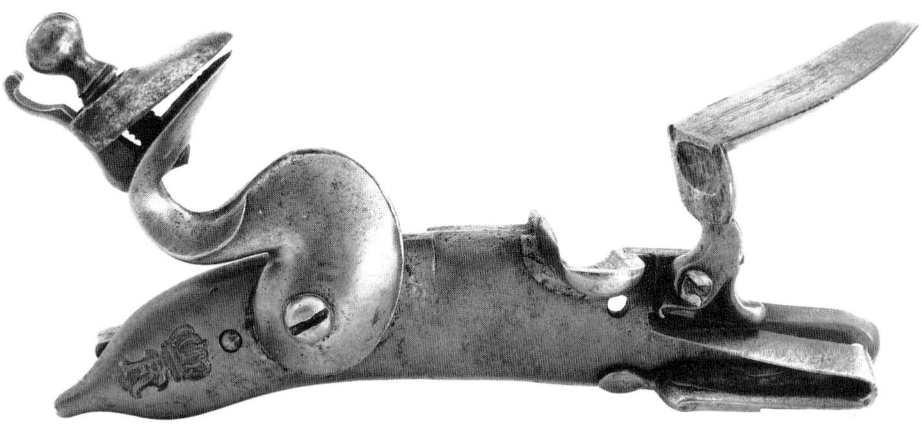

men zu können, mußten Abzugsbügel und Abzugsblech erst demontiert werden, was bei Reparaturen und Reinigungsarbeiten ungünstig war, und wodurch sich die Verschraubungen der Beschläge mit der Zeit lockerten. Zur besseren Unterscheidung lassen sich die Gewehre in vier Gruppen einteilen, die jedoch nicht den Anspruch auf «Modellcharakter» erheben können. Zur Gruppe 1 gehört das Gewehr mit Schloßkennzeichnung «F III», zur Gruppe 2 mit Schloßbezeichnung «FR», zur Gruppe 3 mit «FR» und großem preußischen Adler und zur Gruppe 4 Gewehre ohne Monogramm.

Zu dem Vorhandensein eines heute noch sehr wertvollen großen Bestandes an Gewehren aus der Zeit Friedrichs I. in der Stadt Fürstenwalde/Spree gibt es in der Literatur[170)] eine Vermutung. Aus Akten der Stadt Müncheberg, in der Nähe von Fürstenwalde gelegen, geht hervor, daß Friedrich I. am 19. August 1703 «die Verstärkung der Schützengilde bzw. Einrichtung von Kompanien und Durchführung von Übungen der Landmiliz angeordnet hat».[171)] «Damit aber mit den Exerzitien förderlichst der Anfang gemacht werden könne,

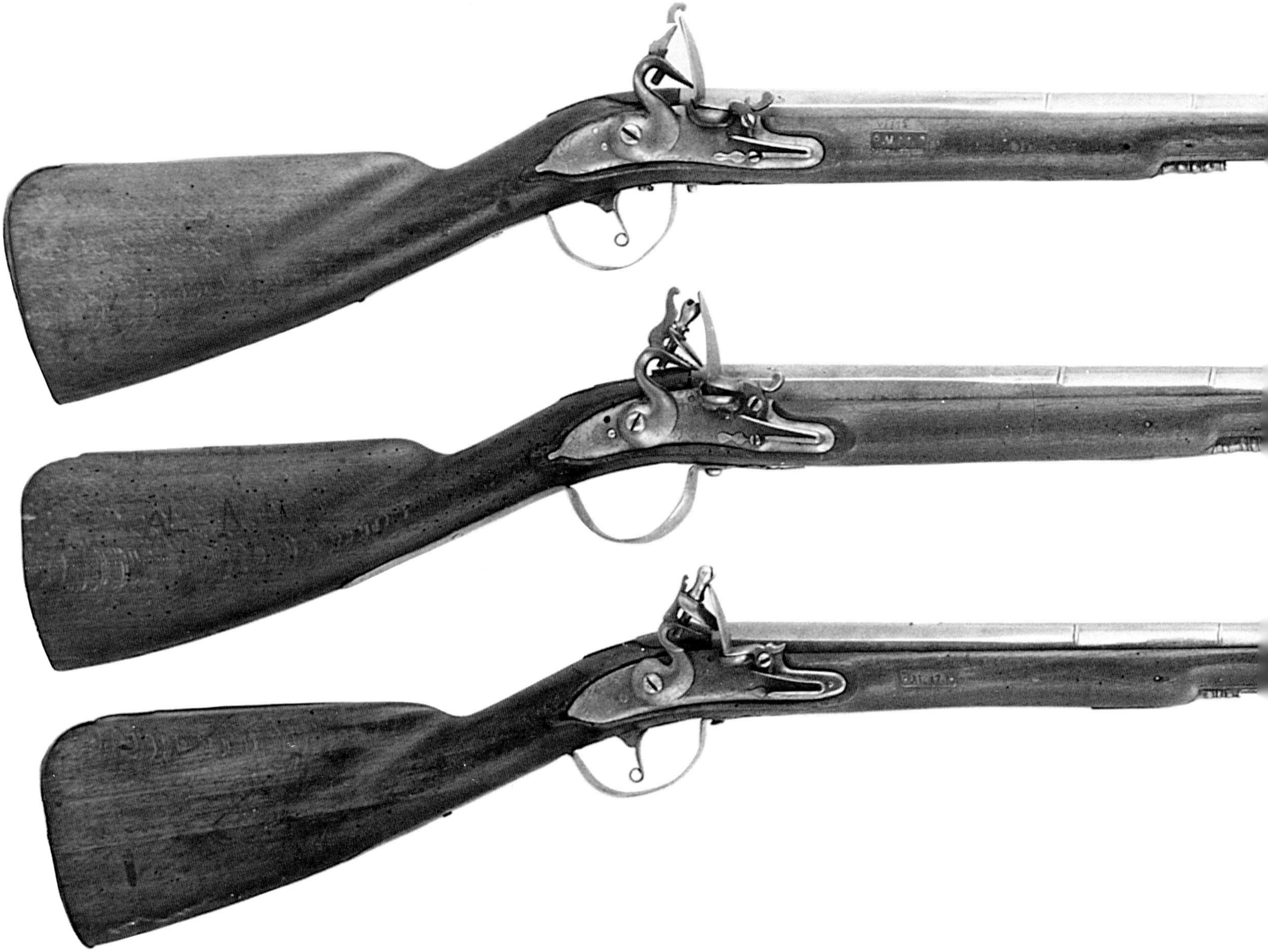

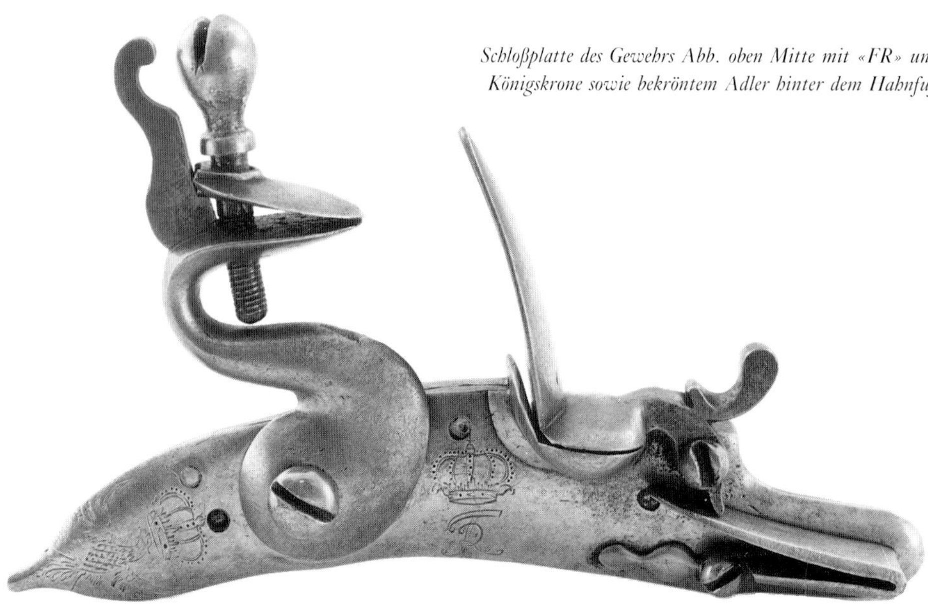

Schloßplatte des Gewehrs Abb. oben Mitte mit «FR» und Königskrone sowie bekröntem Adler hinter dem Hahnfuß

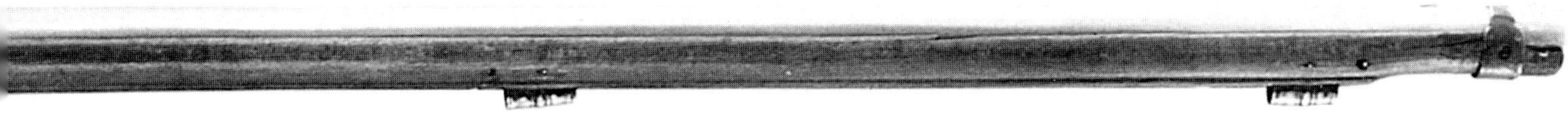

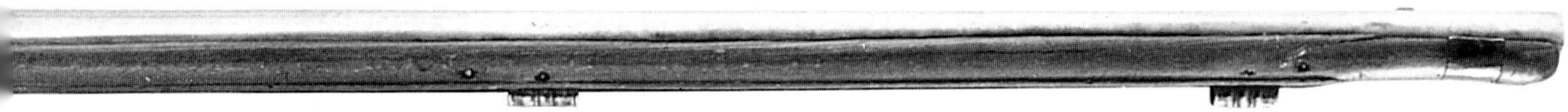

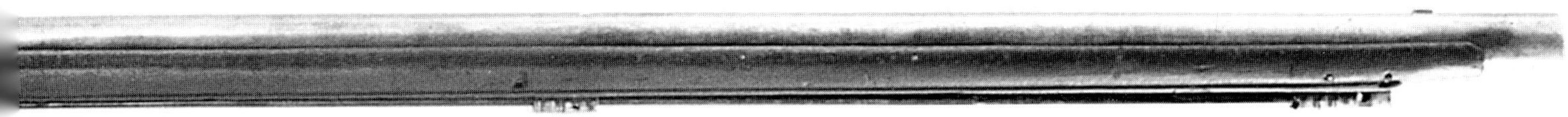

Infanteriegewehre mit Steinschloß, *Preußen, 1701–1705*
Diese drei Gewehre sind eine Auswahl von insgesamt 16 preußischen Infanteriegewehren des Kreismuseums Fürstenwalde/Spree. Derartige Gewehre erhielt diese Stadt vermutlich von König Friedrich I. zur Ausrüstung der Landmiliz. Die gelieferten Gewehre waren zum Teil beschädigt, und die Beschläge wurden in einigen Fällen von unqualifizierten Arbeitern ergänzt.

Von oben nach unten:
Gl 147 cm; L des Laufes 107 cm; K 20 mm; G 4610 g; Inv.-Nr. VF 29 (Ladestock fehlt)
Gl 143,5 cm; L des Laufes 103,7 cm; K 19 mm; G 4630 g; Inv.-Nr. VF 15 (Oberlippe und Ladestock fehlen)
Gl 143 cm; L des Laufes 102,9 cm; K 19 mm; G 5020 g; Inv.-Nr. VF 25

Innenseite des Schlosses von Abb. oben Mitte mit Schlagfeder, Nuß noch ohne Studel

wollen S. Kgl. Maj. aus dero Zeughäusern eine gewisse Anzahl Flinten denen Städten verleihen lassen, welche aber in gutem Stand erhalten und also wieder eingeliefert werden müssen».[172] Diese Weisung erfolgte im Jahre 1703. Da im Jahre 1705 die Spundbajonette abgeschafft wurden und somit neue Gewehrmodelle für Tüllenbajonette beschafft werden mußten, verblieben höchstwahrscheinlich in einigen Städten nun diese veralteten Gewehre. Müncheberg erhielt aus dem Zeughaus zu Cölln an der Spree 40 Flinten und sechs Kurzgewehre.[173] Daß es sich um eine größere Aktion handelte, die vielleicht auch durch die bereits einige Jahre vor dem Beschluß zur Einführung neuer Waffen motiviert wurde, beweist die Tatsache, daß hohe Beträge für die Instandsetzung alter Waffen, die für die Landmiliz bestimmt waren, ausgegeben wurden.[174]

Wie Friedrich I. so mußte auch Friedrich Wilhelm I. in den ersten Regierungsjahren Handfeuerwaffen aus dem Ausland beziehen. Er konzentrierte jedoch seine Bestellungen auf Lütticher Büchsenmacher, um eine noch größere Vereinheitlichung der Handfeuerwaffen zu erreichen. Hauptlieferant wurde der Lütticher Fabrikant François Henoul, der mindestens seit 1705 Waffen nach Preußen geliefert hat.[175] Welche Vorzüge Henoul bei Friedrich Wilhelm I. genoß, wird durch den am 25. April 1713 vom König verliehenen Titel «Grand armurier de Sa Majesté le Roy de Prusse» deutlich.[176] Vielleicht spielte der König bereits zu dieser Zeit mit dem Gedanken, diesen Meister oder seinen Sohn für eine in Preußen einzurichtende eigene Waffenmanufaktur einmal zu gewinnen. Im Jahre 1713 erfolgte eine größere Lieferung von Gewehren, insgesamt für sechs Bataillone je 605 Stück.[177] Die Gewehre waren nach einem einheitlichen Muster gefertigt, lassen jedoch in den Abmessungen und den Einzelteilen kleine Abweichungen erkennen. Arnold Wirtgen hat vier Henoul-Gewehre von 1713 aus österreichischem Privatbesitz veröffentlicht, dazu auch die genauen Abmessungen.[178] Das Schloßblech trägt die gravierte Bezeichnung «HENOUL», das Daumenblech des Namenszug «FWR». Die typischen Merkmale und die relative Einheitlichkeit lassen es zu, diese Infanteriegewehre als Henoul-Gewehre, Modell 1713, zu bezeichnen. Bemerkenswert ist es, daß die Läufe bereits Beschußstempel tragen: Dreimal auf der Laufoberseite eingeschlagen sind die gekrönten Buchstaben «FG» (= frz. Frederic Guilleaume = Friedrich Wilhelm).[179] Eine derartige Kennzeichnung staatlicher Beschußkontrolle ließ sich auf Gewehren König Friedrichs I. nicht feststellen. Auch Karabiner, Dragonerflinten und Pistolen wurden von Henoul nach Preußen geliefert. Ein dem Henoultyp entsprechendes, sogenanntes «Krans-Gewehr» belegt, daß auch andere Fabrikanten Aufträge erhielten, in diesem Falle Jean Krans aus Maastricht.[180] Das Krans-Gewehr besitzt am Schloß einen besonderen Sicherungshaken, wie er bereits beim Gewehr von 1688 bis 1701 und bei anderen Gewehren dieser Zeit üblich war.[181]

Welche Veränderungen von den Gewehrtypen aus der Zeit König Friedrichs I. zu den Henoul-Gewehren von 1713 lassen sich feststellen? Sehr wichtig ist die nun endgültig von oben eingesetzte und ins Abzugsblech greifende Kreuzschraube. Bei Zivilgewehren gab es diese Art der Befestigung bereits seit 1650.[182] Das Einsetzen der Kreuzschraube von oben erleichterte die Demontage des Laufes. Der Abzugsbügel brauchte nicht mehr abgenommen zu werden. Durch die Anbringung der Bajonetthaft reichte der Schaft nicht mehr bis zur Laufmündung. Das erleichterte zugleich das Erfassen des Ladestockes, wenn das Bajonett nicht aufgepflanzt war, da die Hand den Ladestock besser umgreifen konnte. Typisch ist die auf dem Schwanzschraubenblatt eingefeilte Kimme. Der Lauf lief im hinteren Sechstel nicht mehr kantig aus, und deshalb rückten Querprofil und Kehlung an das Laufende. Das bananenförmige Schloßblech ist nunmehr flach, und die Kanten sind abgeschrägt, im hinteren Teil verläuft senkrecht eine Kehlung. Bei allen preußischen militärischen Handfeuerwaf-

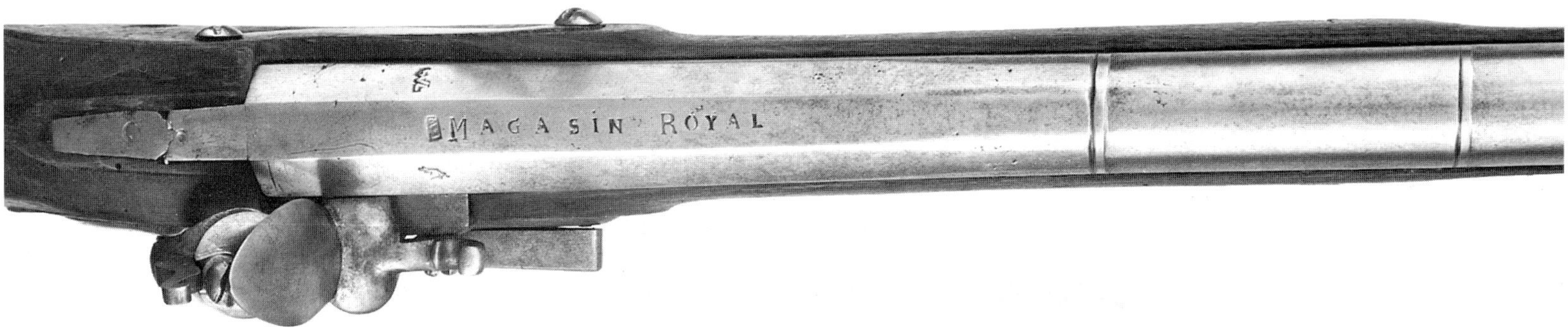

Details der Gewehre Abb. S. 82/83 mit der Laufkennzeichnung «MAGASIN ROYAL»

Suhler Beschaumarken «SVL» und Henne, Meistermarke ist ein viergeteiltes Blatt; Schloßplatte mit «FR» und Adler

Keine Beschaumarken, Schloßblech bezeichnet: «DOELNE» (siehe Abb. S. 86)

Suhler Beschaumarken und Kennzeichnung des Schlosses wie Abb. oben

fen blieb bis zur Einführung des Infanteriegewehrs M 1809 der Schwanenhalshahn, der seit etwa 1640/50 bekannt ist, gebräuchlich. Durch die Schweifung des Halses erhielten die Hahnlippen für eine effektive Schlagwirkung den nötigen Abstand von der Batterie, ohne daß die Schloßplatte zu groß gefertigt werden mußte. Die Bruchgefahr am Hahnhals war jedoch groß, insbesondere dann, wenn der Stein zwischen den Lippen herausgefallen war. Der in Frankreich bei Militärwaffen übliche Hahn mit herzförmigem Druchbruch im kräftigen Hahnhals war wesentlich stabiler. Der große flache Hahnfuß des preußischen Schlosses hat einen abgeschrägten Rand. Alle diese Formmerkmale blieben typisch für preußische Gewehre des 18. Jahrhunderts.

Detail von Abb. S. 82 unten Schloßblech bezeichnet: «DOELNE», Schloß ist vermutlich eine Ergänzung, die Rankenverzierung läßt auf ein Schloß für ein Zivilgewehr schließen

Die Eisenbeschläge werden 1713 durch Beschläge aus Messing ersetzt. Das Schloßgegenblech hat statt der S-Form eine Schlangenform und ist mit zwei Schloßschrauben und einer ins Schaftholz führenden kürzeren Schraube befestigt. diese «Schlange» mit drei Schraubenlöchern verhinderte durch Bohrungen in unterschiedlicher Höhe bzw. durch weiten Abstand der äußeren Schrauben ein Reißen des Holzes an der Schwachstelle, dem Schloßlager. Ein gleicher Effekt wurde durch das lange Hinterblatt des Abzugsbügels erreicht, da die beiden Schraubenlöcher weiter vom Schloßlager entfernt gebohrt wurden. Typisch für preußische Gewehre, Karabiner und Pistolen ist auch der Abzugsbügel mit zwei Längsrillen und gekehlten Rändern am Vorder- und Hinterblatt. Diese charakteristische Form der Ränder erhielt auch der Kolbenblechfortsatz. Die Befestigung des Abzugsbügels am Vorderblatt erfolgte durch einen auf der Innenseite des Blattes senkrecht sitzenden, in den Schaft hineinführenden Steg, durch den quer ein Stift geschlagen wurde. Der hintere Riemenbügel liegt unter dem Hinterblatt des Abzugsbügels zwischen zwei Holzschrauben. Die Kennzeichnung mit dem Namenszug des Königs erfolgte nicht mehr auf dem Schloßblech, sondern auf einem in den Kolbenhals eingelassenen und von unten verschraubten ovalen Daumenblech.

Der Schaft behielt die gleiche französische Form. Auch die wulstartigen Ladestockröhrchen gleichen sich. Der eiserne Ladestock wird 1718 allgemein eingeführt, zunächst ebenfalls aus Lüttich, später aus Solingen bezogen.[183)]

Die Infanteriegewehre, die als erste 1723 in der neugegründeten Gewehrmanufaktur Potsdam-Spandau hergestellt wurden, stimmten in wesentlichen Merkmalen mit den Henoul-Gewehren M 1713 überein. Gesamt-, Lauf- und Schloßlänge sowie die Längen anderer Einzelteile differieren zwischen beiden Modellen nur um wenige Millimeter, wie es innerhalb eines Modells jedoch oft der Fall war.[184)] Die Schäftung erfolgte zunächst in der gleichen französischen Form, in den folgenden Jahren jedoch mit der typisch preußischen «Kuhfuß-Form». Der Kolbenhals verlief dabei mit seiner Rundung bis zum Kolbenende, abgesetzt von der oberen Kolbenhälfte. Das bananenförmig gebogene Schloßblech trägt beim M 1723 die Bezeichnung «POTZDAM MAGAZ» (das «AM» in der Regel ligiert); auf der unteren abgeschrägten Randfläche des Schloßbleches steht etwa in der Mitte «S et D» (Splitgerber und Daum). Modifizierte Bezeichnungen mit Buchstaben der Fabrikanten stehen bis ins 19. Jahrhundert hinein auf den Schloßplatten preußischer Hand- und Faustfeuerwaffen.[185)]

Der Hahnfuß des Schwanenhalshahnes ist groß und abgeflacht und greift unten über die Schloßplatte hinweg. Beim Gewehrschloß früher Fertigung läuft die Batteriefeder am unteren Schenkel spitz, bei späterer Fertigung spitz oder gerundet aus. Die Messingbeschläge folgen in den Formen und Umrissen denen von 1713.

Das einzige Infanteriegewehr M 1723, das aus dem Bestand des ehemaligen Berliner Zeughauses nach dem 2. Weltkrieg erhalten geblieben ist, ist ein Gardegewehr.[186)] Die Schwanzschraubenblätter dieser Gewehre waren mit Messingblech überzogen.[187)] Hassenstein [188)] weist auf einen Bericht der Gewehrmanufaktur vom 6. Februar 1745 hin, durch den überliefert ist, daß das Garderegiment (Nr. 15 der Stammliste von 1806) mit derartigen Gewehren bewaffnet war. Außerdem führte auch die Grenadiergarde (Nr. 6 der Stammliste) Gewehre mit diesem Kennzeichen.[189)] Das Berliner Gewehr hat in seinen Einzelheiten die ursprüngliche Länge und Form bewahrt. Es sind lediglich die Hahnschraube und Oberlippe ergänzt, der untere Riemenbügel fehlt. Nach den Ausführungen von A. Wirtgen zur Schloßgröße der Infanteriewehre M 1723 müßte das Berliner Gardegewehr zwischen 1730 und 1740 hergestellt worden sein.[190)] Vor dem Messingkorn ist die Gewehrnummer «N 1622» eingeschlagen. Besondere Aufmerksamkeit verdienen auch die drei Gruppen von Ösen an der Unterseite des Laufes; zwei sind jeweils für die Ladestockröhrchen, eine für den Laufhaltestift bestimmt. Bei der zweiten Gruppe von vorn ist der Haltestift identisch mit der Schraube für die Riemenöse. Die Röhrchen sind aus etwa drei Millimeter starkem Messing (dicker als bei späteren Gewehrmodellen), der Lochstreifen ist doppelt, d. h. je zwei paarig angeordnete Löcher nehmen den Stift auf (später sind die Röhrchen unten geschlossen und haben nur zwei Löcher). Die eiserne Feder am Spitzröhrchen für den Ladestock ist abgebrochen. Auf der Laufoberseite ist ein Adlerstempel eingeschlagen (Marken s. Tabelle, S. 225). Das bananenförmig gebogene Schloßblech ist bezeichnet: «POTZDAM MAGAZ» («AM» ligiert) und am Rand «S et D». Die Schlagmarke des Schloßmachers an der Innenseite enthält die Buchstaben «IK» in einem Rechteck.[191)] Auf die Batteriefläche ist eine Stahlplatte aufgelötet. Der Schaft aus Nußbaumholz mit Kuhfußkolben hat gerundete Schaftverschneidungen. Die Gewehre M 1723 besaßen noch den konischen Ladestock (dieser ist beim Berliner Gewehr in neuerer Zeit ergänzt). In das Daumenblech aus Messing sind die verschlungenen bekrönten Buchstaben «FWR» eingraviert. Das Blech ist der Kolbenform entsprechend gewölbt und in seiner ganzen Stärke in das Holz eingelassen. An der Unterseite sitzt ein zylindrischer Zapfen mit Innengewinde, in das eine Halteschraube, die von unten durch den Kolbenhals geführt wird, eingeschraubt ist. Der Schraubenkopf ist durch das Hinterblatt des Abzugsbügels verdeckt. Das ausgehobene Lager für das Daumenblech und die Bohrung durch den dünnen Kolbenhals bedeutete eine Schwächung der Schäftung.

Laden und Schießen mit einem Infanteriegewehr, das durchschnittlich 1550 Millimeter lang war, bedeutete schon für große und kräftige Leute eine Anstrengung. König Friedrich Wilhelm I. hatte noch gefordert, daß bei einer «passablen Kompanie» die Infanteristen des ersten Gliedes 5 Fuß, 9 Zoll (180/181 Zentimeter), des dritten 5 Fuß, 6 Zoll (173 Zentimeter) groß sein sollten.[192)] Das Gewehr sollte beim Ladevorgang nicht auf den gewachsenen Boden gestellt, sondern frei gehalten geladen werden.

Aus einem Kostenvoranschlag der Potsdamer Gewehrmanufaktur vom 30. September 1740 und aus anderen Dokumenten geht hervor, daß Läufe und Schäfte der Infanteriegewehre M 1723 gekürzt wurden.[193)] Um die ursprünglichen Modelle M 1723 von den gekürzten

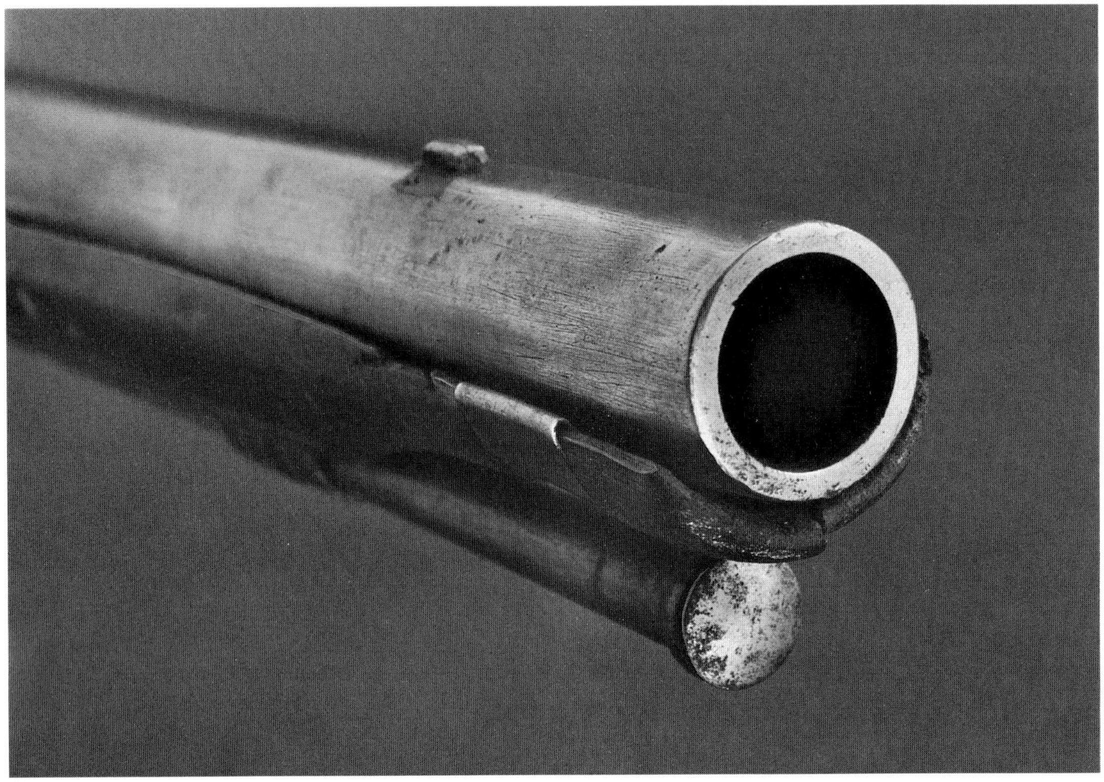

Laufmündung und Ladestockende eines Infanteriegewehrs von 1701–1705 Inv.-Nr. W 3376 (12.63)

Gewehren unterscheiden zu können, werden diese als M 1723/40 bezeichnet. Nicht nur die Läufe und Schäfte, auch Messingbeschläge können ab 1740 bei Gewehren M 1723 verändert worden sein.[194] Es ist jedoch darauf hinzuweisen, daß nicht alle Gewehre gekürzt, nicht alle Teile gleichmäßig ausgewechselt wurden, sondern bis 1773 noch lange Gewehre im Gebrauch waren und insbesondere bei Beschlägen «Mischformen» vorkommen. Die längeren Gewehre erhielt meist das erste Glied, in dem die größeren Soldaten standen.

Gewehre des neuen Modells M 1740 haben eine Gesamtlänge von 1430 bis 1459 Millimeter und eine Lauflänge von 1030 bis 1049 Millimeter. Der Schaft endet jetzt stets in den typischen hohen Kuhfußkolben mit der bis zum Hals durchgehenden abgesetzten Wulst. Die Schaftverschneidungen können rund oder rautenförmig spitz auslaufen. Die alte Chiffre des Daumenbleches wurde abgeschliffen und erhielt das neue Monogramm «FR», die gewulsteten Ladestockröhrchen sind durch kantige ersetzt; die Schmalflächen der nur ganz wenig eingelassenen Schlange oft abgeschrägt.

Eine Änderung des M 1740 erfolgte mit der Einführung des «zylindrischen» statt des konischen Ladestocks vom Jahre 1773 ab. Dieser neue eiserne Ladestock erleichterte das Laden, weil das Wenden um 180 Grad entfiel und förderte somit die schnellere Feuerbereitschaft. Er enthielt in der Stirnfläche ein Gewinde für das Einschrauben des Kugelziehers und des Krätzers. Es sind auch Ladestöcke anzutreffen, bei denen beide Enden sich verdicken und der längere Teil in der Mitte dünner gehalten ist. Die Gesamtlänge der Ladestöcke betrug zwischen 1040 bis 1050 Millimeter, ihr Gewicht etwa 700 Gramm. Die Schaftnut für den Ladestock mußte von nun an weiter sein, und auch die Ladestockröhrchen wurden verändert. Sie erhielten vorn eine trichterförmige Erweiterung. Bei strenger Anwendung von Modellbezeichnungen müssen diese Infanteriegewehre mit M 1740/73 bezeichnet werden.

Eine weitere Änderung zur Vereinfachung des Ladevorganges erfolgte nach Annahme des Vorschlages von Leutnant Christian Wilhelm von Freytag vom Regiment Lossow[195], das zylindrische durch ein konisches, trichterförmiges Zündloch zu ersetzen. Durch diese Neuerung sollte das Aufschütten von Pulver aus der aufgebissenen Papierpatrone auf die Zündpfanne entfallen. Beim Feststoßen der Ladung rieselte von innen Pulver auf die Pfanne. Um das durch den Lauf eingeführte Pulver besser zum Zündloch zu lenken, bekam die vordere Fläche der Schwanzschraube eine schräg zum Zündloch hin verlaufende Hohlkehle. Die Schwanzschraube wurde außerdem um zwei bis drei Gewinde verlängert. Die Umänderung an den Zündlöchern wurde im August 1780 befohlen und sollte bis März 1781 abgeschlossen sein.[196)] Leutnant von Freytag erhielt für seinen Vorschlag den Orden Pour le mérite und ein Geldgeschenk.[197)] Wiederum wurde hierdurch eine noch schnellere Feuerbereitschaft erreicht. Jedoch wiesen bereits Eckardt-Morawietz darauf hin, daß die Abgabe von in der Literatur oft angegebenen vier bis sechs Schuß in der Minute nur unter Bedingungen des Exerzierens, bei dem einige Ladebewegungen andeutungsweise durchgeführt wurden, möglich war.

Eine weitere Veränderung am Infanteriegewehr wurde durch Kabinettsorder vom 3. April 1787 angewiesen. Der Kuhfußkolben wich einem etwas verlängerten Kolben mit Kolbenbakke. Bei Neuschäftungen sollte in Zukunft das Daumenblech wegfallen und der königliche Namenszug «FWR» auf dem Kolbenblechfortsatz eingraviert werden. Damit wurde endlich

Schloßgegenseite von Abb. S. 80/81 oben

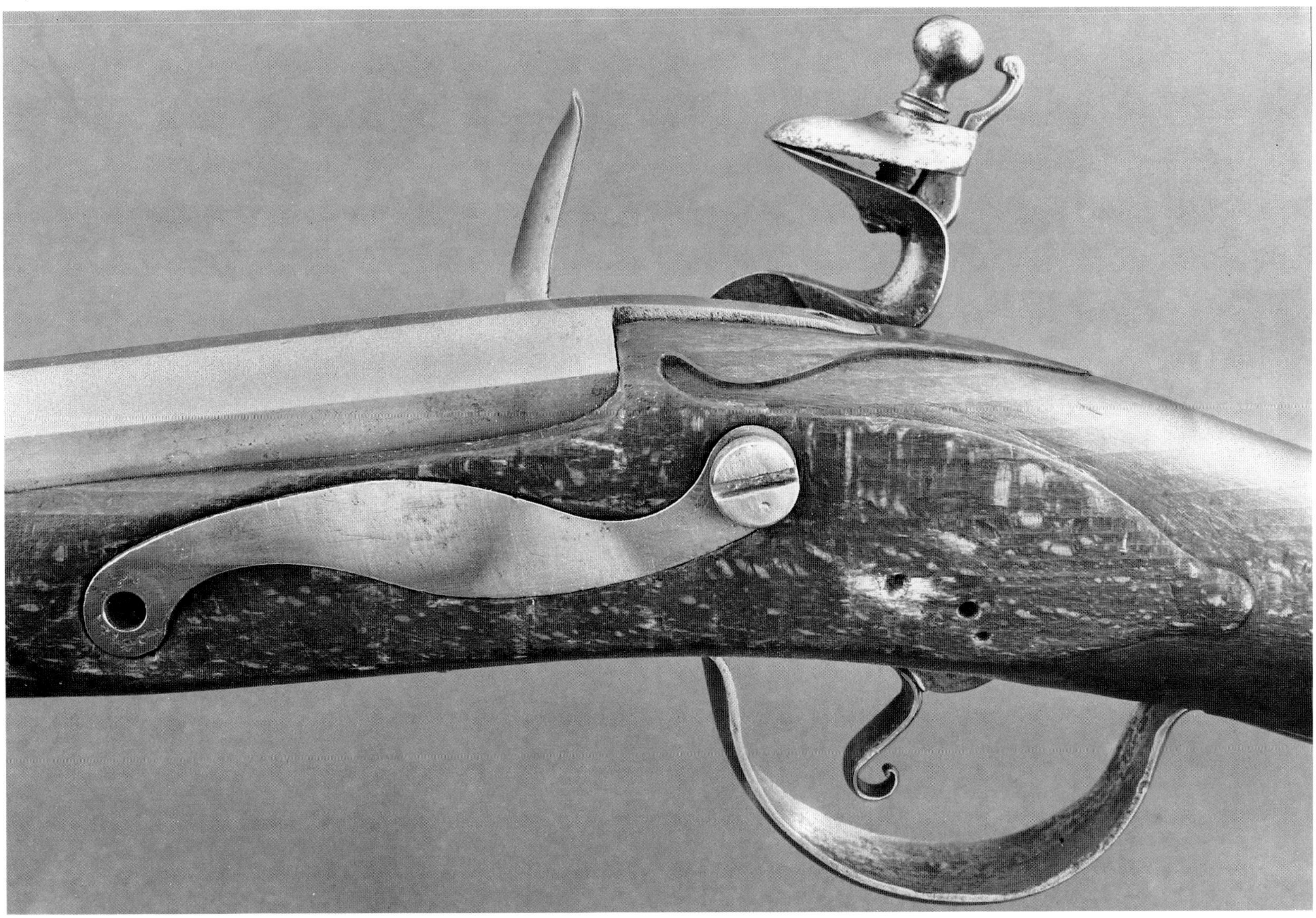

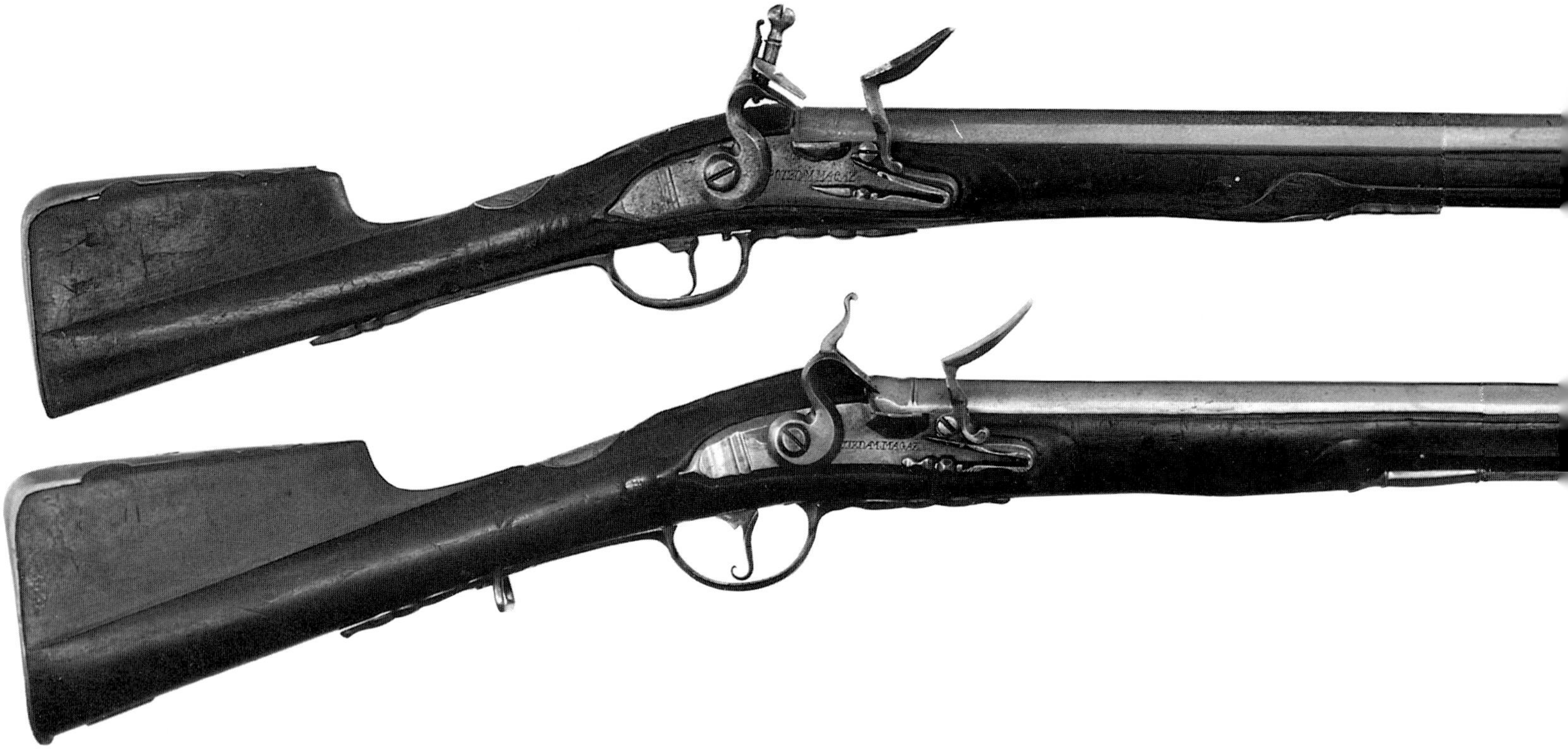

die Konsequenz aus der Schwächung des Kolbenhalses durch die Anbringung des Daumenbleches, die zu Kolbenbrüchen führte, gezogen. Nur die Gewehre der Garde behielten bis zum Jahre 1807 das Daumenblech.

Zündloch- und Schaftveränderungen veranlaßten A. Wirtgen, für das veränderte Infanteriegewehr die Bezeichnung M 1780/87 festzulegen. Diese Bezeichnung wird auch hier gegenüber anderen Modellbezeichnungen bevorzugt, weil sie mit den Jahreszahlen der Kabinettsorder zur Einführung übereinstimmt. Durch das trichterförmige Zündloch gelangte ein größerer Feuerstrahl als bisher aus dem Zündloch und traf häufig den im Glied stehenden Nebenmann. Aus diesem Grunde wurde von 1790 an die Pfanne mit einem eisernen Feuerschirm versehen.[198] Dieser war nur mit einer Schraube von unten an der Pfanne befestigt und erhielt zur Stabilisierung einen Stift, der in einer Vertiefung saß. Bei einer Reihe von Infanteriegewehren dieser Zeit fehlt jedoch ein derartiger Feuerschirm. Auf dem Schloßblech standen weiterhin die Bezeichnung «POTZDAM MAGAZ» und von 1775 bis Ende 1795 die Anfangsbuchstaben «D S E» (David Splitgerbers seel. Erben), ab 1796 die Anfangsbuchstaben «G. S.» (Gebrüder Schickler).

Das Laden und Schießen mit einem Infanteriegewehr, das etwa 5300 Gramm wog, war sehr anstrengend, vor allem auf den Exerzierplätzen, wo es lange hintereinander geübt wurde. Auf Vorschlag des Kapitäns v. Nothardt vom Regiment von Grevenitz (Nr. 57 der Stammliste) wurde vom König mit Kabinettsorder vom 14. Februar 1801 ein neues, leichteres, etwa 4200 Gramm schweres Infanteriegewehr zur Einführung befohlen. Die Produktion dieser Nothardt-Gewehre, M 1801, verzögerte sich jedoch in der Potsdam-Spandauer Gewehrmanufaktur wegen Umstellung auf die neuen Produktionsbedingungen. Im Jahre 1805 führten lediglich die vier Gardebataillone, das Regiment des Königs und das Grenadierbataillon Rabiel das Nothardt-Gewehr. Bis zum Jahre 1806 lieferte die Manufaktur etwa 40 000 Gewehre. Nach der Niederlage der preußischen Armee bei Jena und Auerstedt 1806 übernahmen die Franzosen Arsenalbestände und rüsteten mit diesen Gewehren Truppen der Rheinbundstaaten aus.

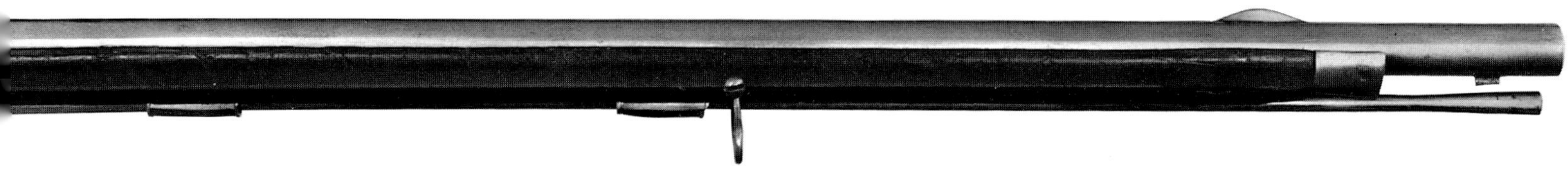

Die Grundform des Infanteriegewehres blieb unter König Friedrich Wilhelm I. und seinem Nachfolger, Friedrich II., gleich. Veränderungen gab es bei Beschlägen, durch Kürzungen der Gewehrläufe, Einführung des zylindrischen Ladestockes, bei den Ladestockröhrchen und bei der Kennzeichnung der Gewehre mit dem Herrschermonogramm.

Infanteriegewehr M 1723
Erstes in Potsdam-Spandau hergestelltes Modell eines Infanteriegewehres. Dieses Exemplar mit messingüberzogenem Schwanzschraubenblatt wurde von der Riesengarde des Königs Friedrich Wilhelm I. geführt.
Gl 156,5 cm; L des Laufes 116,4 cm; K 20 mm; G 4880 g (davon Ladestock 420 g); Inv.-Nr. W 2064 (31.27)

Infanteriegewehr M 1740
Der Lauf dieses Modells war 11 cm kürzer als der des M 1723. Das Gewehr war dadurch für kleinere Soldaten leichter zu handhaben, da der Ladestock mit der rechten Hand um 180 Grad gedreht werden mußte, bevor er in die Laufmündung gesteckt wurde.
Gl 143 cm; L des Laufes 103 cm; K 19,5 mm; G 3880 g (ohne Ladestock); Inv.-Nr. W 2065 (AD 3438)

Schloßgegenseiten der Gewehre Abb. S. 90/91 und 92/93 oben

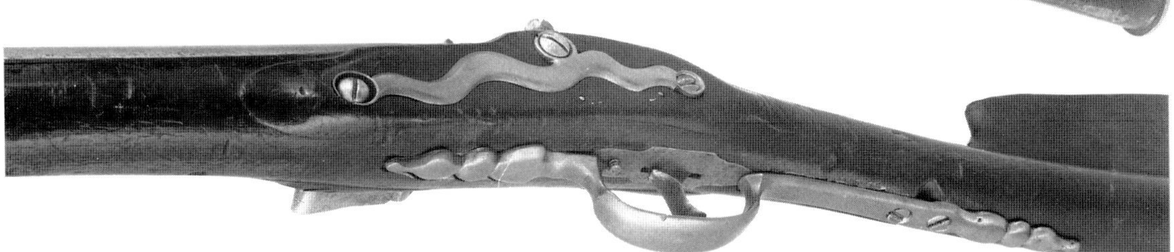

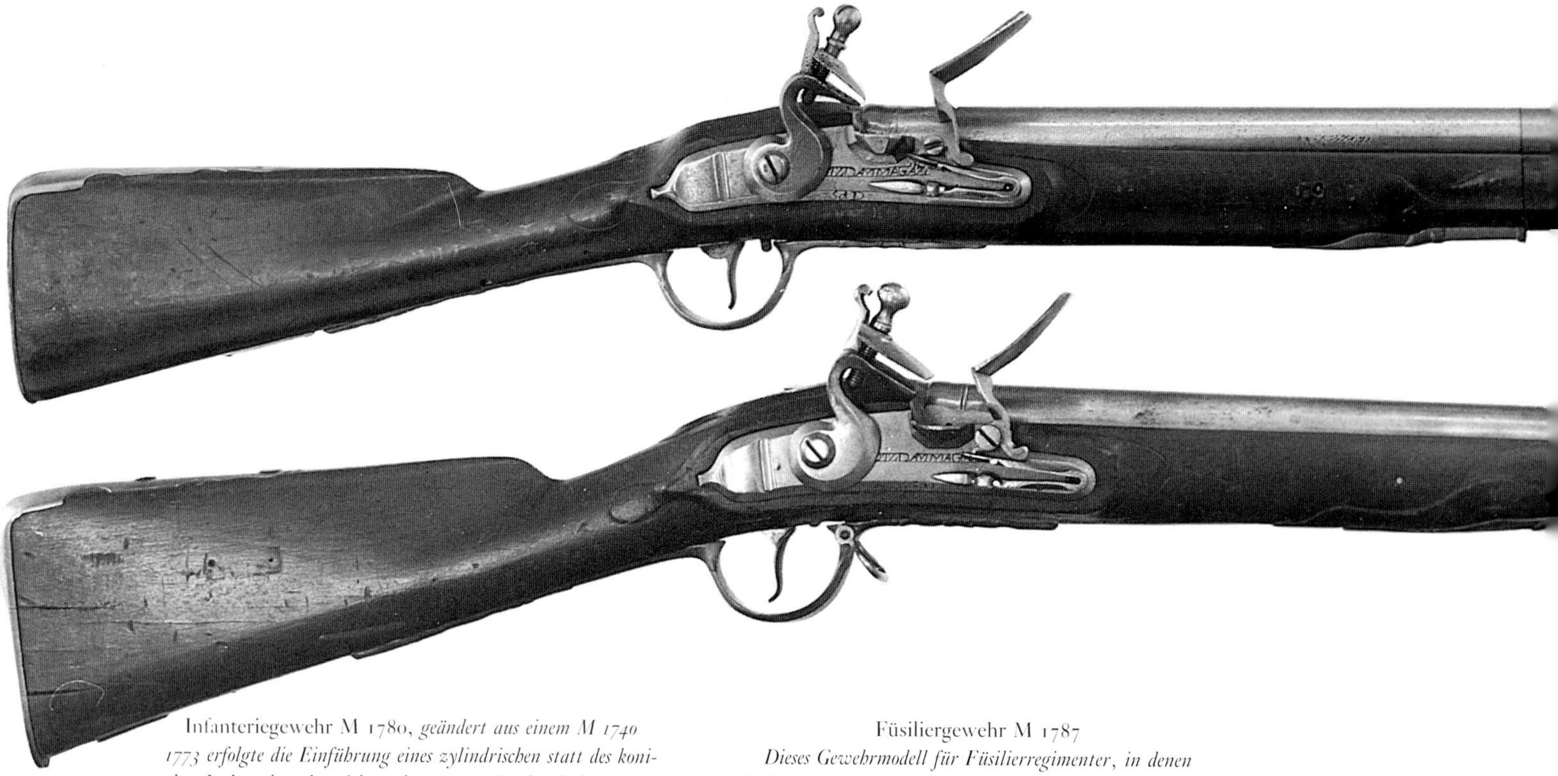

Infanteriegewehr M 1780, *geändert aus einem M 1740*
1773 erfolgte die Einführung eines zylindrischen statt des konischen Ladestockes, der nicht mehr um 180 Grad gedreht zu werden brauchte. Ab 1780 erhielten die Gewehre ein konisches Zündloch, dadurch fiel das Aufschütten des Zündpulvers aus der Patrone auf die Pfanne weg; Pulver sickerte beim Feststoßen der Ladung von innen auf das Zündloch.
Gl 144 cm; L des Laufes 104,9 cm; K 19 mm; G 4510 g (ohne Ladestock); Inv.-Nr. W 59.129

Füsiliergewehr M 1787
Dieses Gewehrmodell für Füsilierregimenter, in denen Soldaten mit geringer Körpergröße zusammengefaßt waren, war kürzer als die Flinte für Musketiere.
Gl 137 cm; L des Laufes 96,6 cm; K 19 mm; G 4340 g (ohne Ladestock); Inv.-Nr. W 2067 (AB 26419)

Lauf des Füsiliergewehres mit drei Adlerstempeln und der Laufschmiedemarke «IMO»

Das Nothardt-Gewehr hatte ein auf 15,5 Millimeter reduziertes Kaliber, wodurch der Lauf leichter und für einen Schuß weniger Pulver benötigt wurde. Das geringere Kugelkaliber verbesserte auf größere Distanzen die Trefferergebnisse und der Rückstoß war geringer. Gerhard von Scharnhorst hatte im Jahre 1810 bei seinen Versuchen auf eine sechs Fuß hohe und 100 Fuß breite Wand erst bei 400 Schritt Entfernung bessere Trefferergebnisse gegenüber dem vorangegangenen Infanteriegewehr erzielt: bei 200 abgegebenen Schüssen 67 Treffer mit dem Nothardt-Gewehr und 42 Treffer beim M 1780/87.[199] Das Nothardt-Gewehr erhielt statt der auf dem Schwanzschraubenblatt eingefeilten Kimme eine aufgesetzte erhöhte Kimme aus Eisen, die das Zielen verbesserte. Dieser Neuerung liegt die Überlegung zugrunde, daß das Gewehr sowohl für das Salvenfeuer in der Lineartaktik als auch zum Schießen auf Einzelziele geeignet sein sollte. Das Korn bestand weiterhin aus Messing. Das Schloßblech erhielt die gravierte Bezeichnung «POTSDAM». Der Hahn hat weiterhin Schwanenhalsform. An der Pulverpfanne befindet sich ein Feuerschirm. Das Schloßgegenblech trägt jetzt den Namenszug «FWR» (König Friedrich Wilhelm III.). Der Gewehrkolben hat wie das vorangegangene Modell eine Kolbenbacke.

Wallgewehre mit Steinschloß und Haken zum Abfangen des Rückstoßes scheinen in Preußen im 18. Jahrhundert nur in geringer Zahl vorhanden gewesen zu sein. Sie dienten zur Verteidigung in Festungen, waren entweder auf Dreiböcken montiert oder lagen in Schießscharten. Aus einer Notiz über Waffen in der Festung Glatz im Jahre 1807[200] in der «22 alte Standbüchsen» erwähnt werden, kann entnommen werden, daß es sich hier um

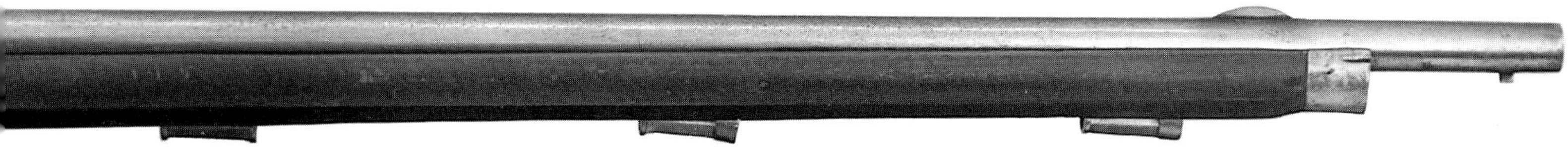

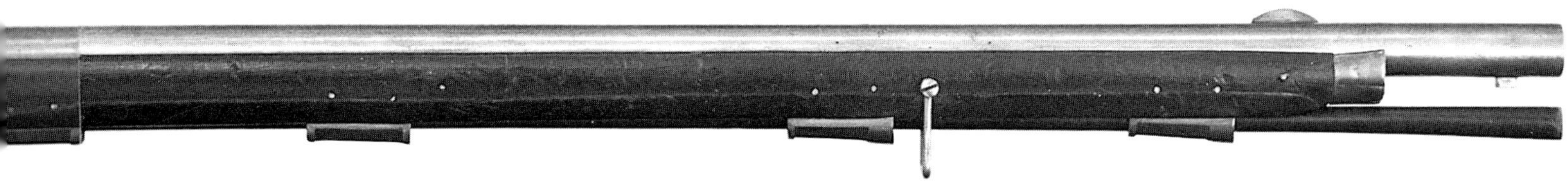

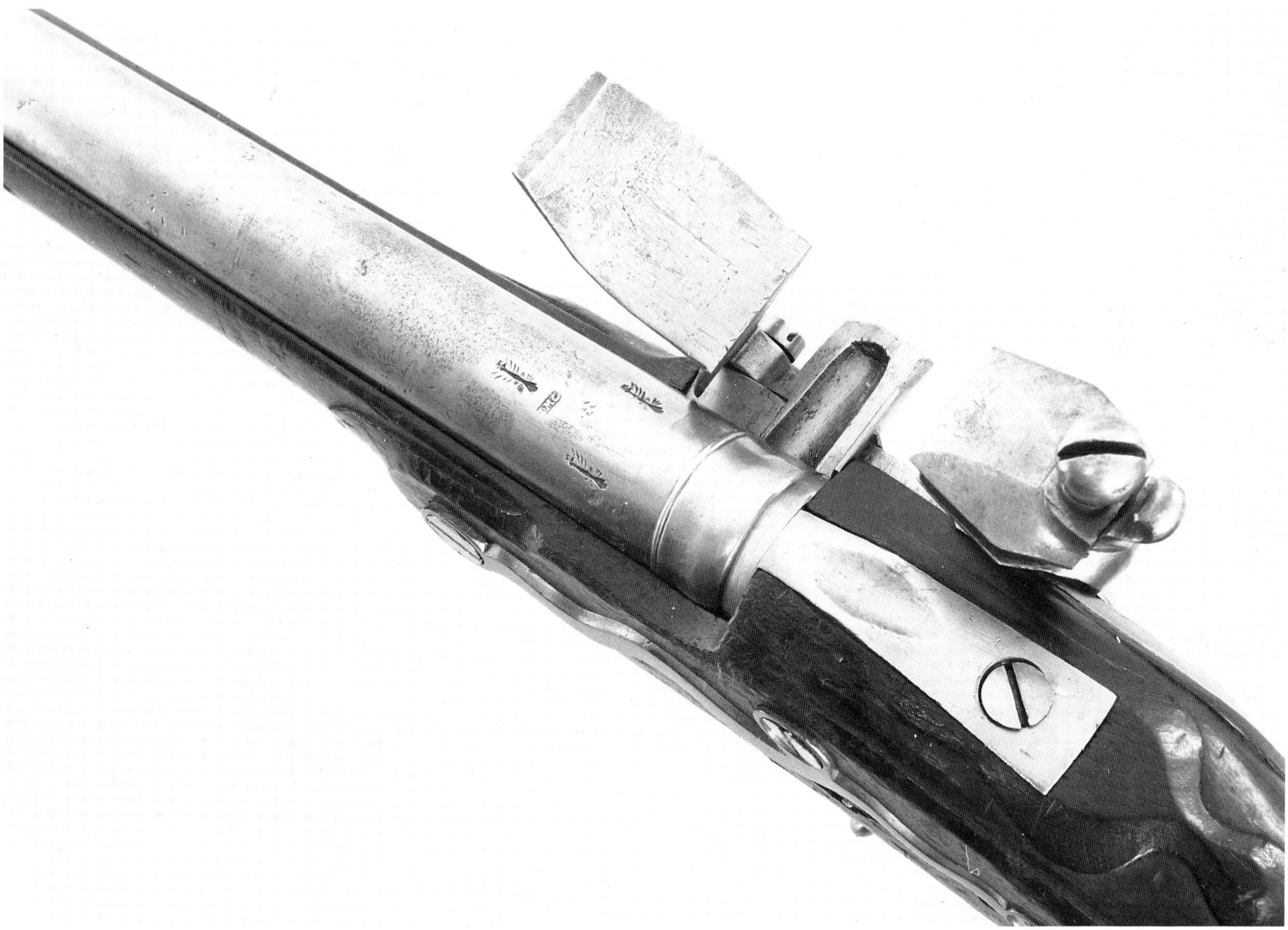

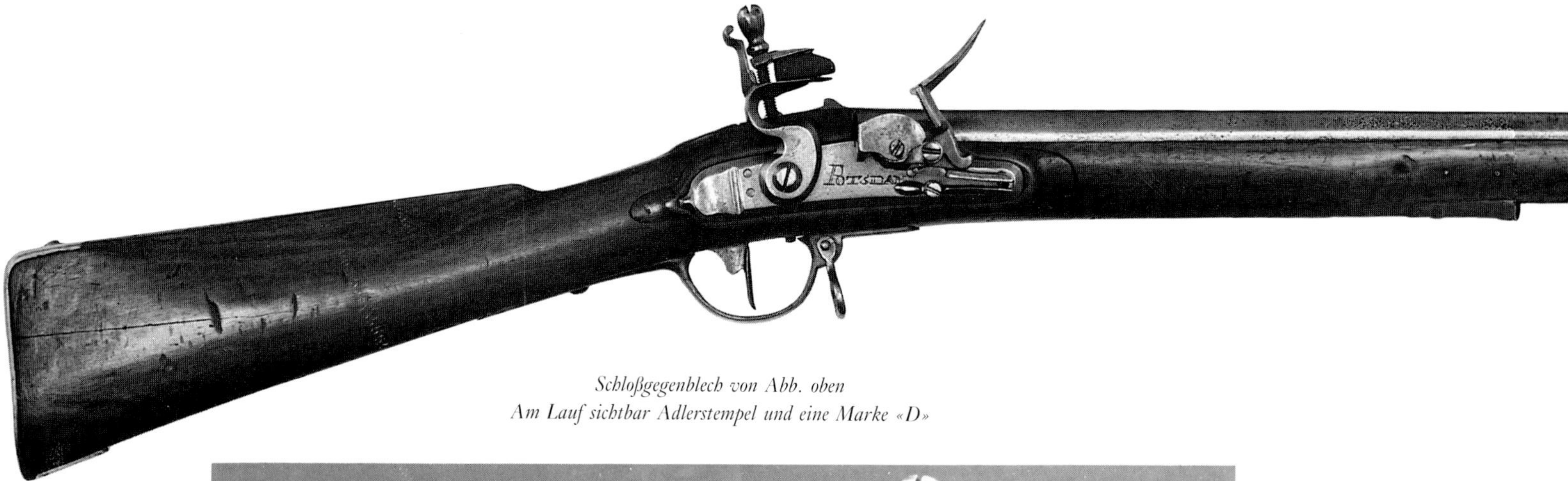

Schloßgegenblech von Abb. oben
Am Lauf sichtbar Adlerstempel und eine Marke «D»

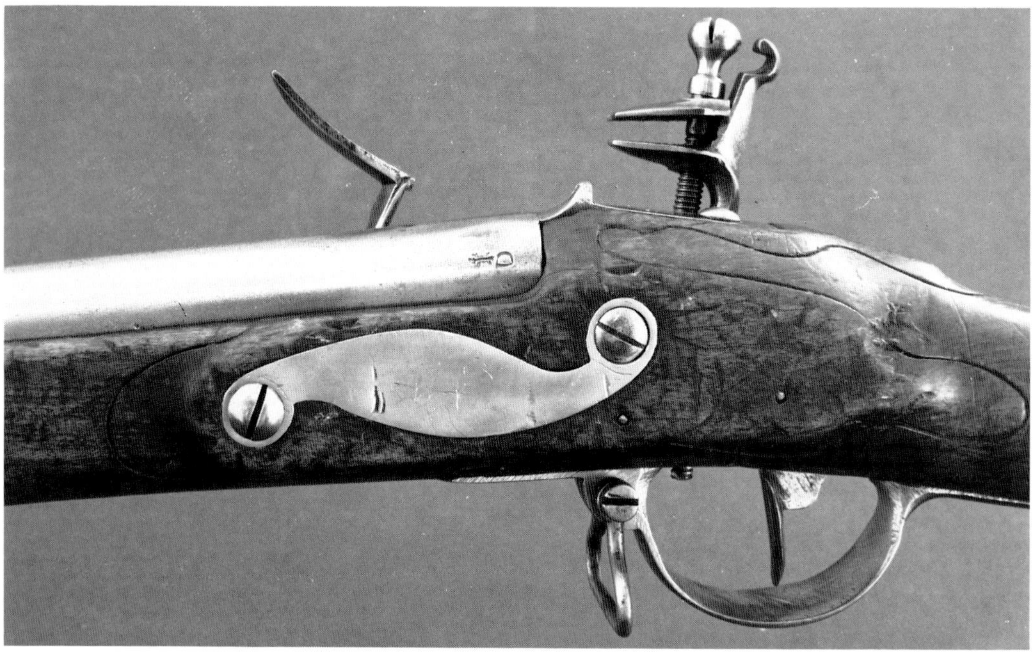

Wallgewehr mit Steinschloß und Haken, *Österreich (mit preußischem Schloß), erste Hälfte 18. Jahrhundert*
Diese Beutewaffe aus den Schlesischen Kriegen diente zur Verteidigung von Festungen. Sie wurde gegen Einzelziele eingesetzt, die von Infanteriegewehren nicht mehr erreicht wurden, beispielsweise gegen Artilleriestellungen. Der eiserne Haken lag beim Schießen an der Außenseite einer Mauer und fing den starken Rückstoß auf.
Gl 163 cm; L des Laufes 121,7 cm; K 22 mm; G 9100 g; Inv.-Nr. W 58.21

Infanteriegewehr M 1801 *(Nothardt-Gewehr)* *Nach dem Konstrukteur Capitain v. Nothardt benannt. Neuerungen waren das kleinere Laufkaliber von 15,1 mm gegenüber 18 bis 18,5 mm früherer Infanteriegewehre, ein Feuerschirm an der Pfanne, ein Visierfuß mit eingefeilter Kimme, Kolbenbacke und Monogramm «FWR» auf dem Schloßgegenblech. Es hatte gegenüber Infanteriegewehren anderer Armeen keine besonderen Vorzüge und wurde bereits im Jahre 1808 von einem neuen Modell abgelöst. Gl 144 cm, L des Laufes 104,6 cm, K 15,1 mm, G 4240 g, Inv.-Nr. W 54.35*

Wallgewehre handelte. Zwei erhaltene gleichartige Wallgewehre[201] besitzen Läufe österreichischer Provenienz, jedoch jeweils ein Schloß mit der Bezeichnung «POTZDAM MAGAZ». Der Lauf des Wallgewehres im Bayerischen Armeemuseum Ingolstadt ist mit einem «L» unter der Kaiserkrone (Kaiser Leopold I., 1658–1705) gestempelt, der andere im Zeughaus Berlin trägt an der Unterseite einen eingeschlagenen Doppeladler mit Schwert und Zepter.

Preußische Truppen werden vermutlich in Schlesien österreichische Wallgewehre erbeutet haben. Ein großer Bestand dieser Waffen mit Steinschloß befindet sich im Historischen Museum der Stadt Wien. Sie stammen aus dem ehemaligen Wiener Bürgerlichen Zeughaus. Alte Läufe von Hakenbüchsen dieser Provenienz wurden im Jahre 1724 neu geschäftet und mit Flintschlössern versehen.[202] Schäftung und Beschläge der Wiener Wallgewehre stimmen mit denen in Berlin und Ingolstadt überein. Es kann deshalb geschlußfolgert werden, daß nur das ehemals österreichische Schloß durch ein preußisches ausgewechselt wurde.

Das Rohrkaliber des Berliner Wallgewehres beträgt 22 Millimeter, die Laufwandung ist sieben bis acht Millimeter stark, so daß die Pulverladung wesentlich größer sein konnte als bei einem Infanteriegewehr mit einer Stärke der Laufwandung von nur zwei bis knapp drei Millimeter. Der Lauf ist auch zwischen 16 und 18 Millimeter länger als bei Infanteriegewehren zur Zeit Friedrichs II., so daß Reichweite und Durchschlagskraft der Geschosse die der Infanteriegewehre übertrafen. Somit konnten sie auch gegen Artilleriestellungen und Verschanzungen eingesetzt werden.[203]

Schützengewehre und Jägerbüchsen

Gewehrläufe mit gewundenen Zügen waren für die Jagd und für Wettkämpfe auf dem Schießplatz seit dem 16. Jahrhundert bevorzugte Handfeuerwaffen. Sie garantierten größere Reichweite und bessere Schußergebnisse auf Einzelziele als Gewehre mit glatten Läufen. In der Bewaffnung von Fußkämpfern und Reitern spielten Handfeuerwaffen mit gezogenen Läufen im 16. und 17. Jahrhundert keine Rolle. Für sie gilt, was über Schußwaffen mit komplizierterem Mechanismus bereits gesagt wurde: Sie waren für Soldaten zu kostenaufwendig, schwieriger zu laden, zu handhaben und zu pflegen, das Laden dauerte zu lange, so daß das Salvenfeuer mit glatten Flinten bevorzugt wurde. Während im 17. Jahrhundert die Schützen oft noch ausschwärmten, wenn es die Gefechtssituation ermöglichte, erstarrte in der Taktik des 18. Jahrhunderts die Infanteriefront zu einer sich über Kilometer hinziehenden, langsam vorrückenden, geschlossenen Linie. Für den Beschuß von Einzelzielen benötigte man jedoch auch in dieser Zeit genauer schießende Waffen, so daß kleinere Einheiten mit gezogenen Gewehren bewaffnet wurden. Bei diesen Büchsen wurde das weiche Bleigeschoß beim Laden in die sieben oder acht Züge gedrückt, erhielt nach der Pulverexplosion dadurch eine Drehbewegung und überwand besser den Luftwiderstand. Durch diese ballistischen Vorzüge sowie durch bessere Zielvorrichtungen und Stecherabzüge erhöhte sich die Treffergenauigkeit, so daß in etwa auf 75 Meter eine Hand, auf 115 Meter der Kopf und auf 150 Meter die Brust des Gegners von einem geübten Schützen getroffen wurden.

Über die Einführung von Gewehren mit gezogenen Läufen in der preußischen Armee liegen Nachrichten aus dem Jahre 1743 vor. Zu diesem Zeitpunkt wurden 1700 derartige Waffen für Unteroffiziere der Grenadiere in der Potsdam-Spandauer Gewehrmanufaktur bestellt. «1744 schlägt Generalmajor von Massow dem König vor, die gezogenen Gewehre auf die ganze Armee zu verteilen, so daß jede von den 117 Grenadier- und 2 Mineurkompanien 6 Stück für die Korporale, jedes von 15 Garnisonregimentern 100 Stück für die Musketierkompagnien erhalten sollte.»[204)] Erhaltene Originale dieser gezogenen Grenadier-Unteroffiziersgewehre sind leider nicht bekannt.[205)] Die gezogenen Gewehre von 1743 kosteten mit Nußbaumschaft sieben Taler und acht Groschen, die mit Ahornschaft sieben Taler und vier Groschen.[206)] Für Schützen in den von Friedrich Wilhelm II. 1787 errichteten Füsilierregimentern wurden ebenfalls Gewehre mit gezogenen Läufen in Potsdam-Spandau gefertigt. In den bereits erwähnten Auseinandersetzungen zwischen dem 6. Departement und der Potsdamer Manufaktur wird auch erwähnt, daß für 660 gezogene Füsilier-Schützengewehre gezogene Läufe von langen Husarenkarabinern verwendet wurden.[207)] Diese Läufe hatten im Gegensatz zu anderen neugefertigten Gewehren mit gezogenem Lauf keinen achtkantigen Laufteil am Pulversack, sondern der Lauf hatte durchgehend einen runden Querschnitt. Die Schäftung war bei beiden Typen gleich.[208)] Gewehrläufe wurden bei Schützengewehren mitunter gekürzt, diese wurden dann als Exerziergewehre verwendet.[209)] Ein Füsilier-Schützengewehr wird bei A. Wirtgen besprochen und abgebildet.[210)] Die Gesamtlänge beträgt hier 1435 Millimeter. Dieses Gewehr besitzt ein Schloß der «S et D»-Fertigung. Auf dem Lauf befindet sich ein längliches geschweiftes Messingkorn; das Visier fehlt, jedoch ist für einen Visierfuß ein Einschnitt vorhanden. Auf dem Kolbenblechfortsatz ist das gekrönte «FWR» (Friedrich Wilhelm II.) eingraviert. Der schwarz getönte Schaft hat eine Kolbenbacke. Auf der Kolbenkappe steht die Nr. «42». Die nach vorn sich stark erweiternden Ladestockröhrchen sind für den zylindrischen Ladestock gefertigt. Der Schriftwechsel zwischen dem 6. Department und dem Fabrikenkommissar Nortmann läßt erkennen, daß die Schwanzschrauben bei den gezogenen Läufen für Husarenkarabiner kürzer waren als bei den neugefertigten mit achtkantigem Laufteil.[211)]

Im Jahre 1787 wurden besondere Schützen eingeführt, die bis zur Reorganisation des Heeres 1808 bestanden. Jede Grenadier- und Musketierkompanie erhielt zehn Schützen zugeteilt, die Garde im Jahre 1805 weitere zehn Reserve-Schützen. Ein Unteroffizier und die zehn Schützen jeder Kompanie erhielten das sogenannte «Scharfschützengewehr 1787», das aus dem Unteroffiziersgewehr von 1743 entwickelt wurde. In der Literatur kommen auch die Bezeichnungen Schützengewehr oder gezogenes Schützengewehr 1787 vor.

Von diesem Gewehr sind ebenfalls nur wenige Exemplare erhalten geblieben. Durch Veröffentlichungen bekannt sind ein Scharfschützengewehr des Bayerischen Armeemuseums in Ingolstadt und eines des Militärhistorischen Museums Dresden.[212)] Diesen beiden Stücken kann ein weiteres aus dem Zeughaus Berlin hinzugeordnet werden.[213)]

Der runde, im hinteren Drittel achtkantige Lauf hat acht Züge, ein langes Messingkorn, ein eingeschobenes Standvisier für 150 Schritt Schußentfernung und eine Visierklappe für 300 Schritt. Eine Besonderheit war die Halterung für das Bajonett. Ein elf Millimeter breites, als Feder wirkendes Eisenband war am Ende mit zwei Stiften an einer kleinen Schiene befestigt, lief durch eine unten am Lauf angeschweißte Öse hindurch und endete vorn kurz hinter der Öse in einer verdickten Nase. Dahinter kam die Tülle des Bajonetts nach dem Aufschieben auf den Lauf zu liegen und wurde arretiert.[214)] Bei dem Berliner Gewehr ist das Eisenband nach 26 Millimetern abgebrochen. Gleiches trifft auf die Exemplare in Ingolstadt und Dresden zu. Vor dem Korn trägt der Lauf die Bezeichnung: «2. G. C. No. 3» (2. Grenadier-Kompanie, Gewehr-Nr. 3). Das Schloßblech ist bezeichnet: «POTZDAM MAGAZ» und «D S E» (David Splitzgerbers Erben, Kennzeichnung von 1775 bis 1795). Der ganze Schaft von schwarzer Farbe hat eine Kolbenbacke. Die Beschläge sind aus Messing, die kantigen Ladestockröhrchen erweitern sich nach vorn, das Spitzröhrchen hatte ursprünglich eine Haltefeder für den Ladestock (dieser fehlt ebenfalls). Auf der Kolbennase ist der gekrönte Namenszug «FWR» eingraviert, auf der Kolbenkappe das Zeichen für die Endabnahme des Gewehres durch den Fabrikenkommissar Nortmann, ein «N» mit Vierblatt darüber.

Die Maße des Berliner Schützengewehrs betragen:

Gesamtlänge	1210	Millimeter
Lauflänge ohne Schwanzschraubenblatt	822	Millimeter
Schloßblechlänge	160	Millimeter
Schloßblechhöhe	31	Millimeter
Schlangenlänge	151	Millimeter
Länge des vorderen Röhrchens	43	Millimeter
Länge des mittleren Röhrchens	43	Millimeter
Länge des Spitzröhrchens	120	Millimeter
Abzugsbügellänge	370	Millimeter
Nasenbandlänge	26	Millimeter
Kolbenblechhöhe	104	Millimeter
Kolbenblechbreite	45	Millimeter
Kornlänge	26	Millimeter
Kaliber (8 Züge)	18,5	Millimeter
Gewicht	4060	Gramm

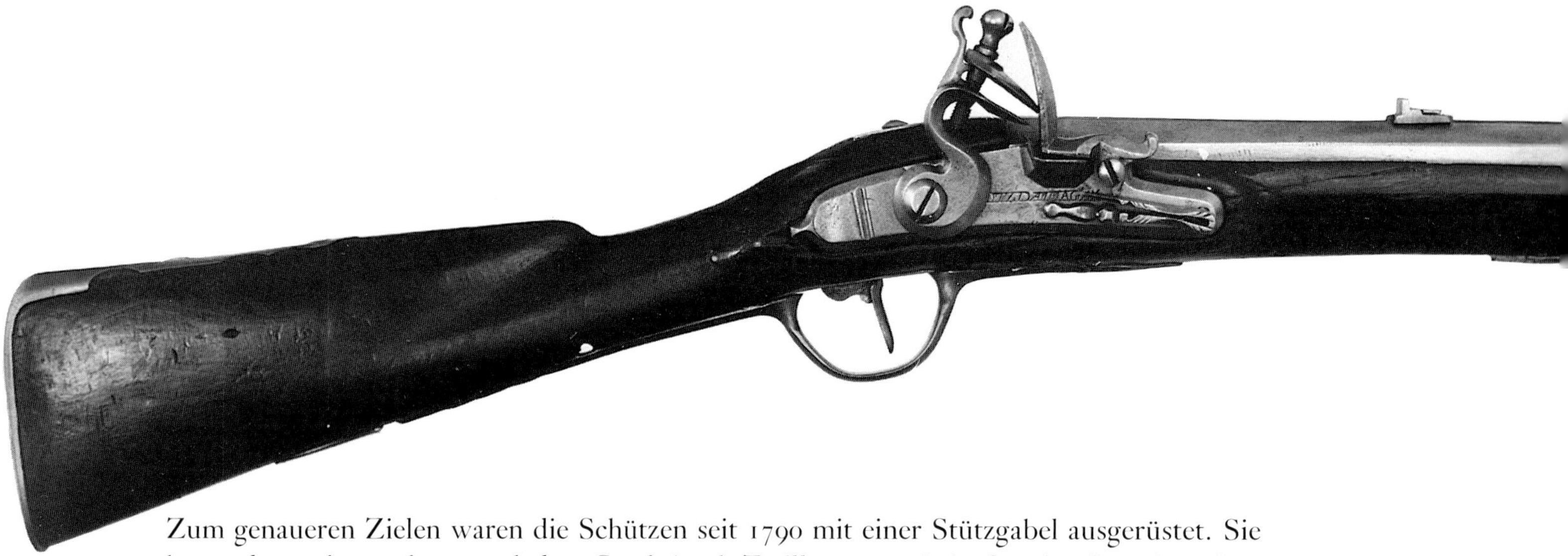

Zum genaueren Zielen waren die Schützen seit 1790 mit einer Stützgabel ausgerüstet. Sie bestand aus einem oben gegabelten Stock (auch Zwille genannt), in den das Gewehr gelegt wurde, wobei der Schütze kniete.[215] In einem Befehl vom 18. Februar 1790 heißt es: «Da es sicher ist, daß auch der beste Schütze, besonders mit einem schweren Gewehr, aus freier Hand nie so gewiß und sicher schießen kann, als wenn er den Vortheil hat, das Gewehr auf oder anlegen zu können, so haben Se. Königl. Majestät in dieser Rücksicht und um die Schützen mehr zu distinguieren, für gut befunden, ihnen Stöcke zu accordiren. Diese Stöcke sollen indessen nicht wie die der Unterofficiers aus spanischen Röhren bestehen, sondern aus Haseln, oder wo dergleichen etwa nicht vorhanden sein möchten, aus anderem harten und zähen Holze geschnitten und anstatt des Knopfes mit einer Art von Gabel versehen und sodann im Dienst an der linken Seite des Rocks, am Knopf gehangen, getragen werden. Beim Vorziehen der Schützen und während ihrer Manoeuvers nehmen selbige den Stock an der Hand und bedienen sich dessen um Auflegen des Gewehrs, wie solches beikommende Figur zeigt.» Der Stock hatte unterhalb der Gabel, ähnlich wie die Gabel zum Luntenschloßgewehr, ein festgebundenes Trageband.

Neben den Flinten mit glattem Lauf kamen bei der Infanterie in speziellen Jägerformationen auch Gewehre mit gezogenem Lauf zum Einsatz. Die im präzisen Schießen auf Wild geübten zivilen Jäger waren auch im militärischen Einsatz als Schützen im zerstreuten Gefecht und auf Einzelziele besonders geeignet. Die Kugelbüchsen mit gezogenem Lauf und Drall hatten eine größere Reichweite, und mit ihnen erzielte man bessere Trefferergebnisse als mit Steinschloßflinten. Der beim Pirschgang ausgebildete Spürsinn des Jägers, seine Kenntnisse des Geländes und die Fähigkeit, sich zu tarnen, sich lautlos dem Ziel zu nähern, prädestinierten ihn besonders für Aufgaben eines Spähers, für Überraschungsüberfälle, Wachdienste und für Einsätze gegen Einzelziele. Über spezielle militärische Waffen der kleinen Jägerabteilungen, die für 1674, 1689, 1715 und 1740 belegt sind,[216] ist nichts bekannt. Es handelte sich bei diesen Einheiten nur um wenige, sogenannte «Jägerburschen», die ihre zivilen Gewehre und Hirschfänger zum Militärdienst mitbrachten.

Das Laden der Jägerbüchsen war langwieriger als das der Infanteriegewehre. Der Schütze schüttete Pulver aus einer Pulverflasche in den Lauf, legte ein mit Talg getränktes Barchentläppchen auf die Laufmündung und darauf die Kugel. Das Kugelkaliber war nur wenig kleiner als das Laufkaliber, deshalb mußte das Geschoß hineingepreßt werden. Mit einem kleinen Holzhammer schlug der Jäger die Kugel mit dem Läppchen in die Laufmündung. Dieses legte sich dabei seitlich um die Kugel herum und bettete sie ein. Durch Druck mit dem Hammerstiel gelangte das Geschoß noch etwas weiter in den Lauf, danach wurde es

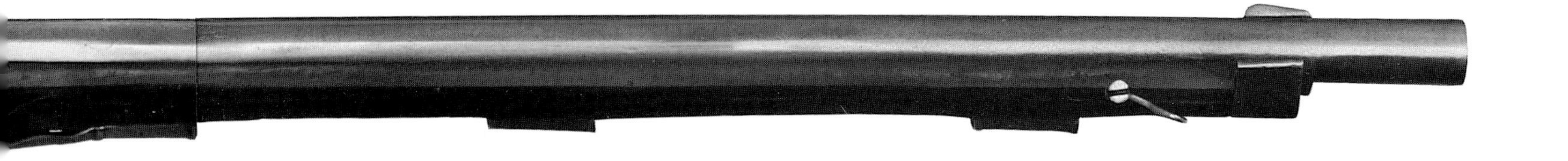

Scharfschützengewehr M 1787
Mit dieser Steinschloßbüchse konnten zielsichere Schußergebnisse als mit glatten Flintenläufen erreicht werden. Die Läufe hatten acht Züge und ein Standvisier für 150 sowie ein Klappvisier für 300 Schritt Entfernung.
Gl 121 cm, L des Laufes 82,2 cm, K 18,5 mm, G 4060 g, Inv.-Nr. W 59.201

mit dem Ladestock hinabgestoßen. Während mit dem preußischen Infanteriegewehr im Gefecht wenigstens zwei bis drei Schuß in der Minute abgefeuert werden konnten, erzielten die Jäger höchstens eine Leistung von einem Schuß in zwei bis zweieinhalb Minuten.[217)] Durch die längere Ladephase war ein Einsatz der Jäger in geschlossener Formation der Lineartaktik nicht ratsam. Insbesondere gegen Reiter fehlte dem Jäger auch das Bajonett. Der Hirschfänger war dem Infanteriesäbel gleichwertig.

Im Jahre 1744 ließ Friedrich II. mit Kabinettsorder vom 15. Juni ein «Korps-Feldjäger zu Fuß» von zwei Kompanien mit 300 Mann errichten. Bereits am 26. Januar 1744 hatte der König den Generalleutnant von Linger angewiesen[218)]: «Ich befehle hierdurch, daß Ihr 400 gezogene Büchsen für das Korps-Feldjäger fordersamst bestellen und machen lassen sollet. Die Schäfte dazu soll der Oberstleutnant v. Düring Meines Regiments bestellen und machen lassen. Wie aber die Läufe und die darauf befindliche vises (Visiere – H. M.) eigentlich bestellet und gefertigt werden müssen, darüber sollet ihr mit dem hier befindlichen Major v. Chasot Bayreuthschen Regiments sprechen und ihn vernehmen, wie sie eigentlich nach Meiner Intention sein sollen, wonach denn solche bestellet werden müssen.»

In dem Schreiben an Generalleutnant von Linger wird nicht erwähnt, daß die Jägerbüchsen bei der Firma Splitgerber und Daum in Auftrag gegeben werden sollen. Eine Fertigung der benötigten Büchsen in dieser Manufaktur ist auch nicht anzunehmen. Sie war in den Jahren 1743 bis 1745 nicht in der Lage, alle Aufträge auszuführen.[219)] Der Gesamtduktus der militärischen Jägerbüchsen entspricht dem der zivilen, und für eine relativ geringe Bestellung wäre die Firma Splitgerber und Daum wohl auch nicht bereit gewesen, spezielle Arbeitsprozesse, insbesondere für die Laufproduktion, neu aufzunehmen. Für das Jahr 1758 ist belegt, daß die preußische Gewehrmanufaktur von dem Suhler Fabrikanten Lehr Teile für Feldjägerbüchsen erhielt, die in Potsdam geschäftet wurden.[220)]

Eine Veränderung der Bewaffnung mit Jägerbüchsen kann für 1773 festgestellt werden. Eine Kostenübersicht vom 5. April enthält für das Fußjäger-Korps den Posten: «An gezogenen Büchsen mit Bajonetts für 40 Unteroffiziere und 600 Jäger 640 Stück à 7Rtlr. 9 Gr. = 4720 Rtlr.»[221)] Vermutlich waren die Büchsen identisch mit den zum gleichen Preis in Potsdam hergestellten Grenadier-Unteroffiziersgewehren.[222)] Die Bajonettgewehre wurden jedoch wie Infanteriegewehre mit Papierpatronen ohne Barchentläppchen (als Abdichtungsmittel) geladen. Dadurch gingen die alten Vorteile der Büchsen weitgehend verloren. Jedoch hatte sich bereits 1760 die mangelhafte Bewaffnung der Jäger zur Abwehr von Reiterangriffen gezeigt, als bei Spandau zwei Kompanien Jäger zu Fuß auf freiem Feld Kosakenreitern mit Lanzen wegen langsamer Ladeweise und der kurzen Blankwaffe ausgeliefert waren.[223)]

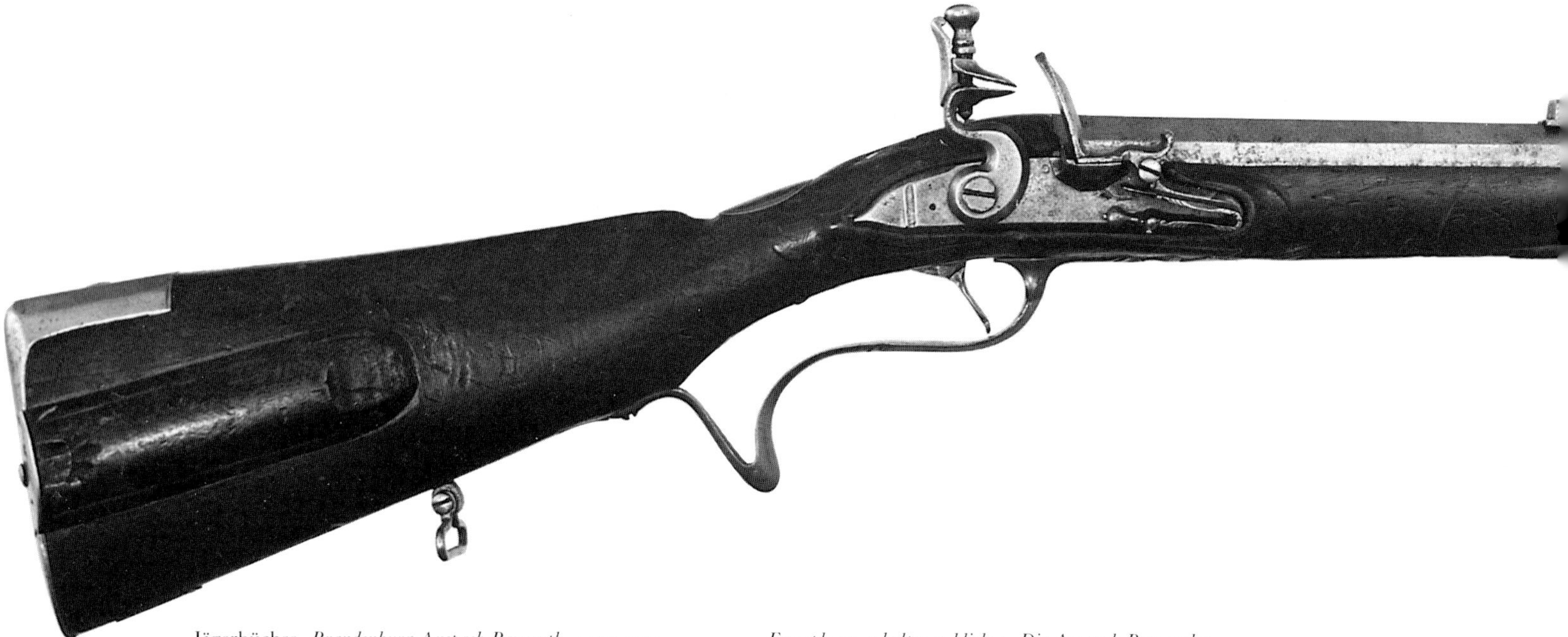

Jägerbüchse, *Brandenburg-Anspach-Bayreuth, 1757–1791*
Staatliche und private Förster, die in die Armee eintraten, wurden in Jägerformationen zusammengefaßt. Sie waren im Schießen mit Pirschbüchsen geübt, brachten diese oft zum Militär mit. Spezielle Jägerbüchsen sind nur in wenigen Exemplaren erhalten geblieben. Die Anspach-Bayreuther Jägerbüchse veranschaulicht den Typ, der als Alte Korpsbüchse in der preußischen Armee verbreitet war.
Gl 112 cm; L des Laufes 73,5 cm; K 16 mm; G 3670 g;
Inv.-Nr. W 3368 (08.347)

Mit Schreiben vom 21. Juli 1787 bittet Major von Valentini König Friedrich Wilhelm II., das Korps wieder vollständig mit Büchsen ausstatten zu lassen, was der König auch anordnet.[224)] Auch für 1796 läßt sich nachweisen, daß die Mannschaften des Feldjägerregiments alle wieder mit Büchsen und jetzt mit aufpflanzbaren Hirschfängern bewaffnet waren.[225)]

Die materielle Hinterlassenschaft an Waffen von militärischen Einheiten mit geringem Mannschaftsbestand ist im allgemeinen sehr rar. Das trifft auch für preußische Jägerformationen zu. Bis vor einigen Jahrzehnten war nur eine «Anspach-Bayreuther-Jägerbüchse», die gleichgesetzt wird mit der Büchse für das preußische Korps-Feldjäger, aus dem ehemaligen Berliner Zeughaus bekannt. Inzwischen sind vier weitere Exemplare militärischer Jägerbüchsen veröffentlicht worden.[226)] Da bisher keine ausführliche Beschreibung der Anspach-Bayreuther-Jägerbüchse veröffentlicht wurde, soll diese hier erfolgen:

Der achtkantige Lauf verjüngt sich zur Mitte hin und erweitert sich dann bis zur gestauchten Mündung. Er hat sieben Züge im Lauf. An der Laufunterseite befinden sich drei Ösen für Haltestifte, die vordere Öse nimmt die Schraube für den Riemenbügel auf. Der herausragende Schwanzschraubenfortsatz ist für die hintere Schloßschraube rechteckig ausgeschnitten. Das zylindrische Zündloch ist außen etwas ausgebrannt. Vor dem eingeschobenen Messingkorn ist der Lauf mit «N. 121» bezeichnet.[227)] Das eingeschobene Standvisier ist aus Eisen. An der Unterseite des Laufes hinter der Mündung ist ein Gewinde für die Schraube des Nasenbandes eingeschnitten. Die Schlagmarke an der Unterseite des Laufes hat die Form eines Reichsapfels.[228)] Am Schloßblech befinden sich außen und innen keine Marken. Der Schwanenhalshahn hat eine verstellbare Oberlippe und kurzen Sporn, die Batteriefeder läuft gerundet aus, die Ränder der Batteriefeder sind gekerbt, über der Nuß liegt eine Studel. Der Nußbaumschaft hat eine Kolbenbacke und einen Kolbenkasten mit Schubdeckel. Am hinteren Ende ist der Deckel mit einem vertieft eingeschnittenen Akanthusblatt verziert, vorn liegt eine kleine Vertiefung für den Daumen. Die hintere Schräge

des Deckels ist mit Messingblech belegt. An der Innenseite befindet sich eine schmale Blattfeder aus Eisen, die hinten einen flachen Druckknopf besitzt. Zu den Messingbeschlägen gehören: ein angeschraubtes, nach hinten geschweift auslaufendes Nasenband aus Messingblech, zwei kantige, vorn trichterförmig erweiterte Ladestockröhrchen und ein kantiges Spitzröhrchen. Der Abzugsbügel hat eine starke Kröpfung in der Art der Müllerbüchsen; Vorder- und Hinterblatt des Bügels laufen in geschnittene Lilien aus. Am eisernen Abzugsblech ist eine Schraube für das ovale Daumenblech sichtbar. Auf diesem befinden sich der brandenburgische Adler und darüber die Buchstaben: «C · F · C · A · M · Z · B ·» (Christian Friedrich Carl Alexander Markgraf Zu Brandenburg, geboren 1736, regierte von 1757 bis 1791, gestorben 1806). Das Schloßgegenblech besteht aus gewulsteten Gliedern und hat zwei Löcher für die Schloßschrauben. Die glatte Kolbenplatte mit kantigem, vorn geradem Kolbenblechfortsatz ist mit drei Schrauben befestigt. Die hintere, eiserne Riemenöse ist an der Unterseite des Kolbens befestigt. Der Kopf des konischen eisernen Ladestockes ist an den Seiten mit Messing überzogen. 31 Millimeter von der Stoßfläche entfernt ist der Ladestock seitlich durchbohrt, hinter dem Loch steht der Einschlag: «N 113». Am Ende hat der Ladestock ein kurzes Gewinde. Im Kolbenkasten befinden sich ein Pulvermaß aus Eisen und ein Krätzer mit Innengewinde.

Eine weitere «Anspach-Bayreuther-Jägerbüchse» mit der gleichen Kennzeichnung auf dem Daumenblech befindet sich in einer Privatsammlung in den USA.[229] Diese Büchse gelangte höchstwahrscheinlich während des Amerikanischen Unabhängigkeitskrieges

Details der Jägerbüchse, Brandenburg-Anspach-Bayreuth, 1757–1791

Mündungsstück; Lauf mit sieben Zügen

Kolben mit Kolbenkasten, Kolbenkastendeckel, Pulvermaß und Kugelzieher

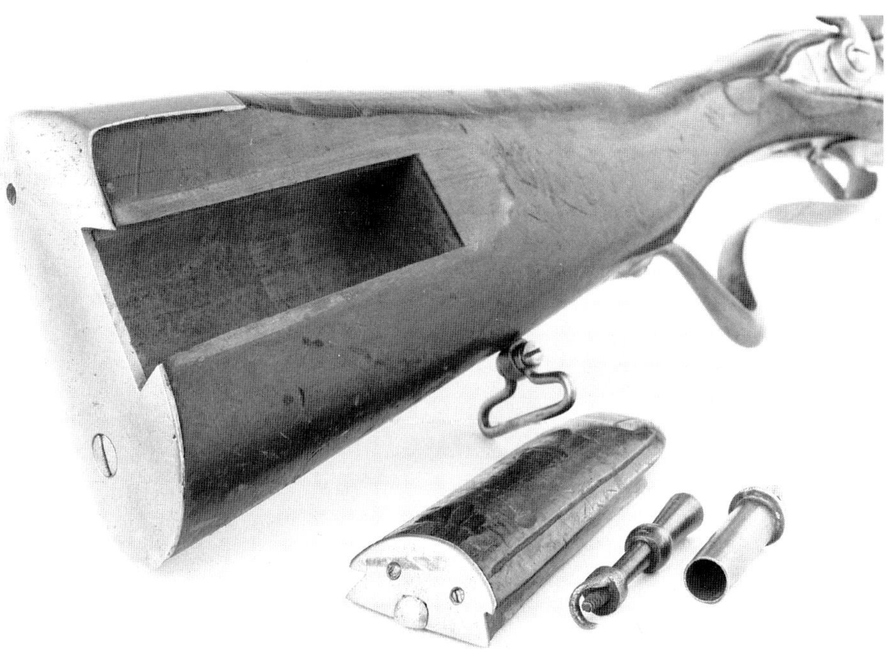

Jägerbüchse, *1796–1801*
Gl 108 cm, L des Laufes 68,8 cm, K 15 mm, G 3310 g,
Inv.-Nr. W 3324

(1775–1783) nach Amerika. Das Anspach-Bayreuthische Jäger-Bataillon kämpfte in Amerika auf englischer Seite. Neben der genannten Büchse befindet sich in den USA eine weitere Büchse, jedoch ohne Daumenblech.[230] Arnold Wirtgen bildet neben dieser Büchse noch ein weiteres Exemplar aus dem Blücher-Museum in Kaub am Rhein ab.[231] Nur die zuletzt genannte USA-Büchse besitzt eine Aufpflanzvorrichtung für einen Hirschfänger. Alle Büchsen stimmen in den Abmessungen bis auf wenige Millimeter überein. Das Wehrgeschichtliche Museum in Rastatt konnte in den letzten Jahren eine preußische Jägerbüchse M 1787 erwerben.[232]

Der Hinweis von Dieter Lehner,[233] daß 1796 ein neues Modell für preußische Jägerbüchsen festgelegt wurde, läßt sich auch wiederum durch ein Originalgewehr im Zeughaus Berlin belegen.[234] Das Gewehrschloß trägt auf der Schloßplatte die Bezeichnung «POTZDAM MAGAZ» und «G S». Diese zwei Buchstaben stehen bekanntlich für «Gebrüder Schickler» und wurden seit dem 1. Januar 1796 verwendet. Die Büchse trägt den Stempel der Endabnahme durch den Fabrikenkommissar Nortmann.[235] Der Lauf besitzt keine Halterung zum Aufpflanzen eines Hirschfängers. Die Beschwerde des Kommandeurs des Feldjäger-Regiments, Oberstleutnant v. Yorck,[236] über den Zustand der Jägerbüchsen aus dem Jahre 1801 nimmt aber bereits Bezug auf angeschweißte Haken.

Die im ursprünglichen Zustand befindliche Jägerbüchse von 1796 soll, da sie in der Literatur nur selten erwähnt wird,[237] hier ausführlicher beschrieben werden.

Der achtkantige Lauf mit wenig gestauchter Mündung hat sieben Züge, ein eingeschobenes Messingkorn und Standvisier aus Eisen mit einer Klappe. Der verlängerte Visierfuß ist vorn herzförmig ausgeschnitten. An der Laufunterseite befinden sich zwei Ösen für Haltestifte, die vordere ist gleichzeitig für die Schraube des Riemenbügels, eine dritte Öse fehlt. In die Laufunterseite sind die Laufschmiedemarke «SDI» und der Kontrollstempel von Essen (?) eingeschlagen. Der Lauf beweist, daß am Ende des 18. Jahrhunderts Büchsenläufe nach wie vor auch aus anderen Produktionszentren als Potsdam bezogen wurden. Ein preußischer Adlerstempel fehlt am Lauf. Auf der Innenseite des Schloßbleches sind die Meistermarke «M» und ein Adler eingeschlagen. Das Schloß hat einen einfachen und keinen Stecherabzug (Jägerbüchsen mit Wiener Stecherabzug werden als Bestand des Berliner Zeughauses 1801 erwähnt).[238] Der ganze Nußbaumschaft hat einen Kolben mit Kolbenbak-

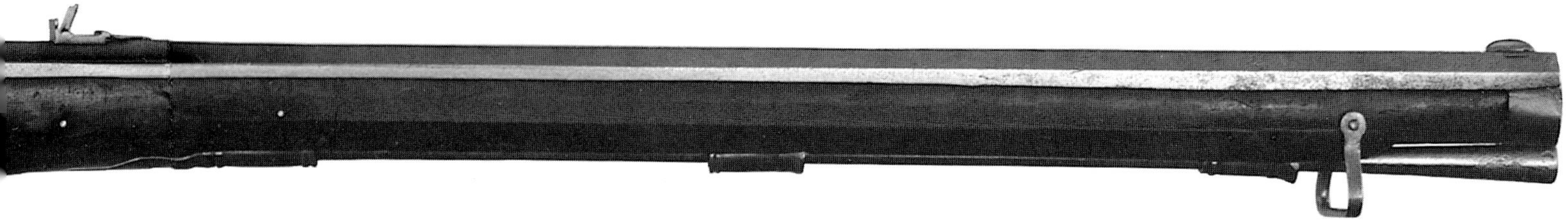

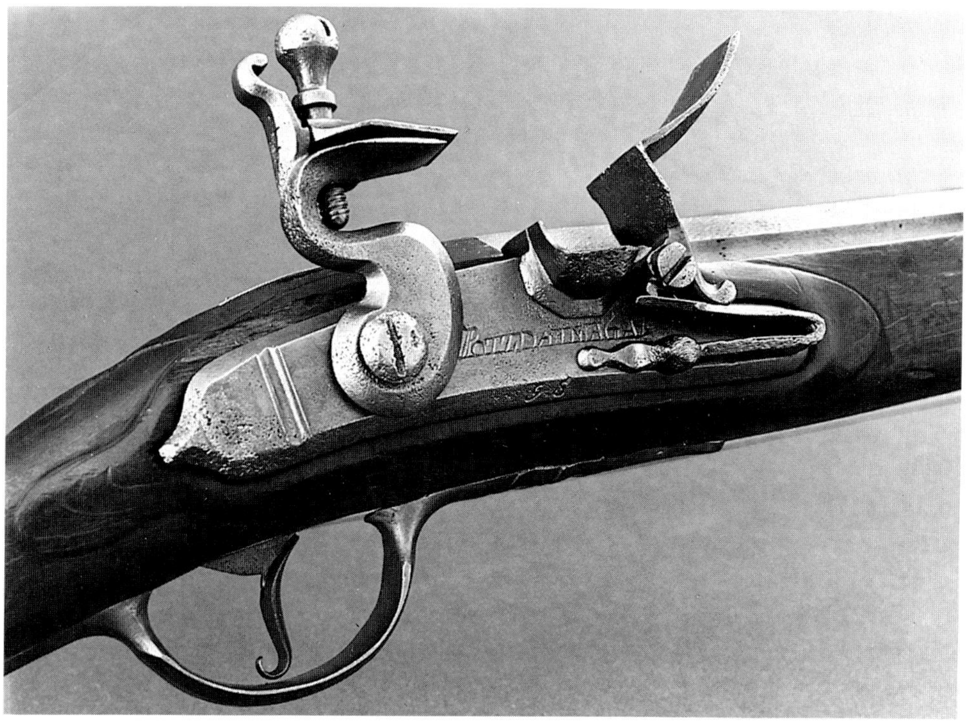

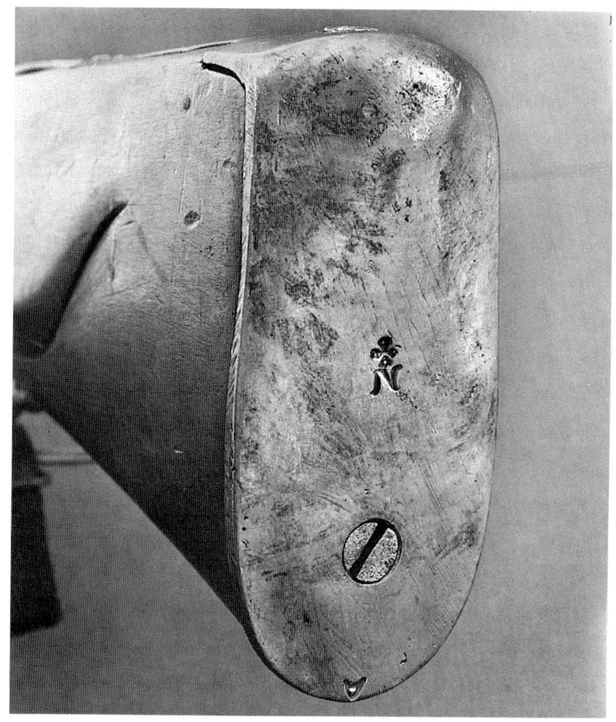

Details der Jägerbüchse, 1796–1801

Mittelschaft mit Schloß und Abzugsvorrichtung; Schloßblech bezeichnet: «POTZDAM MAGAZ», am abgeschrägten unteren Rand «G. S.» (Gebrüder Schickler, Fabrikanten)

Kolbenblech mit dem Stempel der Endabnahme durch den Fabrikenkommissar Nortmann

ke und runde Schaftverschneidungen. Zu den Messingbeschlägen gehören: ein Nasenband aus dünnem Blech, zwei nach vorn erweiterte Ladestockröhrchen, ein Spitzröhrchen mit einer Blattfeder zum besseren Halt für den Ladestock. Das Schloßgegenblech hat Schlangenform, abgeschrägte Kanten und ist halb in den Schaft eingelassen. Vorder- und Hinterblatt des Abzugsbügels sind seitlich rund und spitz ausgeschnitten. Das Abzugsblech besteht aus Eisen. Das gerundete Kolbenblech hat einen langen, an den Seiten ausgebogten Kolbenblechfortsatz; an der Außenseite des Kolbenbleches befindet sich der Stempel der Endabnahme des Fabrikenkommissars Nortmann (ein «N» mit Vierblatt darüber).[239] Die Markenübersicht (siehe Anhang) läßt erkennen, daß einige Teile des Gewehrs bereits gleiche Marken wie zur Zeit der «DSE»-Fertigung in Potsdam besitzen.

Die typische Jägerbüchse mit starker Kröpfung des Abzugbügels war auch noch bei den Lützower Jägern in Gebrauch, wie das Gemälde von Friedrich Georg Kersting, Körner, Friesen und Hartmann als Lützower Jäger auf Vorposten, 1815, erkennen läßt.[240]

Bajonette

Die vollständige Bewaffnung der brandenburgischen Infanterie mit Handfeuerwaffen in den neunziger Jahren des 17. Jahrhunderts hatte in mehrfacher Hinsicht Auswirkungen auf die Typen der Hieb- und Stichwaffen. Der endgültige Verzicht auf die Pike war vom Kurfürsten Friedrich III. 1691 beschlossen worden. Ohne eine längere Stoßwaffe waren die Fußkämpfer jedoch gegen Reiterangriffe im Nahkampf weit unterlegen. Die Kombination des langen Infanteriegewehrs mit einer Stichwaffe, dem Bajonett, war deshalb eine günstige Lösung. In einem Musterungsbericht von 1683 werden für das Anhaltische Regiment zu Pferd (Dragoner) zum ersten Mal für Kurbrandenburg Bajonette erwähnt.[241)] Zu brandenburgischen Dragonerflinten gehörten auch 1686 Bajonette.[242)] Bei der französischen Infanterie kam das Bajonett 1688 zur Einführung. Anfang des 18. Jahrhunderts werden für die Colbergische Garnison: «Egale Bajonetts mit messingschen Kreuzen und Beschlag» erwähnt.[243)] Die «Kreuze» dürften sich auf den Spund und die Parierstange, der Beschlag auf die Scheide beziehen.

Die in europäischen Armeen und auch in Brandenburg im allgemeinen verwendeten ersten Bajonette waren sogenannte Spundbajonette. Sie hatten entweder eine lange, messerartige Rückenklinge mit kurzer Rückenschneide oder schmale, zweischneidige Klingen, eine gerade, kurze Parierstange und einen hölzernen, sich zum Ende hin verjüngenden Spund. Dieser wurde einfach in die Laufmündung gesteckt und das Gewehr dadurch zu einer langen Stoßwaffe umfunktioniert. Solange das Spundbajonett aufgesteckt war, konnte man natürlich nicht schießen.

Unter den 78 «Handtgrieff der Granadirer» zum Exerzieren mit dem Gewehr für die kurfürstlichen brandenburgischen Truppen unter Friedrich III. sind auch vier Kommandos für die Handhabung des Bajonetts enthalten:[244)]

«55. Ziehet das Bajonet!
56. Stosset es in den Lauff!
68. Ziehet das Bajonet auß!
69. Bringet es an seinen orth!»

Das Kommando «Stosset es in den Lauff» läßt erkennen, daß es sich um ein Spundbajonett handelte.

Der Nachteil, daß man bei aufgestecktem Bajonett nicht schießen konnte sowie Beschädigungen durch das Einführen an der Laufmündung führten sehr bald zu Versuchen, das Bajonett außen am Lauf zu befestigen. Im früheren Berliner Zeughaus befand sich ein langes «Degenbajonett aus den 1690er Jahren»[245)], dessen Klinge 61 Zentimeter lang war und auf einer Seite die Bezeichnung «Churbrandenburg Guarde» und den Namenszug «C F 3» (Churfürst Friedrich III.) unter dem Kurhut, auf der anderen Seite den gleichen Namenszug und die Inschrift «M von Schwende Compagnie» trug. Major Sigismund Frhr. v. Schwendy war 1692 und 1694 Kompaniechef bei der Garde.[246)] Es sind auch Einzelheiten über das Gefäß des Bajonetts bekannt. Der Griff bestand «aus Horn mit einem eisernen Korb, an der Innenseite befindet sich ein Ring zum Aufstecken auf den Lauf . . .» Es handelt sich bei dieser Waffe um einen Übergangstyp vom Spund- zum Tüllenbajonett. Die Ringbefestigung erwies sich als nicht stabil genug, so daß sie durch eine zylindrische Röhre (auch Tülle, Dülle oder Dille genannt) mit einem gebrochenen Gang in Form einer Treppenstufe, die man über einen Bajonetthaft oder eine Bajonettwarze an der Unterseite

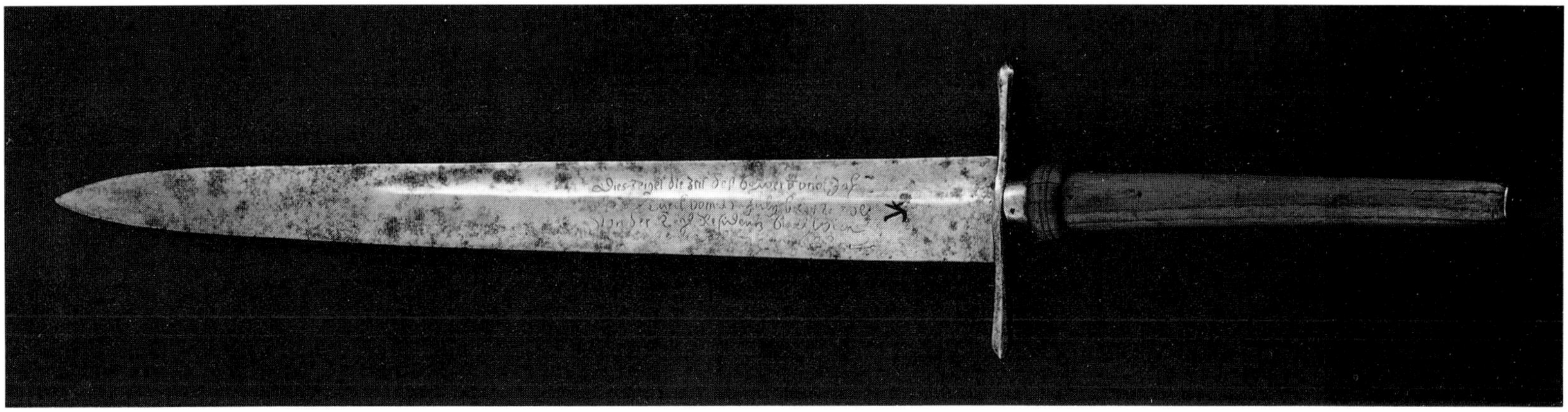

Spundbajonett, *deutsch, um 1683*
Die ersten Bajonette wurden mit einem konisch zulaufenden Holzspund in die Laufmündung des Infanteriegewehres gesteckt. Zum Schießen nahm der Schütze das Bajonett heraus und steckte es in eine Tragetasche. Die Rückenklinge dieses Bajonetts hat eine 16 cm lange Rückenschneide. Die Klinge trägt die Inschrift: «Dies zeiget die Zeit daß Schwertt vndt Jahr/ alß der Türck vom 15. July bis 12. Sept./ Vor der Kögl. Residentz Statt Wien ... 83» Brandenburgische Truppen hatten nicht unmittelbar an der Entscheidungsschlacht vor Wien teilgenommen. Bajonette dieser Art waren in den beiden letzten Jahrzehnten des 17. Jahrhunderts in vielen Armeen europäischer Heere üblich.
Gl 66 cm; Kl 45,5 cm; Kb 4 cm; G 360 g;
Inv.-Nr. W 1070 (AD 14192)

des Laufes schob, ersetzt wurde. Auf dem zur Seite gerichteten Hals oder Arm saß eine dreikantige Stoßklinge.

Das Tüllenbajonett war wie das Spundbajonett vor allem gegen angreifende Reiter gedacht. Da das Bajonett das Schwergewicht des Gewehres beim Schießen nach vorn verlagerte, trug der Infanterist es meist in einer Lederscheide am Leibgurt. Er steckte es erst kurz vor dem Bajonettangriff auf. Die Trageweise am Körper überliefert ein Ölgemälde des ehemaligen Berliner Zeughauses (Kriegsverlust) von einem brandenburgischen Grenadier des Regiments Fürst Leopold von Anhalt-Dessau. Es trägt die Beschriftung: «Kuurt Michael von des Herrn Hauptman Schwerins Compagnie 1698.» Das Gemälde belegt zugleich, daß in diesem Jahr im Regiment des Alten Dessauers bereits Tüllenbajonette geführt wurden. Deutlich ist die Tülle mit dem Schlitz zu erkennen. Die sehr spitz auslaufende Klinge steckt in einer Lederscheide mit einem sichtbaren Ortblech. Fürst Leopold I. von Anhalt-Dessau hätte, wenn die Datierung des Gemäldes nicht anzuzweifeln ist, vermutlich als einer der ersten bei der kurbrandenburgischen Infanterie neben dem eisernen Ladestock auch das Tüllenbajonett eingeführt. Im Jahre 1702 hatte auch die Garde «Bajonetts mit dreieckigen Klingen und eisernen Dillen».[247] Erst 1705 ordnete Friedrich I. an, daß künftig alle Regimenter gleiche Tüllenbajonette führen sollten.[248] Bereits das Reglement von 1702 enthält das Kommando für das Aufpflanzen des Bajonetts: «Bringt sie auf den Lauff» (siehe S. 74), das sich auf Tüllenbajonette bezieht. Auch das Fällen des Bajonettgewehrs nach vier Seiten wurde nach Kommandos geübt. Zum Bajonettstoß hielt die linke Hand das Gewehr etwa im Schwerpunkt, die rechte umfaßte den Kolben am Kolbenblech, wie die Illustrationen in der Bilderhandschrift zum Exerzieren der Magdeburger Kadetten aus dem Jahre 1711 erkennen lassen. Die gleiche Gewehrhaltung belegen Zeichnungen in Flemings «Der vollkommene Teutsche Soldat» von 1726. Es wurde also das Gewehr noch nicht mit der rechten Hand am Kolbenhals umfaßt.

Preußische Bajonette aus den ersten Jahrzehnten des 18. Jahrhunderts sind nur in ganz geringer Zahl überliefert. Altpreußische Tüllenbajonette des ehemaligen Berliner Zeughauses gingen durch den 2. Weltkrieg restlos verloren. Erhaltene Exemplare in einer österreichischen Privatsammlung[249] können offenbar als frühe preußische Bajonette für Henoul-Gewehre gelten. Ein Bajonett ist mit dem Namen «Jean D. Miche. . .» gekennzeichnet. Der Hersteller könnte aus Lüttich stammen. Das Bajonett ist 528 Millimeter lang, die Klinge maß 335 Millimeter. Die Waffe hat eine Dreikanthohlschliffklinge. Zwei Hohlschliffe reichen bis zum Bajonetthals, der dritte, auf der zum Gewehr hin liegenden Seite, lief einige Zentimeter vorher aus. Die 86 Millimeter lange Tülle hat einen treppenförmigen Einschnitt von 58 Millimeter Länge. Ein zweites Bajonett mit dem gleichen unvollständigen Namen ist 492, die Klinge 315 Millimeter lang[250] Weitere Exemplare in der gleichen Privatsammlung haben die gleichen Längen, der Hohlschliff auf der zum Gewehr hin zeigenden Seite fehlt jedoch.

Diese Grundform von dreieckigem Querschnitt mit zwei hohlgeschliffenen Klingenflächen hatten Bajonette unter Friedrich Wilhelm I. und Friedrich II. Es wurde bereits darauf hingewiesen, daß der Fabrikant Daum in Solingen einen Meister für die Herstellung von blanken Waffen, auch Bajonetten, 1723 in Solingen anwarb. Die im eigenen Land gefertigten Bajonette hatten eine Länge von 420 bis 440 Millimeter. 1753 erhielten die ersten Glieder «nehmlich 38 Mann von allen Compagnien der ganzen Garnison, neuen Bajonetter, so 2 Zoll länger als die alten, spitziger, breiter und stärker und schwerer sind. Das 2. und 3. Glied behielt die alten».[251] Scheelen berichtet in seinem Tagebuch, daß die Bajonette roh geliefert wurden und die Büchsenmeister sie aufpassen und mit Nummern versehen mußten. Das war notwendig, weil jedes Bajonett für einen bestimmten Lauf passen mußte. Gewehrnummer und Nummer des Bajonetts stimmten also überein. Ab 1753 hatten die «Altpreußischen Infanteriebajonette lang» eine Gesamtlänge von 480 Millimetern. Die Klingen hatten einen dreieckigen Querschnitt, jedoch keine Hohlschliffe.

Das Salvenfeuer blieb die wichtigste Kampfform in der preußischen Infanterie. Der Bajonettangriff wurde nicht hoch bewertet und im Reglement gar nicht aufgenommen. Gegen überraschende Reiterangriffe hatte Friedrich Wilhelm I. am 1. Juli 1730 befohlen, daß das erste Glied jedesmal sogleich nach dem Laden das Bajonett auf den Lauf stecken sollte.[252] Erst nach der Schlacht bei Mollwitz am 10. April 1741, in der die Infanterie heftig vorstürmte und das Bajonett einsetzte, wurden in einer Instruktion vom 25. März 1742 nähere Anweisungen für den Bajonettkampf gegeben.[253] «Wofern auch der Feind gegen alles menschliche Vermuthen einige Standhaftigkeit zeigen möchte, so müssen die Bataillons, so attaquiren, wenn sie bis auf 20 Schritt oder auch wohl bis auf 10 Schritt (nachdem es die Kommandeurs judiciren werden) vom Feinde sind, ihm eine starke Salve in die Nase geben und darauf sofort demselben mit den Bajonetten in die Rippen sitzen, dem Feinde auch gleich zuschreien, das Gewehr wegzuschmeißen und sich gefangen zu geben.»[254]

Friedrich hatte am 1. Februar 1742 bereits befohlen, daß alle drei Glieder bei der Chargierung das Bajonett aufstecken sollten. Das Laden mit aufgepflanztem Bajonett war schwieriger und hatte zunächst blutige Hände gegeben. Intensives Gewehrexerzieren überwand diese Beeinträchtigung.

Auch die Füsiliere hatten bei der Errichtung der Regimenter 1787 Bajonette mit einer Länge von 430 bis 440 Millimeter erhalten. Von außergewöhnlicher Länge war das dreikantige Bajonett ohne Hohlschliffe für das Nothardt-Gewehr M 1801. Die ursprüngliche Länge betrug 790, gekürzte Exemplare waren später nur von 440 bis 575 Millimeter lang.

Infanteriesäbel

Musketiere und Pikeniere führten in brandenburgischen Regimentern, wie bereits angedeutet, als Zweitwaffe einen Degen. In der Regierungszeit Kurfürst Friedrich Wilhelms (1640–1688) gab es noch keine vorgeschriebenen Typen dieser Degen. Die Fußkämpfer brachten zum Solddienst ihren eigenen mit oder erhielten im Regiment einen Degen gegen Soldabzug. Dieser konnte eine Solinger, Passauer, Toledaner oder Mailänder Klinge besitzen oder aus einem noch anderen Klingenzentrum stammen. Auch die Gefäße zum Handschutz waren nicht einheitlich. Manche bestanden nur aus Knauf, Griff, Parierstange und Parierbügel, andere zusätzlich noch aus Griffbügel und Terzbügel oder auch Quartspangen, Klingen- und Faustschutzbügel. In der zweiten Hälfte des 17. Jahrhunderts waren auch Degen mit glatten oder siebartig durchbrochenen Stichblättern stark verbreitet. Sie boten der Hand besonders gegen gegnerische Degenstöße Schutz. Offizierswaffen unterschieden sich lediglich durch die kostbarere Ausführung von den Mannschaftsdegen.

Ein 120 bis 130 Zentimeter langer Degen war besonders für den Kampf gegen feindliche Reiter erforderlich. Mit einer kurzen Waffe konnte man den im Sattel sitzenden Gegner schwerlich erreichen. Im dichten Gewühl kämpfender Fußtruppen war eine lange Griffwaffe jedoch oft hinderlich. Eine kurze Wehr, wie sie die Landsknechte im 16. Jahrhundert führten, eignete sich für dieses Gefecht besser. Im Zusammenhang mit dem Aufkommen des Bajonetts, das auf dem Gewehr aufgepflanzt eine geeignete Waffe gegen Infanterie und Kavallerie war, konnten die Seitenwaffen verkürzt werden.[255] Die Gesamtlängen gehen auf etwa 90 bis 100 Zentimeter zurück. In Österreich wird der Degen 1704 für Mannschaften der Infanterie ganz abgeschafft, sie trugen nur das Bajonett bis 1765. Preußen führte 1715 für die Infanterie einen Säbel ein, Frankreich nach preußischem Vorbild 1767 ebenfalls. In Rußland trat an die Stelle des Degens 1732 ein Infanteriesäbel. Die Bewaffnung der Mannschaften und Offiziere mit Hieb- und Stichwaffen in Brandenburg-Preußen läßt sich für die Zeit von 1688 bis 1713 leider auch noch nicht mit eindeutig gekennzeichneten Originalwaffen belegen. Curt Jany weist darauf hin, daß sich früher im Berliner Zeughaus ein Degenbajonett befand, das auf der Klinge den Namenszug «C F 3» trug (Churfürst Friedrich III.).[256] Geschützrohre und Handfeuerwaffen ließ der Kurfürst und spätere König ebenfalls mit seinem Namenszug kennzeichnen.[257] Aus diesen Beispielen darf angenommen werden, daß blanke Waffen, die vom Regenten bestellt wurden, seinen Namenszug trugen.

Durch Schrift- und Bildquellen lassen sich verschiedene Einzelheiten über Griffwaffen des genannten Zeitraumes erschließen. Auf einem Ölgemälde des ehemaligen Berliner Zeughauses (Kriegsverlust) von einem Grenadier des Kurbrandenburgischen Regiments von Anhalt zu Fuß aus dem Jahre 1698[258] ist das Gefäß der Seitenwaffe gut zu erkennen. Es besteht aus einem herzförmigen Stichblatt mit kurzer, nach unten gerichteter Parierstange, die am anderen Ende in einen fast halbkreisförmig verlaufenden Griffbügel übergeht, der bis zum plastisch als Löwenkopf gestalteten Knauf verläuft. Der Griff war vermutlich mit Leder überzogen, denn eine Bewicklung ist schwach zu erkennen. Das herzförmige Stichblatt mit erhöhtem Rand und kurzer, abwärts gerichteter Parierstange könnte Vorbild für den preußischen Infanteriesäbel 1715 gewesen sein.

Die Darstellung eines Unteroffiziers der Grenadier-Garde, Kurbrandenburg, um 1698, nach einem Stich von Peter Schenk,[259] läßt erkennen, daß seine Waffe eine gerade Klinge besitzt und das Gefäß aus Messing besteht. Es hat einen kugeligen Knauf, schräg-längsgefurchten Griff aus Messing, einen Griffbügel mit Nebenbügel (?) und ein Stichblatt. Die Scheide hat ein außenliegendes Ortband. Ein Pfeifer der Grenadiere der Füsiliergarde von 1709 trägt ebenfalls einen Degen. Das Gefäß hat einen kugeligen Knauf und einen Griffbügel[260)].

Aus schriftlichen Berichten über Uniformierung, Ausrüstung und Bewaffnung einiger Regimenter lassen sich weitere Einzelheiten feststellen. Für die Garde heißt es 1702[261)]: «Lederne gelaschte Leibgehenke mit gelben Schnallen, gute Degens mit gelben Gefäßen und gelben Griffen.» Daraus geht hervor, daß die Gefäße aus Messing bestanden und der Vollgriff ebenfalls. Musketiere des Bataillons «Alt-Dohna» führten[262)] «ein elendsledern Gehenk, messingen Degen». Eine weitere Überlieferung bestätigt den Gebrauch von Degen mit Messinggefäßen im Regiment Kanitz 1704[263)]: «Einen guten Degen mit einer Wolfsklingen, einem messingern Gefäß mit messingern Draht umwunden mit einem ganzen und einem halben Handbügel.» Der Degen hatte also einen mit Leder überzogenen Griff, in dessen Windungen Messingdraht gewickelt war oder der ganz mit Draht umwunden war. Der «halbe Handbügel» setzte vermutlich in der Mitte des Griffbügels an und verlief geschweift zum Stichblatt oder zur Parierstange.

Unter Friedrich Wilhelm I. wurde für die Infanterie, mit Ausnahme einiger Regimenter[264)], ein kurzer Säbel eingeführt. Durch die Kombination Infanteriegewehr mit Bajonett verlor die Griffwaffe an Bedeutung für den Kampf. Da jedoch der Soldat nicht immer ein Gewehr bei sich trug und für bestimmte Zwecke im täglichen Leben eine Waffe mit Klinge sehr zweckmäßig war, außerdem eine Seitenwaffe als Zeichen des wehrhaften Mannes galt, wurden diese traditionellen Blankwaffen beibehalten. Mit einer kurzen geraden Klinge war die Hiebwirkung gering. Deshalb wurde der Säbel bevorzugt, dessen gekrümmte Klinge durch Zug eine schneidende Wirkung erzielte. Erkenntnisse über den Gefechtswert des Säbels stammten aus den Türkenkriegen.

Typische Merkmale eines Säbels sind neben der gekrümmten einschneidigen, in der Ortpartie oft zweischneidigen Klinge der asymmetrische Griff mit zur Schneidenseite hin gekrümmtem oberem Griffteil. Diese Grifform besitzt der erste preußische Infanteriesäbel jedoch nicht, sein Gefäß ist wie beim Degen gerade. Das genaue Einführungsdatum des Säbels steht nicht fest. Es muß jedoch 1715 erfolgt sein, deshalb wird er, um ihn von anderen späteren Infanteriesäbeln unterscheiden zu können, als preußischer Infanteriesäbel 1715 bezeichnet. In der Literatur kommen auch die Bezeichnungen «altpreußischer Infanteriesäbel» oder «preußisches Seitengewehr mit Stichblatt» (abgekürzt m/St) vor.

Unter Friedrich Wilhelm I. scheinen keine strengen Vorschriften über die Maße der Waffe existiert zu haben. Die Säbelklingen wurden auch von verschiedenen Herstellern bezogen. Erschwert wird die zeitliche Datierung der älteren Waffen dadurch, daß die Klingen in der späteren Zeit gekürzt wurden. Bis 1744 soll die Klingenlänge 2½ Fuß (= 785 Millimeter) betragen haben.[265)] In diesem Jahre ordnete Friedrich II. an, die Klingen

Infanteriesäbel M 1715, *Klinge um 1800*
Auf der Klinge «FWR» (Friedrich Wilhelm III.), Stempel «POTSDAM» und Adlerstempel; Vollgriff und Knauf aus Kupfer.
Gl 73 cm; Kl 56,8 cm; Kb 3 cm; Pf 1,6 cm; G 610 g; Inv.-Nr. W 54.117

Infanteriesäbel M 1715, *1740–1786*
«FR» stark verwischt; Adlerstempel.
Gl 71,5 cm; Kl 56,8 cm; Kb 3 cm; Pf 1,6 cm; G 600 g; Inv.-Nr. W 55.6

Infanteriesäbel M 1715, *1740–1786*
Gl 74 cm; Kl 57,5 cm; Kb 3,3 cm; Pf 2,3 cm; G 760 g; Inv.-Nr. W 55.5

Detail des Infanteriesäbels
Abb. S. 109 rechts
Auf der Klinge «FR» (Friedrich II.),
der Herstellungsort «POTZDAM» und der
Adlerstempel der amtlichen Abnahme

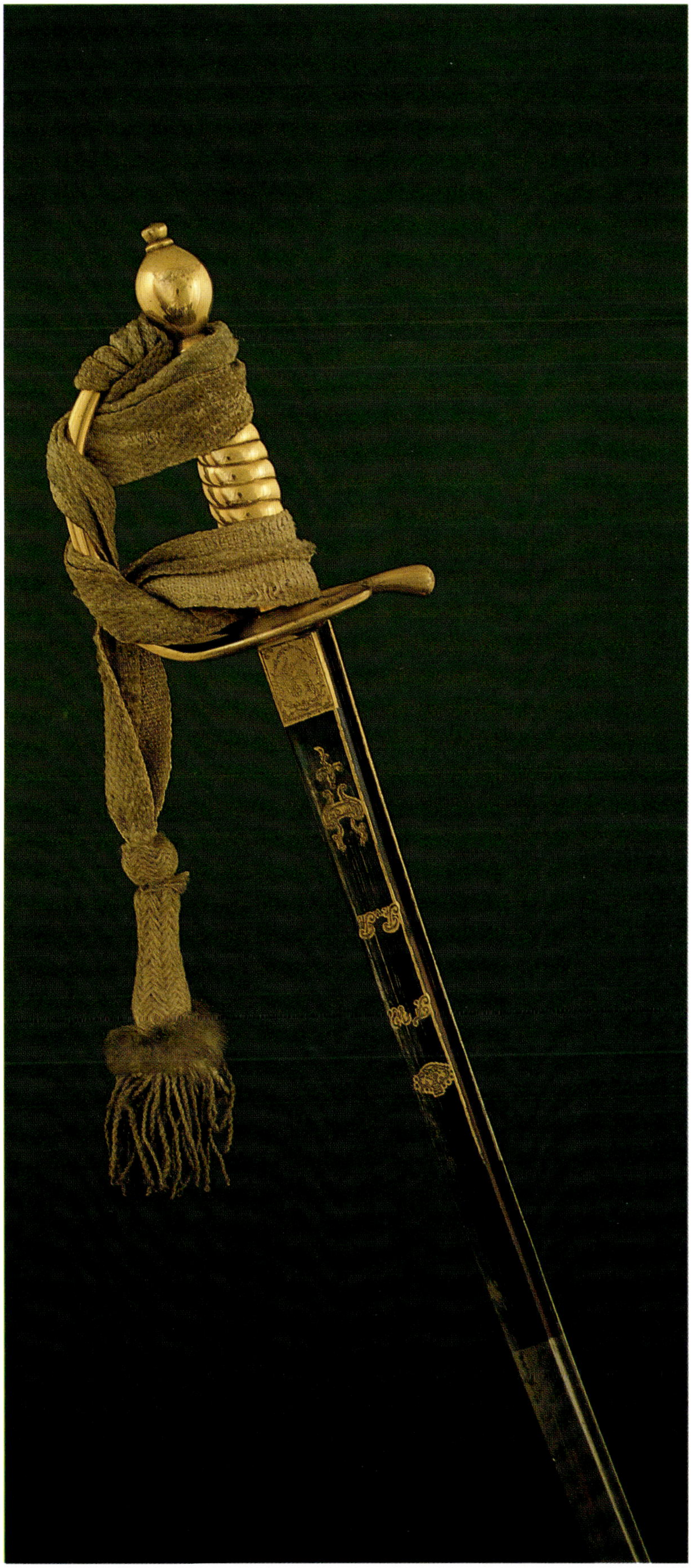

Infanteriesäbel
für Knaben des Kronprinzen Friedrich
Wilhelm von Preußen, datiert 1795
Auf der Terzseite im gebläuten
Klingenteil vergoldet:
«F.W./Pr. v. Pr./1795»
(Friedrich Wilhelm Prinz von Preußen,
1795 Geburtsjahr des Prinzen);
auf der Quartseite
die längsgerichtete Inschrift:
«Lebe glücklich zur Wolfart des Landes!»,
hellbraune Lederscheide, weiße Troddel.
Gl 59,5 cm; Kl 47,5 cm; Kb 2,3 cm;
Pf 0,9 cm; L der Scheide 49 cm;
Inv.-Nr. W 1081 a–c (AD 3034 a, b,
Troddel AD 3035)

in Zukunft 6 Zoll (= 157 Millimeter) kürzer zu fertigen. Die alten Klingen wurden meistens auf dieses Maß gekürzt. Erhaltene Originale besitzen noch kürzere Klingen. Das hat seine Ursache darin, daß der Säbel bis zum neuen Modell 1816 und darüber hinaus geführt und bei Beschädigungen und Abnutzungen nachgeschliffen wurde.

Nachfolgend sollen einige charakteristische Merkmale des Infanteriesäbels 1715 aufgeführt werden. Auf dem Blatt verläuft nahe dem Klingenrücken ein schmaler halbrunder Hohlschliff (Zug), beginnend am Auflager bzw. nach einer sehr kurzen Fehlschärfe, bis etwa zum Beginn der Rückenschneide reichend. Die Spitze der Klinge liegt in der Rückenlinie. Der Klingenquerschnitt ist keilförmig. In Potsdam-Spandau gefertigte Säbel sind oft auf der Klinge mit «POTZDAM» gekennzeichnet und haben einen Adler als Abnahmestempel. Klingen mit dem Namenszug «FWR» von Friedrich Wilhelm I. sind sehr selten.[266] Auch nicht alle Klingen aus der Zeit Friedrichs II. sind mit seinem Namenszug gekennzeichnet. Das Messinggefäß besteht aus drei einzeln gegossenen Teilen: dem Knauf mit anfangs großem, später kleinerem Vernietknopf und mit Hals; einer schräg-längs gefurchten Griffhülse mit glatten, imitierten Griffringen; dem herzförmigen Stichblatt mit kurzer abwärtsgerichteter Parierstange und Griffbügel. Letzterer ist entweder am Knauf angeschraubt oder mit einem schmalen Zapfen in den Knauf zur Stabilisierung eingelassen. Bei Exemplaren aus der Zeit Friedrich Wilhelms I. befand sich an der Quartseite auf dem Stichblatt ein Daumenbügel. Er wurde aufgelötet. Ein Exemplar im Zeughaus Berlin besitzt diese Daumenöse, hat aber auf der Klinge den Namenszug «FR» (Friedrich II.). Vielleicht ist die Klinge später ausgewechselt oder die Chiffre nachgetragen worden. Unter Friedrich II. waren Daumenbügel im allgemeinen nicht mehr üblich.

Die Scheide des Infanteriesäbels war aus braunem Leder (später oft eingeschwärzt) mit eingelegten Holzblättern, einem nach unten sich verjüngenden Tragehaken aus Messing, innen liegendem Mundblech und Ortband, von dem nur ein kleiner Messingknopf herausragte. Der Säbel wurde in einem Bandelier aus weißem oder hellgelbem sämischgarem Leder, das von der rechten Schulter zur linken Hüfte verlief, getragen. Dabei sollte der Tragewinkel der Waffe so verlaufen, daß die Scheidenspitze (Ort) den Abstand der Glieder voneinander beim Avancieren bestimmte. Diese Festlegung ist in den Infanterie-Reglements von 1726 und 1743 enthalten. Säbelquasten in unterschiedlichen Farben kennzeichneten die Kompanie des Säbelträgers.

Der Infanteriesäbel wurde in der Folgezeit bis 1816 kaum nennenswert verändert. Wie bereits angedeutet, fiel die Daumenöse fort, die Knäufe werden kleiner und variieren in der Form (Birn-, Kugel- oder Eiform), die Zahl der Griffwindungen war unterschiedlich. Verläßlich ist zur Datierung das Herrschermonogramm.

Im allgemeinen führten die preußischen Grenadiere die gleichen Infanteriesäbel mit herzförmigem Stichblatt wie die anderen Infanteristen. Klingen mit gravierter flammender Granate kennzeichnen die Waffe als Grenadiersäbel. Im Kriegshistorischen Museum Prag befindet sich ein preußischer Grenadiersäbel aus der Zeit Friedrich Wilhelms I., dessen Besonderheit ein Gefäß mit zwei symmetrisch angeordneten, nierenförmigen Stichblättern ist. Die Klinge trägt auf einer Seite die flammende Granate und den Adlerstempel, auf der anderen die Chiffre «FWR» mit Krone und darunter die quer gravierte Bezeichnung «POTZDAM».[267]

Infanterie-Offiziersdegen

Seit vorgeschichtlicher Zeit dienten bestimmte Waffen und Rüstungsteile als Standes- und militärische Rangabzeichen. Sie unterschieden sich vor allem durch qualitätvolle und oft künstlerische Gestaltung von den Mannschaftswaffen. Bis ins 17. Jahrhundert waren Offizierswaffen von großer Mannigfaltigkeit. Im Zusammenhang mit der Aufstellung stehender Heere setzte eine allmähliche Vereinheitlichung der Offiziersgriffwaffen nach Typen ein.

Zum Offiziersdegen gehörte seit der Regierungszeit Friedrichs I. als Standes- und Ehrenzeichen das Portepee. Der Begriff leitet sich vom französischen porte-épée ab, das jedoch Degengehenk bedeutet. Das in Preußen getragene Portepee war ein silbernes, schwarz durchwirktes Band mit Troddel und Fransen. Es wurde um den Knaufhals und den gesamten Griffbügel und noch einmal um den unteren Griffring gewickelt. Unter Friedrich I. war die Troddel größer als unter seinen Nachfolgern. Der Offiziersdegen durfte nie ohne Portepee getragen werden. Degen und Portepee nahmen im Ehrenkodex des Offiziers eine vorrangige Stellung ein. Nach einer verlorenen Schlacht übergab der unterlegene Feldherr seinem Bezwinger symbolisch seinen Degen. Bei schweren Vergehen eines Offiziers wurde sein Degen zerbrochen.[268)] Innerhalb des militärischen Zeremoniells und beim Exerzieren kam dem Degen noch nicht jene Bedeutung zu, wie später im 19./20. Jahrhundert, denn beim Präsentieren, beim Wachaufzug, bei Paraden und anderen Anlässen führte der Infanterieoffizier die vorgeschriebenen Handgriffe, entsprechend den Gewehrgriffen der Mannschaften, mit dem Sponton aus. Nur berittene Offiziere führten Handbewegungen mit dem Degen aus.

In der Regierungszeit Friedrichs I. wurde wie bei Mannschaftswaffen auch für Offizierswaffen eine Einheitlichkeit angestrebt. Bildliche Quellen bestätigen das auch für Offiziersdegen der Infanterie. Ein goldfarbenes Messinggefäß besaß bereits der Degen, den ein Offizier der Kurbrandenburgischen Grenadier-Garde 1698 trug, wie ein kolorierter Stich von Peter Schenk erkennen läßt.[269)] Ein kugeliger Knauf mit Vernietknopf, schräg-längs gefurchter Vollgriff und im oberen Drittel ein stumpfwinklig abgebogener Griffbügel sind deutlich zu erkennen. Parierstange und Stichblatt sind durch den Rock verdeckt. Eine andere Gefäßform besitzen Degen von Infanterieoffizieren um 1710. Auf mehreren Gemälden tragen Offiziere gleichartige Griffwaffen. Dazu einige Beispiele: Ein Porträt des Kronprinzen Friedrich Wilhelm in der Uniform des Regiments «Kronprinz» (No. 6)[270)] läßt deutlich das Degengefäß erkennen: Ein vasenförmiger Knauf mit Vernietknopf, ein gerundeter Griffbügel, der in die Parierstange übergeht, von dieser nach unten zum doppelten, etwa nierenförmigen Stichblatt abzweigend zwei halbrunde Fingerbügel, der Griff mit verdrilltem, vergoldetem Draht dicht umwickelt. Einen gleichartigen Degen führt Christian Ludwig Markgraf von Brandenburg-Schwedt, Chef des Regiments zu Fuß No. 7,[271)] auf einem Gemälde aus der Werkstatt von A. Pesne, 1710 bis 1713. Ein weiteres Gemälde aus dem ehemaligen Zeughaus Berlin (Kriegsverlust) stellt ebenfalls einen Offizier vom Regiment «Kronprinz» zu Fuß um 1712 mit einem gleichartigen Degen dar.[272)] Der aufgezeigte Degentyp wird in der neueren Fachliteratur[273)] für die Regierungszeit Friedrich Wilhelms I. als Infanterieoffiziersdegen Form I bezeichnet. Die aufgeführten Beispiele bestätigen, daß diese Form I bereits vor seinem Regierungsantritt von Offizieren der Infanterie geführt wurde. Ein Porträt des Markgrafen Albrecht von Brandenburg-Schwedt,[274)] Chef des Infanterie-Regiments No. 19, von dem Maler Weidemann aus dem Jahre 1714 verdeutlicht den nahtlosen Übergang bei Offiziersdegen der Infanterie unter König Friedrich Wilhelm I.

Bildunterschriften folgen auf der Seite 116

Friedrich Wilhelm I. hatte die Uniform als äußeres Zeichen der Vorrangstellung des Militärs im Staate zur Hoftracht erhoben. Die preußischen Prinzen erhielten bereits als Knaben militärische Ränge und Funktionen, trugen Uniformen und Waffen. Griff- und Stangenwaffen hatten meistens die Form der üblichen Offizierswaffen, jedoch weichen Monogramme, Symbole und Inschriften auf den Klingen oft davon ab. Es fehlen auch Kennzeichnungen durch die Hersteller.

Offiziersdegen *der Infanterie für Knaben des späteren Königs Friedrich Wilhelm IV. von Preußen, um 1805*
Klinge ohne Kennzeichnungen; vergoldetes Messinggefäß mit doppeltem nierenförmigem Stichblatt; Griff mit feinem verdrilltem Silberdraht.
Gl 85,5 cm; Kl 71,7 cm; Kb 1,8 cm; G 430 g; Inv.-Nr. W 1085 (AB 3037 a,b)

Offiziersdegen *der Infanterie für Knaben (Prinzendegen?), Preußen 1752*
Auf der Terzseite längsgerichtete gravierte Inschrift: «PRO DEO · ET · PATRIA ·», auf der Quartseite: «NON · SOLI · CEDIT · 1752».
Doppeltes nierenförmiges Stichblatt; verdrillte Silberdrahtumwicklung; Scheide aus hellbraunem Leder, verdecktes vergoldetes Mundblech und Ortband; grüner Stoff am Scheidenmund und grünes Stoßleder.
Gl 82,5 cm; Kl 69 cm; Kb 1,9 cm; G 480 g; L der Scheide 69,5 cm; G 50 g ; Inv.-Nr. W 1088 a, b (AB 1417 a, b)

Offiziersdegen *der Infanterie für Knaben des späteren Königs Friedrich Wilhelm III., Preußen, um 1780–1785*
Auf gebläutem Klingenteil der Terzseite vergoldet zwischen Blumenornamenten «FWR» mit Krone, auf der Quartseite Gardestern; vergoldetes Messinggefäß, doppeltes Stichblatt in Nierenform; Scheide mit zwei eingelegten Holzblättern; Mundblech mit Trageöse und Ring, Ortband verdeckt.
Gl 81,3 cm; Kl 68,2 cm; Kb 2,1 cm; G 400 g; L der Scheide 68,5 cm; G 70 g; Inv.-Nr. W 1083 a, b (AD 3036 a, b)

Offiziersdegen *der Infanterie für Knaben des späteren Königs Friedrich Wilhelm III., um 1780*
Im vergoldeten Klingenteil auf der Terzseite die Inschrift: «Ne Me / Remettez / Point Sans / Honeurs», auf der Quartseite: «Ne Me / Tirez Pas Sans / Raison». Verdrillte Kupferdrahtumwicklung, nierenförmige Stichblätter, als Stoßleder ovales rotes Samtstückchen; Scheide mit zwei Holzblättchen.
Gl 78,3 cm; Kl 65,2 cm; Kb 1,7 cm: G 370 g; L der Scheide 65,5 cm; G 40 g; Inv.-Nr. W 1084 a, b (AD 3010 a, b, hier Angabe «Degen des Prinzen Friedrich Wilhelm» – ohne römische Zahl)

Offiziersdegen *der Infanterie des Kronprinzen Friedrich Wilhelm (III.), 1784–1786*
Auf der Terzseite vergoldetes «FR» mit Krone, auf der Quartseite Gardestern.
Gl 97 cm; Kl 81,5 cm; Kb 3,1 cm; G 800 g; Inv.-Nr. W 59.3115 a, b

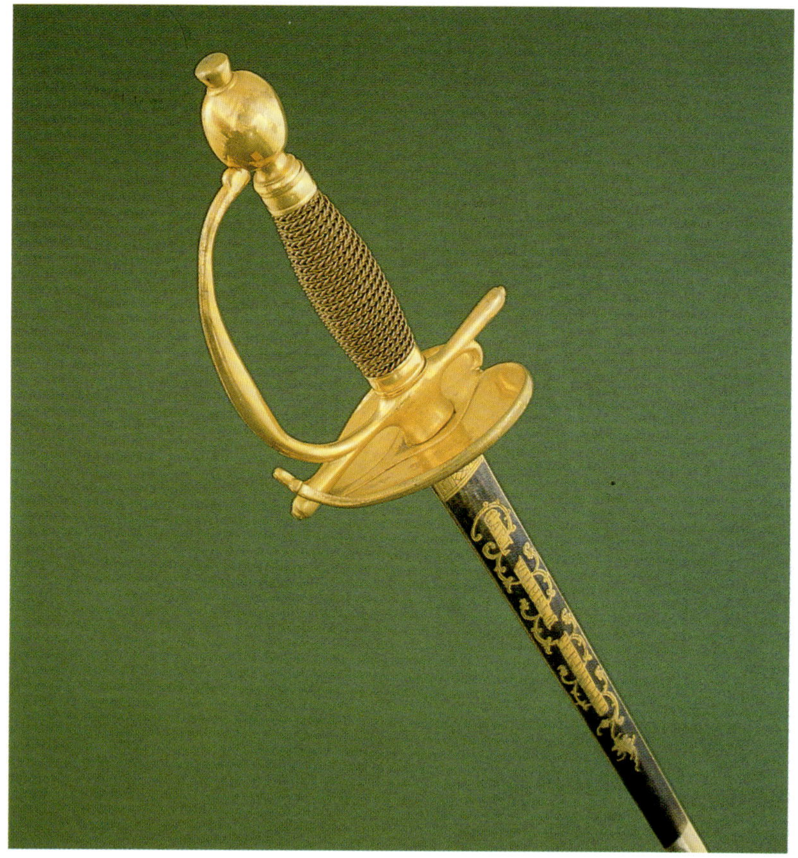

Offiziersdegen *mit Klingeninschrift «CARL WILHELM FERDINAND / HERZOG ZU BRAUNSCHWEIG & LÜNEBURG», 1780–1806*
Karl Wilhelm Ferdinand war von 1773 (als Erbprinz, wurde 1780 Herzog) bis 1806 Chef des preußischen Infanterie-Regiments No. 21. Der Degen kann ein persönlicher oder auch ein Geschenk mit seinem Namen gewesen sein.
Gl 95,5 cm; Kl 78,5 cm; Kb 2,6 cm; G 780 g; Inv.-Nr. W 1089 a, b (97.204, Übergabe durch Kaiser Wilhelm II. als Geschenk der Baronin von Steiger, Graz)

Offiziersdegen *der Infanterie König Friedrich Wilhelms II., 1786–1797*
Klinge mit Inschrift im Hohlschliff: «PRO GLORIA ET PATRIA», umrandet von geätzten Ranken.
Gl 101 cm; Kl 83,7 cm; Kb 2,8 cm; G 680 g; Inv.-Nr. W 59.3114 a, b

Einige Infanterieoffiziersdegen Form I aus der Zeit von 1713 bis 1740 sind als Originale erhalten. Die Gesamtlänge der Degen beträgt zwischen 90 und 100 Zentimeter, die der Klingen zwischen 73 und 85 Zentimeter. Der Klingenquerschnitt ist vorwiegend sechskantig und die Klinge hat eine Fehlschärfe von meistens 2,3 bis 2,8 Zentimeter Breite und zwei bis drei Zentimeter Länge, auf der sich weitgehend ein in Messing eingelegter Adler befindet. Auf die eingelegten Kennzeichnungen mit Devisen und mit dem Ortsnamen der Herstellung wurde bereits hingewiesen.[275)] Das Messingefäß ist vergoldet und besteht aus einem eiförmigen oder ovalen, mit acht Längsgraten versehenen Knauf (auf diesem ist in Höhe des Vernietknopfes ein aufgelegtes reliefiertes Akanthusblatt), aus einem Griffbügel, der in eine kurze Parierstange mit Endknäufchen übergeht, der Mittelhülse mit zwei Fingerbügeln und dem doppelten, jeweils etwa nierenförmigen Stichblatt. Über der hölzernen Griffhülse sitzen ein oberer und ein unterer Griffring aus Messing, dazwischen die Griffwicklung aus verdrilltem, vergoldetem Messingdraht. Neben dieser Grundform kommen auch abweichende Gefäßformen vor.[276)] Die Scheide bestand aus braunem Leder mit vergoldetem Tragehaken, verdecktem Mundblech und verdecktem Ortband, bei dem nur ein Knopf sichtbar war. Adolph von Menzel bildet in seinem «Armeewerk» den Degen des Alten Dessauers ab, der der Form I entspricht. Die Klinge hat im hinteren Fünftel mehrere Durchbrüche. Ein zweiter Degen Leopolds vom gleichen Typ befand sich bis 1945 in Dessau,[277)] er besaß keine Klingendurchbrüche, an dieser Stelle stand die Devise: «NON SOLI CEDIT 1736» (Weicht der Sonne nicht). Der Degen Form I wurde auch unter Friedrich II. weiter getragen. Die Klinge hat gelegentlich auch einen linsenförmigen Querschnitt, wie ein Degen des Herzogs Friedrich Franz im Braunschweigischen Landesmuseum beweist. Das Blatt trägt den Namenszug «FR» unter Krone und den Stern des Schwarzen Adlerordens unter Krone.[278)] Preußische Infanterieoffiziere tragen, wie Gemälde erkennen lassen, um 1750 und 1754 noch immer diesen Degen Form I.[279)]

Der als Form II bezeichnete Infanterie-Offiziersdegen besitzt nicht mehr die Mittelhülse und die beiden Fingerbügel. Die beiden Stichblätter liegen in Höhe der Parierstange. Die Parierstange verläuft gerade oder leicht abwärts geneigt und hat eine längliche Verdickung mit aufgelegtem Blatt und kleinem Endknopf. Das obere Ende des Griffbügels ist, wie bei den meisten Degen dieser Zeit, mit einem kleinen Zapfen im Knauf verankert. Vor dem Zapfen liegt auf dem Bügel oft ein schneckenförmig eingerolltes Blatt. Die Griffumwicklung besteht unter Friedrich II. aus verdrilltem Silberdraht. Ein charakteristisches Kennzeichen für Degen aus der Zeit dieses Königs ist der an der Unterseite der Stichblätter um den Durchbruch für die Klinge gelegte reliefierte Blattkranz.

Außer der Devise «NON SOLI CEDIT» befindet sich auf manchen Klingen zur Regierungszeit Friedrich Wilhelms I. auch die Devise «PRO DEO ET PATRIA» (Für Gott und Vaterland).[280)] Wenn eine Devise auf Klingen von Offiziersdegen der Infanterie Friedrichs II. erscheint, dann lautet sie im allgemeinen «PRO GLORIA ET PATRIA» (Für Ruhm und Vaterland). So auch auf dem persönlichen Degen des Königs, den Adolph Menzel in seinem «Armeewerk» als Zeichnung abbildet. Auf einem Offiziersdegen für einen Prinzen stehen noch die Devisen: «PRO DEO ET PATRIA» und «NON SOLI CEDIT 1752», obwohl Friedrich II. die zuletzt genannte Devise nicht mehr verwendete. Der Namenszug «FR» befindet sich nicht auf allen Klingen, insbesondere dann nicht, wenn eine Devise oder ein eingelegter Adler auf der Fehlschärfe und die Bezeichnung «POTZDAM» die preußische Zuordnung erkennen lassen.

Die Grundform des Infanteriedegens Form II blieb bis zur Ablösung durch den Degen für Infanterieoffiziere M 1889 erhalten. Der in der ersten Hälfte des 18. Jahrhunderts oft etwas gedrückte kantige Griffbügel erweitert sich zunehmend zu einem halbrunden Bügel. Die Griffumwicklung ist zum Teil unter Friedrich Wilhelm II. und III. wieder aus Messing- oder Kupferdraht. Auf den Klingen dieser Herrscher befinden sich die Namenszüge «FWR» unter Krone oder die Devise «PRO GLORIA ET PATRIA».

Zwei erhaltene Degen besitzen auf der Klinge die Inschrift: «CARL WILHELM FERDINAND HERZOG ZU BRAUNSCHWEIG & LÜNEBURG».[281] Beide Degen müssen nicht persönliche Degen des Herzogs gewesen sein, der von 1773 bis 1806 (bis 1780 als Prinz) Chef des preußischen Infanterieregiments No. 21 war. In der genannten Form gekennzeichnete Waffen wurden auch als Geschenke vergeben oder von einem Nachfolger nach dem Tode des Trägers übernommen und mit dem Namen des ersten Trägers versehen.[282] Der Offiziersdegen mit der genannten Inschrift des Herzogs von Braunschweig (im Besitz des Zeughauses Berlin) zeigt in formaler Hinsicht einige Besonderheiten. Statt der beiden nierenförmigen Stichblätter hat er ein herzförmiges Stichblatt, das an der Spitze aufgebogen und geteilt ist für die gerade verlaufende Parierstange, an der sich ein geschweifter Fingerbügel befindet. Diese Gefäßform entspricht dem Stichdegen für preußische Kürassieroffiziere mit herzförmigem Stichblatt. Der Degen im Landesmuseum Braunschweig entspricht der Form II des preußischen Infanteriedegens.

Sonderformen des Infanterie-Offiziersdegens gab es für Quartiermeister und Feldscher. Das versilberte Gefäß war mit Rocaillen- und Muschelmotiven verziert.[283]

Hirschfänger und Faschinenmesser

Die in die Jägerformationen übernommenen Berufsjäger brachten ursprünglich neben ihrer Büchse auch den Hirschfänger als Blankwaffe für den militärischen Einsatz mit. Auf der Jagd diente diese Waffe vor allem zum Abfangen der Rot- und Dammhirsche, das heißt, für den tödlichen Stich in das ermattete Tier nach einer Hetzjagd. Der Hirschfänger eignete sich aber auch zum Abschlagen von Zweigen im Dickicht des Waldes für einen Pirschgang oder für einen freien Jagdstand. Als Hieb- und Stichwaffe sowie als Schlaginstrument zur Schaffung eines freien Schußfeldes eignete sich der Hirschfänger auch für taktische Aufgaben der Jägerformationen.

Hirschfänger *für Feldjäger zu Fuß, 1757–1786*
Keilförmige volle Rückenklinge; in längsgerichtetem Band auf der Quartseite: «PRO GLORIA», auf der Terzseite: «ET PATRIA» (stark abgeschliffen); Mittelhülse mit «FR» und Krone; Griffhülse aus Hirschhorn; Knaufkappe aus Messing; Deckplatte mit fliegendem Adler, auf seitlichem Rand zwei fliegende Adler und zwei halbe Sterne auf geperltem Grund; ovale, am Rand gezahnte Stoßplatte aus Messing; seltenes, erhaltenes Exemplar.
Gl 59 cm; Kl 45,2 cm; Kb 3,3 cm; Pf 8 mm; G 560 g; Inv.-Nr. W 55.8

Hirschfänger, *Klinge 1740–1786, Gefäß um 1800*
Klinge eines Infanteriesäbels mit «FR»-Kennzeichnung, vermutlich später mit Hirschfängergefäß vereinigt; Parierstangenende abgebrochen; an der Knaufkappe «1303» eingeschlagen.
Gl 70,5 cm; Kl 57,5 cm; Kb 3,2 cm; Pf 2,1 cm; G 560 g; Inv.-Nr. W 72.48

Füsilier-Faschinenmesser, M 1787
Das Faschinenmesser war Waffe und Werkzeug für die leichte Infanterie, die schwere Klinge eignete sich gut als Schlagwerkzeug zur Schaffung freien Schußfeldes.
Gl 61,5 cm; Kl 48 cm; größte Kb 4,1 cm; G 1030 g; Inv.-Nr. W 55.7

Die Waffe hatte eine gerade Rückenklinge mit kurzem Rückenschliff. Bei den Gefäßen gab es sowohl bei den Hirschfängern für Berufsjäger als auch bei den militärischen Waffen zwei Grundformen: das Kreuzgefäß mit Griff und Parierstange sowie das Bügelgefäß, das zusätzlich einen Griffbügel besaß. Die Angel war mit Griffschalen belegt oder mit einem Vollgriff bedeckt.

Für das 18. Jahrhundert ist der Nachweis von Originalen reglementierter militärischer Hirschfänger in Preußen sehr schwierig. Erhaltene Exemplare, die mutmaßlich militärisch gewesen sein könnten, sind zum Teil mit Jagd- und anderen Motiven verziert. In einigen Fällen tragen sie Namenszüge «FWR» und «FR» mit Krone sowie Embleme und Devisen preußischer Könige. Diese Kennzeichnungen können jedoch auch auf Waffen von Angehörigen des königlichen Hauses oder von Chargen der zivilen Jäger im Hofdienst angebracht worden sein. Ein «Hirschfänger einer Charge der Jäger um 1730»[284)] mit Messinggefäß und Hirschhorngriff trägt auf der Mittelhülse das «FWR» mit Krone und auf der abwärts gerichteten Muschel eine Jagdszene. Die mit Ranken durch Ätzarbeit verzierte Klinge enthält terzseitig in einem längsgerichteten Band die Inschrift: «PRO: REGE: PRUSSIAE» (Für den König von Preußen), quartseitig: «ME: FECIT: POTZDAM:» (Mich hat gemacht Potsdam). Der «Hirschfänger eines Jägeroffiziers um 1730»[285)] hat ebenfalls ein reich verziertes Gefäß mit reliefierten Hirschen und Rehen auf der Quartseite des Griffes. Adler, Sonne und Trophäen zieren die Terzseite des Griffes, ein gegen die Sonne auffliegender Adler die Muschel. Mit dem Gefäß ist die Klinge eines Offiziersdegens vereint, die auf beiden Seiten die Inschrift: «Pro Gloria Et Patria» mit einem gravierten Hund darüber trägt.

Ein Hirschfänger aus dem Zeughaus Berlin mit gekröntem «FR» auf der Mittelhülse hat als Verzierung keine Jagdmotive mehr. Die Deckplatte der Knaufkappe ist mit einem fliegenden Adler in Relief und der Seitenrand der Kappe mit zwei Adlern verziert. Dieses Exemplar könnte eine Mannschaftswaffe der preußischen Jäger zu Fuß unter Friedrich II. gewesen sein. Gohlke führt in einer Tabelle über preußische Blankwaffen[286)] einen «Hirschfänger für Feldjäger im 7=jährigen Krieg» mit folgender Beschreibung auf: «Säbelklinge mit breitem Rücken, 1schneidig, an der Spitze 2schneidig, 1 Hohlkehle, Spitze im Rücken, Gefäß wie am Degen mit Muschel, Griffring und Knopf reich verziert.» Das Gefäß war aus Messing, der Griff aus «grünpoliert. Bein», die Scheide aus Leder. Die ganze Länge betrug 74 Zentimeter, die Länge der Klinge 60 Zentimeter, die Breite der Klinge 2,75 Zentimeter. Dieser Beschreibung lag also eine Originalwaffe zugrunde.

Vermutlich wurden gekrümmte Klingen von Jägern auch schon unter König Friedrich Wilhelm I. benutzt. Eine Klinge im Zeughaus Berlin trägt auf einer Seite die Inschrift: «PRO · REGE · PRUSSIAE» auf der anderen «ME · FECIT · POTZDAM · 1736». Die blanke Waffe mit gekrümmter Klinge und Hirschfängergriff für die Jagd wird Plaute genannt.[287)]

Eine weitere Parallele zur Beschreibung bei Gohlke ergibt sich aus dem Hinweis «reich verziert» zu den oben beschriebenen Hirschfängern von 1730.

Es darf mit Sicherheit angenommen werden, daß im Siebenjährigen Krieg ein Feldjäger-Hirschfänger ausgeliefert wurde, da Verluste an Soldaten und Waffen eingetreten waren. Aus den 70er und 80er Jahren des 18. Jahrhunderts liegen mehrere schriftliche Nachrichten über Hirschfänger vor.[288)] Eine Kostenübersicht für das Fußjäger-Korps vom 5. April 1773 enthält den Posten: «104 fehlende Pallasche à 2 Rtlr. 12 Gr.» Diese Waffen könnten den Artillerie-Pallaschen ähnlich gewesen sein. In einer gleichartigen Kostenübersicht vom 17. September 1781 werden «236 Hirschfänger à 2 Rtlr. 12 Gr.» aufgeführt, offensichtlich die gleichen Waffentypen.

Im Jahre 1773 waren die Feldjäger auf ein Bataillon von fünf Kompanien erhöht worden, so daß neue Hirschfänger benötigt wurden. In einem Schreiben Friedrichs II. an den Generalleutnant von Wartenberg wird deutlich, daß der König nicht viel von den Hirschfängern hielt: «Dabei aber finde Ich noch zu bemerken, daß Ich die Hirschfänger vor die Jägers für unnötig halte, solche sind zu kurz, um sich damit zu wehren und sind zu schwer vor die Leute, um sich damit zu schleppen. Welches Ich Euch in Antwort melde, und will Ich Euch, Meinem gestrigen Schreiben gemäß, auf künftigen Mittwoch, als den 20. dieses, hier bei Mich erwarten.» (Potsdam, 16. Oktober 1784).[289)] Positiv bewertete Friedrich jedoch einen Vorschlag des Obristen des Granges «Hirschfänger auch anstatt der Bajonette zu gebrauchen. Ich finde dies sehr gut und habe Ich Euch daher hierdurch aufgeben wollen, diese Hirschfänger vor die neue Augmentation auf die Art so machen zu lassen und mit selbigem deshalben Euch weiter zu konzentrieren und sodann das Nötige zu besorgen.»[290)]

Dieser Brief des Königs vom 22. Oktober 1784 an Generalleutnant von Wartenberg enthält also den Vorschlag, den Hirschfänger auf die Jägerbüchse aufzupflanzen. Der eindeutige Nachweis einer Jägerbüchse der Zeit um 1784 ist sehr schwierig. Eine Büchse aus dem Heeresgeschichtlichen Museum Wien [291)] mit Haken zum Aufpflanzen des Hirschfängers könnte aus dieser Zeit stammen. Eine Jägerbüchse aus dem Zeughaus Berlin besitzt ebenfalls einen Haken am Lauf, der nur sieben Züge besitzt. Auf diesen Haken läßt sich ein aufpflanzbarer Hirschfänger mit Griffbügel, der im Grundtyp einem von Adolph Menzel in seinem Armeewerk gezeichneten Hirschfänger aus der Zeit Friedrichs II. ähnelt, aufstecken. Der von Menzel festgehaltene Hirschfänger hat am Gefäß Verzierungen in Form eines fliegenden Adlers und auf der Klinge kabbalistische Zahlen und Zeichen. Der oben genannte Hirschfänger ist einfach und ohne Verzierungen.[292)] Da dieser Hirschfänger aus dem alten Artilleriedepot (Inv.-Nr. AD 13883) stammt und genau auf den Haken der 1989 vom Museum erworbenen Jägerbüchse paßt, kann die Vermutung von Gerd Maier Zustimmung finden, daß die Waffe preußischen Ursprungs sein könnte. Die Nase der eisernen Blattfeder paßt genau in die Kerbe des Hakens am Lauf. Der an der Innenseite des Griffes angegossene Kasten hat einen langen Schlitz und unterschnittene Seitenwände. An einer Außenseite des Kastens ist die Blattfeder aus Stahl aufgeschraubt. Am unteren Ende ist sie vom Kasten abgebogen und abgerundet. Die Arretiernase an der Innenseite oben ragt in den Kasten hinein. In einem alten Hauptbestandsbuch des Zeughauses wird zu dem Stück vermerkt: «Hirschfänger mit Lederscheide (fehlt jetzt) 1813–1815».

Zu den frühen preußischen aufpflanzbaren Hirschfängern können auch Typen mit Griffbügel, abwärtsgerichteter Muschel und Kasten ohne außenliegender Blattfeder gehört haben.[293)] Eine als «Hirschfänger a/A» von Gohlke ausgegebene Waffe[294)] besaß am Gefäß eine lange Parierstange, keinen Griffbügel, eine kleine abwärts gerichtete Muschel und einen Kasten mit Blattfeder. Die Länge gibt er unter seiner Zeichnung (ein Original ist nicht bekannt) mit 0,48 Meter an. Die bisher behandelten Hirschfänger aus der Zeit um 1784 besitzen alle keine Kennzeichnungen und Abnahmestempel der Potsdamer Gewehrmanufaktur.

Im Jahre 1796 wurde ein neues Hirschfänger-Modell eingeführt. Es besaß keinen Griffbügel mehr. In einem Schreiben vom 18. März des Jahres an das 6. Departement des Ober-Kriegs-Kollegiums bemerkt Friedrich Wilhelm II.: «. . . haben die hierbei folgende Büchse, woran der Hirschfänger anstatt eines Bajonetts angebracht ist, gut gefunden und wollen dergleichen für das Jäger-Regiment anfertigen lassen, bemerken jedoch dabei, daß an der Feder, welche den Hirschfänger an der Mündung des Laufes festhält, das Druckende noch zu scharf ist, also dort ein Knopf angebracht werden müsse.»[295)] Es sollten von den bisherigen

Hirschfängern «alles das was brauchbar bleibt» mit benutzt werden. In einer Kostenübersicht aus dem Jahre 1801[296] werden «384 Hirschfänger neuer Art, um zugleich als Bajonett zu gebrauchen à 2 Rtlr. 14 Gr.» aufgeführt. Umänderungen und Anschweißen der Haken führten jedoch auch zur Minderung der Qualität der Läufe, wie aus einem Bericht des Oberstleutnants von Yorck, Kommandeur des Feldjäger-Regiments, aus dem Jahre 1801 hervorgeht:[297] «Endlich ist die Verbesserung der Waffen des Jäger-Regiments eine unablässige Notwendigkeit. Die Büchsen sind ohnerachtet aller angewandten Sorgfalt durch den langen Gebrauch in Verfall, und überdies sind durch das Anschweißen der Haken, um die Hirschfänger aufzusetzen, die Röhre ins Feuer gebracht, das Eisen ist dadurch geweicht, so daß kein bestimmt richtiger Schuß zu erwarten ist.» Der am Griff befestigte Kasten erschwerte die Handhabung der Waffe. 1809 werden «Neue Corpsbüchsen» mit neuen Hirschfängern eingeführt.

Die Erfolge der Kolonisten im Amerikanischen Unabhängigkeitskrieg (1776–1783) gegen die für England kämpfenden Truppen verstärkten die Tendenz zur Aufstellung leichter Infanterie-Regimenter für den Tirailleurkampf auch in europäischen Heeren. Neben Schützen und Jägern, deren Kontingente erhöht wurden, stellte man in Preußen neue Füsilierbataillone (nicht zu verwechseln mit den bereits bestehenden Füsilierregimentern) für diesen taktischen Einsatz auf, bei dem die leichte Infanterie ausschwärmte und das Feuergefecht eröffnete. Diese Füsiliere erhielten durch königliche Order 1787[298] als Blankwaffe das Füsilier-Faschinenmesser M 1787 – auch Infanterie-Faschinenmesser a/A (= alter Art) genannt. Es war zwölf bis 15 Zentimeter kürzer als der Infanteriesäbel und deshalb weniger hinderlich. Es besaß eine kräftige gerade Klinge von keilförmigem Querschnitt, die sich nach vorn verbreiterte. Die Spitze lag in der Rückenlinie und war abgerundet. Diese Form erinnert an die schwere Klinge eines Weidmessers oder eine Praxe. Aus der Klingenform darf geschlußfolgert werden, daß das Füsilier-Faschinenmesser vorwiegend für den Hieb gedacht war, was auch der Name besagt. «Faschine» leitet sich vom italienischen Wort «fascina» (= Reisig oder Rutenbündel) ab. Die Waffe wurde als Werkzeug zum Abschlagen von Ästen und Zweigen für die Herstellung von Faschinen und zur Schaffung freien Schußfeldes benutzt.

Das Gefäß des preußischen Füsilier-Faschinenmessers M 1787 bestand aus Messing. Der quergerillte Vollgriff und die gerade vierkantige Parierstange wurden in einem Stück gegossen. Das eine Ende der Parierstange ist kurz nach oben, das andere nach unten gebogen. Die ganze glatte Griffkappe ist imitiert, die Angel auf einem kleinen kugeligen Vernietknopf vernietet. Die Durchschnittsmaße betragen: Gesamtlänge 605 bis 640 Millimeter, Klingenlänge 475 bis 481 Millimeter, Klingenbreite an der Auflage 32 bis 34 Millimeter, größte Klingenbreite 38 bis 42 Millimeter. An der Quartseite ist in eine schwalbenschwanzförmige Nut, an der Parierstange ein senkrecht stehender ovaler Daumenring eingesetzt. Er bot beim kräftigen Zuschlagen sicheren Halt in der Hand. Dieser Daumenring wurde später meistens entfernt, weil er vermutlich beim Tragen behinderte. Die schwalbenschwanzförmige Nut ist mit Messing ausgefüllt und meist schwer zu erkennen.

Die Scheide des Füsilier-Faschinenmessers bestand aus braunem Leder mit verdeckten Messingbeschlägen am Mund und Ort. Nur Tragehaken und Endknopf am Ort waren sichtbar.[299] Die Klingen tragen manchmal die Chiffre «FWR» (König Friedrich Wilhelm II. oder III.). Als Herstellerbezeichnungen sind «POTZDAM» und die Namen der Solinger Firmen «KNECHT» und SCHIMMELBUSCH & JOEST» bekannt.[300] Die Waffe wurde später im Gewicht erleichtert und endgültig durch das Modell 1852 abgelöst.

Spontons und Kurzgewehre

Aus der besonderen Stellung des Infanterieoffiziers als Vorgesetzter und Befehlender beim Exerzieren, im Manöver, bei der Parade, im Gefecht und nicht zuletzt als Einzelkämpfer ergaben sich für die Bewaffnung gegenüber der Mannschaft besondere Regelungen. Als Befehlender konnte der Offizier im Rahmen der Lineartaktik selbstverständlich nicht die gleichen Handgriffe beim Laden und Schießen mit einer Handfeuerwaffe ausführen wie die ihm unterstellten Soldaten. Er hatte neben der Führung seiner Einheit im Gefecht auch die Bewegungen und Aktionen des Gegners zu beobachten und daraus bestimmte Entscheidungen zu treffen.

In der zweiten Hälfte des 17. Jahrhunderts waren Infanterieoffiziere in den meisten europäischen Armeen mit einer Partisane bewaffnet. Die Klinge enthielt meistens geätzte Wappen, Monogramme, Trophäen oder andere Dekorelemente auf dem Blatt. Typisch für die breiten Gratklingen sind zwei aufwärts gerichtete Spitzen, Ohren genannt. Am Schaft unterhalb der Tülle saß häufig eine farbige Quaste mit Fransen, so daß sich die Waffe deutlich von den einfachen Partisanen der gemeinen Krieger abhob. Auch in Kurbrandenburg führten Offiziere Partisanen. Da unter Kurfürst Friedrich Wilhelm und Friedrich III. die Regimenter in der Regel von Obristen aufgestellt und bewaffnet wurden, gab es keine einheitlichen Typen für Partisanen. Anders war das bei den Haus- und Gardetruppen.

Unter König Friedrich I. wurde für Offiziere der Infanterie eine neue Stangenwaffe, das Esponton oder Sponton, eingeführt. Mit «Sponton» bezeichnete man bereits vor 1681 in Dänemark eine Stangenwaffe von 3,20 Meter Länge, die von Musketieren neben dem Gewehr geführt wurde.[301)] Während des Ladens der Muskete wurde diese Waffe mit einem Eisenring, der am Schaft befestigt war, am Leibgurt eingehängt. In Italien nannte man eine Stangenwaffe des 16. Jahrhunderts, dem Ahlspieß ähnlich, mit schmaler, langer, drei- oder vierkantiger Stoßklinge «spontone» oder «spuntone»,[302)] in Frankreich im Mittelalter den Dolch und das Messer auch «esponton».[303)]

Die Bezeichnung Sponton oder Esponton wird seit König Friedrich I. in Preußen für Stangenwaffen der Infanterieoffziere angewendet,[304)] die eine breite Stoßklinge mit Grat, einen Querknebel, eine Tülle, zwei Schaftfedern und einen Schaft von rundem Querschnitt mit einem metallenen spitzen Schuh besaßen. Die Entwicklung des Spontons von der Schweinsfeder herzuleiten,[305)] scheint dem Verfasser fragwürdig zu sein. Die Klinge mit dem breiten Blatt dürfte eher durch Wegfall der Ohren auf die Partisane zurückgehen und anstelle der Ohren einen Knebel erhalten haben. Bestimmte Konstruktionsmerkmale sind gegenüber herkömmlichen militärischen Stangenwaffen absolut neu, wie das Einschrauben des Blattes in ein Gewinde der Tülle und das Aufschrauben des Knebels auf das Gewindestück des Blattes. Die militärische Schweinsfeder hatte meist keinen Knebel.

Das Sponton war in Preußen nicht allein durch eine bestimmte Form gekennzeichnet. Wenn auch in vorangegangenen Jahrhunderten bestimmte Stangenwaffen auf den Klingen Wappen, Herrschermonogramme und Devisen enthielten, so doch nicht für alle Regimenter der Infanterie und nicht mit den eingeätzten oder gravierten Namen des Regimentschefs oder einer militärischen Formation. Chiffre des absoluten Herrschers und Regimentsname sind typische Kennzeichnungen, die mit der Durchsetzung der stehenden Heere in Verbindung stehen.

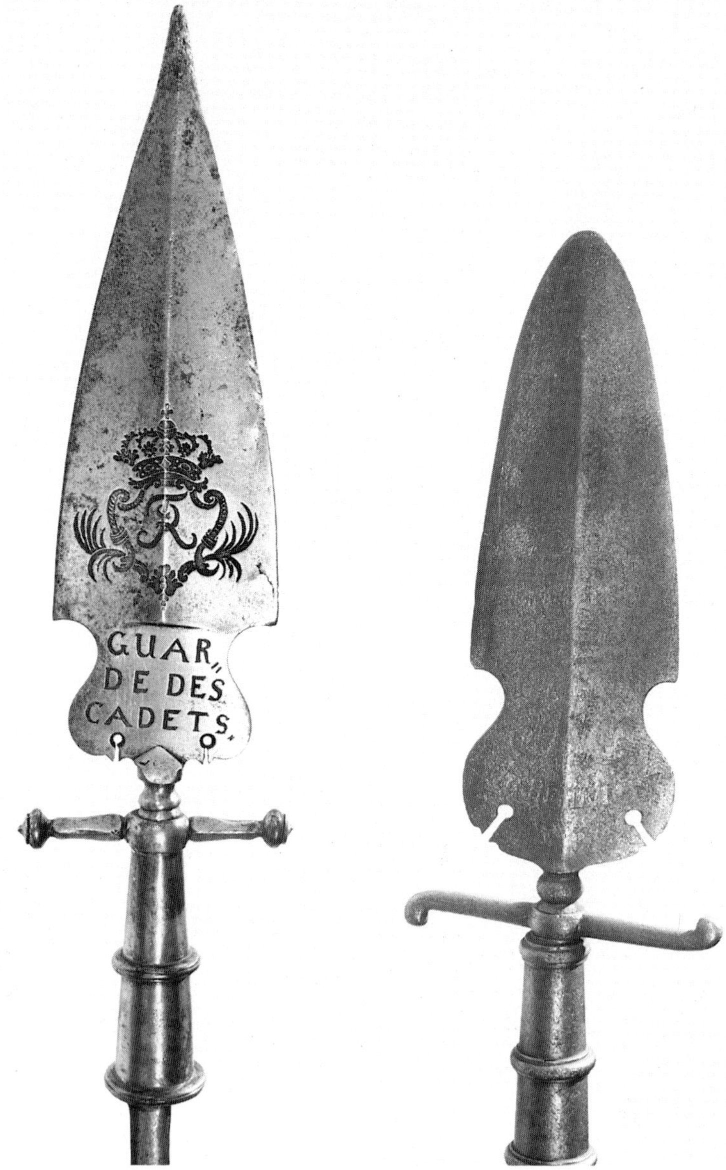

Spontons für Infanterieoffiziere, *Preußen 1701–1713*

Garde des Cadets, 1701–1713
1688 wurde eine Kompanie Cadets innerhalb der Garde gegründet. Standorte waren Berlin, Magdeburg und Weblau. Dieses Sponton weicht in der Form erheblich von den üblichen Exemplaren ab, der Schaft fehlt.
Kl mit Tülle 39,3 cm; B des Blattes 8,1 cm; L des Knebels 10,2 cm; Inv.-Nr. W 356; Reste von Vergoldung

Leib-Regiment, 1701–1713
Auf dem Blatt Namenszug «FR» mit Krone, darunter in freiem Feld bezeichnet: «LEIB · REGIMENT». Das Regiment wurde 1655 errichtet und bestand bis 1713, danach Infanterie-Regiment No. 1; Schaft verkürzt.
Kl mit Tülle 35,5 cm; B des Blattes 7,9 cm; L des Knebels 12,8 cm; Inv.-Nr. W 349; Reste von Vergoldung, Schaft gekürzt

Infanterie-Regiment von Varenne, 1702–1713
Auf dem Blatt «FR» mit Königskrone, darunter in freiem Feld «Regim: Von Varenne» und preußischer Adler mit Krone. Regimentschef war Jaques L'Aumonier Marquis de Varenne, ein eingewanderter Hugenotte.
Gl 208 cm; Kl mit Tülle 37 cm; B des Blattes 7,6 cm; Inv.-Nr. W 344 (13.368); Schaft erneuert

Spandauer Landmiliz, 1703–1713
Auf dem Blatt «FR» mit Königskrone, darunter in freiem Feld «SPANDO:/LANDMILITZ». Die hohe Wertschätzung, die Friedrich I. der Landmiliz beimaß, kam auch darin zum Ausdruck, daß die Offiziere Spontons führten.
Gl 201 cm; Kl mit Tülle 40 cm; B des Blattes 7,8 cm; Inv.-Nr. W 347 (26.77); Schaft verkürzt

Sponton ohne Regimentsbezeichnung, 1701–1713
Formen und Kennzeichnungen der Spontons waren zur Zeit Friedrichs I. noch nicht einheitlich. Dieses Exemplar ist das früheste Sponton mit den später üblichen mehrfachen Durchbrüchen auf dem Blatt, jedoch hier in Knospenform. Da der Regimentsname fehlt, könnte es ein Muster für eine Neueinführung gewesen sein.
Gl 207 cm; Kl mit Tülle 36,7 cm; B des Blattes 8,5 cm; Inv.-Nr. W 2605

Regiment Kronprinz, 1701–1713
Auf dem Blatt Namenszug «FW» (F gespiegelt), darüber Königskrone; auf freiem Feld bezeichnet: «CR. PRINC. REGIMENT», darunter flammende Granate. Kronprinz Friedrich Wilhelm wurde am 18. Januar 1701 Chef des Regiments, am 25. Februar 1713 wurde das Regiment Königs-Regiment.
Gl 217,5 cm; Kl mit Tülle 39 cm; B des Blattes 8 cm; G 1320 g; Inv.-Nr. W 345 (43.561); blau bemalter Schaft mit Messingschuh

Als eine Vorform des Spontons mit Namenskennzeichnung darf ein französisches Offiziersspont on des Comte du Lude, Grand-Maitre der Artillerie (1669–1685), mit der Inschrift: «LE.CONTE.DV.LVDE/GRAND.M^RE DE.LART.^RIE», angesehen werden.[306] Dieses spießartige Sponton mit vier schlanken Ohren hat übrigens bereits an der Tülle einen Querknebel, der typisch wird für spätere preußische Spontons. Französischer Einfluß darf, wie bei vielen anderen militärischen Einrichtungen, Objekten und Begriffen in der Zeit des Absolutismus, auch bei der Einführung von Spontons angenommen werden, jedoch keine unmittelbare Übernahme der später typisch preußischen Grundform. In Frankreich wurde das Esponton mit Ordonnance vom 10. Mai 1690 normiert.[307] Spießform und Quaste haben auch Klingen von brandenburgischen Offiziersspontons auf den Gobelins von 1690 im Berliner Schloß Charlottenburg.

Der Meinung, daß es sich bei Spontons lediglich um Rang- oder Würdezeichen und keine Gebrauchswaffen handelte, ist zu widersprechen. Die ursprüngliche Spießform, aber auch die Gratklinge eigneten sich durchaus für einen wirkungsvollen Stoß. Der Knebel hatte, wie bei der mittelalterlichen Flügellanze, dem Knebelspieß oder der Saufeder, ein zu tiefes Eindringen der Klinge zu verhindern und gegnerische Hiebe abzuwehren. Der meist gegenüber dem Blatt des Spontons etwas quergestellte Knebel fing gegnerische Hiebe besser ab als beispielsweise die Ohren der Partisanen. Eine derartige Konstruktion wäre nur für Paradewaffen oder Würdezeichen nicht notwendig gewesen. Auch die langen Schaftfedern hätten keinen Sinn. Sie sollten jedoch den Schaft gegen zu leichtes Abschlagen schützen. Spontons hatten gegenüber den Partisanen in der Regel ein geringeres Gewicht und waren deshalb leichter zu handhaben. Jany gibt den Hinweis, daß Espontons in der Schlacht bei Malplaquet 1709 als Waffe eingesetzt wurden.[308] Da das Feuergefecht bei der Infanterie in zunehmendem Maße die Taktik bestimmte, sank der Kampfwert des Spontons, und es wurden kritische Stimmen von Zeitgenossen zu den Stangenwaffen der Offiziere laut.[309]

Die Handhabung des Spontons erfolgte nach bestimmten, in den Reglements festgelegten Regeln.[310] Stand der Offizier innerhalb einer militärischen Einheit, so führte er entsprechend den Kommandos für die Mannschaften vorgeschriebene Bewegungen mit dem Sponton aus. Im Glied stehend setzte er das Sponton auf den Boden, dicht an den rechten Fuß, die rechte Hand hielt in Schulterhöhe mit angewinkeltem Arm das Sponton. Nahm die Mannschaft auf Kommando das Gewehr hoch oder schulterte es, so nahm der Offizier die Stangenwaffe in drei Tempi senkrecht hoch und hielt sie dann senkrecht an der rechten Schulter. Vor der Front stehend wurde das Sponton mit ausgestrecktem Arm seitwärts auf den Boden gestellt. Dabei lag der Daumen am Schaft an und zeigte nach oben. Im Marsch lag die Stangenwaffe, mit der Spitze nach vorn zeigend, in der schräg nach unten ausgestreck-

Spontons für Infanterieoffiziere
Die Spontons aus den ersten Regierungsjahren Friedrich Wilhelms I. gleichen äußerlich denen im Heere Friedrichs I. Die zwei Lochdruchbrüche im Blatt werden spätestens mit der Fertigung in Potsdam-Spandau seit 1723 durch fünf pfeil- und zwei halbmondförmige Durchbrüche abgelöst, die bis 1808 üblich blieben.

Infanterie-Regiment von Jung-Lottum, 1718/1719
Gespiegelter Namenszug «FWR», in fliegendem Band «REGIMENT . VON . JUNGLOTTUM».
Gl 201,5 cm; Kl mit Tülle 40 cm; L des Knebels 11,7 cm; Schaft und Schuh ergänzt; Inv.-Nr. W 365 (40.547)

Infanterie-Regiment von Holstein-Beck, 1713–1721
Namenszug «FWR», in fliegendem Band «HOLSTEINISCH: REG:» (auf einer Seite nachgeschlagen), Schaft ergänzt.
Gl 227,5 cm; Kl mit Tülle 38,9 cm; L des Knebels 13,4 cm; Inv.-Nr. W 343 (40.2399)

Königs-Regiment, 1713–1740
Namenszug «FWR», im Band «KÖNIGS · REGIMENT», darunter flammende Granate (der Knebel von einem anderen Sponton ergänzt), ohne Schaftfedern, Schaft erneuert.
Gl 208 cm; Kl mit Tülle 40 cm; L des Knebels 12,3 cm; Inv.-Nr. W 346 (13.499)

Infanterie-Regiment Prinz Leopold von Anhalt-Dessau, 1723–1740
Namenszug «FWR», im Band «PRINTZ : LEOPOLD : v. ANH : REGIM»; unter den Durchbrüchen bez.: «POTZDAM», Schaft verkürzt.
Gl 205 cm; Kl mit Tülle 40,9 cm; L des Knebels 11,8 cm; Inv.-Nr. W 341 (05.273)

Infanterieregiment von Alt-Dohna (No. 28 oder 44), 1740–1749
Im Band bezeichnet: «REGIM : von : ALT : DOHNA :»; schwarz gestrichener Schaft mit konischem Messingschuh.
Gl 252,5 cm; Kl mit Tülle 37,8 cm; B des Blattes 8,1 cm; L des Knebels 12,6 cm; G 1460 g; Inv.-Nr. W 336 (06.628)

Infanterieregiment Erbprinz Ludwig von Hessen-Darmstadt (No. 12), 1743–1757
In fliegendem Band: «ERBPR : LUDWIG · V. H. D. : RE», darunter «POTZDAM». Das Blatt trägt die Chiffre «FWR», der Erbprinz war jedoch erst ab 1743 Chef eines Regiments. Das beweist, daß Spontons aus der Zeit Friedrich Wilhelms I. in den ersten Regierungsjahren Friedrichs II. noch mit alter Kennzeichnung weiter verwendet wurden; grün bemalter Schaft, verkürzt.
Gl 184,5 cm; Kl mit Tülle 41 cm; B des Blattes 7,8 cm; L des Knebels 12 cm; Inv.-Nr. W 358 (17.122)

Infanterieregiment (Füsiliere) Baron de la Motte Fouque, (No. 33), 1744–1774
Im Band bezeichnet: «REG : LA : von FOQUE : FÜ»; Schaft erneuert.
Gl 221 cm; Kl mit Tülle 38,7 cm; B des Blattes 8,3 cm; L des Knebels 12,3 cm; Inv.-Nr. W 331 (40.2398)

Infanterieregiment Herzog August Wilhelm von Braunschweig-Bevern (No. 7), 1746–1781
Im Band bezeichnet: «REGIMENT. H : v BR : BEV :»; Schaft verkürzt.
Gl 214 cm; Kl mit Tülle 38,5 cm; B des Blattes 7,9 cm; L des Knebels 12,5 cm; Inv.-Nr. W 49 (AB 1945)

Infanteriegemiment Prinz Ferdinand von Preußen (No. 34), 1740–1786
Prinz Ferdinand war Chef des Regiments von 1740 bis 1806. Im Band bezeichnet: «REG : v : PR : FERDINANDT»; Schaft erneuert.
Gl 238,5 cm; Kl mit Tülle 38,8 cm; B des Blattes 8 cm; L des Knebels 11,5 cm; Inv.-Nr. W 3617 (04.58)

Frei-Bataillon von Courbiere, 1760/1761
Auf dem Blatt «FR» und Krone, im Band bezeichnet: KÖNIGL : FREY...TT : COURBIERE; schwarz bemalter Schaft ohne Schuh.
Gl 218,3 cm; Kl mit Tülle 38 cm; B des Blattes 9,7 cm; L des Knebels 12,3 cm; G 1300 g; Inv.-Nr. W 333 (02.210)

Infanterieregiment Graf von Wylich und Lottum (No. 13), 1763–1774
Im Band bezeichnet: «REGMT : GE : GR : v. LOTTUM»; schwarzer Schaft ohne Schuh.
Gl 207 cm; Kl mit Tülle 37,1 cm; B des Blattes 8,3 cm; L des Knebels 12,4 cm; Inv.-Nr. W 354 (AD 1350)

Garnison-Regiment Brieg (No. VI), 1741–1756
Die Garnison-Regimenter wurden zeitweise nicht nach ihren Regimentschefs, sondern nach dem Garnisonsort benannt. Brieg war bis 1756 neben Cosel und Namslau Garnison von No. VI. Blatt bezeichnet: «GARNISON REG BRIEG»; Schaft ergänzt. Gl 225 cm; Kl mit Tülle 38,7 cm; B des Blattes 8 cm; L des Knebels 12 cm; Inv.-Nr. W 332 (05.373)

Infanterieregiment von Kleist (No. 5 oder 12), 1740–1806
Blatt mit «FWR», im Band bezeichnet: «REG. v. KLEIST»; darunter «VB»; geschwärzter Schaft erneuert.
Gl 238 cm; Kl mit Tülle 38,5 cm; B des Blattes 7,7 cm; L des Knebels 12,5 cm; Inv.-Nr. W 350

Füsilierregiment von Brünning, 1785–1786
Im Namenszug «FR» ist das «W» (Friedrich Wilhelm II.) nachträglich eingraviert. Das Blatt bezeichnet: «REGIM: v. BRÜNNINCK»; schwarzer Schaft, 68 mm langer Messingschuh.
Gl 201,5 cm; Kl mit Tülle 38,4 cm, B des Blattes 7,6 cm; L des Knebels 12,5 cm; Inv.-Nr. W 337 (AD 1358)

Doppel-Helmbarten der Schweizer Garde,
Brandenburg-Preußen,
1697–1713
Auf Ersuchen Kurfürst Friedrichs III. durften 1697 in den Schweizer Kantonen Bern, Basel, Uri und Schaffhausen 100 Schweizer Hellebardiere für eine Schweizer Garde angeworben werden. Die Garde diente zur Bewachung des Kurfürsten und späteren Königs sowie zur Repräsentation bei Hoffestlichkeiten. Sie wurde 1713 von König Friedrich Wilhelm I. aufgelöst.
(von rechts nach links)

Die Helmbarten aus der Zeit von 1697 bis 1700 sind auf beiden Seiten mit dem Kurzepter und der Umschrift des Hosenbandordens «HONI SOIT QUI MAL · Y · PENSE» gekennzeichnet.
Gl 239,5 cm, 283,5 cm; Kl mit Tülle 57 cm, 56,7 cm; G 2260 g, 2760 g; Inv.-Nr. W 321 (36.1226), Schaft erneuert, W 322 (PC 517), längsgestreifter, schwarz-gelb bemalter achtkantiger Schaft

Auf dem Blatt steht der geätzte brandenburgische Adler, im Mittelteil der Beile das Wappen des Kurfürsten mit der Unterschrift des Hosenbandordens, auf der Gegenseite Adler, umgeben von Lorbeerzweigen; geätzte vergoldete Randleisten mit Blattwerk.
Gl 251 cm; Kl mit Tülle 58 cm; G 3170 g; Inv.-Nr. W 323 (AD 515)

Auf dem Blatt geätzt und versilbert der preußische Adler mit «FR» auf der Brust und mit Königskrone, im Mittelteil der Beile preußischer Adler und als Umschrift die Devise Friedrichs I. «SUUM · CUI · QUE»; Quaste ergänzt, Schaft verkürzt.
Gl 231,5 cm; Kl mit Tülle 57,8 cm; Inv.-Nr. W 317 (AD 510)

Verzierung wie Abb. S. 130 links, Farbe der Quaste schwarzweiß, längsgestreifter schwarz-gelb bemalter Schaft (Originallänge) mit spitzem Eisenschuh.
Gl 286 cm; Kl mit Tülle 56,7 cm; G 3190 g; Inv.-Nr. W 316 (PC 98)

ten Hand, in der Ordre de Bataille stand es steil am Körper, die rechte Hand umfaßte den Schuh.[311]

Nur wenige preußische Espontons sind aus der Zeit Friedrichs I. erhalten. Das Zeughaus Berlin besitzt sechs Exemplare. Vier tragen auf dem Blatt in freiem Feld unter der Chiffre «FR» mit Königskrone eine Kennzeichnung zum Truppenteil: «LEIB · REGIMENT», «Regim: Von Varenne», «GUAR/DE DES/CADETS» und «SPANDO : LANDMILIZ». Ein Sponton mit der Bezeichnung «CR.PRINC.REGIMENT» enthält darüber auf dem Blatt das Monogramm des Kronprinzen mit gespiegeltem «F» und einem «W». Im unteren Teil des Blattes ist eine flammende Granate eingraviert. Ein weiteres Exemplar trägt keine Truppenzeichnung, das Monogramm «FR» mit Krone ist sehr groß und die beiden Buchstaben sind nicht ligiert. Das Sponton vom Regiment von Varenne enthält unterhalb des Namens noch einen großen gravierten preußischen Adler mit ausgebreiteten Flügeln. Das «FR» auf dem Sponton der Guarde des Cadets ist dekorativ umgeben von zwei S-förmigen Ornamenten, zwei Palmenzweigen und einer Blüte.

Keines der sechs Spontons gleicht genau dem anderen, weder in der Form noch in der Kennzeichnung. Daraus darf unter anderem geschlußfolgert werden, daß sie nicht in einer Werkstatt hergestellt wurden. Trotzdem lassen sich einige gemeinsame Merkmale feststellen. Die Klinge setzt sich jeweils aus drei Teilen zusammen; auf ein Gewinde des Blatthalses läßt sich ein Querknebel aufdrehen, das Gewinde sich dann in die Tülle einschrauben. Die Schaftfedern mit je vier Nagellöchern sind an die Tülle angeschmiedet. Eine Ausnahme bildet in der Konstruktion das Sponton der Guarde des Cadets. Der Knebel ist mit einem ringförmigen Mittelstück auf die Tülle aufgesetzt und hart verlötet. Den Waffen gemeinsam sind auch die drei Querwulste an der Tülle, jeweils dreifach gegliedert. Die Stoßklinge hat einen Mittelgrat, das Blatt ist im hinteren Drittel konkav und anschließend konvex gebogen, an der Basis befinden sich kleine Einkerbungen.

Typisch für Spontons sind die dekorativen Durchbrüche auf der Stoßklinge. Bei einigen Spontons ist das Blatt vor dem hinteren Ende zweimal kreisförmig durchbrochen, mit schmalem Schlitz zur Seite oder nach hinten. Das Exemplar ohne Regimentsbezeichnung hat zusätzlich zu diesen beiden ursprünglichen Durchbrüchen fünf neuartige in Knospen- und zwei in Halbmondform. Aus dieser Knospenform entwickelten sich die Durchbrüche zu einer breiten Pfeilspitzenform unter dem Nachfolger Friedrichs I.

Form und Konstruktion weisen beim Sponton der Guarde des Cadets einige Besonderheiten auf. Die Klinge verjüngt sich sehr stark, hat einen hohen Längsgrat und eine verstärkte Spitze, die vierkantigen Knebel sind gerade mit gebrochenen Kanten und haben am Ende gedrückte Kugelknäufchen. Es könnte sein, daß es sich bei diesem Stück um die erste eingeführte Form eines preußischen Spontons handelt.

Bei den Spontons des Leibregiments, des Regiments Kronprinz und der Guarde des Cadets sind Reste von Vergoldung der Klingenkennzeichnung erkennbar. Der ursprüngliche Schaft des Spontons ohne Kennzeichnung mit Namen ist weiß angestrichen und endet in einem Eisenschuh mit Tülle und durchgestecktem Vierkantstift.

Die große Beachtung, die König Friedrich I. der Aufstellung und Ausbildung einer Landmiliz entgegenbrachte, kommt auch darin zum Ausdruck, daß Offiziere dieser Miliz ebenfalls mit Spontons ausgerüstet, sie also hierin den aktiven Truppenteilen angenähert wurden.

Friedrich Wilhelm I. löste mit Reskript vom 7. März 1713 die Landmiliz auf. Unter ihm wurden Spontons aus der Armee seines Vaters zum Teil zunächst in gleicher Form weiterverwendet, der Namenszug des Königs und – wechselte der Regimentschef – auch diese

Unteroffizierskurzgewehre a. A.

Infanterieregiment von Anhalt-Zerbst (No. 8),
1713–1740
Auf dem Blatt «FWR» mit Krone und in freiem Feld bezeichnet «PRINZ · Z · ANHALT ·/· Zerbst · REGIMENT ·». Gl 206 cm; Kl mit Tülle 34,5 cm; Inv.-Nr. W 375 (AD 1093), Schaft erneuert

Infanterieregiment Frhr. von Quadt (No. 9),
1747–1756
Die Chiffre «FWR» beweist, daß dieses Kurzgewehr bereits unter Friedrich Wilhelm I. geführt und die Bezeichnung «REGIMENT VON QUADT» unter Friedrich II. eingraviert wurde, ohne das «FWR» zu ändern. Gl 217,5 cm; Kl mit Tülle 36 cm; Inv.-Nr. W 367 (04.159), Schaft erneuert

Infanterieregiment Graf von Flemming (ehemals sächsisches Infanterieregiment Prinz Clemens), 1757
Im Band bezeichnet «K. P. R. I. Gr : FLEMMING» (nachgeschlagen); KPRI = Königlich Preußisches Regiment Infanterie.
Gl 219,5 cm; Kl mit Tülle 33,6 cm; G 1880 g; Inv.-Nr. W 371 (AD 1090)

Infanterieregiment Freiherr von Romberg (No. 16),
1785–1789
Auf dem Blatt Chiffre «FWR» («W» nachträglich eingraviert), im Band bezeichnet: «REG. von ROMBERG»; Schaft ergänzt
Gl 200 cm; Kl mit Tülle 29,5 cm; Inv.-Nr. W 51 (32.126)

Infanterieregiment von Braunschweig-Bevern (No. 7),
1741–1755
Auf dem Blatt Chiffre «FR» mit Krone, im Band bezeichnet: «REG : PRINTZ : von : BEWERN». Gl 206 cm; Kl mit Tülle 33,4 cm; Inv.-Nr. W 370 (AD 1092), Schaft verkürzt

Kennzeichnung geändert. Ein Sponton des Infanterieregiments von Holstein-Beck (Nr. 11) hat die alte Form mit zwei Lochdurchbrüchen, aber die Chiffre «FWR». Herzog Friedrich Ludwig von Holstein-Beck war Chef dieses Regiments von 1685 bis 1721. Auch zwei Spontons des Infanterieregiments von Jung-Lottum gleichen den alten Formen, obwohl Johann Christoph Graf von Wylich und Lottum erst 1718 Regimentschef wurde. Diese beiden Spontons belegen auch, daß der Namenszug Friedrich Wilhelms anfangs nicht in gleicher Form graviert oder geätzt wurde, es sind nämlich gedoppelte, gespiegelte «FWR»-Monogramme. Die beiden Lochdurchbrüche haben keinen vom Blatt nach außen weisenden Schlitz.

Zu den frühen, in der Regierungszeit Friedrich Wilhelms I. gefertigten Spontons gehören zwei des Königs-Regiments (Nr. 6). Bei einem Exemplar ist das Blatt kleiner als bei dem anderen, nur 223 gegenüber 273 Millimeter lang. Auf dem hinteren eingezogenen Blatteil befindet sich in Längsrichtung ein Hohlschliff, der bei späteren Spontons fehlt. In die Tülle des einen Spontons ist eine zweite Chiffre «FWR» eingraviert, was bei keinem anderen Sponton aus der Zeit des Königs festgestellt werden konnte. Für eine Frühform spricht auch die kleine flammende Granate unterhalb des fliegenden Bandes, die zur Zeit Friedrichs I. auf einem Sponton des Kronprinzen-Regiments in noch größerer Form in der Mitte des eingezogenen Blatteils stand.

Nach der Gründung der Potsdam-Spandauer Gewehrmanufaktur erhielten die hier angefertigten Klingen am Blattende auf beiden Seiten den eingeschlagenen Stempel «POTZDAM». Drei Exemplare des Zeughauses Berlin tragen diese Kennzeichnung: Spontons der Regimenter mit den Chefs Fürst Leopold von Anhalt-Dessau (Nr. 3), Prinz Leopold Maximilian von Anhalt-Dessau (Nr. 27) und Konrad Wilhelm von Mosel (Nr. 28). Offensichtlich erfolgte diese Kennzeichnung nur zur Zeit Friedrich Wilhelms I., dem Verfasser sind keine Spontons von Regimentern unter Friedrich II. mit der Kennzeichnung «POTZDAM» bekannt geworden.[312)]

Einige formale Veränderungen der Spontonklingen unter Friedrich Wilhelm I. sollen noch erwähnt werden. Die Regimentsbezeichnungen stehen von nun an in einem fliegenden Band, in einem bekannten Fall endet dieses an beiden Seiten in einem Tierkopf.[313)]

Der Grundtyp des Spontons bleibt auch unter Friedrich II., Friedrich Wilhelm II. und III. erhalten. Gelegentlich sind auf dem Blatt auch die Anfangsbuchstaben eines Trägers der Waffe eingeschlagen, so zum Beispiel auf einem Sponton des Regiments Ramin (Nr. 25) 1760 bis 1782. Die Abkürzung «C F v H» ist vermutlich mit Carl Fiedrich von Hagen (1764 Seconde-Leutnant, 1774 Premier Leutnant, 1779 Kapitän im Regiment) aufzulösen.

Beim Wechsel des Regimentschefs wurde die Bandinschrift häufig abgeschliffen und der neue Name eingraviert. Das geschah meist im Regiment und die neue Bezeichnung ist deshalb oft sehr ungelenk ausgeführt. Auf einem Sponton mit Chiffre «FWR» (Friedrich Wilhelm I.) ist unter dem Neueinschlag: «ERBPR: LUDWIG. V. H. D.: RE:» (Erbprinz Ludwig von Hessen-Darmstadt Regiment) der Name «GLAUBITZ» noch zu erkennen.

Kurzgewehr *für Unteroffiziere der Grenadiere, 1718–1756*
Auf dem unteren runden Klingenteil in einer kreisförmigen Einfassung gravierte, sich kreuzende Linien, in der Mitte Rauchwolken und eine Flamme.
Gl 171,5 cm; Kl mit Tülle 35,5 cm; B des Blattes 15,2 cm; Inv.-Nr. W 2611 (AD 1148), Schaft erneuert

Kurzgewehr *für Unteroffiziere der Grenadiere des Infanterieregiments Karl Albrecht Markgraf von Brandenburg (No. 19), 1731–1756*
In einem Ringband mit Blüten und Blattranken bezeichnet: «REGIMENT / VON / PRINTZ CARL»; gelb angestrichener Schaft, konischer Messingschuh.
Gl 238 cm; Kl mit Tülle 37,2 cm; B des Blattes 17,2 cm; L des Knebels 13,5 cm; L des Schuhes 7,5 cm; G 1620 g; Inv.-Nr. W 2609 (AD 1146)

Kurzgewehr *für Unteroffiziere der Grenadiere, 1718–1756*
Im unteren Blatteil gravierter Dreiviertelkreis mit Doppellinie, darin eine flammende Granate; Schaft mit gelbem Farbanstrich, konischer Messingschuh mit kugeligem Endknopf.
Gl 235 cm; Kl mit Tülle 37,6 cm; B des Blattes 16,4 cm; L des Knebels 11,8 cm; L des Schuhes 8,5 cm; G 1830 g; Inv.-Nr. W 2610 (AD 1147)

Der genannte Erbprinz wurde 1743 Regimentschef. Zu diesem Zeitpunkt war also die Chiffre «FWR» noch nicht in «FR» umgeändert worden, Grund hierfür war vermutlich der 1. Schlesische Krieg (1740–1742). Während des Siebenjährigen Krieges verzichtete man oft auf die Umänderung der Bandinschrift, neue Spontons erhielten zwar die Umrisse des Bandes, blieben aber leer.

Die Farbe des Schaftes stimmte in der Regel mit der von Kurzgewehren und Fahnenstangen innerhalb eines Regiments überein. Im Verlaufe des Siebenjährigen Krieges verdrängte Schwarz das vorherrschende Braun. Einige Regimenter hatten einen gelben Anstrich (Nr. 6, 15, 34 und 39). An Waffen aus dem Zeughaus Berlin lassen sich nur noch wenige Originalanstriche nachweisen.[314)]

Die Grundform des preußischen Espontons übernahmen mehrere andere Staaten: Rußland, die Niederlande, Frankreich, Dänemark, Hessen-Kassel, Hessen-Darmstadt, Baden, Hamburg, England-Hannover und die Grafschaft Lippe.[315)] Auch ein sächsisch-polnisches Offiziersspontons des «KÖNIGIN REGIMENT» unter August dem Starken basiert auf dem preußischen Typ.[316)]

Ab 1801 führte der preußische Infanterieoffizier sein Sponton nicht mehr mit ins Feld, nur im Garnisonsdienst und bei Paraden blieb es weiterhin im Gebrauch. 1807 wurden bei der Infanterie alle Stangenwaffen abgeschafft.

Auch die unteren Chargen der Fußtruppen führten gegenüber den gemeinen Soldaten oft besondere Waffen. Als die Mehrzahl der Landsknechte mit langen Spießen bewaffnet war, trugen beispielsweise oft Rottmeister den Rottmeisterhammer oder eine Helmbarte. Mit diesen Waffen waren sie beweglicher als der Spießgeselle, konnten Aufgaben beim Wachdienst mit Stangenwaffen ausüben und waren gelegentlich bei Auseinandersetzungen und Händeln mit eigenen Leuten neben dem Schwert mit einer Zweitwaffe ausgerüstet, während die Langspieße der Landsknechte nur für das Exerzieren und den Feldkampf ausgegeben wurden. Gegenüber dem fünf bis sechs Meter langen Spieß trug also der Rottmeister eine kürzere Wehr von 250 bis 350 Zentimeter Länge. Aus diesen beiden Wörtern entstand der Begriff «Kurzgewehr». Die häufigste Form war auch im 17. Jahrhundert und im beginnenden 18. Jahrhundert in Armeen europäischer Staaten die Helmbarte, so auch in Kurbrandenburg. In dem bekannten Werk «Der vollkommene Teutsche Soldat», Leipzig 1726, von Hans Friedrich Fleming, tragen die Unteroffziere noch Helmbarten, und in Österreich wurden sie erst 1759 abgeschafft.[317)]

Normierte Kurzgewehre für Rottmeister oder Unteroffiziere sind für die kurbrandenburgische Infanterie unter den Kurfürsten Friedrich Wilhelm und Friedrich III. durch Kennzeichnungen auf den Klingen wohl nicht nachweisbar. Der Begriff «Rottmeister» wird in einem Reglement Kurfürst Friedrichs III. mit dem Begriff «Gefreiter» gleichgesetzt.[318)]

Für die Zeit von 1701 bis 1713 sind jedoch originale Unteroffiziers-Helmbarten erhalten. Diese Helmbarten wurden, als Friedrich Wilhelm I. andere Kurzgewehre einführte, an das Fürstbistum Münster verkauft und dort verwendet. Die Klinge besteht aus einer schmalen, vierkantigen Stoßklinge, einem Beil mit fast gerader Schneide, einem breiten Schlagdorn, Tülle mit zwei Schaftfedern, Quaste und einem kantigen Schaft. Das Beil ist gekennzeichnet mit dem ligierten «FR», darüber die Königskrone, darunter die Devise: «SUUM CUIQUE» (Jedem das Seine).[319)] Schwere Helmbarten führten unter Friedrich I. auch die Trabanten der Schweizer Garde.[320)]

Wenn auch in einigen europäischen Armeen in den ersten Jahrzehnten des 18. Jahrhunderts noch Helmbarten als Chargenwaffen verwendet wurden, so ist eine Tendenz zur Einführung neuer Waffen doch sehr deutlich. Der Einsatz des Bajonetts bei der Infanterie dürfte den Wunsch nach einer vorwiegend zum Stich geeigneten Stangenwaffe für die Chargen hervorgerufen haben. Schlagdorn und Beil der Helmbarte traten nach Abschaffung der Körperpanzerung bei der Infanterie und Einführung der Uniform in ihrer Bedeutung zurück. In einigen Armeen herrschten deshalb spießartige Formen vor. Für die Kennzeichnung mit Herrschermonogramm und Inschriften – typisch in der Zeit des Absolutismus – eigneten sich breite Stoßklingen jedoch besser. Für das preußische Kurzgewehr unter Friedrich Wilhelm I. wurde als Vorbild die Partisane gewählt. Die breite zweischneidige Stoßklinge mit Grat hat eine abgesetzte verstärkte Fehlschärfe im hinteren Fünftel, an der Basis auf jeder Seite drei Ohren, die beiden oberen nach vorn, zwei mittlere gerade zur Seite und die folgenden nach unten gerichtet. Am kurzen Hals sitzt ein Gewinde, daß in die achtkantige Tülle mit drei Querwulsten eingeschraubt wird. An die Tülle sind zwei Schaftfedern geschweißt, die mit fünf bis sechs Nägeln am Schaft befestigt sind. Am Ende des Schaftes sitzt ein spitzauslaufender oder unten abgeflachter Schuh aus Messing oder Eisen. Auf der unteren Hälfte des Blattes der Klinge befinden sich das geätzte Monogramm «FWR» mit Krone und darunter in freiem Feld oder in einem fliegenden Band die Regimentsbezeichnung mit dem Namen des Regimentschefs.[321)] Die Farbe der Schäfte war vermutlich in den ersten Regierungsjahren Friedrich Wilhelms I. nicht genau vorgeschrieben, so daß Hellbraun, Rotbraun, Rot und Schwarz, je nach Entscheidung der Regimentschefs, vorkamen.[322)] Im Reglement für die preußische Infanterie von 1726 wird als Anstrich für die Schäfte Braun gefordert.[323)] Unter Friedrich dem Großen glich der Anstrich in den einzelnen Regimentern dem der Fahnenstangen, abgestimmt mit den Gewehrschäften. 1806 waren sie allgemein schwarz, bei der Garde gelb. Im Reglement von 1743 heißt es[324)]: «Der Officiers Sponton und Unter-Officiers Kurtz Gewehr müssen allezeit egal angestrichen seyn.»

Wie die Mannschaften auf Kommando bestimmte Bewegungen mit der Waffe ausführten, so auch der Unteroffizier. Im Reglement für die Preußische Infanterie von 1743 sind für das Exerzieren mit dem Kurzgewehr verschiedene Kommandos festgelegt. Einige seien hier angeführt: «Das Kurtz-Gewehr auf die Schulter!» die Erklärung dazu lautet: «1. Man wirft mit der rechten Hand das Kurtz-Gewehr in die Höhe, die lincke Hand fasset solches gleich unten am Schuhe.» Der Unteroffizier trug das Kurzgewehr auf der linken Schulter. Ein weiteres Kommando lautete: «Das Kurtz-Gewehr bei Fuß!» Es befand sich in der rechten Hand, mit ausgestrecktem Arm, so daß es «gerade der Schulter unten und oben egal weit vom Leibe gehalten wird, wobey das Eisen allemahl flach gehalten werden muß». Bei Wendungen auf der Stelle wurde es mit beiden Händen gerade vor dem Leib gehalten, nach der Wendung mit der rechten Hand bei Fuß gestellt.

Im Gefecht hatte sich herausgestellt, daß die Unteroffiziere, insbesondere die schließenden Unteroffiziere, mit einer nur etwa 230 Zentimeter langen Stangenwaffe beim Bajonetteinsatz nicht wirksam werden konnten. Deshalb führte Friedrich II. im Jahre 1755 neue Kurzgewehre ein. In einem Dokument heißt es dazu[325)]: «1755 Monath Februarii. Die Kurtzgewehr, so die Unterofficier von der Infanterie Zeit hero gehabt, waren wie aus der Figur a zu sehen weder scharff, noch sonderlich spitzich, die Stange daran war ohngefähr 7 bis 7½ Fuß lang, überhaupt war es ein gewehr mehr zur parade als in Ernst sich sonderlich damit zu wehren.

Nachdem aber bey der Infanterie das gewehr fällen bey den geschwinden avanciren war eingeführt worden so wolte der König, daß die Unterofficiers zugleich mit die Bursche ihr Kurtzgewehr durch die Glieder durch fällen solten, allein weil im marschiren die 3 Glieder eine Distance von wenigstens 5 Fuß in der Tiefe einnehmen, so ragte das Kurtzgewehr der

R.G.GR.V.S. LIEBEN
No 2

Unteroff. so hinten schließen, nicht einmal biß an die Bajonetter des 1. Gliedes. Sie wurden deshalb abgeschafft und zu anfang dieses Monath zur probe eine neue arth, mit sehr langen schmallen und scharffen spitzigen Klingen und an einer Stange von 9 Fuß länge, gemacht, weil aber auch diese in fällen nur biß an die spitzen der Bajonetter des 1. Gliedes Reichten, so blieben zwar die Klingen, allein die Stange wurde biß auf 10 Fuß verlängert, diese ragten also knapp 1 Fuß vor die Bajonetter hervor, und waren noch zu kurz, sie sind nicht guth zu regiren, sehr schwer und haben vorne eine alzustarckes übergewüchte, welches mann durch eingegossen Bley in den Fuß abzuhelfen suchte, jedoch nach verschiedenen Versuchen so der König auf den Saal bey der Wachtparade anstelte, wurden sie approbiret, die alten Kurz Gewehr abgegeben und nach dem Berlinschen Zeug-Hause geschickt, und die neuen davor angenohmen, das 1. Battl. bekam solche zuerst, nachmahls die garde und Retzow, die Berlinsche garnison und zuletzt die alte Feld Regt.»

Das alte Kurzgewehr (auch Kurzgewehr a. A. = alter Art bezeichnet) behielten die Füsilierregimenter bis 1786, deshalb auch «Kurzgewehr für Füsilier-Unteroffiziere» genannt, während das Kurzgewehr n. A., als «Kurzgewehr für Musketier-Unteroffziere» bezeichnet, nach 1786 einheitlich von der Infanterie geführt wurde. Es hatte ein längeres Blatt als das alte und an Stelle der Ohren einen langen abwärts gerichteten, nach den Enden zu sich verjüngenden Knebel von rundem Querschnitt. Unter dem bekrönten «FR» befand sich in einem geraden Schriftband die Regimentsbezeichnung, auf dem Knebel waren oft Kompanie- und Waffennummer eingeschlagen. Die Gesamtlänge betrug 306 bis 308 Zentimeter. Erhaltene Kurzgewehre sind oft gekürzt. Wie bei den Spontons wurde auch bei diesen Kurzgewehren während des Siebenjährigen Krieges auf das Eingravieren der Regimentsbezeichnung verzichtet.

Ein weiterer Stangenwaffentyp bei Kurzgewehren der preußischen Infanterie war das «Kurzgewehr für Unteroffiziere der Grenadiere». Zur Einführung spezieller Kurzgewehre schreibt Curt Jany[326)]: «Die Grenadierunteroffiziere, die nach dem Reglement von 1718 noch wie in früher Zeit gleich den Gemeinen Gewehre hatten, erhielten durch Ordre vom 31. Dezember 1718 Grenadierkurzgewehre, die den Musketierkurzgewehren ähnlich waren.» Die erhaltenen Kurzgewehre der Grenadier-Unteroffiziere sind sowohl als Typ mit und ohne Knebel erhalten. Sie unterscheiden sich auch durch die Verzierungen und Kennzeichnungen auf dem Blatt. Beide Typen besitzen ein breites, zweischneidiges Blatt mit Mittelgrat, kurzer Fehlschärfe und zwei breiten, spitzauslaufenden Ohren, runde Tülle mit drei Querwulsten und zwei Schaftfedern. Der Knebel bei dem einen Typ steht versetzt zur Blattfläche, ist stark S-förmig gebogen und läuft an den Enden spitz aus. Die beiden langen Ohren waren schon geeignet, gegnerische Hiebe mit Blankwaffen, insbesondere von Reitern, abzuwehren. Der quergestellte Knebel hatte die gleiche Funktion. In dieser Kombination von langen Ohren und Knebel ist die Waffe im 18. Jahrhundert wohl einmalig.

Kurzgewehr n. A. *für Unteroffiziere des Infanterieregiments Graf von Schlieben (No. 22), 1777–1786*
Auf dem Blatt die Chiffre «FR» mit Krone, in geradem Band bezeichnet: «RG: GR: V: SCHLIEBEN», auf dem Knebel «C 2. No 2» (Compagnie 2, Waffennummer 2); schwarz bemalter Holzschaft; konischer, unten abgeplatteter Messingschuh.
Gl 234 cm; Kl mit Tülle 42,3 cm; B des Blattes 5,5 cm; L des Knebels 20,7 cm; G 1890 g; Inv.-Nr. W 52 (AD 1318)

Kurzgewehr n. A. *für Unteroffiziere der Infanterie, 1755–1786*
Auf dem Blatt «FR» mit Krone; leeres Schriftband. In der Zeit des Siebenjährigen Krieges wurde die Regimentsbezeichnung in das vorgesehene Schriftband oft nicht eingraviert. Schaft gelb bemalt; konischer Messingschuh mit birnförmig abgesetztem Eisenkopf.
Gl 253,5 cm; Kl mit Tülle 42 cm; B des Blattes 6 cm; L des Knebels 16,7 cm; G 1910 g; Inv.-Nr. W 3618 (05.127, Vermächtnis des Kunstmalers Adolph von Menzel an das Berliner Zeughaus)

Pike *für Unteroffiziere der Grenadiere, M 1756*
Für die drei ältesten Unteroffiziere der Grenadierkompanien im August 1756 eingeführt.
Gl 258 cm (verkürzt, ursprünglich 404 cm lang), Kl mit Tülle 37,5 cm, B des Blattes 2,9 cm, L des Knebels 10,9 cm, Inv.-Nr. W 2630 (AD 13603)

BATTAILLON ROSSIERES
KONIGLICHE GUARDE

Spontons für preußische Infanterieoffiziere

Bataillon von Rossiéres, 1773 –1778
Im fliegenden Band bezeichnet: «BATAILLON VON ROSSIERES»; wurde 1773 als selbständiges Musketier-Bataillon gegründet und 1797 Regiment.
Gl 209,6 cm; Kl mit Tülle 39,1 cm; B des Blattes 8 cm; L des Knebels 12,5 cm; Inv.-Nr. W 50 (AD 1351)

Königs-Regiment (No. 6), 1713 –1740
Chef des Regiments war König Friedrich Wilhelm I. Auf dem Blatt «FWR» mit Krone, in fliegendem Band: «KÖNIGS · REGIMENT», darunter flammende Granate; an der Tülle ebenfalls eingraviert «FWR» (sonst bei keinem anderen Sponton der Sammlung); gelb bemalter Schaft mit Messingschuh. GL 230,5 cm; Kl mit Tülle 32,2 cm; B des Blattes 6,3 cm; L des Knebels 10 cm; G 1530 g; Inv.-Nr. W 342 (AD 1361)

Regiment Garde (No. 15), 1740 – 1786
Chef des Regiments mit Garnison in Potsdam war König Friedich II. Im fliegenden Band bezeichnet: «KONIGLICHE GUARDE»; gelb bemalter Schaft (verkürzt). Gl 182 cm; Kl mit Tülle 38,7 cm; B des Blattes 7,8 cm; L des Knebels 12,8 cm; Inv.-Nr. W 335 (AB 1348)

Offizierssponton *des Regiments Garde (Infanterieregiment No. 15), 1740 – 1786*
Blatt mit «FR» und Krone, bezeichnet: «KONIGLICHE: GUARDE»; Prinzen-Sponton
Gl 198,3 cm; Kl mit Tülle 29 cm; B des Blattes 6,8 cm; L des Knebels 10,8 cm; Inv.-Nr. W 48 (AB 1345)

Kurzgewehr a. A. *für Unteroffiziere, verkleinerte Ausführung für Kronprinz Friedrich (II.), um 1720 (?)*
Im Doppelkreis mit geätzten Ranken bezeichnet: «CRON./PRINTZ» (N und T ligiert); hellbraun gebeizter Schaft, konischer Messingschuh mit Endknopf.
Gl 190 cm; Kl mit Tülle 21,9 cm; Inv.-Nr. W 2606 (AD 1367)

Auf einigen erhaltenen Kurzgewehren befindet sich im unteren Viertel des Blattes eine eingravierte flammende Granate, umgeben von einem Dreiviertelkreis mit Doppellinien. Bei anderen Kurzgewehren der Grenadier-Unteroffiziere steht an dieser Stelle eine Regimentsbezeichnng. Ein Kurzgewehr trägt in einem Doppelkreis mit Blattranken die Bezeichnung: «REGIMENT / VON / PRINTZ CARL». Markgraf Carl von Brandenburg-Schwedt war von 1731 bis zum 8. April 1763 Regimentschef des Infanterieregiments No. 19. Die Übernahme des Regiments im Jahre 1731 kann die mögliche Einordnung des Kurzgewehrs in die Regierungszeit Friedrich Wilhelms I. bekräftigen. Ein Kurzgewehr für den jungen Kronprinzen Friedrich von etwa 1720 (im Besitz des Zeughauses Berlin) ähnelt in seiner Kennzeichnung und im Dekor dem Kurzgewehr des Regiments Prinz Carl. Regimentsbezeichnungen innerhalb eines Doppelkreises sind auf wenigen Unteroffiziers-Kurzgewehren a. A. bekannt. So vom Regiment von Kalckstein (1729 bis zur Einführung neuer Kurzgewehre 1755) und vom Regiment von Prinz George (1743–1747).[327]

Die beschriebenen Grenadier-Kurzgewehre blieben bis 1755 im Gebrauch. Im August 1756 erhielten die drei ältesten Unteroffiziere der Grenadierkompanien neue Kurzgewehre, «Piken für Unteroffiziere der Grenadiere» genannt. Die übrigen Unteroffiziere hatten 1744 gezogene Gewehre erhalten. Die schmale Dreikantklinge der Pike ist dem Bajonett nachgebildet, zwei Seiten sind dachförmig zugespitzt mit Hohlschliffen, die dritte Seite ist flach mit geringem Hohlschliff. Der Knebel mit auf- bzw. abwärtsgericheten kleinen Endknäufchen ähnelt dem des preußischen Spontons. Die Gesamtlänge dieser Pike betrug 404 Zentimeter.

Nach dem Tilsiter Frieden 1807 wurden bei der Infanterie alle Kurzgewehre abgeschafft.

Musketiere führten in verschiedenen Heeren des 17. Jahrhunderts neben der Muskete eine Schweinsfeder als Stangenwaffe, die oft gleichzeitig als Auflagestütze beim Schießen mit der schweren Handfeuerwaffe diente.[328] Der Begriff «Schweinsfeder» wurde von der gleichzeitig im Gebrauch befindlichen Jagdwaffe zum Abfangen des Schwarzwildes (auch Saufeder oder Schweinseisen genannt) auf die Militärwaffe übertragen. Als Federn bezeichnet der Weidmann die langen Kammborsten des Schwarzwildes, die sich bei Gefahr für das Tier aufrichten. Die Saufeder bestand aus einem kräftigen Spießeisen mit Tülle, einem feststehenden oder angebundenen Knebel und einem mit Lederstreifen schräg-längs umwickelten oder im Holz gebuckelten Schaft, der dadurch griffester wurde.

Die militärische Schweinsfeder hatte ein schlankes Spießeisen mit Tülle, einen Knebel – dieser fehlte jedoch an manchen Waffen –, Schaftfedern, einen schlanken Schaft von rundem Querschnitt und einen Eisenschuh. Ein eiserner Haken am Schaft eignete sich gut zum Auflegen der Muskete. Bei manchen Schweinsfedern ließ sich der Haken, je nach Größe des Soldaten, in der Höhe verstellen. Gegenüber der alten Gewehrgabel hatte der Fußkämpfer mit der Schweinsfeder eine wirksame Waffe gegen angreifende feindliche Kavallerie. Die Stangenwaffen wurden dabei schräg gestellt und mit einem Fuß abgestützt oder ins Erdreich gestoßen. Aus ihnen ließen sich auch sogenannte «Spanische Reiter» gegen Kavallerieangriffe errichten. Die Schäfte wurden dann über Kreuz in einen dicken durchlochten Balken gesteckt.[329]

Beim Regiment der Kurfürstin und Anhaltischen Regiment hatten 1683 die Schäfte der Schweinsfedern einen roten Anstrich. Die Quasten bestanden aus Wolle und waren Rot-Weiß bzw. Gelb.[330] Abgeschafft wurden die Schweinsfedern in Preußen im Jahre 1708.[331]

BEWAFFNUNG DER KAVALLERIE

Der Kampf zu Pferde

Zwischen Infanterie- und Kavalleriebewaffnung bestanden seit altersher grundsätzliche Unterschiede. Der Reiter konnte auf dem Marsch und im Gefecht schwerer gerüstet und bewaffnet sein als ein Fußkämpfer. Physisch und psychisch waren Reiter dadurch im Vorteil. Jedoch nicht alle Reiter innerhalb einer Armee hatten gleiche taktische Aufgaben, so daß auch die Bewaffnung unterschiedlich war. Die leichte, nur wenig oder gar nicht gepanzerte Reiterei hatte schnellere Pferde als die schwer gerüstete.[332)]

Pferde und Perfektion im Reiten waren nicht hoch genug einzuschätzende Voraussetzungen für den Gebrauch der Waffen und den Erfolg im Gefecht. Zum Exerzieren mit der Waffe kam bei der Reiterei die Ausbildung im Reiten hinzu. Diese hatte oft größeres Gewicht als die Schießausbildung mit Karabiner und Pistolen sowie das Einüben von Hieb und Stich mit der blanken Waffe. Doch auch die Belastungen des Reiters bei der Waffenpflege waren größer, denn er hatte einen Karabiner, zwei Pistolen und eine Griffwaffe gegenüber nur einem Infanteriegewehr und einer Griffwaffe des Fußkämpfers. Hinzu kam die Pflege und Versorgung des Pferdes, die Wartung von Sattel und Zaumzeug.

Der Einsatz der Hand- und Faustfeuerwaffen war bei der Kavallerie gegenüber dem Kampf mit der blanken Waffe oft zweitrangig. Es verwundert deshalb nicht, daß das Exerzieren mit dem Karabiner und den Pistolen im allgemeinen vernachlässigt wurde, auch in der preußischen Armee. Obwohl das Schießen in Peloton-Formationen für die Kürassiere kaum praktisch in Frage kam, wurde es laut Reglement vorgeschrieben.

Die Griffwaffen des Reiters mußten sowohl für den Kampf gegen feindliche Reiterei als auch gegen Fußkämpfer geeignet sein. Das verlangte kräftige Klingen zu Hieb und Stoß, mit denen man den Gegner, der Eisen- oder Lederhelme, Harnische oder Kürasse trug, gefährden konnte. Außerdem mußte die Griffwaffe eine Länge besitzen, mit der der Reiter den Fußkämpfer erreichen konnte. Bei starkem Herabbeugen mit schwerer Rüstung bestand leicht die Gefahr, daß der Reiter vom Pferd fiel oder heruntergerissen wurde. Für leichte Reiter war diese Kampfweise einfacher zu praktizieren. Eine Griffwaffe mit langer Klinge konnte als Gegengewicht ein schwereres Gefäß erhalten. Nach Abschaffung der Panzerhandschuhe zusammen mit dem kompletten Harnisch bildete das Gefäß der Griffwaffe mit Bügeln, Spangen und Stichblättern einen guten Schutz für die waffenführende Hand. Beim Gebrauch der Griffwaffe ist auch zu berücksichtigen, daß vorwiegend nur eine Hand zur Verfügung stand. Mit der anderen hatte der Reiter die Zügel zu halten, denn ein «zügelloses» Pferd konnte im Kampfgetümmel sehr schnell ausbrechen. Das Herausziehen der Blankwaffe aus der Scheide, ohne diese mit der linken Hand festzuhalten, mußte gleichfalls geübt werden. Die schwere Reiterei bevorzugte die Attacke mit vorgestreckter Blankwaffe. Des-

halb waren die Klingen gerade, zwei- oder einschneidig. Die Wucht des Aufpralles auf den Gegner erhöhte hierbei die Waffenwirkung.

Die leichte Reiterei, zu ihr gehörten in Preußen vor allem die Husaren, bevorzugte den Säbel. Die gekrümmte Klinge hatte auf beiden Seiten meistens Hohlkehlen, die Spitze lag in der Rückenlinie und die Klinge hatte oft einen kurzen Rückenschliff. Sie war dadurch für Hieb und Stich gleichermaßen geeignet, ohne die Wucht der schweren Reiterdegen und -pallasche zu erreichen. Vorwiegend schneidend und ziehend wirkten die Säbelklingen. Die Gefäße waren leicht und bestanden aus einer Parierstange mit Mitteleisen, dem Griffbügel, einem meist mit Leder überzogenem Holzgriff und einer halben oder ganzen Griffkappe. Bei Husarensäbeln ist zunächst in Anlehnung an türkische Vorbilder in den letzten Jahrzehnten des 17. Jahrhunderts eine Tendenz zur leichten schmalen Klinge feststellbar. Seit der zweiten Hälfte des 18. Jahrhunderts, als die Husaren auch gelegentlich als Schlachtenkavallerie eingesetzt wurden, bevorzugten sie kräftigere Klingen. Offizierssäbel waren von großer Mannigfaltigkeit, auch noch in den Husarenregimentern Friedrichs II. Ihre Formen gehen sowohl auf türkische, ungarische als auch polnische Säbel zurück.

Schwieriger als bei Griffwaffen war die Handhabung der Feuerwaffen zu Pferde. Das Luntenschloßgewehr konnte sich nie als Reiterwaffe durchsetzen. Das Laden mit der glimmenden Lunte in der Hand und am Gewehrschloß war besonders in der Bewegung mit dem Pferd schwierig und gefährlich wegen des Funkenfluges sowohl für Nebenleute als auch Pferde. Das Pulver in den Lauf einzuschütten, den Ladestock in die Laufmündung und nach dem Laden wieder sicher in die Ladestocknut einzuführen, war durch die Bewegung des Pferdes, ja selbst noch im Stand erschwert. Kompliziert war auch das Zielen beim Anreiten auf den Gegner. Die Pferde scheuten oft bei Knall und Mündungsfeuer. Die geringe Reichweite der Kugeln und die schlechten Trefferergebnisse der Karabiner und Pistolen führten nicht zuletzt oft zum Verzicht auf ihren Einsatz.

Die Erfindung des Radschlosses am Anfang des 16. Jahrhunderts hatte es ermöglicht, Reiter mit Pistolen auszurüsten. Das Radschloß funktionierte wie ein funkenreißendes Feuerzeug. Dabei wurden die Funken durch den rauhen Rand eines abschnurrenden Rades, das vorher mit einem Schlüssel aufgezogen wurde, an einem Stück Schwefelkies innerhalb der Pulverpfanne erzeugt. Das Einsetzen und Abnehmen der Lunte beim Laden entfiel also, ebenso gab es keinen lästigen Funkenflug mehr. Die Radschloßpistole gehörte seit der Mitte des 16. bis zum Ende des 17. Jahrhunderts in den meisten europäischen Ländern zur Bewaffnung der schweren Reiterei, aber auch vieler leichter Reiter. Zur Ausrüstung gehörten weiterhin eine Pulverflasche und ein Kugelbeutel bzw. eine Patronentasche mit papierumhüllten Ladungen sowie ein Radschloßschlüssel. Damit auch die Pistole im linken Holfter mit der rechten Hand besser erfaßt werden konnte, zeigte der Kolbenknauf nach vorn. Wegen der geringen wirkungsvollen Reichweite der Pistolen – 25 bis 30 Meter – mußten besondere Taktiken für den Reiterangriff entwickelt werden. Eine verbreitete Form war das «Caracolieren» (= eine «Schnecke machen», spanisch caracol). Nach dem frontalen Anreiten im Trab feuerte das erste Glied dicht vor dem Feind die Pistolen ab, schwenkte schnell zur Seite, ritt zurück und setzte sich hinter das letzte Glied und lud die Waffe neu.

Mannschaftssäbel *der Husaren, Mitte 18. Jahrhundert*
27 cm lange Rückenschneide; Klinge bezeichnet: «POTZDAM» und mit Adlerstempel; beiderseits Mitteleisen. Holzkörper der Scheide mit geschwärztem Leder überzogen; zwei bewegliche Trageringe.
Gl 105 cm; Kl 91 cm; Kb 3,9 cm; Pf 6,3 cm; G 920 g; L der Scheide 91,5 cm; G 660 g; Inv.-Nr. W 55.15

Offizierssäbel *der Husaren, 1740–1780*
Montmorency-Klinge; 15 cm lange Rückenschneide; auf dem Mitteleisen der Terzseite «FR».
Gl 97,3 cm; Kl 84 cm; Kb 2,7 cm; Pf 6 cm; G 750 g; Inv.-Nr. W 3403

Detail des Säbels Abb. S. 144

Ein Paar Radschloßpistolen, *deutsch, 1. Hälfte 17. Jahrhundert*
Schäfte mit großer Afterkugel als Gegengewicht und zum besseren Ergreifen der Pistolen, wenn sie in den Halftertaschen am Sattel steckten. An den Enden der Afterkugeln jeweils ein bärtiger Männerkopf geschnitzt; auf der Schloßgegenseite jeweils ein schlanker Tragehaken aus Eisen.
Gl 56,5 cm; L der Läufe 40 cm; K 12 mm; G je 2050 g; Inv.-Nr. W 56.4 a, b

Seit etwa 1650 führten die Reiter sogenannte Haudegen. Typisch sind besonders die herzförmigen oder zwei nierenförmige, geschlossene oder siebartig durchbrochene Stichblätter, ferner Griff-, Neben- und Daumenbügel. Charakteristisch sind auch kugelförmige Verdickungen in der Mitte der Bügel. Auf den Klingen befinden sich oft magische Zahlen und Zeichen.

Degen *mit einschneidiger Klinge, um 1700*
Gl 106,5 cm; Kl 91,6 cm; Kb 3,2 cm; G 950 g;
Inv.-Nr. W 3597

Haudegen, *Ende 17. Jahrhundert*
Auf der Terzseite zwischen einer Blume und einem Arm mit Säbel die Inschrift: «Vincere aut mori» (Siegen oder sterben) und «Verbum domini» (Das Wort des Herrn); auf der Quartseite «Romanus Broinis (?) Concordia Rex».
Gl 105 cm; Kl 91,5 cm; Kb 3,2 cm; G 740 g;
Inv.-Nr. W56.50

Degen, *deutsch, um 1700*
Klinge mit sechskantigem Querschnitt; Eisengefäß verzinnt; herzförmiges Stichblatt siebartig durchbrochen.
Gl 105 cm; Kl 89 cm; Kb 4 cm; G 1290 g;
Inv.-Nr. W 3598 (AD 14166)

Alle folgenden Glieder vollführten die gleichen Bewegungen. Ein Angriff auf die Flanke des Gegners wurde meistens in kleineren, einander folgenden Haufen ausgeführt.

Nach der ersten Schußabgabe aller Reiter konnte auch eine Attacke mit der blanken Waffe befohlen werden. Wurde eine Reiterformation angegriffen, war es wegen der Wucht des gegnerischen Vorstoßes ratsam, sofort gleichfalls zum Angriff anzutreten, möglichst mit der vorgestreckten blanken Waffe.

Die alte Gliederung der Kavallerie in Lanzierer, Kürisser und Reiterarkebusiere oder Bandelierreiter wurde in der zweiten Hälfte des 17. Jahrhunderts aufgegeben. Die Bewaffnung veränderte sich. So führten in der brandenburgischen Reiterei die Mannschaften einheitlich den Radschloßkarabiner am Bandelier, zwei Radschloßpistolen im Holfter und den Degen. Der Anteil der Reiterei war unter Kurfürst Friedrich Wilhelm in der Armee sehr hoch. Von 31 000 Mann Gesamtstärke im Jahre 1688 dienten 3868 als Reiter und 1449 als Dragoner.[333)] Das hatte seine Ursache zum Teil darin, daß man gegen große Kontingente an Reitern in anderen Armeen, beispielsweise bei den Polen, kämpfen mußte.

Die Einführung des Steinschlosses für Karabiner und Pistolen brachte nicht den gleichen Kampfeffekt wie bei der Infanterie. Nach wie vor blieb es schwierig, mit Feuerwaffen zu Pferde zu laden und zu schießen, wenn auch das Spannen des Schlosses vereinfacht war. Taktische Momente, die von der Schnelligkeit des anreitenden Gegners und der eigenen beim Angriff bestimmt wurden, ließen immer wieder Bedenken und Maßnahmen gegen den Einsatz der Feuerwaffen überhaupt laut werden. Wenn Reiter im Stand feindliche Kavallerie mit Karabinerfeuer abzuwehren versuchten, waren sie unterlegen, denn zum erneuten Laden war keine Zeit und die Wucht des Auftreffens der feindlichen Reiter brachte die eigenen Reihen ins Wanken. Deshalb hatte schon Fürst Leopold von Anhalt-Dessau verlangt, daß der Kavallerie das Feuern ganz untersagt werden müsse, und sie mit dem Degen in der Faust attackieren solle, sobald und so oft es die Gefechtssituation erlaube. Eine gleichartige Anweisung ist auch im Kavallerie-Reglement von 1727 enthalten. Die Entwicklung erfolgte also ganz entgegen der Grundsätze für die Infanterie, bei der das Feuergefecht den Vorrang vor dem Einsatz der Blankwaffen hatte. Im Rahmen der Lineartaktik bildete die Kavallerie in der Regel den Flankenschutz. Unter Friedrich II. bildeten die Kürassiere meistens das erste, die Dragoner das zweite und die Husaren das dritte Treffen. Das bedeutete, daß auch Dragoner und Husaren für den massierten Angriff ausgebildet wurden. Alle Reiter ritten dicht beieinander, Steigbügel an Steigbügel, die Eskadrons des ersten Treffens mit höchstens zehn Schritt Zwischenraum. Der Angriff begann mit einer kurzen Distanz im Schrittempo, dann folgten der Trab und ein verhaltenes Galoppieren und etwa 200 Schritt vor dem Feind dann die «volle Karriere».[334)] Angriff und nochmals Angriff war die Devise. «Es verbietet der König hierdurch allen Offizieren von der Cavallerie bei infamer Cassation sich ihr Tage in keiner Aktion vom Feind attaquiren zu lassen, sondern die Preußen sollen allemal den Feind attaquiren.»[335)]

Dragoner und Husaren wurden jedoch weiterhin auch für den Kampf zu Fuß ausgebildet. Das Exerzieren bei den Dragonern erfolgte nach dem Reglement der Infanterie. Der Einsatz der Blank- oder Feuerwaffen hing bei den Husaren weitgehend von der gestellten Gefechtsaufgabe ab. Bei der Attacke von Husarenaufgeboten gegen Infanterie sollten sich die Reiter weit auseinander ziehen und immer in Bewegung sein, damit sie nicht so leicht getroffen werden. Im Reglement für die Husaren von 1743 heißt es:[336)] «Beim Überfall auf feindliche Bagage, Transporte dem Kommandeur überlassen, Karabiner und Pistolen abzufeuern oder mit dem Säbel anzugreifen.» Es werden im Reglement die differenzierten Gefechtsaufgaben der Husaren deutlich: Angriff auf große oder kleinere feindliche Truppenkontingente, Angriff aus dem Hinterhalt, der Überfall, die Aufklärung und die Bewachung eigener Truppenkonzentrationen.

Ein geschlossener Angriff in Zügen erfolgte bei einer zweigliedrigen Aufstellung in folgender Weise:[337)] «Das 1te Glied den Carabiner abfeuret, hernach das 2te Glied vorrücket und auch den Carabiner abfeuret: Das 1ste Glied wieder vorrücket und eine Pistohle abfeuret, auch das 2te Glied wieder vorrücket und eine Pistohle abfeuret: . . .» In gleicher

Weise erfolgte das Abfeuern der zweiten Pistole. Die Problematik des Einsatzes der Hand- und Faustfeuerwaffen wird aber auch durch folgenden Text im Reglement deutlich[338]: «Weil aber überhaupt aus allem Husaren-Schiessen nichts wird, so müssen die Regimenter den Feind, wofern er schwächer wie sie sind, wohl geschlossen mit dem Säbel in der Faust attaquiren und vor sich wegjagen.» Die ganze Problematik macht deutlich, wie differenziert der Einsatz von Waffen in den einzelnen Waffengattungen, in Gefechten und großen Schlachten zu betrachten ist.

Kürassier- und Husarenkarabiner

Typisch brandenburgische Handfeuerwaffen für Reiter nachzuweisen, ist äußerst schwer. Karabiner wurden wie Pistolen und Infanteriegewehre aus verschiedenen Herstellungszentren bezogen. Ein erhaltener Radschloßkarabiner mit sogenanntem Paddelkolben[339] trägt auf der Laufoberseite und auf dem Schloßblech einen eingeschlagenen Adlerstempel. Der Stempel auf dem Lauf wird als brandenburgischer Beschußstempel gedeutet. Radschloßkarabiner mit Paddelkolben, jedoch ohne diese Adlerstempel, haben sich in mehreren Sammlungen erhalten,[340] darunter auch Exemplare mit der Beschaumarke von Suhl. Die Karabiner haben einen glatten Lauf von rundem, am Pulversack achtkantigem Querschnitt, mit Korn und eingeschobenem Visier. Der Hahn des Radschlosses hat eine bewegliche Unterlippe, das Rad wird bei dem Exemplar mit Adlerstempel durch eine Studel, die auf dem hinteren Radteil liegt, gehalten. Das Schloßblech verjüngt sich, entsprechend der Schmalheit des Kolbenhalses, sehr stark nach hinten. Der Abzugsbügel ist vorn muschelförmig erweitert, einige Exemplare haben einen Stecherabzug. Der ganze Schaft hat in Radhöhe eine starke Kröpfung, der Kolben ist stark abgeflacht und am Ende abgerundet. An der linken Schaftseite befindet sich eine gerade, gerundete, mit zwei Schrauben befestigte Laufstange (Gleitschiene) mit Ring zum Einhängen in den Karabinerhaken des Bandeliers. Die Gesamtlängen sind sehr unterschiedlich , sie reichen von 77[341] über 96[342] bis 103,5 Zentimeter[343], das Kaliber von 15 bis 18,5 Millimeter[344].

Am Ende der Regierungszeit des Kurfürsten Friedrich Wilhelm führte beispielsweise das Anhaltische Regiment zu Pferde neben zwei Radschloßpistolen bereits den «Flintenkarabiner mit gelbem Blech beschlagen», also einen Karabiner mit Steinschloß.[345] Die Reiterkarabiner müssen am Ende des 17. Jahrhunderts ziemlich lang gewesen sein, denn Fürst Leopold von Anhalt-Dessau empfahl nach der Schlacht bei Höchstädt (1703), sie zu kürzen. Auch gezogene Karabiner waren in dieser Zeit bei preußischen Reitern verbreitet. Im Jahre 1702 erhielt die Garde du Corps 240 gezogene Karabiner.[346] Wie in Frankreich seit 1690 so erhielten auch in preußischen Regimentern kleinere Trupps Karabiner mit gezogenen Läufen. Diese Reiter wurden vorwiegend für Aufklärungsaufgaben eingesetzt. Die Munition wurde von allen Reitern in Patronentaschen mitgeführt. Originale Karabiner aus der Regierungszeit Friedrichs I. können hier leider nicht vorgestellt werden, sie sind bislang nicht nachweisbar. Durch schriftliche Quellen ist belegt, daß bis 1713 bereits von dem Büchsenmacher Henoul aus Lüttich Karabiner bezogen wurden. Nach dem Inventar der Königlichen Rüstkammer Berlin von 1718 wurden mit Datum vom 20. November 1714 «78 gebrauchte Karabiner mit messige Beschlag. Schlösser Henoul.», eingeliefert.[347] Diese Lieferungen setzten sich verstärkt unter Friedrich Wilhelm I. fort. Es ist anzunehmen, daß diese Karabiner gleichartige Schlösser und Beschläge wie die Infanteriegewehre und Pistolen der Lieferungen von Henoul gehabt haben. Auch hier fehlt ein erhaltenes Originalgewehr.

Der genaue Zeitpunkt des Beginns der Produktion von Kürassierkarabinern in der Manufaktur Potsdam-Spandau ist nicht bekannt. In einem Kontrakt vom 14. September 1731 mit der Gewehrmanufaktur in Potsdam wurde festgelegt, für 60 Eskadrons Kavallerie je 132 Karabiner anzufertigen.[348)] Das ist die erste überlieferte Nachricht über Potsdamer Karabiner, die die Bezeichnung M 1731 erhielten. Diese Karabiner sollen 133 Zentimeter lang gewesen sein und ein Kaliber von 17 bis 18 Millimeter gehabt haben.[349)] Arnold Wirtgen weist einen dieser Karabiner, jedoch in gekürzter Form, nach[350)] Die Länge beträgt nur 96,5 statt 133 Zentimeter. Ein ebenfalls gekürztes Exemplar eines Kürassierkarabiners M 1731 besitzt das Zeughaus Berlin. Die Gesamtlänge beträgt hier sogar 107,5 Zentimeter. Die Maße von Einzelteilen stimmen, bis auf ganz geringe Toleranzen, mit den bei Wirtgen angegebenen überein. Zum Vergleich seien sie hier aufgeführt:

Lauflänge (nach Kürzung)	68,5 Zentimeter
Schloßblechlänge	15,7 Zentimeter
Schloßblechhöhe	2,7 Zentimeter
Schlangenlänge	14,4 Zentimeter
Abzugsbügellänge	27 Zentimeter
Schlangenbreite	11 Zentimeter
Röhrchenlänge	3,4 Zentimeter
Spitzröhrchenlänge	11 Zentimeter
Daumenblechlänge	4 Zentimeter
Daumenblechbreite	3 Zentimeter
Kolbenblechhöhe	11,1 Zentimeter
Kolbenblechbreite	5 Zentimeter
Kaliber	17 Millimeter
Gewicht	3000 Gramm

Kurz hinter der Mündung des runden, glatten Laufes sind später elf kurze Züge imitiert worden. Auch das rechteckige Korn mit eingeschobenem Kornfuß scheint später ergänzt worden zu sein. Das Schloßblech trägt die Bezeichnung «POTZDAM MAGAZ» und «S et D». Der Schaft mit Kuhfußkolben hat spitz auslaufende Schaftverschneidungen. Auf der rechten Kolbenseite ist ein sechsstrahliger Messingstern eingelegt, vermutlich eine spätere Ergänzung. Die Laufschiene fehlt, der Abdruck des Ringes ist noch zu erkennen. Die Beschläge bestehen aus Messing. Das Nasenband besitzt eine Stirnfläche; die Röhrchen sind sechseckig, am Spitzröhrchen befindet sich eine Haltefeder für den Ladestock. Am gerundeten Teil des Abzugsbügels vorn befindet sich eine Öse für den hinteren Riemenbügel. Der vordere Bügel aus Messing scheint ergänzt zu sein. Das Daumenblech trägt die Chiffre «FR» mit Krone. Der 67 Zentimeter lange Ladestock hat am Kopf einen Messingüberzug, am unteren Ende ein Gewinde für den Krätzer. Zu dem meist braunen, aus Nußbaum bestehenden Karabiner gehört ein rotjuchtener Gewehrriemen.

Arnold Wirtgen konnte in einem Katalog aus dem Jahre 1986 einen vermutlich in ursprünglicher Länge erhaltenen Kürassierkarabiner M 1731 vorstellen.[351)] Das Exemplar trägt auf dem Daumenblech noch die Chiffre Friedrich Wilhelms I. («FWR»). Es ist 129 Zentimeter lang, hat eine Lauflänge von 93 Zentimetern, eine Schloßblechlänge von 15,5 Zentimetern, ein Kaliber von 17 Millimetern und wiegt 3200 Gramm. Dieses Exemplar aus

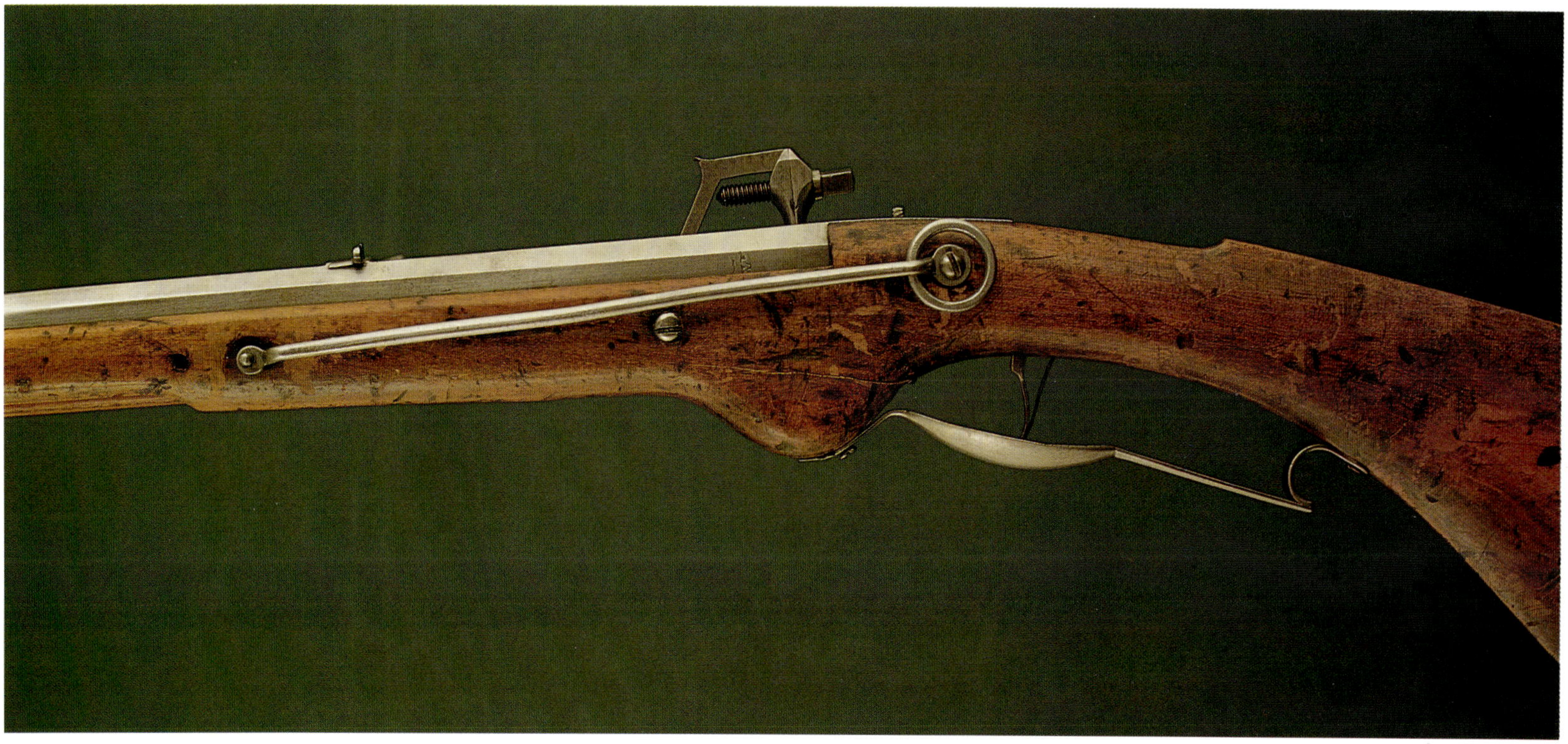

Radschloßkarabiner, *Suhl, 3. Viertel 17. Jahrhundert*
Die brandenburgischen «Harquebusier-Reiter» (von Arkebuse = leichtes Radschloßgewehr) oder «Reuter» führten neben Degen und zwei Pistolen einen Radschloßkarabiner, der an einem Schulterbandelier hing. Der flache, sogenannte Paddelkolben eignete sich gut für den Reiter, der nach Abgabe des Schusses den Karabiner frei am Bandelier hängen ließ und dann mit Pistolen oder Degen kämpfte.

Lauf mit Beschaumarken von Suhl «SVL» und Henne sowie Meistermarke «E K».
Gl 103,5 cm; L des Laufes 67,7 cm; K 15 mm; G 2400 g (Laufschiene fehlt); Inv.-Nr. W 64.71

Lauf mit Beschaumarken von Suhl «SVL» und Henne sowie Meistermarke «K» über drei Sternen.
Gl 103 cm; L des Laufes 67,4 cm; K 15 mm; G 2250 g; Inv.-Nr. W 866 (AD 9047)

Detail von Abb. S. 152 rechts, Schloßgegenseite mit Laufschiene

einer Privatsammlung hat runde Schaftverschneidungen und führt noch die Laufstange. Das Schloßblech ist mit «POTZDAM MAGAZ» und «S et D» gekennzeichnet.

Mit dem Kürassierkarabiner M 1731 wurden auch die Husarenregimenter v. Zieten und v. Bandemer, die 1742 aufgestellt wurden, bewaffnet. 1787 wurde für Dragoner und Kürassiere ein gleichartiger Karabiner eingeführt. Der Schaft erhielt eine Kolbenbacke; das Daumenblech entfiel und der Namenszug wurde auf dem Kolbenblechfortsatz eingraviert. Die etwas verlängerte Laufstange erhielt eine Schweifung. Das Kaliber betrug weiterhin 17 bis 18 Millimeter. Im allgemeinen hatten die Kürassierkarabiner zylindrische und keine konischen Zündlöcher, jedoch gibt es einige Ausnahmen. Bei den Husaren waren unter Friedrich II. Karabiner mit glatten Läufen in drei verschiedenen Längen gebräuchlich. Zur Unterscheidung werden sie in lange, mittlere und kurze Karabiner eingeteilt. Die langen sind, wie bereits ausgeführt, mit den Kürassierkarabinern M 1731 identisch. Die beiden anderen werden mit der Modellbezeichnung M 1742, dem Jahr ihrer Auftragserteilung durch Friedrich II. an die Firma Splitgerber und Daum in Potsdam, bezeichnet. Die Husarenregimenter waren nicht gleichmäßig mit Karabinern bewaffnet. Nur das 7. Regiment trug einheitlich den mittleren Husarenkarabiner M 1742.

Mittlerer und kurzer Karabiner gleichen im äußeren Erscheinungsbild auch dem Kürassierkarabiner M 1731. Sie haben Kuhfußkolben, Laufstange, Messingbeschläge und Kenn-

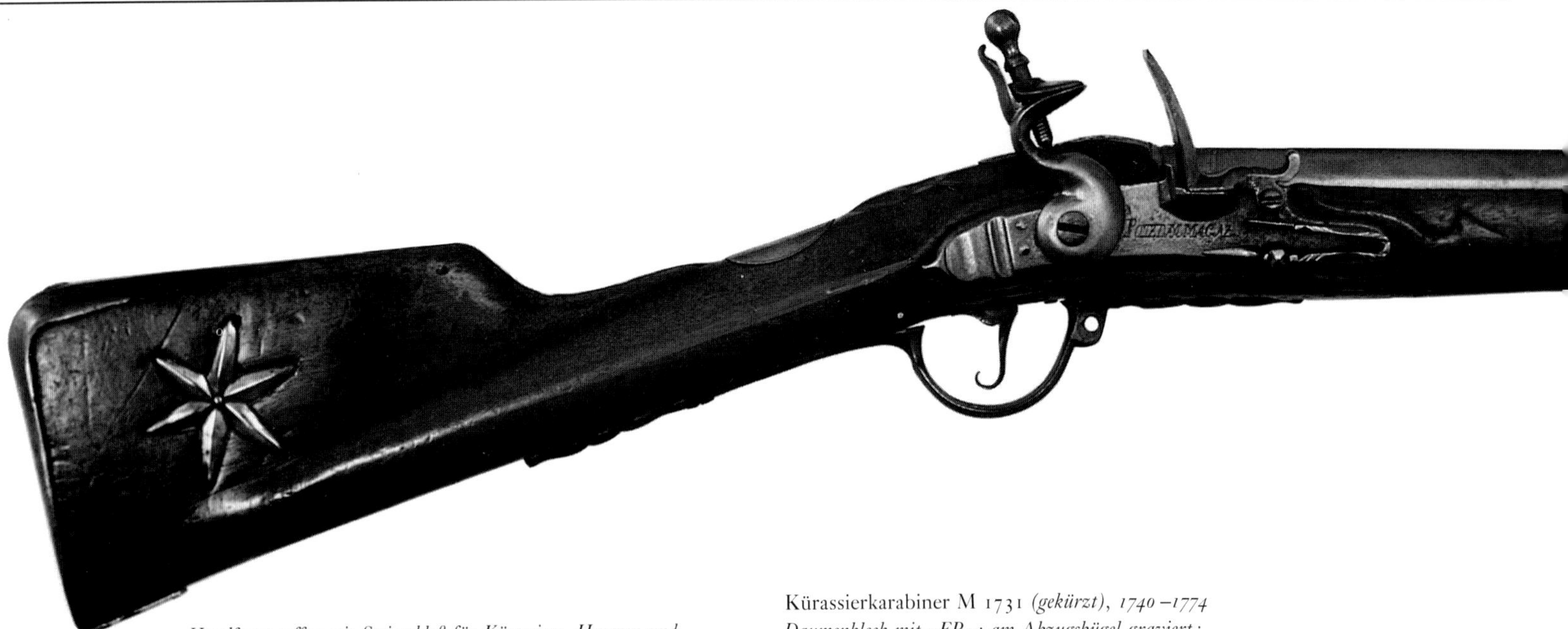

Handfeuerwaffen mit Steinschloß für Kürassiere, Husaren und Dragoner wurden mit einer Laufstange oder Gleitschiene an der Schloßgegenseite versehen. Auf dieser Stange befand sich ein beweglicher Ring, in den der Karabinerhaken des Bandeliers einschnappte, so daß nach dem Schuß die Waffe daran hängen bleiben und der Reiter zur Pistole oder Blankwaffe greifen konnte.

Kürassierkarabiner M 1731 *(gekürzt), 1740–1774*
Daumenblech mit «FR»; am Abzugsbügel graviert: [M · V · G ·»; rautenförmig auslaufende Schaftverschneidungen, nur ein Röhrchen und ein Spitzröhrchen; Schloßblech bezeichnet: «POTZDAM MAGAZ» und «S et D» (Splitgerber und Daum); Laufstange fehlt.
Gl 107,5 cm; L des Laufes 68,5 cm; K 17 mm; G 3000 g; Inv.-Nr. W 57.249

zeichnung der Manufaktur auf dem Schloßblech. Der mittlere Husarenkarabiner hat drei, der kurze zwei Ladestockröhrchen. Die Gesamtlänge des ersten beträgt um 124/125, die des zweiten um 90 bis 92 Zentimeter, die Lauflänge um 84/85 bzw. um 52 Zentimeter, das Kaliber 16,5 bis 17 Millimeter, das Gewicht um 3950 bzw. 2300 bis 2650 Gramm. Die Bezeichnung «D S E» am unteren Schrägrand des Schloßbleches bestätigt, daß mittlere und kurze Husarenkarabiner auch noch in gleicher Form zwischen 1775 und 1786 in Potsdam hergestellt wurden. Auch bei den Husarenkarabinern wurden 1787 Änderungen vorgenommen. Sie erhielten zum Teil neue Schäfte mit Kolbenbacke, das Daumenblech entfiel und das Monogramm des Königs wurde auf den Kolbenblechfortsatz graviert. Neu gefertigte Ladestockröhrchen hatten eine nach vorn sich erweiternde Öffnung. Umgeänderte Waffen werden als mittlere oder kurze Husarenkarabiner mit glattem Lauf M 1742/87 bezeichnet.

Mittlere und lange Karabiner wurden in einem Futteral, das an der rechten Seite des Pferdes am Sattel hing, mitgeführt, oder sie steckten mit der Laufmündung in einem Schuh.[352)] Kurze Karabiner hingen meistens am Bandelier, lange und mittlere wurden erst kurz vor dem Gefecht daran befestigt.

Im Jahre 1742 erhielten zehn Schützen jeder Husaren-Eskadron Karabiner mit gezogenen Läufen. Von diesen Husarenbüchsen M 1742 gab es zwei Ausführungen, längere und kürzere.[353)] Der Lauf besaß acht Züge und war achtkantig; das Visier befand sich auf dem Laufstangenring. Alle anderen Teile stimmten mit den Karabinern mit glattem Lauf überein. Im Zuge allgemeiner Erneuerung der Hand- und Faustfeuerwaffen 1787 wurde auch eine neue Husarenbüchse eingeführt. Sie war nur 70 bis 72 Zentimeter lang, der Lauf maß nur 32 bis 33 Zentimeter. Dieser hatte acht Züge, ein Standvisier mit einer Klappe und ein Messingkorn. Der Schaft hatte keine Ladestocknut mehr. Der Ladestock hatte eine Öse und hing am Bandelier. Diese Neuerung war eine Schlußfolgerung aus der Tatsache, daß der Ladestock beim Hang des Karabiners mit der Laufmündung nach unten zu häufig

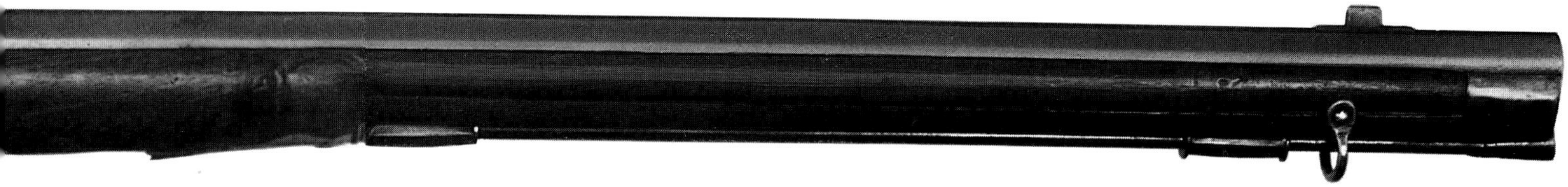

Die Bewaffnung mit Karabinern war bei den Husaren sehr differenziert. Es werden Karabiner mit gezogenem Lauf, lange, mittlere und kurze Karabiner verschiedener Modelle sowie Husarenbüchsen unterschieden. Alle Karabiner hatten eine Laufstange mit Ring zur Befestigung am Karabinerhaken des Bandeliers.

Kurzer Husarenkarabiner M 1742, *1775–1786*
Schloßblech bezeichnet: «POTZDAM MAGAZ» und «D S E»; Daumenblech mit «FR»; Kolbenblech bezeichnet: «1 E N 98» (1 Eskadron, Karabiner-Nr. 98)
Gl 90,5 cm; L des Laufes 52,3 cm; K 17 mm; G 2380 g;
Inv.-Nr. W 3799 (AD 3460)

Kurzer Husarenkarabiner M 1742, *1775–1786*
Schloßblech bezeichnet: «POTZDAM MAGAZ» und «D S E»; Daumenblech mit «FR».
Gl 91 cm; L des Laufes 52,2 cm; K 16,8 cm; G 2250 g;
Inv.-Nr. W 2068 (AD 3459)

Husarenbüchse M 1787
Achtkantiger Lauf mit acht Zügen; Kolbenblech mit dem Abnahmestempel des Fabrikenkommissars Nortmann; Laufstange fehlt. Büchse besitzt noch Ladestock unter dem Lauf,
bei anderen Husarenbüchsen M 1787 nicht mehr üblich.
Gl 70 cm; L des Laufes 32,3 cm; K 15 mm; G 2320 g;
Inv.-Nr. W 57.259

verloren gegangen war. Bei umgearbeiteten Modellen mit gleichbleibendem Schaft blieb der Ladestock auch weiterhin im Schaft. Die Schußleistungen des kurzen Karabiners mit gezogenem Lauf wurden hoch eingeschätzt. Zunächst erhielten die Regimenter No. 1, 4, 5, 6, 8 den Husarenkarabiner M 1787, im folgenden Jahr auch die Regimenter No. 2, 3 und 7. Die Büchse wurde bei den Husaren 1813 durch die Kavalleriebüchse M 1811 abgelöst.

Umänderungen von 1787 und die Konstruktion des Nothardt-Gewehres M 1801 hatten Einfluß auf die Fertigung eines neuen Karabiners, der als Karabiner 1801 bezeichnet wird. A. Wirtgen[354)] stellt mehrere unterschiedliche Formen dieses Karabiners vor, bei denen zum Teil ältere Karabinerteile verwendet wurden. Unter den Originalen, zu denen auch zwei Karabiner des Zeughauses Berlin gehören, überwiegen die Waffen, die umgeändert worden sind. Eine grundsätzlich neue Form hat bei allen Karabinern die Laufstange. Sie ist vorn mit einem Laufring befestigt, nach der hinteren Rundung geht sie in ein zur Mündung gerichtetes Flachband über, das in ein Lager des Schaftes eingelassen ist. Das vordere Ende dieses Bandes wird mit der hinteren Schloßschraube befestigt. Eine zweite Halteschraube geht quer durch den Schaft; der Schraubenkopf sitzt unmittelbar hinter dem Schloßblech und ist in eine herzförmige versenkte Unterlegscheibe eingelassen, die aus Messing besteht. Die doppelte Verschraubung sicherte den festeren Sitz der Laufstange, deren eine Schraube bisher beim Fallen des Karabiners in den Hang stark beansprucht war und zur Lockerung des Schlosses beitrug. Die Grundtendenz in der Fertigung des Karabiners läßt den Verzicht auf alle Verzierungen erkennen. Der schwarz gebeizte Schaft mit Kolbenbacke ist ohne Verschneidungen, Vorder- und Hinterblatt des Abzugsbügels haben glatte Ränder, die Kolbenkappe mündet in eine kurze Kolbennase.

Von den bekannten Karabinern 1801 sind die Schloßbleche teils mit «POTZDAM MAGAZ» und «D S E» und mit «POTZDAM MAGAZ» und «G. S.» gekennzeichnet. Bei den «DSE»-Waffen handelt es sich um umgeänderte Karabiner, für die völlig neue Schäfte gefertigt wurden. Die mit «G. S.» gekennzeichneten Waffen dürften zwischen 1801 und 1806 hergestellt worden sein. Durch bekannte Exemplare sind mehrere Eskadrons nachgewiesen, die diese Karabiner führten. Auf der Kolbenkappe stehen folgende Truppenbezeichnungen: «3. E. N. 84» (= 3. Eskadron, Waffe Nr. 84), «2. E. N. 91», «4. E. N. 23» und «4. E. N. 58». Diese Stempelung läßt den Schluß zu, daß dieser Karabiner in größerer Zahl verbreitet gewesen sein muß. Eine Kennzeichnung mit dem Namenszug des Königs erfolgte auf diesen Waffen nicht mehr. Nachstehend sollen die Maßangaben der beiden Berliner Karabiner 1801 aufgeführt werden:

	Inv.-Nr. W 4709	Inv.-Nr. W 4710
Gesamtlänge	91,0 Zentimeter	91,0 Zentimeter
Lauflänge	52,1 Zentimeter	52,0 Zentimeter
Schloßblechlänge	14,8 Zentimeter	14,5 Zentimeter
Schloßblechhöhe	2,8 Zentimeter	2,8 Zentimeter
Kornlänge	3,0 Zentimeter	2,7 Zentimeter
Nasenbandlänge	2,2 Zentimeter	2,1 Zentimeter
Röhrchenlänge	3,5 Zentimeter	3,7 Zentimeter
Spitzröhrchenlänge	6,5 Zentimeter	6,4 Zentimeter
Schlangenlänge	9,5 Zentimeter	8,2 Zentimeter
Laufstangenlänge	30,0 Zentimeter	29,7 Zentimeter
Abzugsbügellänge	18,7 Zentimeter	19,0 Zentimeter

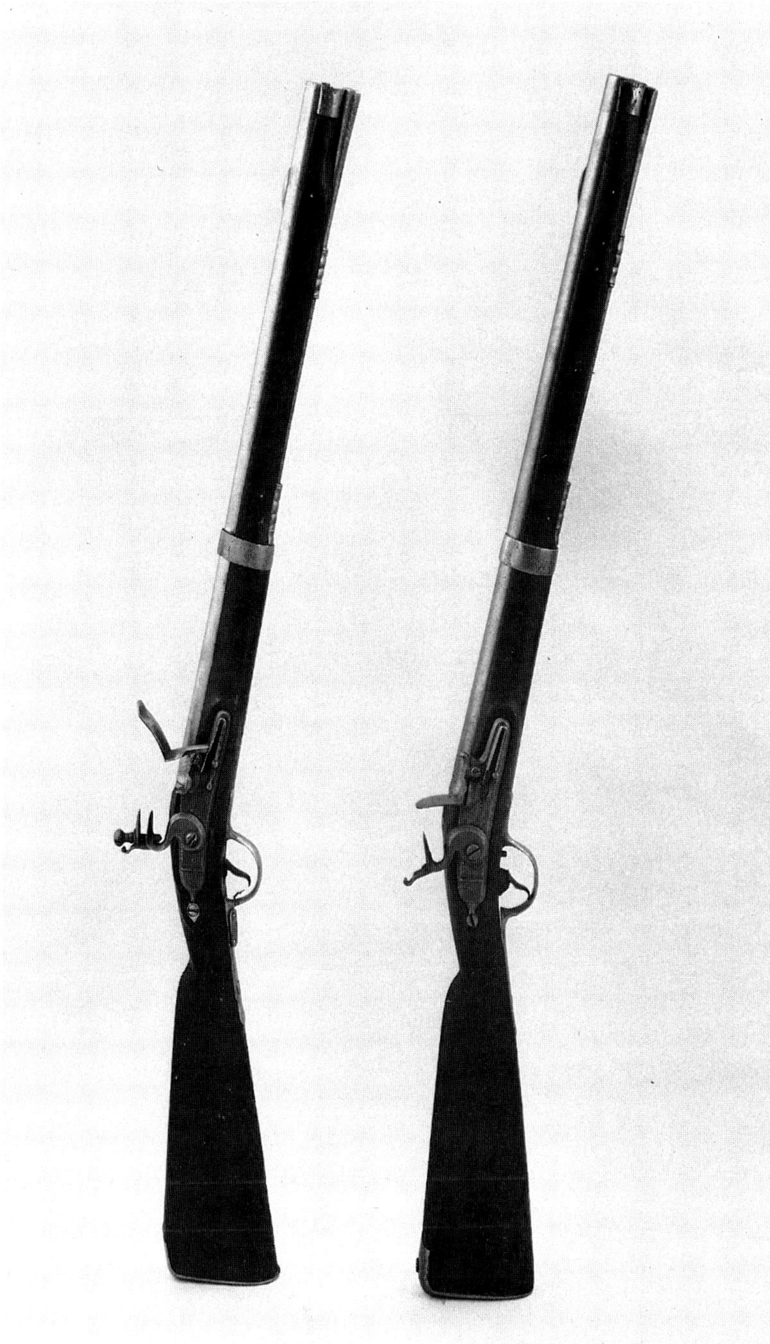

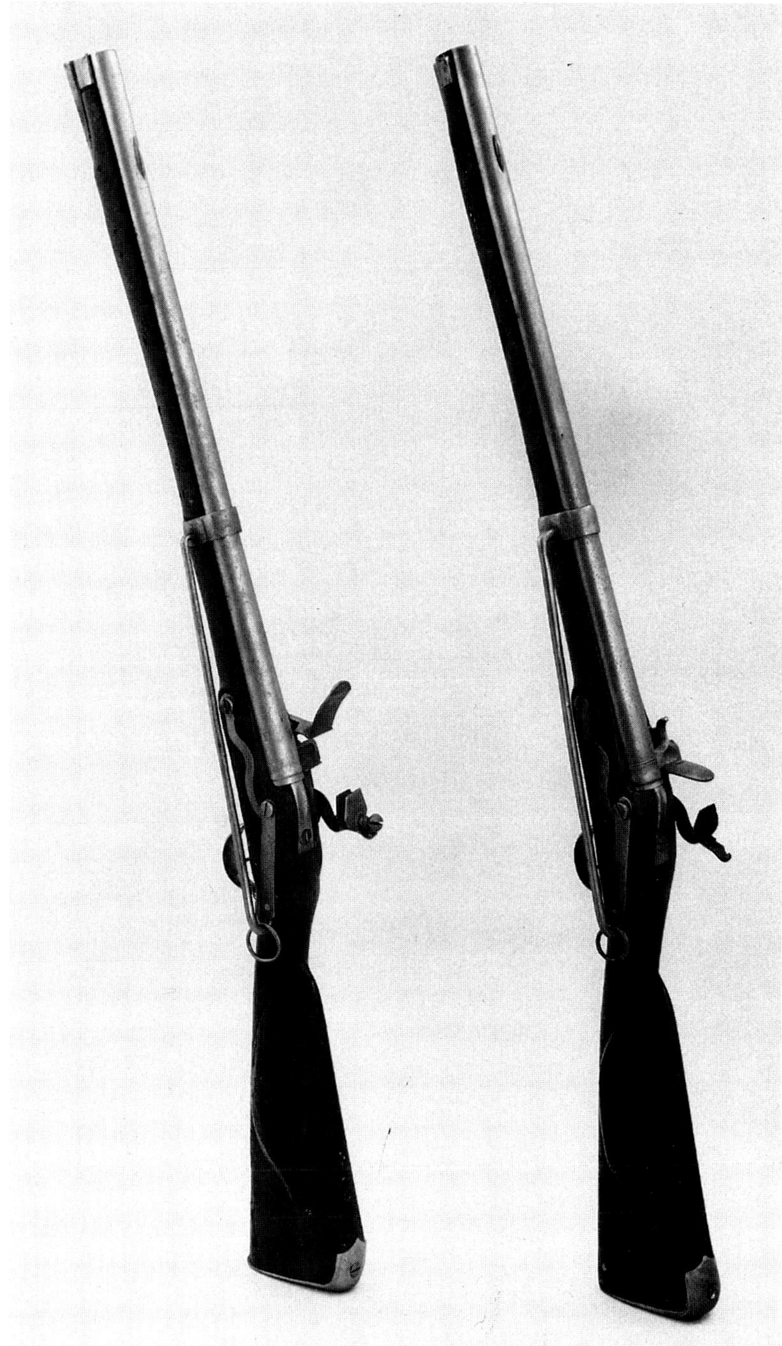

Karabiner 1801

Gleiche Kennzeichnung wie Abb. rechts; in Kolbenkappe graviert: «4. E N 23.» (4. Eskadron, Waffen-Nr. 23). Gl 91 cm; L des Laufes 52 cm; K 17 mm; G 2700 g; Inv.-Nr. W 4710

Die gewulsteten Röhrchen stammen von älteren preußischen Karabinern. Die Kennzeichnung des Schloßbleches mit «DSE» (Fertigung bis 1795) läßt ebenfalls erkennen, daß altere Karabinerteile bei der Umänderung verwendet wurden.

Karabiner 1801

Auf dem Lauf Adlerstempel; Schloßblech bezeichnet: «POTZDAM MAGAZ» und «D S E»; in Kolbenkappe graviert: «4. E N 58.» Gl 91 cm, L des Laufes 52,1 cm, K 17 mm, G 2430 g, Inv.-Nr. W 4709

Schloßgegenseiten der Karabiner

Kolbenblechhöhe	10,4 Zentimeter	10,3 Zentimeter
Kolbenblechbreite	4,4 Zentimeter	4,4 Zentimeter
Ladestocklänge	52,1 Zentimeter	51,8 Zentimeter
Kaliber	17,0 Millimeter	17,0 Millimeter
Gewicht	2430 Gramm	2700 Gramm

Stempel und Marken sind in der Übersicht auf den Seiten 225–229 enthalten.

Mangelnde Aufträge führten dazu, daß zeitweise sogar Zivilwaffen produziert wurden. Eine in Privatbesitz[355)] befindliche, reich verzierte kurze Büchse trägt auf dem Lauf den Abnahmestempel der Potsdamer Manufaktur, ein gekröntes «S»[356)]. Der gebläute Lauf hat acht Züge, Messingkorn und eingeschobenes Visier. In Höhe der Pulverkammer ist ein ornamental umrahmtes «M» in Silber tauschiert. Das Schloßblech ist leicht gewölbt, die Hahnmitte durch ein geschnittenes Blattornament belebt. Die Messingbeschläge sind reich verziert: am Abzugsbügel weibliche Gestalt mit Amphora, darüber ein Baldachin; auf der Kolbenkappennase reliefierte Kartusche aus Rocaillen und Früchtekorb. Der Schaft ist sparsam mit Beineinlagen verziert. Die Länge des Karabiners beträgt nur 68,2 Zentimeter, die Lauflänge 32,3 Zentimeter, das Kaliber 15 Millimeter. Man ist geneigt, diesen Maßen nach zu urteilen, an eine Waffe eines Husarenoffiziers zu denken, jedoch fehlt die Laufstange. Falls nicht nur der Lauf, sondern der gesamte Karabiner in Potsdam-Spandau gefertigt wurde, ist die Waffe ein Beleg für die meisterhafte Qualität ziviler Handfeuerwaffen dieser Manufaktur.

Kavalleriepistolen

Mit der Aufnahme der Produktion in Potsdam-Spandau stellte die Firma Splitgerber und Daum neben Gewehren auch Pistolen her.[357)] Vorbild für das Modell 1723 bildete die Henoul-Pistole 1713. Ein erhaltenes Exemplar dieses Modells[358)] hat nicht mehr die ursprüngliche Länge. Sie wurde vermutlich 1787/89 gekürzt. Die typischen Formmerkmale des Schlosses und der Beschläge entsprechen denen des Gewehrs M 1723. Einige seien nochmals erwähnt: Das bananenförmige Schloßblech ist gekennzeichnet mit «POTZDAM MAGAZ» und auf der abgeschrägten unteren Schmalseite «S et D»; das Daumenblech trägt die Chiffre «F W R»; die Batteriefeder läuft spitz aus; für die Schäfte wurde Nußbaumholz verwendet; die Schaftverschneidungen laufen spitz aus; der Ladestock ist aus Holz, die Beschläge sind aus Messing, die gerundeten Ladestockröhrchen haben wulstige Erhöhungen; der Abzugsbügel ist zweimal längs gekehlt. Die Kolbenkappe der Pistole wurde mit einem großen Nagel, der einen etwa rechteckigen Nagelkopf hat, befestigt; durch den abgeflachten Nagelschaft lief quer eine Halteschraube.

Ein neues Pistolenmodell läßt sich durch einen großen Auftrag, der durch einen Kontrakt vom 14. September 1731 mit der Gewehrfabrik in Potsdam abgeschlossen wurde, festlegen. Hiernach sollten neben Karabinern für 60 Eskadrons Kavallerie und 42 Eskadrons Dragoner je 146 Paar Pistolen hergestellt werden.[359)] Diese hohe Zahl der bestellten Faustfeuerwaffen kommt einer Neubewaffnung mit Pistolen gleich. Die Grundform der Pistole M 1731 ähnelt der von 1723. Neue äußere charakteristische Merkmale sind: rautenförmige Schaftverschneidungen, der Länge nach kantige Ladestockröhrchen; großer runder Nagelkopf auf der Kolbenkappe; Schlange mit abgeschrägten Schmalseiten nur halb in den Schaft eingelassen. Wie bei Gewehren erhielt das Schloß Ende der dreißiger Jahre ein kleineres Schloßblech.

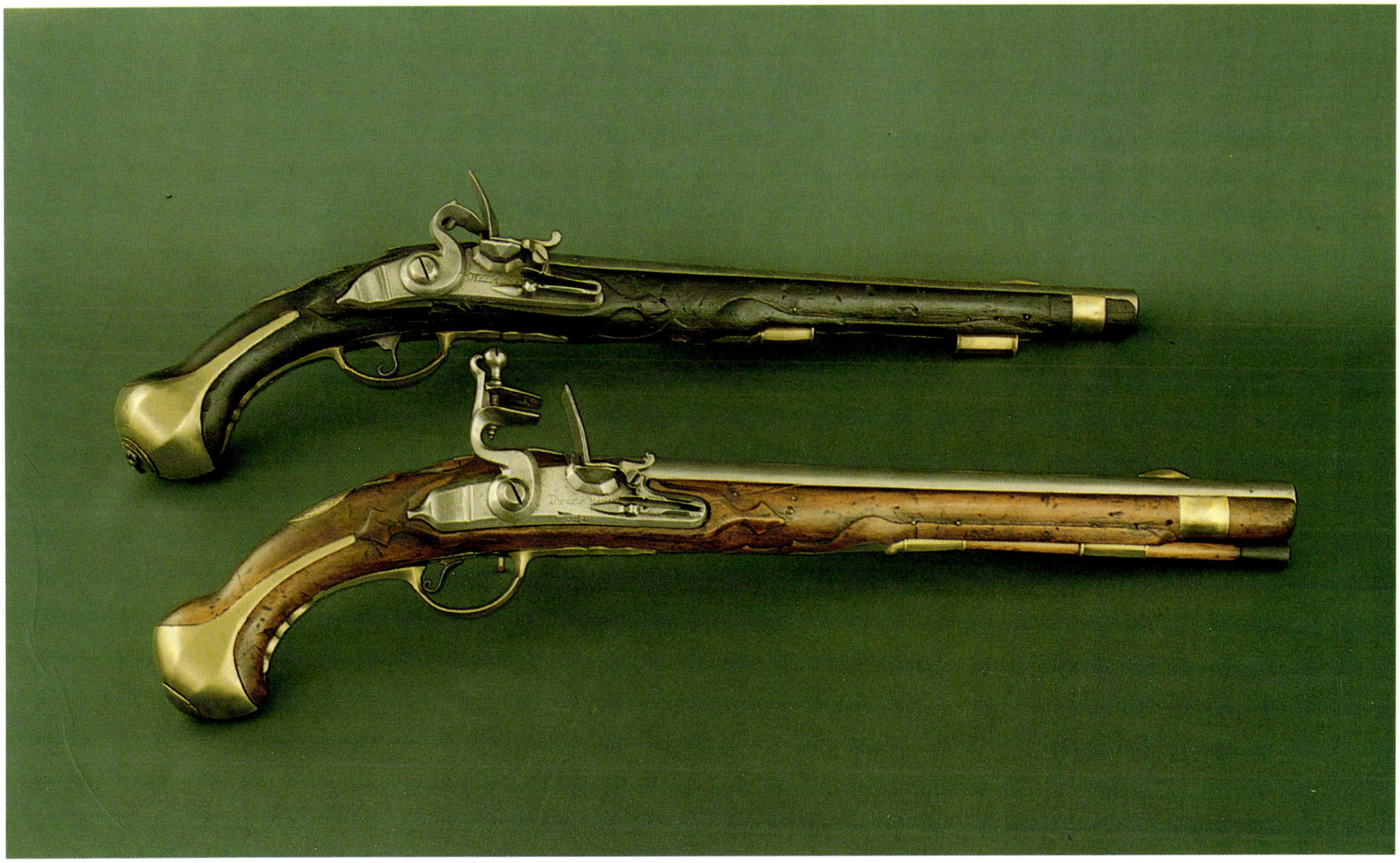

Kavalleriepistole M 1731 *(ungekürzt)*
Daumenblech mit «FWR» (Friedrich Wilhelm I.), rautenförmig auslaufende Schaftverschneidungen; Schloßblech bezeichnet: «POTZDAM MAGAZ» und «S et D».
Gl 56,3 cm; L des Laufes 37,4 cm; K 17 mm; G 1700 g; Inv.-Nr. W 59.510

Kavalleriepistole *M 1731 (ungekürzt)*
Daumenblech mit «FR» (Friedrich II.); Schloßblech bezeichnet: «POTZDAM MAGAZ» und «S et D»; rautenförmig auslaufende Schaftverschneidungen.
Gl 56,5 cm; L des Laufes 37 cm; K 17 mm; G 1630 g; Inv. Nr. W 1363 (AD 3465)

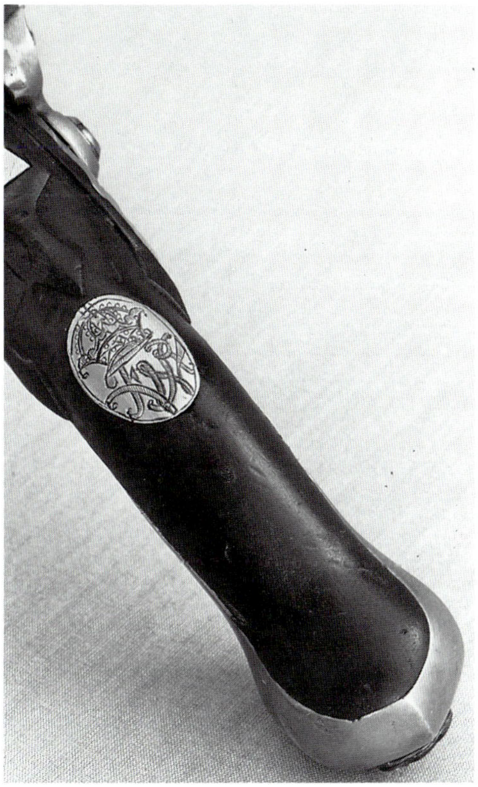

Daumenblech mit «FWR» der Abb. oben

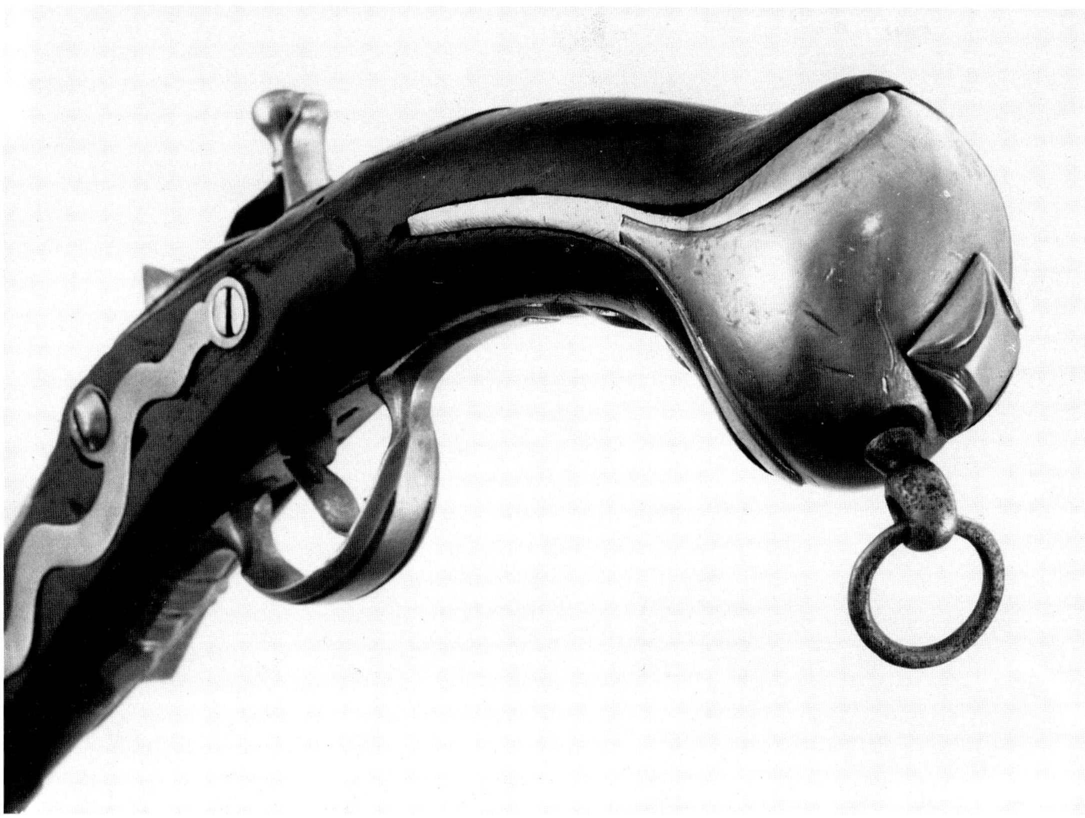

Kolben der Pistole von Abb. S. 160 oben

Das Pistolenmodell 1731 wurde bis in die 70er Jahre des 18. Jahrhunderts – leicht an den typischen rautenförmig auslaufenden Schaftverschneidungen zu erkennen – gefertigt. Die Kolbenkappe erhielt jedoch statt der breiten gerundeten eine abgeflachte schmalere Form. Die Batteriefeder läuft rund aus. Das Daumenblech erhielt nach dem Regierungsantritt König Friedrichs II. die Chiffre «FR». Die alte Kennzeichnung «FWR» wurde in der Regel vorher abgeschliffen.

Daß auch Aufträge an Lieferanten und Büchsenmacher aus anderen Städten als Potsdam vergeben wurden, beweisen nicht nur schriftliche Quellen.[360)] Das Zeughaus Berlin besitzt eine Pistole M 1731 mit der Bezeichnung «LEHR A BERLIN» auf dem Schloßblech. Auf der Innenseite des Schloßbleches befindet sich die Meistermarke HL/B, darüber drei Punkte (H. Lehr aus Berlin). Ein Fabrikant Lehr aus Suhl hatte «Feldjägerbüchsen»[361)] an preußische Truppen geliefert, wie aus einem Bericht der Königlichen Gewehrfabrik vom 17. 6. 1758 hervorgeht.

Seit 1723 wurden in Potsdam auch Pistolen hergestellt. Das Steinschloß eignete sich gut für die Handhabung der Waffe zu Pferde. Bei der geringen wirksamen Schußweite von 25 bis 30 Metern konnten jedoch beim Angriff nur zwei Schuß abgegeben werden, ein erneutes Laden im Angesicht des Feindes war nicht zu empfehlen. Friedrich II. verbot zeitweise das Feuern vom Pferde aus und forderte den Angriff mit der blanken Waffe.

Kavalleriepistolen *M 1742*
Schloßblech bezeichnet: «POTZDAM MAGAZ» und «S et D»;
Daumenblech mit «FR»; Kolbenkappe mit Tragering.
Gl 55,5 cm; L des Laufes 37 cm; K 17 mm; G 1680 g;
Inv.-Nr. W 59.306

Lauf mit Adlerstempel; Schloßblech bezeichnet: «POTZDAM MAGAZ» und «S et D»; Daumenblech mit «FR», an der Kolbenkappe graviert: «I · E / No. 155». Loch für Ringöse verschlossen.
Gl 56,2 cm; L des Laufes 36,5 cm; K 17 mm; G 1680 g;
Inv.-Nr. W 59.4111 (AD 3467)

Schloßblech bezeichnet: «POTZDAM MAGAZ» und «S et D»;
Daumenblech mit «FR».
Gl 56,4 cm; L des Laufes 37 cm; K 17 mm; G 1630 g;
Inv.-Nr. W 59.305

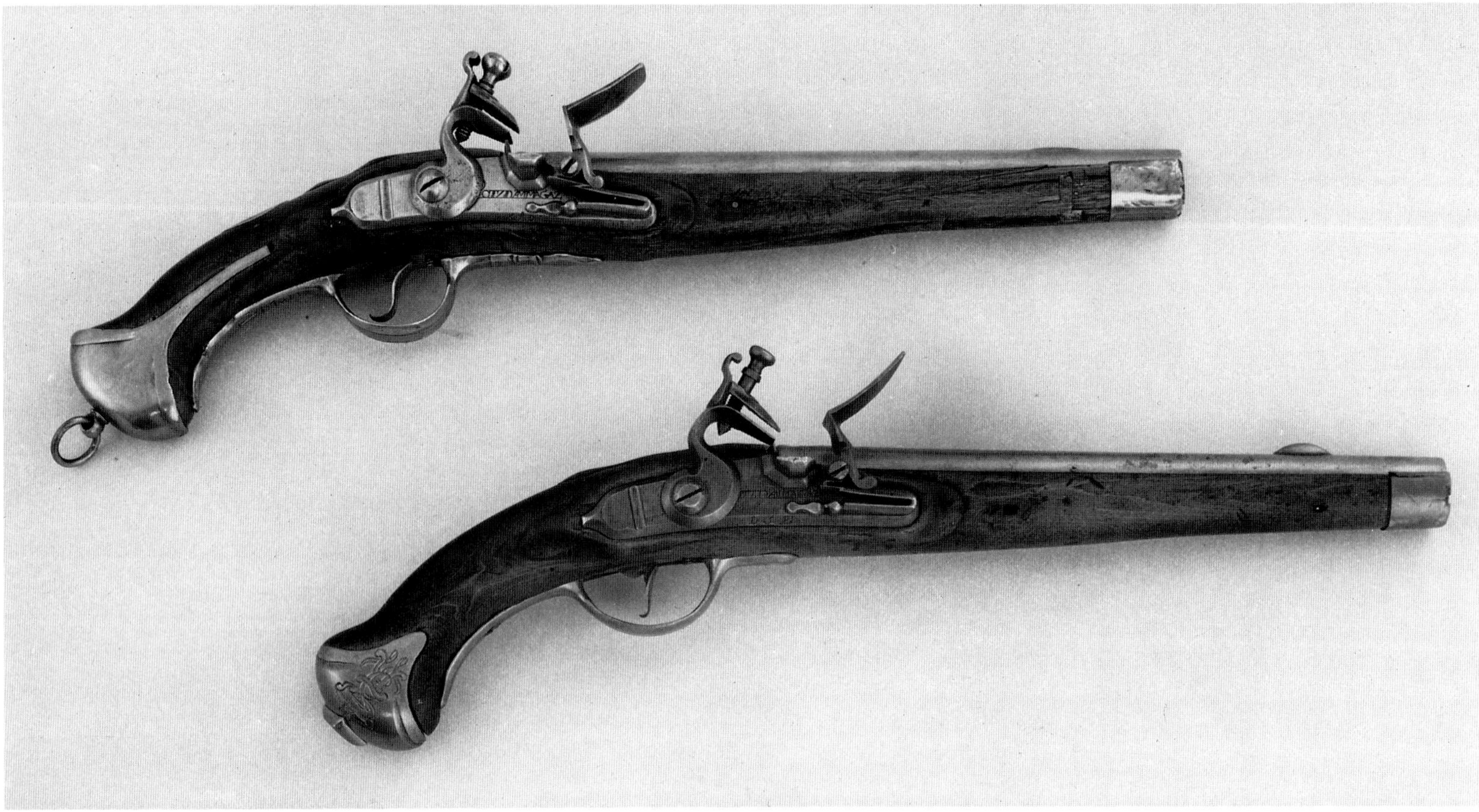

Kavalleriepistole M 1742, *umgeändert zu M 1789*
Schloßblech bezeichnet: «POTZDAM MAGAZ» und «S et D»; Adlerstempel auf dem Lauf; Ladestocknut später mit Holz ausgefüllt.
Gl 58 cm; L des Laufes 31 cm; K 17 mm; G 1570 g; Inv.-Nr. W 1323 (08.166)

Pistole M 1789
Bei diesem Modell steckte der Ladestock nicht mehr in Ladestockröhrchen, sondern der jetzt eiserne Ladestock hing mit einem Lederband am Patronenbandelier, ab 1804 am Sattel. Das Monogramm des Königs wurde auf der Kolbenkappe eingraviert. Schloßblech bezeichnet: «POTZDAM MAGAZ» und «D S E» (David Splitgerbers Erben); auf dem hinteren Arm des Abzugsbügels Abnahmestempel des Fabrikenkommissars Nortmann.
Gl 49,8 cm; L des Laufes 29,5 cm; K 17 mm; G 1410 g; Inv.-Nr. W 59.512

Nur geringe Veränderungen weist die preußische Pistole M 1742 auf. Das Schloßblech ist verkleinert, die Ladestockröhrchen sind zylindrisch geformt und haben an den Enden Querprofile; in der Kolbenkappe ist eine knopfartige eiserne Öse mit Hals vernietet, in der ein beweglicher Eisenring sitzt, der zum Aufhängen geeignet war oder ein Trageband aufnahm. Dieses konnte um das Handgelenk geschlungen, am Sattel oder Halfter befestigt sein.

Die Bestellung von 1000 Pistolen für neu errichtete Husarenregimenter im Jahre 1742 läßt den Schluß zu, daß diese Pistolen speziell für die Husaren gedacht waren. Nach dem Schuß konnte der Husar, wenn höchste Eile geboten war, die Pistole fallen lassen – ähnlich wie es beim Karabiner am Bandelier möglich war –, und ohne Verzögerung zum Säbel greifen. Bei erhaltengebliebenen Exemplaren fehlt dieser Ring oft, und das Loch für die Kopföse ist vernietet; ein Beweis, daß der Ring später wieder aufgegeben wurde.

Die Schaftverschneidungen laufen bei der Pistole M 1742 nicht rautenförmig, sondern rund aus. Die Schlange hat keine abgeschrägten Schmalseiten mehr und ist so tief in das Lager des Schaftes eingelegt, daß sie mit der Schaftoberfläche bündig abschließt. Ein weiteres charakteristisches Merkmal sind die gerundeten wulstartigen Erhöhungen an den Seiten des vierkantigen Nagelkopfes der Kolbenkappe, die in Richtung der Sporne verlaufen. Das Vorderblech des Abzugsbügels hat eingefeilte Querprofile. Die Pistolen dieses Modells waren ursprünglich etwa 57 Zentimeter lang. Das Nasenband saß etwa vier bis fünf Zentimeter von der Mündungsfläche entfernt. Bei Neueinführung der Pistole M 1789 erfolgten Kürzungen der Waffe, in der Regel bis zur Vorderkante des Nasenbandes, manchmal auch darüber hinaus.

Neben Nußbaum wurde beim M 1742 auch Ahorn- oder Buchenholz für die Schäfte verwendet. Es sind auch typische preußische Pistolen erhalten geblieben, die nicht die eingravierte Schloßbezeichnung «POTZDAM MAGAZ» und «S et D» besitzen, das Schloßblech auch keine andere Bezeichnung aufweist. Es wird vermutet, daß sie aus Suhl stammen.

Im Jahre 1789 wurden neben der bereits erwähnten Kürzung der Pistolen weitere Veränderungen vorgenommen. Statt zylindrischer erhielten die Waffen konische Zündlöcher; ein «W» ergänzte das «FR» auf dem Daumenblech nach dem Regierungsantritt Friedrich Wilhelms II.; statt hölzerne verwendete man eiserne Ladestöcke – für ein Pistolenpaar jeweils nur einen Ladestock. Dieser verjüngte sich nach einem Ende zu und hatte hier eine Öse für einen schmalen Lederriemen, der am Patronenbandelier befestigt wurde, damit er beim unruhigen Laden zu Pferde nicht verloren ging. Die Ladestocknut der alten Modelle wurde durch einen eingeleimten Holzpflock geschlossen, die Ladestockröhrchen entfielen also. Auf Verschneidungen am Vorderschaft verzichtete man.

Bei Neuanfertigung der Pistole M 1789 wurden weitere Vereinfachungen vorgenommen. Das Daumenblech wurde aufgegeben und somit auch die Schwächung des Schaftes am Kolbenhals verhindert. Die Kennzeichnung mit dem Monogramm des Königs «FWR» erfolgte auf der rechten Seite der Kolbenkappe. Die Sporne an der Kolbenkappe fielen weg, die Kappe wurde an den Seiten vorn abgerundet. Verkürzt und vereinfacht wurde auch der Abzugsbügel, die Ränder waren nur noch glatt und nicht mehr ausgebogt oder gekerbt; die Schlange erhielt nur noch zwei Schraubenlöcher und lief hinten spitz aus.

Zwischen Pistolen für Kürassiere, Dragoner und Husaren gab es Längenunterschiede von maximal 49 bis auf nur 41 Zentimeter. Wegen der Verwendung und Überarbeitung von älteren Pistolenmodellen (auch innerhalb der Regimenter ausgeführt), die oft auch schon nicht einheitlich waren, gab es nun eine noch größere Zahl von Varianten.

Kürassierdegen für Mannschaften und Offiziere

In den Reiteraufgeboten der 2. Hälfte des 17. Jahrhunderts wurde als Griffwaffe der sogenannte Haudegen bevorzugt. Er hatte sich aus dem vorangegangenen Reiterschwert entwikkelt, das nach Aufgabe der schweren Rüstungen nicht mehr so schwer zu sein brauchte. Die Gesamtlänge des Haudegens betrug zwischen etwa 85 bis 105 Zentimeter, die Klingenlänge zwischen 70 bis 92 Zentimeter. Die zweischneidige Klinge von linsenförmigem oder rhombischem Querschnitt hat nur eine ganz kurze oder gar keine Fehlschärfe. Das eiserne Gefäß hat Elemente des Degengefäßes, nämlich Griff- und Nebenbügel, verbunden durch Terz- und Quartspange, sowie zwei nierenförmige siebartig durchbrochene oder geschlossene Stichblätter. Der Griff besteht vorwiegend aus einer Griffhülse aus Holz, die

Klingeninschrift auf dem Degen S. 165 links

mit Eisendraht umwickelt ist, an den Enden der Umwicklung meist je ein Türkenbund. Der Knauf hat meistens die Kugelform. Typisch sind bei vielen Exemplaren doppelte kugelige Verdickungen in der Mitte der Bügel und ein Kugelknäufchen am Ende der Parierstange. Auf den Klingen sind häufig kabbalistische Zeichen, die Zahl «1414» und andere Zeichen eingeätzt. Aus Solingen stammende Klingen tragen vielfach das Zeichen des laufenden Wolfes.

Derartige Degen müssen auch von Obristen der kurbrandenburgischen Reiterregimenter beschafft worden sein. Zu Offiziersdegen heißt es in einer Beschreibung vom 23. Oktober 1688:[362] «Rittmeisters, Lieutenants und Cornets haben . . . nebst roten Mänteln, chamerirten Degengehenken, dabei silberne Degen, rote Schabaracken von Gold und Silber gestückt.» Der Degen wurde meistens nicht mehr in einem Schulterbandelier, sondern an einem Leibgürtel getragen. Die Nachricht aus dem Jahre 1688 bezieht sich auf das Regiment Anhalt zu Pferde. Eine weitere Nachricht über dieses Regiment aus dem Jahre 1692 macht deutlich, daß die Regimentschefs weitgehend die Entscheidung über die Bewaffnung hatten und deshalb eine Einheitlichkeit bei den Griffwaffen in der brandenburgischen Reiterei zu erreichen, sehr erschwert war. Im Bericht eines Rittmeisters an den Fürsten Johann Georg II. von Anhalt heißt es:[363] «Ich hatte auch dahmalen breite Haudegen mit zwey Bügeln vor die gantze Compagnie angeschaffet, welche ich auf Ordre des Hr. Grafen abgeschaffet, und andere mit gelben meßingschen Gefäß anschaffen müssen. Selbige Degen aber seynd von dem Hr. Grafen vorm Jahr wiederumb abgeschaffet bis in die Helffte und Säbel davor nehmen müßen.» Durch dieses Schreiben wird gleichzeitig deutlich, daß die Tendenz, eiserne durch Messinggefäße abzulösen, am Ende des 17. Jahrhunderts einsetzt.

Ein Musterungsbericht über die Eskadron Gensdarmes aus dem Jahre 1700 enthält den Vermerk, daß die vier Corporals «Degens mit übergüldeten Gefäßen, woran rote Quaste . . .» trugen.[364]

Offiziersdegen *der Kürassiere des Prinzen August Wilhelm von Preußen, M 1732 (Sonderform)*
Gl 108 cm; Kl 91,6; Kb 3,2 cm; G 1340 g;
Inv.-Nr. W 59.2992

Offiziersdegen *der Kürassiere für Knaben, M 1732 (Sonderform) des Prinzen August Wilhelm von Preußen*
Gl 89,6 cm; Kl 75,2 cm; Kb 2,3 cm; G mit Portepee 700 g; L der Scheide 76,3 cm; G 160 g; Inv.-Nr. W 59.2993 a, b, c (AD 3032 a, b; Portepee dem Degen zugeordnet, AD 3011)
Beide Degen wurden vermutlich als Muster für einen geplanten neuen Degen, den späteren Degen M 1732, gefertigt.

Mannschaftsdegen der Kürassiere, M 1732
Gefäß mit Monogramm «FWR» Friedrich Wilhelm I.
Bei dieser Waffe für Unteroffiziere und Mannschaften wurde in das alte Gefäß eine jüngere Klinge eingesetzt. Der Dreiviertelkorb aus Messingguß mit zwei symmetrisch angeordneten Stichblättern und kurzer Parierstange ist ein guter Handschutz. Für den sicheren Sitz in der Hand besitzt der Degen eine Daumenöse. Klinge bezeichnet mit: «POTSDAM» und Adlerstempel.
Gl 105 cm; Kl 88 cm; Kb 3,7 cm; G 1460 g;
Inv.-Nr. W 59.2990

Gefäß des Pallasches *für Offiziere der Kürassiere, M 1732/97*
1797 erhielten auch die Offiziersdegen eine einschneidige Klinge von keilförmigem Querschnitt. Sie war für den Stoß stabiler als die alte zweischneidige Klinge. Das Gefäß behielt die alte Form.
Gl 104 cm; Kl 86,8 cm; Kb 2,9 cm; G 1130 g;
Inv.-Nr. W 59.2994 a, b

Offizierssäbel *der Kürassiere, vermutlich des Kronprinzen Friedrich Wilhelm (II.), um 1780*
Griffwaffen mit Säbelklingen waren für Kürassieroffiziere ungewöhnlich. Dieser Säbel hat eine Montmorencyklinge mit 20 cm langer Rückenschneide. Das Gefäß trägt die Chiffre «FR», die Klinge das vergoldete «FWR» mit Krone auf der Terzseite und ein «K» (Kronprinz) mit Königskrone auf der Quartseite. Auf einer Seite der Fehlschärfe steht «vivat», auf der anderen «Curasiere»; auf dem Klingenrücken sind zwei kleine Halbmonde eingeschlagen.
Gl 104,8 cm; Kl 89,2 cm; Kb 3,3 cm; Pf 1,1 cm;
G 1270 g; L der Scheide 91,6 cm; G 480 g;
Inv.-Nr. W 59.2995 a, b

Trompeterdegen *der Kürassiere und Dragoner,*
1723–1740
Auf der Terzseite der Klinge ist das gekrönte Monogramm Friedrich Wilhelms I. mit gespiegeltem «F» und «R», auf der Quartseite der gekrönte Adler eingeätzt. Das Messinggefäß hat einen birnenförmigen Knauf mit acht Längsgraten, der Griffbügel ist mit einer Schraube am Knauf verankert, er mündet unten in das herzförmige Stichblatt mit zwei Parierstangenenden.
Gl 107,5 cm; Kl 90,9 cm; Kb 4 cm; G 1480 g; Inv.-Nr. W 88.25

Quartseite der Klinge,
unter dem großen preußischen Adler kleiner amtlicher Abnahmestempel

Terzseite der Klinge,
unter dem Monogramm der Stempel: «POTZDAM»

Trompeterdegen *der Kürassiere und Dragoner (Fragment),*
1718–1740
Klinge noch mit schmalem Hohlschliff; ganz geringe Reste einer Klingenätzung.
L des Fragments 68,7 cm; Kb 4,1 cm; Inv.-Nr. W 88.8

Über Kavalleriedegen aus den ersten Regierungsjahren Friedrich Wilhelms I. ist wenig überliefert. Curt Jany schreibt über diese Waffe: «Der Degen wurde in der älteren Zeit an einem gelbledernen Gehenk über den Koller geschnallt und steckte schräg in einer fest angenähten Degentasche wie bei der Infanterie. Er hatte in der älteren Zeit eine ziemlich kurze Klinge und einen einfachen Messinggriff, die Scheide war von Leder. Wahrscheinlich Ende der 1720er Jahre wurden neue Degen mit einem Messingkorb in der Form, wie sie bis 1806 die Trompeter trugen, eingeführt.» Auch Hans Bleckwenn bemerkt: «. . . als für die Kavallerie schwere Pallasche eingeführt wurden, verblieben nur den Spielleuten diese leichteren Degen,» (gemeint ist der Trompeterdegen).[365)] In einer Übersicht über Bekleidung und Ausrüstung des Regiments Erbprinz Gustav zu Pferde von 1719 wird entgegen dieser Meinungen bereits zwischen «Degens vor Unterofficiers und Gemeine» sowie «Trompetter Degens» unterschieden.[366)] Der unterschiedliche Preis von etwa 2,2 Rheinischen Talern für die erstgenannten und von zwei Talern für die Trompeterdegen bestätigt die unterschiedliche Form der beiden Waffen. Friedrich Wilhelm I. verfügte am 8. Februar 1735 in einem Befehl an den Generalmajor von Platen, Chef des Dragoner-Regiments Nr. 1:[367)] «Die Tambours und Fahnenschmiede behalten die bisherigen Montierungsdegen und bekommen keine neuen.» Nach Bildquellen zu urteilen, trugen, wie Constantin Kling meint, Offiziere, Unteroffiziere und Mannschaften einen Degen mit Griffbügel, also ohne Korb.[368)]

Mit dem Kürassierdegen M 1732 erhielten Mannschaften, Unteroffiziere und Offiziere eine im Typ neuartige Griffwaffe. Der reliefierte preußische Adler mit Herrschermonogramm auf dem Dreiviertelkorb kennzeichnet die Waffe eindeutig als preußisch. Die Bezeichnung «M 1732» ist umstritten, da die ersten schriftlichen Nachrichten erst aus dem Jahre 1733 stammen.[369)] Die Lieferung einer großen Anzahl der Waffen bereits in diesem Jahre setzt jedoch eine Konstruktion und Herstellung bereits 1732 voraus, deshalb wird an der in der Literatur verbreiteten Bezeichnung «M 1732» festgehalten.

Mit Datum vom 24. März 1733 erhielt der Chef des Regiments Gens d'armes ein Schreiben des Königs, in dem es heißt: «Mein lieber Generalfeldmarschall von Natzmer! Ich habe gut gefunden, vor die Unteroffiziere und Gens d'armes Degens machen zu lassen, die da recht die Länge von Klingen haben und mit tüchtigen Gefäßen und Schneiden gemacht sind. Ich schenke also hiermit dem Regiment 730 Stück, und befehle solche niemahlens zu gebrauchen, als wenn ich das Regiment sehe, oder aber, wenn dasselbe marschiren muß, alsdann das Regiment die alten Degens in seiner Guarnison lassen, und die neuen mit seinen Degentaschen umhangen und mitnehmen soll . . .»[370)]

Der Mannschafts- und Unteroffiziersdegen hat einen Knöchelschild mit vier länglichen fischblasenähnlichen Durchbrüchen, je zwei übereinander liegend, neben dem großen preußischen Adler mit ausgebreiteten Flügeln, der auf einem schräg gestellten Zepter sitzt. Über dem Adler befindet sich als Abschluß des Knöchelschildes eine große, durchbrochen gearbeitete Königskrone, die in einen Zapfen ausläuft, der im hohen pilzhutförmigen Knauf eingelassen ist. Der Knauf endet oben in einem großen, kugeligen Vernietknopf und unten in einem eingezogenen Hals. Griffbügel – ebenfalls im Knauf verankert – und Knöchelschild sind durch eine Diagonalstrebe miteinander verbunden. Vom Griffbügel führt auf der Quartseite zum Stichblatt eine schneckenförmig gewundene Spange. Von zwei symmetrisch angeordneten, etwa nierenförmigen Stichblättern zweigt die kurze gerade Parierstange ab. An der Quartseite befindet sich auf dem Stichblatt ein Daumenbügel. Die wenig geschwellte Griffhülse aus Holz ist mit Leder überzogen, gerippt und in den Windungen mit glattem oder verdrilltem Messingdraht bezogen. Die Klinge ist zweischneidig und von linsenförmigem Querschnitt. Unterhalb der kurzen Fehlschärfe sind, bei Herstellung in Potsdam-Spandau, der Adlerstempel und «POTZDAM» eingeschlagen.

Ursprünglich bestand die Scheide des Kürassierdegens M 1732 aus Holz, war mit dunkelbraunem Leder überzogen und hatte Messingbeschlag. Mundblech und Ortband waren sichtbar, am Mundblech befand sich der Tragehaken. Die Seitenkanten der Scheide waren mit Schienen verstärkt, auch in der Mitte der unteren Hälfte lagen auf beiden Seiten Längsschienen. Mehrere Querbänder hielten die Schienen zusammen. Die Waffe wurde in einer Degentasche getragen. Unter Friedrich II. hing der Degen an einem Trage- und Schleppriemen. Am Mundblech und an einem breiten Mittelband befanden sich je zwei in Ösen bewegliche Trageringe. Während des Siebenjährigen Krieges wurde statt Messing Eisen für den Beschlag verwendet. Statt der sieben Querbänder und der Schienen wurde die Scheide nun durch zwei große Beschläge verstärkt. Zwischen Mundblech und langem, unterem Beschlag war das Leder der Scheide sichtbar, ebenfalls durch je zwei Längsschlitze auf beiden Scheidenseiten.

Über die Einführung von Offiziersdegen M 1732 ist in einem Rundschreiben vom 5. Februar 1734 an das Regiment Gens d'armes und an die Kavallerieregimenter vermerkt: «Der König hat den Offizieren des Regiments Degen machen lassen, die geführt werden sollen, wenn das Regiment im Felde Dienste tut und zu Pferde aufsitzt. In Garnison, wenn die Offiziere Fußdienste tun, sollen sie ordinaire vergoldete Degen tragen; wenn aber das Regiment aufsitzt, müssen ebenfalls diese Pallasche von ihnen geführt werden.»[371)] Die «ordinairen Degen», auch «Kleine Degen» oder «Stichdegen» genannt, waren die bisherigen Degen. Das vergoldete Messinggefäß hatte ein symmetrisches Stichblatt von leierförmiger Gestalt, das an einem Ende aufgebogen war. Durch den Zwischenraum dieses aufgebogenen Endes führte die gerade, über dem Stichblatt liegende Parierstange hindurch.

Die Kürassierdegen M 1732 für Offiziere sind in der Ausführung qualitätsvoller und etwas leichter als die Mannschaftsdegen. Der Adler sitzt auf dem vergoldeten Gefäß nicht auf einem Zepter wie beim Mannschaftsdegen, sondern auf einer Konsole mit geschweiften Füßen. Innerhalb der Konsole befindet sich eine reliefierte Muschel, oberhalb des rechten Flügels des Adlers eine Sonne. Der Kopf des Adlers ist dieser Sonne zugewandt. Diese symbolisch zu deutende Darstellung bezieht sich auf die Devise König Friedrich Wilhelms I. «NON SOLI CEDIT», die gegen König Ludwig XIV. von Frankreich gerichtet war.

Derzeit ist es dem Verfasser nicht möglich, einen kompletten Kürassierdegen M 1732 für Mannschaften oder Offiziere mit Monogramm von FW I. nachzuweisen. Gleiche Exemplare sind aus der Zeit Friedrichs II. erhalten. Zwei Sonderformen gehören jedoch in die Frühzeit dieses Degenmodells, ein Knabendegen von Prinz August Wilhelm von Preußen und ein längerer Kürassierdegen desselben Prinzen für Offiziere, die sich im Zeughaus Berlin befinden. Die Grundform des Gefäßes stimmt mit dem M 1732 überein. Obwohl es Offiziersdegen sind, steht der Adler nicht auf einer Konsole, sondern auf dem Zepter. Seine Form weicht auch von dem der Modellwaffe ab. Das Federkleid ist bis über die Fänge herabgezogen. Auf der Brust des Adlers steht der Namenszug «FWR». Es fehlt auch die Strahlensonne. Ungewöhnlich sind die gleichlautenden Inschriften auf den Klingen beider Degen: «PREUSSISCHE ∵ OFFICIER ∵ DEGEN ∵ VON ∵ DER ∵ CAVALLERIE∵» Sie weisen nach Meinung des Verfassers auf ein Musterexemplar, einen Modellentwurf, hin. Derartige Inschriften mit Bezeichnung der Waffe und Hinweis auf die Waffengattung waren bei der Kavallerie nicht üblich. Der Begriff «Cavallerie» und nicht Kürassiere läßt offen, ob die Waffe auch für andere Berittene ursprünglich vorgesehen war. Die insgesamt leichtere Form des Offiziersdegens läßt auch den Schluß zu, daß ursprünglich vielleicht daran gedacht

wurde, auf den zweiten Degen für den Dienst zu Fuß zu verzichten, er jedoch für das Gefecht als zu schwach erkannt wurde. Zum Originalentwurf wurde gleichzeitig ein Knabendegen für Prinz August Wilhelm gefertigt. Neben den Typenwaffen gibt es weitere Sonderformen.[372)]

Zum Kürassierdegen gehörten – wie bei den Husaren – Säbeltaschen, ihre Farbe entsprach dem jeweiligen Regiment. Auf der Vorderseite befand sich ein großes gesticktes Herrscher-Monogramm. Die Säbeltasche hatte am oberen Rand drei Ringe und wurde mit rotjuchtenen Riemen unterhalb des Degengefäßes am Leibriemen festgeschnallt. Am Degengefäß hing ein Faustriemen aus Juchtenleder mit einer Wollquaste am Ende. Unterschiedliche Farben kennzeichneten die Zugehörigkeit zu einer bestimmten Eskadron. Während früher die Portepees der Offiziere denen der Infanterie glichen, ordnete Friedrich Wilhelm I. im Februar 1734 an: «Ich will, daß die Officiers von den Gens d'armes zu den neuen Degens, so Ich vor sie geschicket, sich einen starken schwartzen ledernen Riem mit Silber angenähet unten mit ein Trottelchen schwartz und weiß, so wie beygehende Probe zeiget, machen laßen sollen, um solche an den Degen wie ein Feld Zeichen zu tragen, auch damit sie den Degen an der Handt festmachen können.»[373)]

Das Gefäß der Degen vom Regiment Garde du Corps war versilbert. Die qualitätvolle Ausführung des vergoldeten Messinggefäßes an Offiziersdegen für Kürassiere belegt ein Degen des Generals Friedrich Wilhelm von Seydlitz. Er hat bereits die veränderte Knaufform von etwa 1750/60. Ob die mit «1593» datierte Klinge schon zu Lebzeiten von Seydlitz im Gefäß montiert war, läßt sich schwer nachweisen.

Auf Befehl König Friedrich Wilhelms II. wurden 1797 die zweischneidigen Klingen mit linsenförmigem Querschnitt durch einschneidige Rückenklingen mit keilförmigem Querschnitt, die für eine Stichwaffe stabiler waren, ersetzt. Diese Waffe wird als Kürassierpallasch M 1732/97 bezeichnet, obwohl der Degengriff beibehalten wurde und zu einem echten Pallasch ein Säbelgriff gehört. Nach 1808 wurde eine ganz aus Stahl bestehende Scheide mit zwei Ringbändern und zwei beweglichen Ringen sowie zwei innenliegenden Weichholzspänen eingeführt.

Zu den Sonderformen der Offizierswaffen gehört auch ein im Zeughaus Berlin befindlicher Kürassier-Offizierssäbel, dessen Gefäß die Chiffre «FR» trägt. Dieses Gefäß stimmt auf der Terzseite in wesentlichen Zügen mit dem des Kürassierdegens M 1732 überein: Adler auf der Konsole, im rechten Fang das Zepter und den Kopf zur Sonne gewandt. Die Quartseite weicht jedoch vom Modell ab. Sie weist zusätzliche Teile des Handschutzes auf: einen vom Rand des Stichblattes zum Knauf verlaufenden und hier verankerten Faustschutzbügel, der unten durch zwei niedrige geschweifte Stützbügel gefestigt wird. Den Faustschutzbügel und einen kaum halbhohen, schneckenförmig eingerollten Quartbügel verbindet eine schräg verlaufende, gerade Stange. Das «FWR» mit Krone auf einer Klingenseite bezieht sich auf den späteren König Friedrich Wilhelm II., das «K» mit Krone dürfte mit «Kronprinz» aufzulösen, der Säbel also in der Zeit Friedrichs II. entstanden sein und Gefäß und Klinge von Anfang an als zusammengehörig gelten.[374)] Die Scheide, ganz aus Stahlblech, ist der Waffe in jüngerer Zeit zugeordnet worden. Sie besitzt zwei in Ösen bewegliche Trageringe.

Säbel *für Husarenoffiziere, dem Freischarenführer und Generalmajor Friedrich Wilhelm Gottfried Arnd von Kleist (1724–1767) zugeschrieben, um 1750/1760*
Der Säbel hat Griffschalen aus Horn mit stilisiertem Vogelkopf (polnischer Karabelatyp); Parierstange und Mitteleisen sind aus Silber, auf diesem im Dekor ein Adler; reliefierte Rocaillen- und Muschelmotive mit Silber und Vergoldung auf der Klinge. Die drei Silberbeschläge der Lederscheide sind ebenfalls reich verziert, darunter Adler und auf Fahnen das «FR» (Fridericus Rex); siehe Beschreibung S. 188
Gl 82,5 cm; Kl 70 cm; Kb 3,7 cm; Pf 3,6 cm; G 640 g; L der Scheide 75 cm; G 250 g; Inv.-Nr. W 1103 (AB 11641)

Im Jahre 1988 konnten für das Zeughaus Berlin zwei der sehr seltenen preußischen Trompeterdegen des 18. Jahrhunderts erworben werden. Das eine Exemplar ist in tadellosem Zustand, das andere nur ein Fragment und die Klinge stark verrostet. Trompeter nahmen als Signal- und Kommandogeber sowie im Rahmen des militärischen Zeremoniells eine geachtete Stellung ein. Bereits 1582 erfolgte ein Zusammenschluß der Feldtrompeter und Pauker in einer Reichszunft. Ihre besondere Stellung auch im preußischen Heer des 18. Jahrhunderts wird unter anderem darin deutlich, daß Spielleute durch besonders reichen Bortenbesatz an der Uniform ausgezeichnet wurden. Diese Auszeichnung gegenüber den gemeinen Soldaten wurde unter Friedrich Wilhelm I. noch durch eine besondere Waffe erhöht. Der spezielle Trompeterdegen muß vor dem Jahre 1719 eingeführt worden sein, denn in einer Übersicht «Bekleidung und Ausrüstung des Regiments Erbprinz Gustav zu Pferde (Kürassier-Regiment Nr. 6 der Stammliste) von 1719» werden «177 Degens vor Unterofficiers und Gemeine» sowie «4 Trompetter Degens» aufgeführt.[375)] Spezielle Trompeterdegen sind bis Anfang des 19. Jahrhunderts nachweisbar. Im «Errichtungs-Etat für die Garde du Corps vom 26. Februar 1798»[376)] werden nach «160 Unter Officier und Gemeine Degen mit Rücken Klingen und gelben Gefäßen, gleich den Gens d'Armes Degen á 4 Thlr. 17 Gr.» auch «8 Trompeter und Fahnenschmidt Degen mit gelben Gefäßen und Rücken Klingen á 2 Thlr. 11 Gr.» aufgeführt. Die Klinge mit linsenförmigem Querschnitt war also auch wie beim Kürassierdegen M 1732 durch eine Rückenklinge abgelöst worden. Im gleichen Dokument werden «4 Trompeter Degen Gehencke mit versilberter Schnalle á 1 Thlr. 16 Gr.» genannt.[377)]

Unter Friedrich Wilhelm I. und Friedrich II. hatte jede Eskadron einen, unter Friedrich Wilhelm II. drei Trompeter. Der Trompeterdegen wurde auch von Tambours und Hoboisten der Dragoner geführt. Abgelöst wurden diese 1771 durch zwei Trompeter in jeder Eskadron, die gleichfalls den Degen trugen. Der Trompeterdegen blieb vermutlich bis zum Jahre 1814 im Gebrauch.[378)]

Das Gefäß des Trompeterdegens aus Messing besitzt ein großes herzförmiges Stichblatt und eine gerade durchgehende Parierstange. Das Stichblatt geht in den Griffbügel über, der am oberen Ende rechtwinklig abgesetzt und mit einer Schraube am facettierten birnenförmigen Knauf verschraubt ist. Das große Vernietknäufchen hat kugelige Gestalt. Ein flach gearbeiteter Terzbügel verläuft S-förmig vom Griffbügel zur Oberkante des Stichblattes, ist hier am Ende schneckenförmig eingerollt und mit einem kurzen, vom Terzbügel abzweigenden Ende verbunden. Ein weiteres dekoratives Bügelstück weist in Richtung des Knaufes. Auf der Quartseite befindet sich auf dem Stichblatt ein Daumenbügel. Die Klingen der erhaltenen Trompeterdegen haben eine Chiffre in Form eines gespiegelten «F» über einem «W», dessen äußere Schenkel mit je einem «R» ligiert sind. Dieses Monogramm weist in die frühe Regierungszeit Friedrich Wilhelms I. Ein Exemplar trägt unterhalb dieses Monogramms die Regimentsbezeichnung «RG/V/LOTTUM», den Adlerstempel und die Bezeichnung «POTZDAM». Graf von Lottum war Regimentschef von 1717 bis 1729. Der Degen wird also zwischen 1723 bis 1729 gefertigt worden sein.[379)] Auf der Quartseite der Klinge steht ein großer geätzter preußischer Adler mit Zepter und Reichsapfel in den Fängen. Auch dies macht die Sonderstellung des Trompeters gegenüber den Mannschaften und Unteroffizieren der Kürassiere deutlich.

Die Scheide bestand aus braunem Leder mit verdeckter Messingmontierung und sichtbarem Tragehaken. Der Degen wurde in der alten Trageweise in einer Degentasche mitgeführt.[380)]

Kürasse

Verschiedene Ursachen trugen dazu bei, daß nach dem Dreißigjährigen Krieg auf schwere Rüstungen – ganze, dreiviertel oder halbe Harnische – weitgehend verzichtet wurde. Die durchdringenden Geschosse der Musketen und Arkebusen hatten dazu geführt, daß immer stärkere Harnischplatten gefertigt werden mußten. Dies schränkte die Beweglichkeit von Roß und Reiter stark ein, und im Einzelkampf war der leicht gerüstete Reiter dem schwer gepanzerten oft überlegen. Die Ausrüstung der schweren Reiterei war natürlich mit höheren Kosten verbunden. Das dürfte auch der Grund gewesen sein, weshalb im kurbrandenburgischen Heer nur Bandelierreiter angeworben wurden. Sie trugen unter Kurfürst Friedrich Wilhelm über einem Lederwams Brust- und Rückenkürasse oder nur Brustkürasse mit Kreuzbändern auf dem Rücken und waren mit Radschloßkarabinern, Pistolen und Degen bewaffnet. In der «Muster-Ordnung» des Kurfürsten aus dem Jahre 1672 wird gefordert, zu überprüfen, ob die Reiter «mit Kollern versehen» sind[381)], gemeint sind starke Lederkoller. Der Reiter mußte in dieser Zeit also keinen Küraß mehr vorweisen.

Offiziere hatten bei der Körperpanzerung freie Wahl. Der im Zeughaus Berlin befindliche blanke Küraß des Reiterführers Joachim Hennigs von Treffenfeld (1615–1688) und ein Gemälde in der Kirche zu Könnigde, in der der Generalmajor beigesetzt ist, vermitteln einen Eindruck von einem blanken Brust- und Rückenküraß eines Offiziers in brandenburgi-

Hutkreuz *(Casquet), 18. Jahrhundert*
Zum Schutz des Kopfes gegen Hiebe mit Blankwaffen trugen Kürassiere und Dragoner auf dem Hutkopf ein eisernes, geschwärztes Hutkreuz. Zwei sich gegenüberliegende Arme sind je zweimal durchlocht zum Anbinden am Hutfilz. Manche Hutkreuze waren auch zusammenlegbar. Auf dem Marsch konnte das Casquet mit einem Riemen am Sattel oder in einem ledernen Futteral mitgeführt werden.
L 15,5 cm; B 14,3 cm; H 11,5 cm; Bandbreite 3 cm; G 400 g, Inv.-Nr. W 745

Zischägge und Küraß des brandenburgischen Reiterführers Hennigs von Treffenfeld, 1670/80 L 42,5 cm; B der Glocke 21,5 cm; H 27,5 cm; G 1800 g; Küraßbrust: B 43 cm; H 47 cm; G 10200 g; Küraßrücken: B 43,5 cm; H 49 cm; G 9300 g; Inv.-Nr. W 1031 (AB 11654)

schen Diensten. Joachim Hennigs war Sohn eines märkischen Bauern, stieg zum Reiterführer auf, zeichnete sich in der Schlacht bei Fehrbellin gegen die Schweden besonders aus, wurde schließlich zum Oberst befördert und ein Jahr später, 1676, geadelt.

Das Bruststück hat die typische Form der Kürasse des letzten Drittels des 17. Jahrhunderts mit kräftigem Mittelgrat, weiten Hals- und Armausschnitten und angenietetem, hohem Magenblech. Die Nieten am Halsausschnitt sind kegelförmig erhöht – eine Besonderheit, wie sie auch noch bei Kürassen unter Friedrich Wilhelm I. und Friedrich II. vorkommt. Das Bruststück ist sparsam durch gravierte Doppellinien mit gepunzter Perllinie in der Mitte verziert. Auf diesen Dekor hat der Künstler auf dem erwähnten Gemälde verzichtet. Das Rückenstück besitzt einen hohen angenieteten Gesäßreifen und ist am Hals nur wenig ausgeschnitten. Beide Küraßteile werden durch einen zweiteiligen Bauchriemen aus sämischgarem Leder mit Schnalle, dessen hintere Enden in Taillenhöhe am Rückenstück vernietet sind, zusammengehalten. Die Schulterbänder aus Leder sind mit durchbrochenen aufgenieteten Messingbeschlägen verstärkt; zwei übereinander angeordnete Schlitze können jeweils in einen unterschnittenen kegelförmigen Bolzen eingehakt werden (nur ein Schulterriemen ist original). An der Innenseite von Brust und Rücken wurde ein Lederfutter angenietet.

Zum Küraß gehörte eine 1800 Gramm schwere Zischägge aus blankem Eisen mit halbkugeliger, leicht zugespitzter Glocke mit zwölf herausgetriebenen Rippen. Durch den spitzen Augenschirm verläuft ein verstellbares Naseneisen. Zwei Wangenklappen und ein dreimal geschobener Nackenschutz sind an der Glocke befestigt. Die Helmglocke hat ein Futter aus Baumwolle und grober Leinwand. Die Rüstungen der Offiziere unterscheiden sich oft durch blankeiserne oder gebläute Kürasse und Helme von den geschwärzten der Mannschaften. Letztere trugen statt eines Helmes mitunter auch einen Hut, dessen Kopfteil durch ein Hutkreuz oder Kaskett aus Eisen gegen Blankwaffenhiebe verstärkt wurde. Das Hutkreuz lag außen über dem Kopfteil. Manche Reiter schützten sich durch eine eiserne gefütterte Schädelhaube (Calotte) unter dem Hut.

Schriftliche Quellen lassen erkennen, daß in den 70er und 80er Jahren Kürasse vom Kurfürsten bestellt und diese auch getragen wurden.[382] Für Offiziere der Reiter- und Dragonerregimenter wurde am 20. Oktober 1688 verordnet, «sich schoßfreie Wapen (Kürasse – H. M.), Hinter- und Vorderstücke, wie auch Casquetten» zu beschaffen.[383] Die Mannschaften der Dragoner besaßen keine Kürasse.

Anweisungen aus dem Jahre 1707 belegen, daß König Friedrich I. sich bemühte, Reiterregimenter wenigstens teilweise wieder mit Kürassen auszurüsten. Im gleichen Jahr werden in einer Spezifikation als Bestand im Königlichen Artillerie Magazin «1160 CürasBrust und Rückstücken» genannt. Davon waren 330 Bruststücke, hiervon wiederum nur 50 «so vor Flinten und pistolen schußfrey, halten an Gewicht 10, 11 biß 12 Pfundt.»[384] «Schußfrey» bedeutet, daß diese Brustkürasse «auf Musketen beschossen» waren, das heißt einer Kugelprobe unterzogen wurden. Muldenförmige Vertiefungen auf den Bruststücken sind also meist nicht auf feindlichen Beschuß zurückzuführen, sondern Probeschußdellen.

König Friedrich Wilhelm I. ordnete im Jahre 1715 die allgemeine Ausrüstung der Reiterregimenter und der Dragoneroffiziere mit Kürassen an. Es wird angenommen, daß die Mannschaften von vornherein nur Bruststücke trugen. Den Offizieren erlaubte der König erst mit Befehl vom 17. Februar 1731, die Rückenstücke abzulegen. Die Bruststücke wurden mit Kreuzriemen, die über den Rücken verliefen, gehalten. Die Mannschaftskürasse waren nach einem Bericht aus dem Jahre 1729 in allen zwölf Kürassierregimentern geschwärzt, die Einfassung der Ränder bestand aus rotem oder blauem Tuch, korrespondierend mit der Farbe der Borten an den Uniformröcken. Der Randbesatz aus Stoff wurde an Kürassen

Brustküraß *für Offiziere, 1715–1740*
Der Küraß trägt die Nürnberger Beschaumarke und gehört höchstwahrscheinlich zu einer Bestellung von 9000 Kürassen für die preußische Armee aus dem Jahre 1715. Er wurde zwischen 1715 bis 1740 aus einem Mannschafts- zu einem Offizierskürаß umgearbeitet, Innenfutter fehlt.
H 37 cm; B 33,3 cm; G 6280 g; Inv.-Nr. W 4724 (05.129, Vermächtnis A. v. Menzels an das Berliner Zeughaus)

Brustküraß *für Offiziere des Regiments Garde du Corps (No. 13), 1740–1786*
Das Regiment Garde du Corps trug blanke Kürasse mit versilberten Messingbeschlägen (Rest erhalten); gegossenes Messingschild mit «FR» zwischen Rocaillen, Muscheln und Trophäen. An der Innenseite Adlerstempel, Futter fehlt; unterhalb der Armausschnitte je ein großes, liegendes «A».
H 44,3 cm; B 36,5; G 7860 g; Inv.-Nr. W 4767 (05.130, Vermächtnis A. v. Menzels an das Berliner Zeughaus)

1744 durch haltbares gefärbtes Leder ersetzt. An die farbigen Randeinfassungen der Mannschaftskürasse wurde das Innenfutter aus Leinwand angenäht. Auf einen Nietkranz, wie bei Offizierskürassen, konnte dadurch verzichtet werden. Ursprünglich war die Beriemung gelb, später – vermutlich nach dem Siebenjährigen Krieg – erhielt sie einen weißen Anstrich, wodurch ein weiterer Farbkontrast zum Schwarz der Küraßbrust entstand.

Im Jahre 1715 bestellte der König 9000 eiserne Kürasse in Nürnberg und 3000 in Suhl. Ein Exemplar der Lieferung mit Nürnberger Beschaumarke befindet sich noch heute im Zeughaus Berlin. Es stammt aus dem Vermächtnis des Kunstmalers Adolph von Menzel an das Zeughaus. Der geschwärzte Vorderküraß war ursprünglich für Mannschaften gedacht, wurde später für einen Offizier umgearbeitet. Zwei jetzt durch Borten verdeckte Schlitze an den Schulteransätzen, Schlitze in Taillenhöhe sowie je fünf Lochpaare in den Wulsten der Armausschnitte, die zur Befestigung der Stoffeinfassung dienten, bestätigen

Brustküraß *für Offiziere, 1740–1786*
Besonderheit: Lochpaare zwischen den kegelförmigen Nieten (evtl. jünger) zur Befestigung des Innenfutters aus grober Leinwand. Kugelprobe; an der Innenseite Adlerstempel eingeschlagen.
H 44,8 cm, B 36,3 cm; G 7730 g; Inv.-Nr. W 4722 (08.140), Schild mit Namenszug fehlt

Brustküraß *für Offiziere, 1740–1786*
An der Innenseite dickes, gestepptes, wattiertes Leinenfutter mit neun Längswülsten; am Halsausschnitt und an den Seiten grüne Samtborte, die an der Vorderseite durch die Messingbeschläge gehalten wird.
H 43,8 cm; B 37 cm; G 7750 g, Inv.-Nr. W 4723

die Umarbeitung. Die geringen Maße des Kürasses lassen vermuten, daß er für einen Junker oder Kadett bestimmt war und für diesen durch Aufnieten der vergoldeten Messingborten, des Brustschildes mit «FWR» und der zwei Knöpfe für die Kreuzriemen verändert wurde. Ursprünglich trugen Offizierskürasse unter Friedrich Wilhelm I. nur ein aufgenietetes Monogramm («FWR» mit Krone)[385)], wie Kürasse in verschiedenen anderen Ländern auch. Beim Nürnberger Exemplar steht das Königsmonogramm bereits auf einem Schild, umgeben von Trophäen.[386)] Der 1715 aus Nürnberg gelieferte Küraß hat keinen Einschlag einer Kugelprobe.

Die Ränder der Brustkürasse für Offiziere waren allgemein unter Friedrich Wilhelm I. und Friedrich II. mit breiten, aufgenieteten vergoldeten, bei der Garde du Corps versilberten, Messingbändern (Borten) verstärkt und verziert. Die Innenränder dieser Borten am Halsausschnitt und an den Küraßseiten waren bogenförmig geschnitten. Bei den älteren Bruststük-

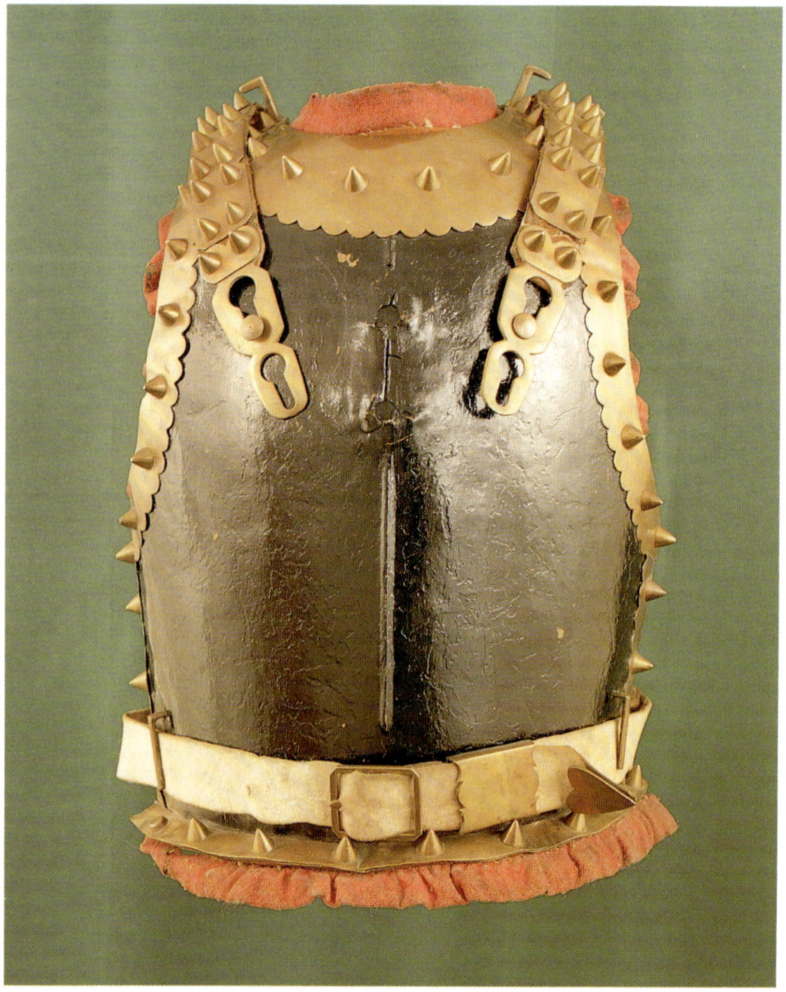

Brustküraß *für Offiziere (leichte Ausführung), 1731–1786*

1731 gestattete Friedrich Wilhelm I. den Offizieren, den Rükkenküraß abzulegen und Kreuzbänder zu tragen. Das Bruststück ist aus Messingblech, die Vorderseite mit schwarzer Farbe gestrichen; Schild mit Namenszug fehlt. Innenfutter aus grober Leinwand, an den Rändern Vorstöße aus rot gefärbtem Leinen.

H 42 cm; B 34 cm; G 3590 g; Inv.-Nr. W 4721 (Geschenk von P. Martin, Strasbourg, 1958)

ken reicht die Borte am Hals weiter zur Brustmitte herunter als bei jüngeren. Von im Zeughaus Berlin befindlichen Offizierskürassen hat nur die Borte des Nürnberger Exemplares am unteren Brustrand wellenförmige Ausschnitte.[387)] Der Nürnberger Brustküraß hat die bereits beim Küraß von Hennigs von Treffenfeld typischen kegelförmigen Nietköpfe, die auch noch auf einem geschwärzten Offiziersküraß zu erkennen sind, den auf einem Bildnis aus dem Jahre 1787 Herzog Carl August von Sachsen-Weimar-Eisenach als Chef eines preußischen Kürassierregiments (Nr. 6 der Stammrolle) trägt.[388)] Bei blanken Vorderkürassen der Garde du Corps sind die versilberten Messingborten mit halbkugeligen Kopfnieten befestigt. Weitere Besonderheiten dieser Garde-Kürasse sind das mit Rocaillen verzierte Schild mit Namenszug und die verkürzten, nur bis zum oberen Ende der Haken reichenden Taillenborten mit je einem zur Mitte der Brust gerichteten großen, wellenförmig geschnittenen Rand.[389)]

Ein Originalküraß im Zeughaus Berlin belegt, daß es für den Garnisondienst und eventuell auch für Paraden Offizierskürasse aus leichterem Material gab. Der Vorderküraß besteht aus dünnem Messingblech, das mit schwarzer Farbe überstrichen ist. Die breiten vergoldeten

Brustküraß *für Mannschaften des Regiments Garde du Corps (No. 13), 1740–1786*
Auf der Brust Kugelprobe, Ränder mit rot angestrichenen Lederstreifen eingefaßt; weiß angestrichene Kreuzriemen, hinter den Querschlitzen an den Schulteransätzen vernäht; eiserne Schnalle am rechten Riemen; Futter aus grober Leinwand.
H 42,5 cm; B 34,5 cm; G 6170 g; L der Riemen etwa 78 und 120 cm; Inv.-Nr. W 55.10

Messingborten mit gewellten Innenrändern sind mit kegelförmigen Nieten besetzt. Je ein Nietkopf in Höhe der Taillenhaken für den Leibriemen ist zum leichteren Einlegen des Riemens abgeflacht. Die Begrenzungshaken auf den Schulteransätzen sind besonders hoch. Die auf dem Rücken gekreuzten Tragebänder aus weiß gestrichenem sämischgarem Leder (ursprünglich gelb) sind mit Messingplättchen von 57 bis 58 Millimeter Länge und 40 Millimeter Breite belegt und mit je vier großen kegelförmigen Nieten befestigt. Im Kreuzungspunkt der Riemen ist ein großes Vierblatt mit Kegelniet in der Mitte befestigt. Die Vorderenden der Schulterriemen laufen in Messingbänder mit je zwei übereinanderliegenden Durchbrüchen in Schlüssellochform zum Einhängen in die Knöpfe aus (beim abgebildeten Exemplar sind die Griffstücke mit je drei Kegelnieten abgebrochen). Der rechtsseitige Leibriemen hat eine rechteckige Schnalle mit gebrochenen Kanten und eine breite Messinghülse für den linksseitigen Riemen, dessen Ende durch ein herzförmiges Messingblech verstärkt ist.

Im Unterschied zu den Offizierskürassen hatten die Mannschaftskürasse eine andere Beriemung. Die oberen Endstücke der ledernen Kreuzbänder sind durch Schlitze der Schulteransätze des Bruststückes geführt, umgelegt und mit dem Riemen vernäht. Das entgegengesetzte Ende des einen Bandes mit Schnalle wird unter den Begrenzungshaken an der linken Taille gelegt, während das Ende des zweiten Riemens mit den Löchern für den Schnallendorn durch einen geschlossenen Bügel gesteckt wird.

Nur ein Offizierskürаß aus dem Berliner Bestand besitzt noch ein dickes, vertikal gesteppptes und wattiertes Leinenfutter mit neun Längswulsten und braunen Randstreifen.

Auch Offiziere des Regiments Anhalt trugen bis 1731 blanke Kürasse, das Regiment Garde du Corps behielt auch unter Friedrich II. blanke Kürasse mit versilberten Messingbeschlägen.

Im Jahre 1738 erfolgte eine große Bestellung von Kürassen, die in einem «Contract über 8000 Cürassen» vom 7. Mai von den Generalmajoren v. Buddenbrock und v. Waldow sowie von Splitgerber und Daum unterzeichnet und vom König bestätigt wurde. Die Stücke sollten nach zwei besiegelten Probe-Kürassen gefertigt werden. Im einzelnen wurde festgelegt:[390)]

«1) Es laßen die Entreprenneurs Splittgerber und Daum 8000 Eiserne Cüraß vor die Königliche Cavallerie binnen dato und 20 Monathen abzuliefern verfertigen, und müßen
2) Solche 8000 Cuiraße von keinen andern alß Schwedischem Eisen Osemund gemacht und verfertigt werden auch
3) die längen und facon nach den besiegelten 2 proben, umb u. umb mit kleinen löchergen, damit das Futter kann angeneht werden, jedoch ohne Riehmen u. Schnallen auch ohne Futter. Sie müßen aber
4) Nicht Schwerer sein, alß jeder Cuiraß von 14 bis 18 Pfund u. keiner nicht schwerer wiegen.
5) Sollen alle Cüraß mit eben dem pulver wo mit das gewehr probiret wirt, u. Seine Königliche Majestät selbsten verfertigen laßen, mit einem Carabiner halb Kugel Schwer Pulver auf 30 Schritt probiret u. beschoßen werden, u. wirt denen Entreprenneurs vor Kugeln u. Pulver nichts gut gethan sondern sie sind schuldiges selbsten vor ihr geld anzuschaffen; auch muß
6) die probe geschehen u. die Cüraß beschossen werden, in beysein derer Herrn Ober Officiers so von Seiner Königlichen Majestät Regiment wochentlich die Gewehre probiren.
7) Und diejenige Schuße, so durch gehen, oder daß Eysen spalten, auch wen nur in der Beule so der Schuß dem Cuiraß machet hinten ein risgen vorhanden so wie eine meßer schneiden groß, selbige werden verworfen, und nicht angenohmen.
8) Diejenigen Schuße aber so eine grube machen die nicht durch geht, oder rißig wirt, diese werden vor tüchtig erkandt u. angenohmen, und verbleibet der Schuß
9) Alle Zeit darinnen damit man sehen kan daß der Cuiraß Tüchtig probiret ist auch keine unterschleife vorgehen können.
10) Wenn ein Tausend stück Cuiraß probiret sind, sollen sie von den Herrn Major von Saldern besehen u. in empfang genommen werden. Die Rechnung von gemeldeten Herren Major attestieret u. die Cuiraß unten in den general Saal gesetzt werden . . .»

Für jeden Küraß sollten 4 Rheinische Taler (ohne «Futter Riehmen u. Schnallen») gezahlt werden. Der «Contract» läßt erkennen, in welcher Weise der Beschuß der Küraß-Bruststücke erfolgte. Im Jahre 1739 baten Splitgerber und Daum den König, da 60 Prozent bei dem bisherigen Beschuß durchschossen wurden, die Entfernung von 30 auf 37 Schritt erhöhen zu dürfen, bei gleicher halbkugelschwerer Pulverladung.

Im Jahre 1790 ordnete Friedrich Wilhelm II. an, daß Kürasse im Feld nicht mehr zu tragen und sie an die Depots abzuliefern seien. Im Regiment Garde du Corps und in einigen anderen Regimentern wurden sie noch bis 1795 getragen.[391)] Das Für und Wider den

Küraß war damit jedoch nicht beendet. Nach Erbeutung großer Mengen französischer Kürasse 1814 in Frankreich gestattete Friedrich Wilhelm III. den Kürassieren, sie wieder zu tragen. 1888 wurde der Küraß für die Feldausrüstung abgeschafft, er sollte nur noch zu Paraden, Eskorten und dergleichen getragen werden.[392)]

Dragonergewehre

«Dragoner sind halb Mensch, halb Vieh, zu Pferd gesetzte Infanterie», dementsprechend waren auch die Gewehre für diese Truppe eine Mischung von Infanterie- und Kavalleriewaffe. Das Pferd war ursprünglich mehr ein Transportmittel für die Dragoner als für das Gefecht gedacht. Gegen den Feind kämpften diese Soldaten wie Infanteristen zu Fuß. Zum Gewehr gehörte bis 1787 auch ein Bajonett. Die Dragonerflinte besaß wie die Kavalleriekarabiner eine Laufstange mit beweglichem Ring für den Karabinerhaken des Bandeliers.

In der kurfürstlich brandenburgischen Armee führten die Dragoner Luntenschloßmusketen und nach Einführung von Steinschloßwaffen Infanteriegewehre mit Flintenschloß und Bajonett, im Gewicht jedoch etwas leichter als Flinten der Infanterie. Da die glimmende Lunte beim Reiten durch Funkenflug gefährlich war, erhielten die Dragoner früher als die Infanteristen Steinschloßgewehre, bereits in den 70er und 80er Jahren des 17. Jahrhunderts. Originale aus dieser und auch aus der Zeit Friedrichs I. sind bisher nicht nachweisbar. Statt der Bandeliere mit Pulverbehältern führte bereits Friedrich Wilhelm bei den brandenburgischen Dragonern Patronen und Patronentaschen ein.[393)]

Nicht genau feststellbar ist, wann in der Potsdam-Spandauer-Gewehrmanufaktur Dragonerflinten erstmals hergestellt wurden. Die ersten schriftlichen Quellen stammen aus dem Jahre 1726. Deshalb wird zur Bestimmung dieser Waffe die Bezeichnung «Dragonergewehr 1726» verwendet.[394)] Zwischen 1731 bis 1735 erhielten 42 Eskadrons je 132 Dragonergewehre.[395)] Es darf angenommen werden, daß damit ältere Gewehrtypen, beispielsweise Henoul-Gewehre, endgültig abgelöst wurden. Die Anzahl erhalten gebliebener Dragonerflinten ist auch für die Zeit von 1713 bis 1786 sehr gering. Das Wehrgeschichtliche Museum in Rastatt besitzt ein Original der Dragonerflinte 1726.[396)] Die Maße sind folgende: Gesamtlänge 1415, Lauflänge 1030, Länge des Schloßbleches 155 und des Kalibers 17 Millimeter. Das Gewicht wird mit «4040 pond» angegeben. Der glatte Lauf hat ein längliches Messingkorn, eine auf dem Schwanzschraubenblatt eingefeilte Kimme; die gerade Laufstange ist vorn mit Laufring und hinten mit der hinteren Schloßschraube befestigt; das Schloßblech trägt die Bezeichnung «POTZDAM MAGAZ» und «S et D»; der Kolben hat «Kuhfußform», die Schaftverschneidungen sind rautenförmig; die Beschläge bestehen aus Messing, die Ladestockröhrchen sind der Länge nach kantig. Das Daumenblech trägt die Chiffre «FR». Die Herstellung wird für das Jahr 1742 angenommen.

Ein Exemplar des Zeughauses Berlin stimmt fast genau mit dem Rastatter überein: Gesamtlänge 1420, Lauflänge 1030, Schloßblechlänge 153 und Kaliber 17 Millimeter. Das Schloßblech trägt auch die Bezeichnung «POTZDAM MAGAZ» und die Buchstaben «S et D», das Daumenblech die Chiffre «FR». Die Schaftverschneidungen laufen ebenfalls rautenförmig aus. Die Herstellung des Gewehrs darf gleichfalls für die vierziger Jahre des 18. Jahrhunderts angenommen werden.

Constantin Kling bildet ein Dragonergewehr des ehemaligen Berliner Zeughauses als Zeichnung ab und gibt die Länge mit «1 Meter 42 Centimeter, oder etwa 4 Fuß 6 Zoll

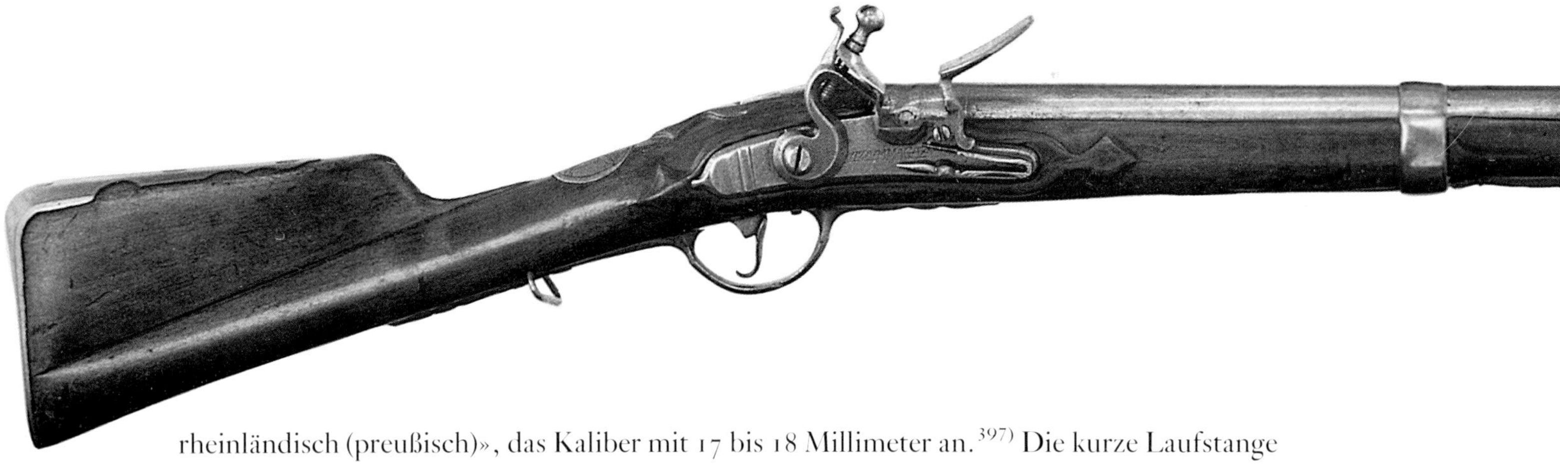

rheinländisch (preußisch)», das Kaliber mit 17 bis 18 Millimeter an.[397] Die kurze Laufstange ist an diesem Gewehr mit der vorderen Schloßschraube befestigt. Auf dem Lauf sitzt ein Bajonett, der hintere Riemenbügel für den rotfarbenen Gewehrriemen befindet sich unter dem Hinterblatt des Abzugsbügels. Diese Details vervollständigen das Bild über die Dragonerflinte zur Zeit Friedrichs II. Constantin Kling gibt ferner an, daß der Ladestock aus Holz war, den Regimentern aber freigestellt wurde, später eiserne Ladestöcke und konische Zündlöcher einzuführen. Offiziere, Unteroffiziere, Trompeter, Hoboisten, Tambours und Fahnenschmiede führten keine Gewehre. Der Kürassierkarabiner unterscheidet sich vom Dragonerkarabiner dadurch, daß er nur 1330 Millimeter lang ist.

Mit Kabinettsorder vom 23. Oktober 1787 wurde eine Änderung von Dragoner- bzw. Kavalleriekarabinern angeordnet. Die alten Dragonergewehre wurden gekürzt, und das Bajonett entfiel. Der Kolben erhielt bei neugefertigten Gewehren eine Kolbenbacke; das Daumenblech wurde aufgegeben und die Chiffre «FWR» auf dem Kolbenblechfortsatz eingraviert; die Laufstange erhielt vorn eine tiefe Schleife, wodurch das Schwergewicht des Karabiners im freien Hang so verlagert wurde, daß nicht mehr die Mündung nach unten, sondern nach oben zeigte, und der Ladestock dadurch nicht mehr herausfallen konnte. Seit 1787 führten Dragoner und Kürassiere die gleichen Karabinermodelle mit glattem oder gezogenem Lauf. Mit gezogenen Karabinern waren jedoch bei den Dragonern nur wenige in jeder Eskadron bewaffnet.[398]

Neugefertigte Karabiner mit gezogenem Lauf hatten ein aufgelötetes Visier aus Eisen und ein Messingkorn. Die Gesamtlänge betrug 1270, das Kaliber lag zwischen 17 und 18 Millimetern. Als Ursache für den Fortfall des Bajonetts am Dragonergewehr wird in einem Bericht des Oberkriegskollegiums vom 10. Oktober 1787 an den König angegeben, daß die Bajonette zu dicht am Degengefäß saßen und beim Herausziehen des Degens oft unbeabsichtigt mit herausgezogen wurden und so verloren gingen.

Zu einigen Details der Gewehre sind auch Ausführungen von Gerhard von Scharnhorst in seinem «Handbuch für Offiziere»[399] aufschlußreich: «Des Carabiners bedient man sich zu Pferde bei den Plänkern; von wesentlichem Nutzen ist er aber, wenn die Cavallerie absitzt. Da dieses wohl vorkommen kann, so ist er unentbehrlich und muß daher sich auch in der Einrichtung dem Infanteriegewehr so viel als möglich nähern. Cylindrische Ladestökker und conische Zündlöcher sind hier ebenso nützlich, wie bei der Infanterie; da man aber die Carabiner seltener gebraucht, so hat man die obigen Einrichtungen Kosten halber bey ihnen nicht angebracht.»

Ab 1787 wurden die alten glatten Karabiner auf die Länge von 1270 Millimeter gekürzt. Zur Begründung für eine Kürzung von Gewehren und Karabinern der Dragoner, Kürassiere und Husaren heißt es in einem Dokument aus dem Jahre 1787: «Es ist seiner Majestät

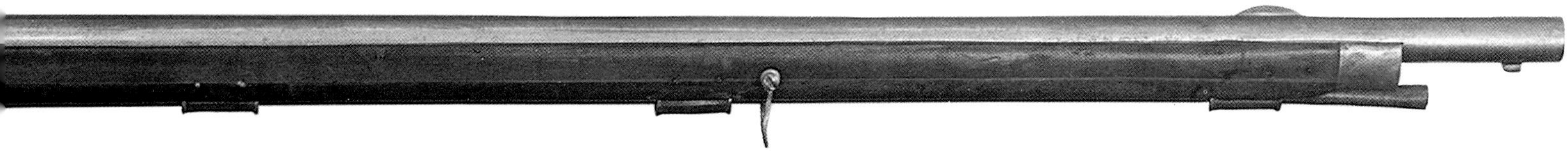

Dragonergewehr M 1726
Dragonergewehre waren eine Kombination von Infanterie- und Kavalleriegewehren. Sie hatten fast die Länge jener Gewehre und auch ein Bajonett, jedoch wie diese eine Laufstange mit Ring zum Einhängen in ein Reiterbandelier mit Karabinerhaken. Das entsprach den doppelten Einsatzmöglichkeiten der Dragoner als Infanteristen und Kavalleristen. 1787 wurden die Läufe verkürzt und die Bajonette abgeschafft; Schloßblech bezeichnet: «POTZDAM MAGAZ» und «S et D»; Bajonetthaft.
Gl 142 cm; L des Laufes 103 cm; K 17 mm; G 3700 g (ohne Ladestock); Inv.-Nr. W 59.1281

schon bei einer anderen Gelegenheit allerunterthänigst vorgestellt worden, wie die Länge der alten Carabiner und die Art der alten Bügel für den Reiter die nachtheilige Folge haben, daß wenn letzterer seinen Carabiner losgeschossen und ihn fallen läßt, der Lauf nach unten und beim starken Reiten dem Pferde zwischen die Beine kommt, wodurch in Campagne ungemein viel Leute gestürzt und in die feindliche Gefangenschaft gerathen sind. Bei den neuen Carabinern hingegen fällt der Lauf nach oben und die Kolbe nach unten, bleibt an der Seite hangen und kann hierbei auch kein Ladstock verlohren gehen, welches bei den alten Carabinern unter diesen Umständen fast beständig geschehen, weßhalb sie auch dieser und der erstern Ursache wegen vor dem Feinde fast garnicht zu Pferde haben gebraucht werden können.»[400] Diese Argumente klingen sehr überzeugend, sie dürften auch den geringen Einsatz von Handfeuerwaffen in Gefechten unter Friedrich II. mit erklären.

Dragonerdegen

Unter König Friedrich Wilhelm I. erhielten die Dragoner in den Jahren 1734/35 neue Degen. Dieser Dragonerdegen M 1734 hat eine zweischneidige Klinge von bikonvexem Querschnitt mit Spitze in der Mittellinie, deren Länge zwischen 89 und 92 Zentimeter beträgt. Das Gefäß aus Messingguß hat Griff- und Nebenbügel, die durch zwei gekreuzte Terzspangen gefestigt werden, in deren Kreuzungsteil eine runde Verstärkungsplatte mit doppelten, sich kreuzenden Feilstrichen liegt. Bügel und Spangen münden in den aufgebogenen Rand des ovalen, terzseitigen nierenförmigen Stichblattes. Von der geraden Parierstange zweigt quartseitig ein waagerecht stehender, etwa ovaler Parierbügel ab, dessen Mitte in einen senkrecht stehenden ovalen Daumenring, der am Kreuzstück der Parierstange fixiert ist, übergeht. Ein charakteristisches Merkmal ist auch der zum Griffbügel gerichtete geschnittene Adlerkopfknauf mit großem Vernietknopf. Griff- und Nebenbügel reichen bis zum Knauf, und sind hier verankert. Die geschwellte Griffhülse aus Holz mit aufgezogener Hanfschnur schräg-längs umwickelt, ist mit braunem Leder überzogen. In die Rillen ist spiralförmig verlaufender glatter Messingdraht eingelegt. Die Klingenstärke ist meistens auf einer Seite mit dem Stempel «POTZDAM», auf der anderen mit dem Adlerstempel versehen.

Bis 1743 wurden Klingen auch aus anderen Produktionsstätten beispielsweise aus Solingen, angekauft. Fortan bestimmte eine königliche Ordre, daß sie nur noch aus Potsdam zu

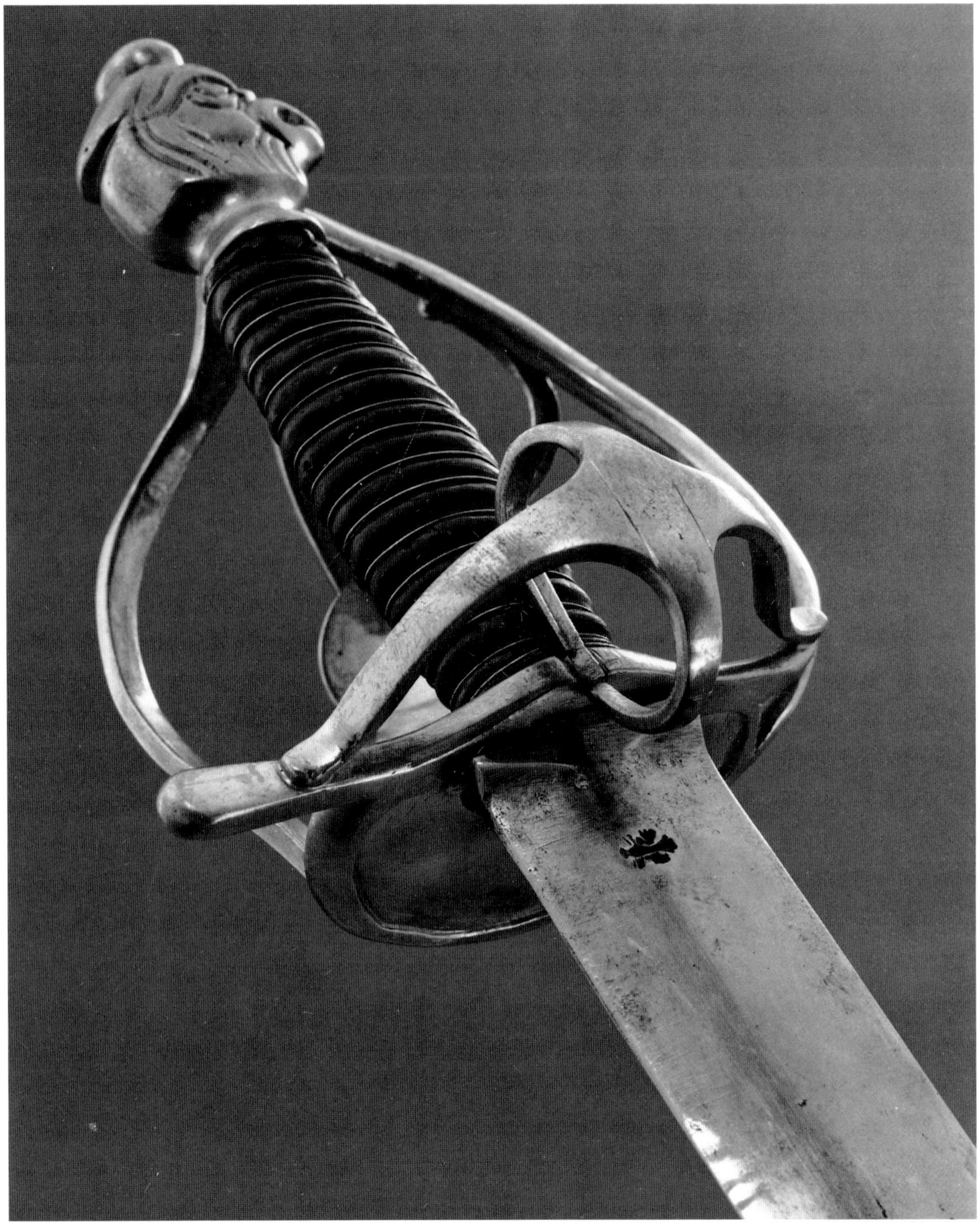

Gefäß des Dragonerdegens Abb. 185 links, Quartseite mit Daumenring; auf der Klinge Adlerstempel

Mannschaftsdegen *der Dragoner, M 1734*
Der Dragonerdegen war in erster Linie für den Kampf zu Pferde konstruiert und gegenüber dem Infanteriesäbel länger und für den Stoß geeignet. Die zweischneidige Klinge ist mit dem Adlerstempel und «POTZDAM» gekennzeichnet. Die Lederscheide hat verdeckten Messingbeschlag am Scheidenmund (fehlt hier) und am Ort.
Gl 115 cm; Kl 94 cm; Kb 4 cm; G 1310 g; L der Scheide 95 cm; G 320 g; Inv.-Nr. W 1091 a, b (AD 3528)

Mannschaftsdegen *der Dragoner, 1717–1740*
Dieser Degentyp mit zweischneidiger Klinge und Eisengefäß gelangte vermutlich mit den sächsischen Dragonern nach Preußen, die Friedrich Wilhelm I. 1717 gegen Porzellan aus den Schlössern Charlottenburg und Oranienburg von August dem Starken anstelle von Werbegeldern ertauschte. Teile des Gefäßes waren vermutlich Vorbild für den Dragonerdegen 1734. In Kursachsen soll der Degentyp bereits am Ende des 17. Jahrhunderts gebräuchlich gewesen sein (Körner).
Gl 111,5 cm; Kl 94,5 cm; Kb 3,5 cm; G 1380 g; Inv.-Nr. W 72.25

Mannschaftspallasch *der Dragoner, M 1734/97*
König Friedrich Wilhelm II. ordnete 1797 an, für den Stoß besser geeignete stabilere Rückenklingen für die Blankwaffen der Dragoner einzuführen. Die Lederscheiden, jetzt ohne Holzeinlagen, erhielten statt der Messingbeschläge einen Beschlag aus Eisen. Die Waffe wurde nun nicht mehr in der Degentasche, sondern an Ringen und Trag- sowie Schleppriemen mitgeführt. Offiziere trugen den Pallasch weiterhin in der bisherigen Weise. Eingeschlagen sind der Adlerstempel, an der Parierstange: «138», am Daumenring «N 5».
Gl 103,8 cm; Kl 87,6 cm; Kb 3,7 cm; G 1280 g; Inv.-Nr. W 59.2954

138

beziehen seien. Eine braune Lederscheide mit verdecktem Mund- und Ortblech aus Messing und sichtbarem Tragehaken erwies sich im Gefecht als ungeeignet, da der Scheidenkörper zu instabil war, das Einstecken der Waffe erschwerte und oft eingeschlitzt wurde. Aus diesen Gründen erhielten die Scheiden Verstärkungen durch Längsschienen an den Kanten und in der Mitte der unteren Hälfte sowie sieben Querstege. Mund- und Ortblech wurden außen aufmontiert. Bis 1797 trug der Dragoner den Degen in einer Degentasche, die am Leibriemen hing. Der Tragehaken griff in einen kleinen Schlitz. Danach erhielt die Scheide Eisenbeschläge mit zwei, später vier Trageringen sowie Trag- und Schleppriemen.

Ab 1797 wurde auch die Klinge verändert. Eine Vorschrift verlangte Klingen von keilförmigem Querschnitt, also eine einschneidige Rückenklinge, die stabiler als die bikonvexen Klingen war. Das Gefäß behielt die alte Form. Diese nun als «Dragonerpallasch M 1734/97» bezeichnete Waffe entspricht aber nicht ganz dem Pallasch, da diese Griffwaffe einen gebogenen Säbelgriff besitzt. Am Leibriemen befand sich unmittelbar über der Degentasche eine lederne Öse für das Bajonett.[401)]

Adolph von Menzel bildet in seinem umfangreichen Tafelwerk «Die Armee Friedrichs des Großen in ihrer Uniformierung» für das Jahr 1740 einen Dragonerdegen mit Eisengefäß für das Regiment No. 4 ab, der formale Unterschiede zum Dragonerdegen M 1734 erkennen läßt. Das Gefäß hat zwar Griff- und Nebenbügel mit den typisch gekreuzten Spangen und der Verstärkungsplatte im Kreuzteil, der Knauf hat jedoch eine länglich-gerundete Form mit Vernietknopf. Einen dieser seltenen Dragonerdegen besitzt das Zeughaus Berlin, ein zweites Exemplar befindet sich in Privatbesitz.[402)] Die Klinge des Berliner Degens ist nicht bezeichnet, die des anderen trägt die Bezeichnung «POTZDAM» und den Adlerstempel.[403)] Die Maße des Berliner Degens sind: Gesamtlänge 1115, Klingenlänge 945, Klingenbreite 35 Millimeter, Gewicht 1380 Gramm; die des Degens in Privatbesitz: 1082, 914, 35 Millimeter und 1250 Gramm. In einem Artikel über die Blankwaffen der sächsischen Kavallerie von Ernst von Koerner[404)] wird dieser Degen als sächsisch bezeichnet. Wörtlich heißt es: «In dem Pallasch D II a 10 und 11 ist die erste sächsische Kommißwaffe aus der Zeit Johann Georg III. (1680 bis 1691), des Gründers der alten Armee, dargestellt. Der Degen ist verhältnismäßig lang, Klingenlänge allein 95 Zentimeter. Zu Hieb und Stich gleich günstig konstruiert, ist er das Ideal einer Reiterblankwaffe.»

Die Datierung des Pallaschs in die Zeit Johann Georgs III. wird hier weder näher behandelt noch bewiesen. Der Hinweis, daß der Degen aus Sachsen stammt, verdient jedoch Beachtung. König Friedrich Wilhelm I. hatte 1717 im Tausch gegen Porzellan aus den Schlössern Charlottenburg und Oranienburg von August dem Starken 600 Dragoner erhalten. Wenn diese Dragoner ihre Waffen mitbrachten, könnte dieser Degen in die preußische Armee übernommen und auch in der Regierungszeit Friedrichs II. noch neben dem Dragonerdegen mit Messinggefäß geführt worden sein. Die Klinge des erhaltenen Degens mit der Bezeichnung «POTZDAM» wurde jedoch erst nach 1722 gefertigt. Sie könnte als Ersatz für eine beschädigte Klinge in das Gefäß montiert worden sein.

Dragoneroffiziere trugen gleiche Degen mit Adlerknauf wie die Mannschaften, die Gefäßteile waren jedoch vergoldet. Das Gefäß war, wie Originalstücke erkennen lassen, oft sorgfältiger ziseliert, die Klinge durch teilweise Bläuung und gravierte Trophäen und Symbole (Adler, Gardestern) verziert. Auch ein aus Silber gegossenes Gefäß ist erhalten geblieben.[405)] Adolph von Menzel bestätigt mit der Darstellung eines Dragoneroffiziers vom Regiment No. 10 diesen Degen mit versilbertem Gefäß, bei dem sich auf der runden Kreuzungsplatte der Terzbügel ein schwarzer Adler befindet.[406)] Im Jahre 1811 erhielten die preußischen Dragoner statt der Pallasche Husarensäbel.[407)]

Husarensäbel für Mannschaften und Offiziere

Das von König Friedrich Wilhelm I. im Jahre 1721 errichtete und nur 30 Mann starke «Corps Husaren» wurde nach österreichischem Vorbild uniformiert und bewaffnet. Friedrich Wilhelm Deiß meint:[408] «Die ersten Muster des Säbels entsprachen genau den damals in Österreich geführten.» Offensichtlich gab es aber für die österreichischen Husaren zu dieser Zeit keinen einheitlichen Säbel. Wilhelm Gohlke vermerkt jedenfalls, daß «für dessen Ausführung bis 1748 Vorschriften nicht bestanden».[409] In der Literatur wird ein früherer Typ des preußischen Husarensäbels wegen des Einführungsjahres M 1721 bezeichnet.[410] Für die ersten Mannschaftssäbel läßt sich jedoch ein Modell nicht nachweisen. Die Manufaktur in Potsdam wurde erst 1722 errichtet und, ob bei einem oder mehreren Schwertfegern diese Säbel bestellt wurden, ist nicht bekannt. Eine Kennzeichnung der Klingen und Gefäße von Mannschaftssäbeln mit dem Namenszug des Königs scheint unter Friedrich Wilhelm I. und Friedrich II. nicht erfolgt zu sein. Deshalb ist eine zeitliche Bestimmung der Säbel erschwert.

Im Original sind mehrere Exemplare, die in Potsdam gefertigt wurden, erhalten. Am Beispiel eines Mannschaftssäbels aus dem Bestand des Zeughauses Berlin (vermutlich aus der Mitte des 18. Jahrhunderts), sollen Details aufgezeigt werden. Die gekrümmte Rükkenklinge «à la Montmorency», das heißt mit breitem Hohlschliff und nahe dem Rücken mit halbrundem Zug auf beiden Seiten, hat eine 270 Millimeter lange Rückenschneide. In die Klinge sind der Adlerstempel und der Name «POTZDAM» eingeschlagen. Das Eisengefäß besteht aus einer geraden Parierstange, die rechtwinklig in einen geschweiften Griffbügel übergeht, der zur Knaufkappe führt, sowie aus Mitteleisen mit kreuzförmigen Feilstrichen. Der stark gebogene Holzgriff ist mit geripptem Leder überzogen. Die oben abgeflachte Griffkappe verjüngt sich bis zur Parierstange.

Die älteren Scheiden der Husarensäbel hatten über dem Lederüberzug einen schmalen Kantenbeschlag und schmale Querstreifen.[411] Dem Mannschaftssäbel des Berliner Museums ist eine jüngere Variante zugeordnet, bei der der Scheidenkörper in der unteren Hälfte ganz mit einem geschlossenen Eisenbeschlag verstärkt ist. An diesem Beschlag und am langen Mundblech befinden sich in Ösen bewegliche Trageringe. Zwischen beiden Beschlägen ist das Leder sichtbar. Zum Säbel trug der Husar eine Säbeltasche, auf die ein großes Monogramm des jeweiligen Königs gestickt war. Mannigfaltig scheinen die Säbel preußischer Husarenoffiziere gewesen zu sein. Als offiziell eingeführter Offizierssäbel unter Friedrich II. darf ein Exemplar des Zeughauses Berlin gelten. Die Klinge ist schmaler als beim Mannschaftssäbel; der Zug beginnt erst nach dem hinteren Klingendrittel. Auf diesem befindet sich terzseitig ein gekröntes «FR», auf der Quartseite ein säbelschwingender Husar in Gravierung. Das Messinggefäß mit Resten von Vergoldung besteht aus der geraden Parierstange mit Endknopf, Griffbügel, ganzer Griffkappe und breiten Mitteleisen, auf denen auf der Terzseite ein «FR» in Relief steht. Spitzwinkelige Muster zieren die Griffkappe.

Als Sonderform mit reicher kunstvoller Verzierung gilt der Offizierssäbel, der dem Freischarenführer im Siebenjährigen Krieg, Friedrich Wilhelm Gottfried Arnd von Kleist

(1724–1767, 1762 Generalmajor) gehört haben soll.[412] Von diesem Offizier existiert ein Gemälde, auf dem er einen gleichartigen Säbel trägt, der jedoch kleine Abweichungen im Dekor aufweist.[413] Ob dies künstlerische Freiheit war oder ob der Säbel nicht von Kleist getragen wurde, läßt sich nicht eindeutig klären. Daß auch andere Offiziere einen gleichen Säbel mit reichem Silberdekor trugen, beweist ein weiteres Gemälde eines preußischen Husarenoffiziers.

Der «Kleistsäbel» gehört zum Karabelatyp. Die Klinge mit breiter Hohlkehle hat eine Rückenschneide mit Pandurenspitze und auf der Klingenstärke reliefierte Verzierung mit Silber und Vergoldung in Rocaillen- und Muscheldekor. Der Hornschalengriff mündet in einen stilisierten Vogelkopf. Die Parierstange mit breiten Mitteleisen ist aus Silber, auf diesem befindet sich im Dekor ein Adler. Die drei Silberbeschläge der Scheide sind ebenfalls reich verziert, darunter der Adler und auf Fahnen das «FR».

Über die Handhabung des Husarensäbels wird im Reglement von 1743 vermerkt:[414] «Die Officiers müssen sich auch alle Mühe geben, daß die Husaren mit dem Säbel wohl umgehen lernen, ihnen deshalb alle Vortheil weisen . . . wann sie aushauen wollen, sich in dem Sattel heben, und so den Hieb von oben herunter im stehen vollführen. Indem ein solcher Hieb von weit mehrerm Effect ist, als wann man im sitzen hauen will.» Zum Zustand und zur Pflege der Waffe heißt es im gleichen Reglement,[415] «daß die Klingen allezeit recht scharf wie eine Gräte, und nebst den Gefässen Spiegel-blanck, und nicht verbogen oder Scharten darin sind . . . Se. Königl. Majestät werden bey den Revües genau darnach sehen, ob die Säbels scharff abgeschliffen sind wie eine Korn-Sense; Ein jeder Husare muß sich seine Säbel Klinge selbst scharf machen, und die Scharten ausklopfen.»

Wegen der starken Krümmung war der Säbel zum Stich weniger geeignet als zum Hieb. Der altpreußische Säbel wurde durch das Modell 1811, das nach dem englischen Säbel der leichten Kavallerie M 1796 gefertigt wurde, abgelöst. Er ist auch unter der Bezeichnung «Blüchersäbel» in die Militärgeschichte eingegangen.

BEWAFFNUNG DER ARTILLERIE

Kanonen, Haubitzen und Mörser

Innerhalb der militärischen Strategie und Taktik einer Armee wurden der Artillerie bestimmte Aufgaben und Ziele gestellt. Dieser gezielte Einsatz im Kriege erforderte bestimmte Geschütztypen, differenzierte Rohr- und Lafettenkonstruktionen. Drei große Gruppen der Artillerie sind zunächst zu berücksichtigen, nämlich Feld-, Festungs- und Schiffsartillerie. Geschütze für Feldschlachten mußten für den Transport, den Stellungswechsel und taktische Aufgaben im wechselvollen Gefechtsgeschehen vor allem beweglich und zum schnellen Laden und Schießen konstruiert sein. Der Hauptunterschied der Festungs- und Schiffsgeschütze gegenüber den Feldgeschützen bestand darin, daß erstere an einen festen Standort gebunden waren, unmittelbar keine Bespannung benötigten, Rohre schwerer und Schießgestelle sowie Lafetten einfacher gebaut sein konnten. Zum Bestand der Festungs- oder Garnisonsartillerie gehörten jedoch auch beweglichere Stücke für die Belagerung von Städten und Festungen. In der Feldartillerie des 17./18. Jahrhunderts unterschied man zwischen Regiments-, Positions- und reitender Artillerie. Bei der zuerst genannten waren leichtere Feldkanonen als sogenannte Bataillonskanonen unmittelbar der Infanterie zugeordnet. Die Positionsartillerie bestand aus schweren Kanonen und Haubitzen, die zu Batterien mit einheitlichem Kommando zusammengefaßt waren. Bei der reitenden Artillerie waren alle Bedienungsmannschaften beritten, und dadurch konnte sie für schnelle Überraschungsangriffe, oft im Zusammenwirken mit der Kavallerie, eingesetzt werden.

Drei Hauptarten von Vorderlader-Geschützen sind für den hier behandelten Zeitraum vorherrschend: Kanonen, Haubitzen und Mörser. Wallbüchsen und Hinterladerkonstruktionen waren in Brandenburg-Preußen von geringer Bedeutung. Kanonen besitzen gegenüber Haubitzen und Mörsern längere Rohre. Sie eigneten sich für den Kernschuß mit waagerechter Schußlinie auf kurze Entfernung, den Visierschuß mit Anvisieren über Mündungskopf oder Korn und Visiereinschnitt oder Bodengesims und für den Bogenschuß, bei dem oft ein Richtaufsatz zu Hilfe genommen wurde.

Eine besondere Schußart war das Rikoschettieren, bei der die Kugel im stumpfen Winkel am Boden auftraf und weiterflog. Das konnte mehrere Male geschehen, wodurch besonders bei der feindlichen Infanterie, die in mehreren Treffen aufgestellt war, höhere Verluste entstanden als bei nur einem Aufschlag des Geschosses.

Haubitzen mit kürzeren Rohren hatten, bei gleichem Kaliber wie Kanonen, eine geringere Reichweite. Sie konnten ebenfalls für die genannten Schußarten, aber auch für Steilfeuer eingesetzt werden. Ausschließlich für diese Schußart, bei der besonders verdeckte Ziele hinter Mauern und in Gräben unter Feuer genommen werden konnten, eigneten sich die Mörser. Die Richthöhe betrug meist über 45 Grad. Kanonen und Haubitzen ruhten mit angegossenen Schildzapfen in Schildzapfenlagern der Lafettenwände und konnten dadurch vertikal gerichtet werden. Die Schildzapfen saßen etwas tiefer als in der Mittellinie der Rohrseiten. Sogenannte hängende Mörser mit seitlichen Schildzapfen in der Mitte des Rohres konnten ebenfalls auf Räderlafetten lagern, während stehende Mörser mit Schildzapfen in Höhe des Stoßbodens von Blocklafetten ohne Räder – auch Schleifen genannt – abgefeuert wurden. Bei einem seltener vorkommenden Typ, dem Fuß- oder Schemelmörser, war ein Standfuß mit dem Rohr aus gleichem Material in einem Guß gefertigt worden.

Seit dem 17. Jahrhundert wurden die Kanonen nach dem Gewicht der Eisenkugeln als Drei-, Sechs-, Zwölfpfünder usw. bezeichnet. Haubitzen und Mörser erhielten Benennungen nach dem Gewicht der altüblichen Steinkugeln, obwohl diese nicht mehr zum Einsatz kamen. Kanonen hatten im allgemeinen eine zylindrische Bohrung, Seele genannt. Jedoch gab es auch sogenannte Kammerstücke, bei denen eine zylindrische oder konische Pulverkammer mit verringertem Durchmesser gegenüber dem Rohrkaliber im hinteren Rohrteil gebohrt war. Die Kammer war so lang, daß sie die gewünschte höchste Pulverladung aufnehmen konnte. Rohre mit ganzer zylindrischer Bohrung gehörten zum Ordinärsystem, die anderen zu den Kammerstücken. Mörser hatten in jedem Fall eine Kammer. Sie konnte zylindrisch, konisch oder birnförmig gestaltet sein.

Gegenüber den alten Benennungen (Falkonett, Feldschlange, halbe oder ganze Kartaune usw.) wurden die Kanonen spätestens seit 1680 in Kurbrandenburg nach dem Kugelgewicht bezeichnet. Das alte brandenburgisch-preußische Pfund hatte nur 0,467 Kilogramm. Die Vielfalt war zunächst noch sehr groß. Gegossen wurden 1-, 2-, 3-, 6-, 12-, 18-, 24-, 36-, 48- und 100pfündige Kanonenrohre für eiserne Kugeln, ferner 1-, 4-, 8-, 12-, 16- und 24lötige Rohre, die Bleikugeln verschossen. Insbesondere in Festungen standen auch veraltete und erbeutete Rohre verschiedener Kaliber. Die Bereitstellung der unterschiedlichen Munition und der Ersatzteile für Lafetten, beispielsweise für zerbrochene Räder, war sehr kompliziert, und fehlende Stücke beeinträchtigten oft den wirkungsvollen Einsatz der Artillerie. Deshalb strebten Artillerieoffiziere nach Vereinfachung des Geschützsystems.

Für den Feldkampf bevorzugte man, wie überall, auch in Brandenburg-Preußen Kanonenrohre aus Bronze, zur Armierung von Festungen eiserne Kanonenrohre. Die bronzenen Rohre waren wegen des widerstandsfähigen Materials von geringer Wandstärke und damit von geringerem Gewicht als eiserne Rohre. Sie ließen sich deshalb leichter und mit weniger Pferden auf Straßen und dem Schlachtfeld transportieren. Von großer Wichtigkeit für die Reichweite der Geschosse war die Rohrlänge. Sie wurde in damaliger Zeit in Kugel-Durchmessern (mit «D» = Diameter) angegeben. Die Handhabe am Stoßboden blieb beim Messen unberücksichtigt, gemessen wurde die Länge von der Mündung bis zur Kante des Stoßbodens. Über die günstigste Länge gingen die Meinungen sehr auseinander. Das beste Maß war auch abhängig vom taktischen Einsatz der Geschütze. Sollte ein Geschütz unmittelbar als Regimentsstück bei der Infanterie eingesetzt werden, brauchte es nicht so weit zu schießen wie ein sogenanntes Positionsgeschütz, das beispielsweise Truppenansammlungen des Feindes unter Feuer nehmen oder weit über die eigenen Truppen hinweg schießen sollte. Die Längen schwankten zwischen 16 und 24 D. Kammerstücke mit kürzeren, 16 D langen Rohren finden sich vorwiegend bei den geringeren Kalibergrößen.

Es war auch üblich, Teile des Rohres und die Wandstärke in Teilen des Kugel-Kalibers anzugeben. Eigentümlich ist auch die Berechnung des Rohrgewichtes im Vergleich zum Kugelgewicht. Bei 3-, 6-, 12- und 24-Pfündern mit jeweils 24 D Länge betrug das Gewicht im Zeitraum von 1680 bis 1713 auf ein Pfund der Kugel 288 bis 290, d. h. bei dem 3-Pfünder $3 \times 288 = 864$ Pfund.[+16)]

Sechzigpfündiger Mörser *aus Gußeisen in gußeiserner Lafette, Kurbrandenburg 1699*
Auf dem Vorderfeld Emblem des Generalfeldzeugmeisters Prinz Philipp Wilhelm, Bruder des Kurfürsten, über gekreuzten Kanonenrohren in der Mitte brandenburgischer Adler, umgeben je viermal von Königskronen und dem Monogramm «PPW». Auf dem Mittelfeld Kurzepter und viermal das Monogramm des Kurfürsten Friedrichs III. Auf dem linken Schildzapfen steht «1699». Die Lafettenwände sind ebenfalls mit dem Kurzepter gekennzeichnet.
H 85 cm; Tiefe des Fluges 47 cm; K 30,7 cm; Tiefe der Kammer 24,5 cm; Durchmesser 12 cm; Inv.-Nr. W 523 (AB 6879)

Fünfundzwanzigpfündiger Mörser *aus Gußeisen in gußeiserner Lafette, Preußen, um 1701*
Auf dem Vorderfeld Emblem des Generalfeldzeugmeisters Markgraf Philipp Wilhelm, über gekreuzten Schwertern im Mittelfeld Namenszug «PW», darüber Krone; im Mittelfeld Namenszug des Königs Friedrich I., viermal gespiegeltes «F» mit Krone und das «R», im Kreis angeordnet.
H 75 cm, Tiefe des Fluges 36 cm, K 23,9 cm, Tiefe der Kammer 19 cm, Durchmesser 9 cm, Inv.-Nr. W 524 (AB 6880)

Das Kugelkaliber war stets geringer als das Rohrkaliber. Trotz Reinigung des Rohres mit dem Wischer setzte sich im Rohrinneren Pulverschleim des grobkörnigen Schwarzpulvers fest und verkrustete allmählich die Rohrwandung. Ein geringer Spielraum war deshalb für den Ladevorgang unbedingt notwendig. Man rechnete beispielsweise, daß bei einem zehnpfündigen Geschoß das Rohrkaliber für ein elfpfündiges groß sein mußte.

Im Zeitraum von 1680 bis 1713 spielten Haubitzen nur eine geringe Rolle innerhalb der brandenburgisch-preußischen Artillerie. Die ausschließlich bronzenen Stücke gehörten zu den Kalibergrößen der 16-, 18- und 20pfünder. Die Länge des Fluges betrug etwa 4 D, die der Kammer 1½ D.[417] Die Kalibergrößen der Bronzemörser im genannten Zeitraum reichten vom 6pfünder über 16-, 18-, 25-, 50-, 60-, 100-, 125-, 200-, 300- bis zum 1000-Pfünder. Aus der Zeit Friedrichs III. bzw. Friedrichs I. haben sich im Bestand des ehemaligen Zeughauses Berlin nur zwei gußeiserne liegende Mörser erhalten, ein 60pfündiger Mörser von 1699 und ein 25pfündiger Mörser aus der Zeit von 1701 bis 1713. Beide Mörser ruhen in gußeisernen Schleifen, tragen das Emblem des Generalfeldzeugmeisters Markgraf Philipp Wilhelm und den Namenszug des Kurfürsten bzw. des Königs. Der 25-Pfünder dürfte aus der Anfangszeit der Regierung des Königs sein, da er noch das vierfache Monogramm in kreisförmiger Anordnung, wie es bei Rohren der Kurfürstenzeit üblich war, trägt.

Die bronzenen hängenden Mörser hatten in Brandenburg-Preußen eine Länge von etwa 4 D, die Kammer war zwischen 1¼ oder 1¾ D lang. Bei liegenden Mörsern betrug die Länge 3 D, die der Kammer zwischen 1 und 1½ D. Es gab ferner stehende Handmörser mit konischer Kammer auf Bockgestellen. Sie verschossen Granaten von 1¾ Pfund Stein.

Die Verwendung von Wandlafetten, in denen Kanonenrohre sowohl beim Transport als auch beim Schießen lagerten, geht bis in den Anfang des 16. Jahrhunderts zurück und erfuhr bis ins 19. Jahrhundert hinein keine grundlegende Veränderung. Zwei senkrecht stehende Lafettenwände, durch Riegel verbunden, eine Achse und zwei Räder waren die Hauptbestandteile. Zum Transport wurde der Lafettenschwanz mit einer zweirädrigen Sattelprotze mit Deichsel verbunden.

Am Beispiel der brandenburgischen Lafetten von 1680 seien einige Einzelheiten erläutert. Als Material diente vorwiegend Eichenholz. Die Proportionen der Einzelteile wurden wie beim Rohr nach dem Kugeldurchmesser (abgekürzt D) berechnet. Die Lafette sollte insgesamt 9 D länger als das Geschützrohr sein. Das Zapfenlager war von der Stirnfläche der Lafettenwand 2 D entfernt. In ähnlicher Weise wurden alle anderen Punkte und Größen festgelegt.[418]

Vier Riegel hielten die Lafettenwände zusammen, zum Lafettenschwanz hin wurden diese Riegel jeweils immer breiter, so daß die Wände hinten einen größeren Abstand voneinander hatten als vorn. Den vorderen Riegel nannte man Stirn-, den folgenden Keil-, den dritten Stoß- und den hinteren Schwanzriegel. In diesem Riegel befand sich das mit einem Eisenreifen eingefaßte Protzloch zum Einhängen in den Protzendorn. Die Riegel werden auch mit Vorder-, Ruh-, Stell- und Schwanzriegel bezeichnet. Auf dem Ruhriegel ruhte das Bodenstück des Rohres, der Stellriegel diente als Untergrund für den Richtkeil und im 18. Jahrhundert für die Richtmaschine. Die Schmalflächen der Lafettenwände waren durch festgenagelte Eisenbänder gegen Beschädigungen geschützt. Den Schienenbelag der Felgen befestigte man mit großen vorstehenden Radnägeln.[419] Eisenbänder verstärkten ebenfalls die Schildzapfenlager. Man nannte sie Unterpfannen. Über den Schildzapfen lagen die Oberpfannen aus Eisenbändern. In Ösen der Unterpfannen, die durch Schlitze der Oberpfannen herausragten, sicherten eingetriebene Keile den festen Sitz des Rohres in der Lafette. Die Holzteile waren mit grau-blauer, die Eisenteile mit schwarzer Farbe bemalt.

Die Lafetten für schwere Festungsgeschütze hatten meist hohe Lafettenwände aus dicken Eichenbohlen und kleine Räder aus vollem Holz ohne Speichen. Für Schiffslafetten bevorzugte man stufenförmig nach hinten abfallende Lafettenwände und ebenfalls kleine Räder. Geschützrohre wurden mit Flaschenzügen in die Lafetten eingelegt. Im Schwerpunkt des Rohres sitzende Henkel und eine Handhabe am Stoßboden erleichterten diese Aufgabe. Im 17. und zu Beginn des 18. Jahrhunderts hatten in Brandenburg-Preußen wie in vielen anderen Armeen die Henkel die plastische Form von Delphinen. Bei prunkvollen Rohren dienten auch andere Tiere als Vorbild für den plastischen Schmuck. Mit der Vereinheitlichung des Geschützmaterials unter Friedrich Wilhelm I. erhielten die Rohre Henkel in Greifen- oder Adlerform, die bis 1812 üblich blieben. Die Entscheidung, ob es sich um Greifen oder Adler handelt, ist manchmal schwierig, da die Ziselierungen nicht eindeutig auf der Brust ein Federkleid oder ein Löwenfell erkennen lassen.

Wie bei den Handfeuerwaffen so auch bei den Geschützen strebte Friedrich Wilhelm I. nach seinem Regierungsantritt eine Standardisierung, verbunden mit Vereinfachung, an. Fortan sollten nur noch 3-, 6-, 12- und 24-Pfünder-Kanonen aus Bronze gegossen, andere Kalibergrößen eingeschmolzen werden. Auf den Festungen verblieben, weil zahlreiche Geschosse vorhanden waren, jedoch weiterhin auch veraltete Geschütztypen. Die äußere Rohrgliederung sowie Mündungskopf und Bodengesims behielten bei dem System von 1714 die alte Form, der Friesenkopf mußte aber im Jahre 1717 dem vereinfachten Schiffskopf weichen. Der Schiffskopf war bereits vorher auf Schiffen und in Festungen vorherrschend. Beim Zurückgleiten durch die Geschützluken, war der Friesenkopf, da er an der Bordwand oder Schießscharte hängen bleiben konnte, ungünstig.

An der Reorganisation des Geschützwesens war maßgeblich der Chef der Artillerie, Oberst von Linger, beteiligt. Die Kalibergrößen bei Mörsern reduzierte man auf 10-, 25-, 50- und 75-Pfünder, die der Haubitzen bei Neuguß auf 18-Pfünder. Von 1713 bis 1730 wurden wenig eiserne Geschützrohre gegossen, 1731 jedoch allein 160 eiserne 12pfündige Kanonen in Schweden für Preußen angekauft.[420] Über den Guß von eisernen Mörsern in dieser Zeit ist nichts bekannt. Bei Mörsern gab es ferner geschmiedete, eiserne Stücke. Im Jahre 1738 wurden in Berlin 200 dieser Mörser hergestellt.[421]

Die Munition, zeitgenössisch Ammunition genannt, bestand bei Kanonen aus gegossenen eisernen Vollkugeln oder aus Kartätschen verschiedener Art: Traubenkartätschen (aus kleinen Kugeln, zusammengehalten durch Pech, Hanfschnur und Leinwandbeuteln) oder Büchsenkartätschen (aus Holz oder Blech). Die Büchsen enthielten in der Zeit Friedrich Wilhelms I. dreilötige Bleikugeln, für den Dreipfünder 50, den Sechspfünder 80, den Zwölfpfünder 150 und den Vierundzwanzigpfünder 300 Stück. Mit den Kartätschen waren – wie bei Vollkugeln – häufig die Pulverladungen in Form von Kartuschen unmittelbar verbunden. Die Reichweiten bei Kanonen mit Vollkugeln betrugen in dieser Zeit mit halbkugelschwerer Ladung im horizontalen Kernschuß 550 Schritt beim Dreipfünder, 600 bis 650 beim Sechspfünder, 800 beim Zwölfpfünder und 900 bis 1000 Schritt beim Vierundzwanzigpfünder. Im Bogenschuß erreichte man mit der günstigsten Elevation von 45 Grad beim Sechspfünder 3600, beim Zwölfpfünder 4400 und beim Vierundzwanzigpfünder etwa 5000 Schritt. Die Dreipfünder wurden mit Kartätschen bei horizontaler Richtung auf 150 bis 200 Schritt, die Sechspfünder auf 300 bis 350, die Zwölfpfünder auf 400 bis 450 und die Vierundzwanzigpfünder auf 500 bis 600 Schritt eingesetzt.[422]

Haubitzen verschossen vorwiegend Granaten, Kartätschen und Brandkugeln, Mörser Bomben und Brandkugeln. In den kugelförmigen hohlen Granaten und Bomben befand sich Sprengpulver, das durch eine Brandröhre gezündet wurde.

Zwölfpfündige Kanone *aus Bronze, Preußen, gegossen von Johann Jacobi, Berlin 1706*
Auf dem langen Feld Wappen des Markgrafen Georg Friedrich von Baden. In der hinteren Hälfte des langen Feldes Wappen des Königlichen Generalfeldzeugmeisters, des Markgrafen Philipp Wilhelm von Brandenburg. Unter dem Wappen König Friedrichs I. auf dem Bodenfeld die Inschrift: «S. MAY. FRIDRICH. KÖNIG IN PREVSSEN HABEN DIESES / BAADEN-DVRLACH. 12 PFVND. CANON. SO VON S./ CHVRFVRSTL. DVRCHL. FRIDERICH WILHELM. HOCHST- /SELIGST. ANDENCK IN DER VESTUNG DEMIN. Ao: 1676 / EROBERT WORDEN. WEIL ES VNBRAVCHBAR GEWESEN / Ao: 1706 IN IVLIO MIT ALLEN VORIGN ZYRATH / WIEDER VMB – GIESEN LASSEN». Gießerbezeichnung: «IOHAN · IACOBI GOSS · MICH · 1706».
Gl 301 cm; K 12,3 cm; Gewichtsangabe eingeschlagen: «30.C: 100 Pf.»; Inv.-Nr. W 484 (23.22)

Vierundzwanzigpfündige Kanone *aus Bronze, Preußen, gegossen von Johann Jacobi, Berlin, 1708*
Auf dem langen Feld Monogramm des Kronprinzen Friedrich Wilhelm, darüber Königskrone. In einer Kartusche darunter in Reliefbuchstaben: «ANNO 1708. HAT. AN. SEINER. KÖNIGLICHEN. MAIESTÄT./ IN. PREUSSEN. FRIDERICH. DEN. ERSTEN. BEY. DERO./ GLÜCKLICH. ERLEBTEN. GEBURTS. TAG. SEINE. KÖNIGLICHE./ HOHEIT. DER. CRON. PRINTZ. FRIDERICH. WILHELM./ MICH. MIT. HERTZ. MUND. UND. HAND. ZU. BEZEUGUNG / UNTERTHÄNIGER. DEVOTION. UND. EWIGER. LIEBE. / IN. GEHORSAMSTEN. RESPECT. OFFERIRET. / GOTT. SEEGNE. UND. ERHALTE. DEN KÖNIG.» Auf dem Bodenfeld großes Monogramm «FR», Gießerinschrift: «.·: GOSS MICH. IOHANN IACOBI · IN BERLIN · 1708 :·.».
Gl 397 cm; K 15,5 cm; Gewichtsangabe eingeschlagen: «W. 74 C. 9 F», Inv.-Nr. W 486 (AB 6926)

Vierundzwanzigpfündige Kanone *aus Bronze, genannt «Albrecht Achilles» aus der Geschützserie der zwölf Kurfürsten von Brandenburg, gegossen von Johann Jacobi, Berlin, 1708*
Gl 375 cm; K 15 cm; Gewichtsangabe eingeschlagen: «W 63. C. 2 Pf», Inv.-Nr. W 485 (AB 6923)

Monogramm oder Chiffre lösten in der Zeit des Absolutismus und der stehenden Heere weitgehend das Wappen bei der Kennzeichnung der Rohre ab. Für die hohe Qualität der Berliner Gießerei spricht auch dieses Monogramm. Das «FR» mit glatter Oberfläche steht auf feinkörnigem, punziertem Untergrund mit Hell- und Dunkeltönen in einem Oval mit Krone, umgeben von der Ordenskette des Schwarzen Adler-Ordens

Monogramm Friedrichs I. auf dem Bodenfeld (oben Mitte)

Zwölfpfündige Kanone *aus Bronze, Preußen, gegossen von B. Wittwerck, Danzig, 1715*
In der Nut am Bodengesims bezeichnet: «FUDIT ME B WITTWERCK GEDANI AO 1715».
Gl 303 cm; Seelenlänge 263 cm; K 12,2 cm;
alte Inv.-Nr. Ab 6897 (1948 eingeschmolzen)

Emblem auf dem langen Feld des Rohres Abb. unten

Namenszug auf dem Bodenfeld des Rohres Abb. unten

Sechspfündige Kanone *aus Bronze, Preußen, 1732–1735*
Gl 255 cm; Seelenlänge 223 cm; K 9,5 cm;
alte Inv.-Nr. Ab 6927 (1948 eingeschmolzen)

Für die Versorgung der Geschütze mit Munition war ein umfangreicher Fuhrpark erforderlich. Außerdem mußte die Artillerie auch die Reservemunition für die Infanterie mitführen. Sie wurde mit Kugelwagen und Munitionskarren transportiert. Eine wesentliche Verbesserung brachte die von Holtzmann für leichte Feldgeschütze gegen Ende des 2. Schlesischen Krieges eingeführte Kastenprotze. Beim Dreipfünder konnte diese Protze für 100 Schuß etwa Zweidrittel Kugeln mit Kartuschen und ein Drittel Kartätschen aufnehmen. Das war für ein Bataillonsgeschütz der Infanterie ein beachtlicher Munitionsvorrat. 1777 wurden auch für die sechspfündigen Kanonen und 1778 für Haubitzen Kastenprotzen eingeführt.

Während die Artillerie bei Belagerungen von Festungen eine selbständige entscheidende Funktion in Strategie und Taktik einnahm, war sie in der Feldschlacht der ersten beiden Schlesischen Kriege ganz den taktischen Aufgaben der Infanterie untergeordnet und unterstützte mit ihrem Feuer deren Aktionen. Jedem Infanteriebataillon waren zwei Bataillonskanonen zugeordnet. Diese Aufgabenstellung für die Artillerie bedingte die Konstruktionen der Geschütztypen und verstärkte die Tendenz zur Einführung von Kanonenrohren mit geringerem Gewicht, insbesondere bei Drei- und Sechspfündern, jedoch auch bei zwölf-

Viertelkartaune *(12-Pfünder) aus Bronze, Kurbrandenburg, gegossen von Jacob Neuwert, Berlin 1646*
Dieses Rohr ist das älteste erhaltene Bronzerohr aus der Artillerie des Kurfürsten Friedrich Wilhelm und eines Berliner Geschützgießers. Es ist am Mündungskopf reich gegliedert; die Rundfriese enthalten Trophäen, Armaturen, artilleristisches Zubehör, Grotesken und Bänder mit Lilien und Ranken. Die Henkel haben die Form eines Delphins, die Handhabe am Stoßboden die einer Traube. Das Bodenfeld enthält in Relief Titel und Wappen des Kurfürsten. In einer Nut am Bodengesims steht die Meisterbezeichnung: «GOS MICH IACOB NEVWERT. ZV. BERLIN 1646».
Gl 251 cm; K 12 cm; Gewichtangabe eingeschlagen: «W 17 C 81 P»; Inv.-Nr. W 465 (AB 6852)

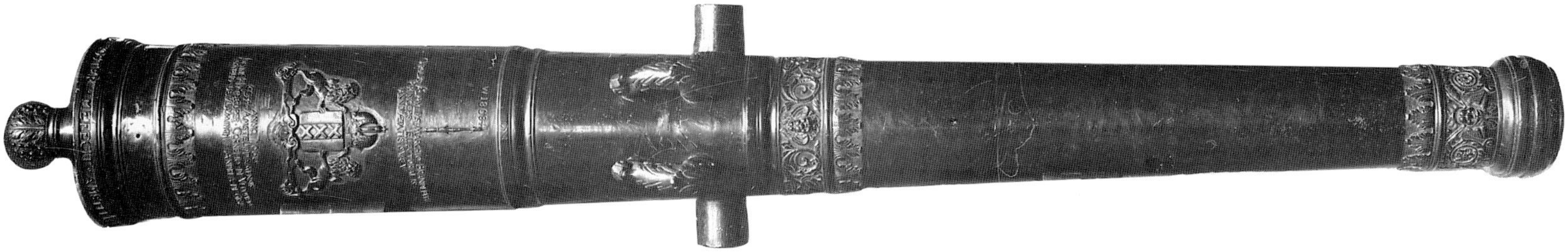

Sechspfündige Kanone *aus Bronze, Kurbrandenburg, gegossen von Gerard Koster, Amsterdam 1660 Amsterdam, die Geburtsstadt der Kurfürstin Luise Henriette, Gemahlin Friedrich Wilhelms, schenkte dem Kurprinzen Karl Emil jeweils zum Geburtstag ein Geschützrohr. Insgesamt soll auf diese Weise die brandenburgische Artillerie um 20 wertvolle Geschützrohre bereichert worden sein. Die Gießerinschrift auf dem Bodengesims lautet: «GERARD · KOSTER · ME FECIT · AMSTELREDAMI · ANNO · 1660». Gl 285,5 cm; K 9,7 cm; Gewichtsangabe eingeschlagen: «W 18 C 84 P», Inv.-Nr. W 467 (AB 6861)*

pfündigen Kanonen, die zeitweise in das erste Treffen der Infanterie eingeordnet wurden.

Auch in den ersten Schlachten des Siebenjährigen Krieges fand noch keine Zusammenfassung von Geschützen statt, um eine Entscheidung im Zentrum oder an den Flügeln zu erzwingen. Das änderte sich nach den Schlachten bei Roßbach (5. November 1757), in der Artillerie massiert eingesetzt wurde und den Kavallerieangriff vorbereitete, sowie bei Leuthen (5. Dezember 1757), als Geschützfeuer den Angriff auf einen feindlichen Flügel wirkungsvoll unterstützte. Nach diesen Erfolgen wurde wieder mehr Wert auf schwerere, weitertragende Kanonen gelegt, viele Kammerstücke eingeschmolzen.

Der jeweilige taktische Einsatz mit unterschiedlichen Anforderungen an die Reichweite der Feldgeschütze führte unter Friedrich II. zu einer zunehmenden Differenzierung der vier Geschützkaliber nach Konstruktion mit und ohne Kammer, Form der Kammer sowie Länge und Gewicht der Rohre. Beim Laden eines Geschützes mußte wegen der Pulvermenge und der Art der Kartuschen diese Differenzierung genau beachtet werden. Eine Übersicht der Feldkanonen für die Jahre 1756 bis 1762 berücksichtigt die Angabe der Rohrbohrung und den Namen des jeweiligen Konstrukteurs.[423)]

Bataillonsgeschütze:
- Konischer Dreipfünder Holtzmann 1740, 16 D lang
- Ordinärer Dreipfünder Beauvrye 1746, 22 D lang
- Konischer Dreipfünder Linger 1746, 20 D lang
- Ordinärer Dreipfünder Dieskau 1754/58, 18 D lang
- Konischer Sechspfünder Dieskau 1754, 16 D lang
- Ordinärer Sechspfünder Linger 1759, 16 D lang

Positionsgeschütze:
- Ordinärer schwerer Sechspfünder Dieskau 1760, 26 D lang
- Ordinärer schwerer Sechspfünder Dieskau 1762, 22 D lang
- Zylindrischer (leichter) Zwölfpfünder Holtzmann 1740, 16 D lang
- Konischer (leichter) Zwölfpfünder Linger 1744, 16 D lang
- Konischer (leichter) Zwolfpfünder Dieskau 1754, 14 D lang
- Ordinärer (leichter) Zwölfpfünder Dieskau 1754/59, 14 D lang
- Ordinärer mittlerer Zwölfpfünder «österreichischer Art» 1758, 16 D lang und 1759, 18 D lang (Beutegeschütze und Nachgüsse nach österreichischem Modell)
- Ordinärer schwerer Zwölfpfünder «Brummer» 1735, 26 D lang
- Ordinärer schwerer Zwölfpfünder «Brummer» 1761, 22 D lang
- Zylindrischer Vierundzwanzigpfünder Holtzmann 1744, 12 D lang.

Halbe Kartaune *(24-Pfünder) aus Bronze, Kurbrandenburg, gegossen von M. Hinrich Schulz, Berlin 1669*
1669 schenkte die Stadt Magdeburg, die 1666 gewaltsam dem Kurfürstentum Brandenburg einverleibt wurde, als Huldigungsgeschenk, wie eine Inschrift unter dem Magdeburger Wappen auf dem Vorderfeld des Rohres belegt, zwei Geschützrohre. Auf dem Bodenfeld stehen in Relief das Wappen des Kurfürsten, umgeben von der Devise des Hosenbandordens, und eine Schrifttafel mit den Herrschertiteln Friedrich Wilhelms. Reliefs, Delphinhenkel und die Handhabe am Stoßboden in Form eines Delphins mit Raubvogelkopf sind von hoher Qualität. Die Gießerinschrift lautet: «GOS MICH M HINRICH SCVLTZ ZV BERLIN ANNO 1669».
Gl 381 cm; K 15,5 cm; Gewichtsangabe eingeschlagen: «W : 53 C : 30 P.»; Inv.-Nr. W 468 (AB 6860)

Detail mit Wappen der Stadt Magdeburg und der Widmung auf dem langen Feld des Rohres

Bodenstück des Rohres

Verzierungen auf dem langen Feld der Halben Kartaune *(24-Pfünder) aus Bronze, Kurbrandenburg, gegossen von Albert Benninck, Lübeck 1679*
Das repräsentative Rohr, gegossen von dem berühmtesten deutschen Geschützgießer des 17. Jahrhunderts, wohl als äußeres Zeichen errungener militärischer Siege in Auftrag gegeben, enthält auf dem langen Feld in Relief die Figur der Pallas Athene, umgeben von gravierten Trophäen und Armaturen; auf dem Bodenfeld unter dem großen Wappen des Kurfürsten seine Profilbüste in Relief und Intitulatio. Dieses Rohr, «Pallas» genannt, steht noch in der Tradition der Benennung von Geschützen nach lebenden Wesen oder mythologischen Gestalten. Gießerinschrift: «ALBERT BENNINCK ME FECIT LVBECAE : ANNO 1679». Gl 394 cm; K 15,5 cm; Gewichtsangabe eingeschlagen: «W: 64. C: 33. P:»; Inv.-Nr. W 470 (AB 6865)

Bodenfeld des Rohres

Mittelstück des Rohres Abb. S. 201

Bei Kammergeschützen benötigte man wesentlich weniger Metall, was bei der Vergrößerung des Geschützparks und den Kriegsverlusten beträchtlich ins Gewicht fiel, auch wurde weniger Pulver gebraucht. Dreipfünder mit Kammer lud man statt mit 1½ nur mit einem Pfund Pulver für einen Schuß gegenüber den ordinären Kanonen. Reichweite und Wirkung der Geschosse waren jedoch auch geringer. Deshalb wurden die Kammern ab 1746 nachgebohrt, so daß sie wieder 1½ Pfund Pulver aufnehmen konnten. Kammerkanonen wogen gegenüber den alten ordinären Dreipfündern von 7½ Zentnern nur vier Zentner und 30 Pfund. Die Reichweite betrug im Kernschuß etwa 300 Schritt, im Bogenschuß bei 45 Grad Elevation 1500 Schritt. Diese Schußweiten befriedigten jedoch nicht. Deshalb wurden im Jahre 1755 Dreipfünder mit zylindrischer Kammer zu 5½ Zentner schweren Sechspfündern mit gleichartiger Kammer umgegossen. Sie sollten im ersten Treffen eingesetzt werden. Im Kernschuß trafen die Kugeln bei 480 Schritt auf, Rollschüsse erreichten eine Entfernung bis 2000 Schritt. Der nach Dieskau 1754 konstruierte Zwölfpfünder mit konischer Kammer von 7½ Zentner Gewicht erreichte über 2000 Schritt. Bis 1755 gab es unter den Bataillonsgeschützen mehr Kammerstücke als ordinäre Kanonen. Die Kammerstücke waren jedoch gegenüber den ordinären Kanonen wegen der verengten Kammer im Rohr schwieriger zu laden und zu reinigen. Ferner führten Kritiken über die geringere Reichweite der Geschosse dazu, daß diese Geschütze in den ersten Jahren des Siebenjährigen Krieges abgeschafft und eingeschmolzen wurden.[424]

Obwohl die Artillerie in Preußen eine militärisch geführte und organisierte Truppe war, gab es bis zu den Heeresreformen am Anfang des 19. Jahrhunderts kein Artillerie-Reglement für die Ausbildung der Kanoniere. Zwar wurde 1704 eine allgemeine Verordnung «Reglement» genannt, jedoch enthält sie in 12 Artikeln nur Festlegungen über personelle, organisatorische und ökonomische Fragen.

Ein «Artillerie-Manual» aus dem Jahre 1754 – keine allgemeinverbindliche Vorschrift – gibt für diese Zeit Hinweise für die Bedienung und den Einsatz der Bataillonskanonen. Vier Mann waren zum Laden und Feuern erforderlich:
«1 so auswischet und ansetzet
1 der die Kartusch einsetzet
1 der die Schlagröhr einsetzet
1 so abfeuert.»[425]

Jeder Mann hatte für die Verrichtungen seinen vorgeschriebenen Platz am Geschütz. Nummer 1 stand mit Wischer und Setzer, die oft jeweils an einem Ende derselben Stange

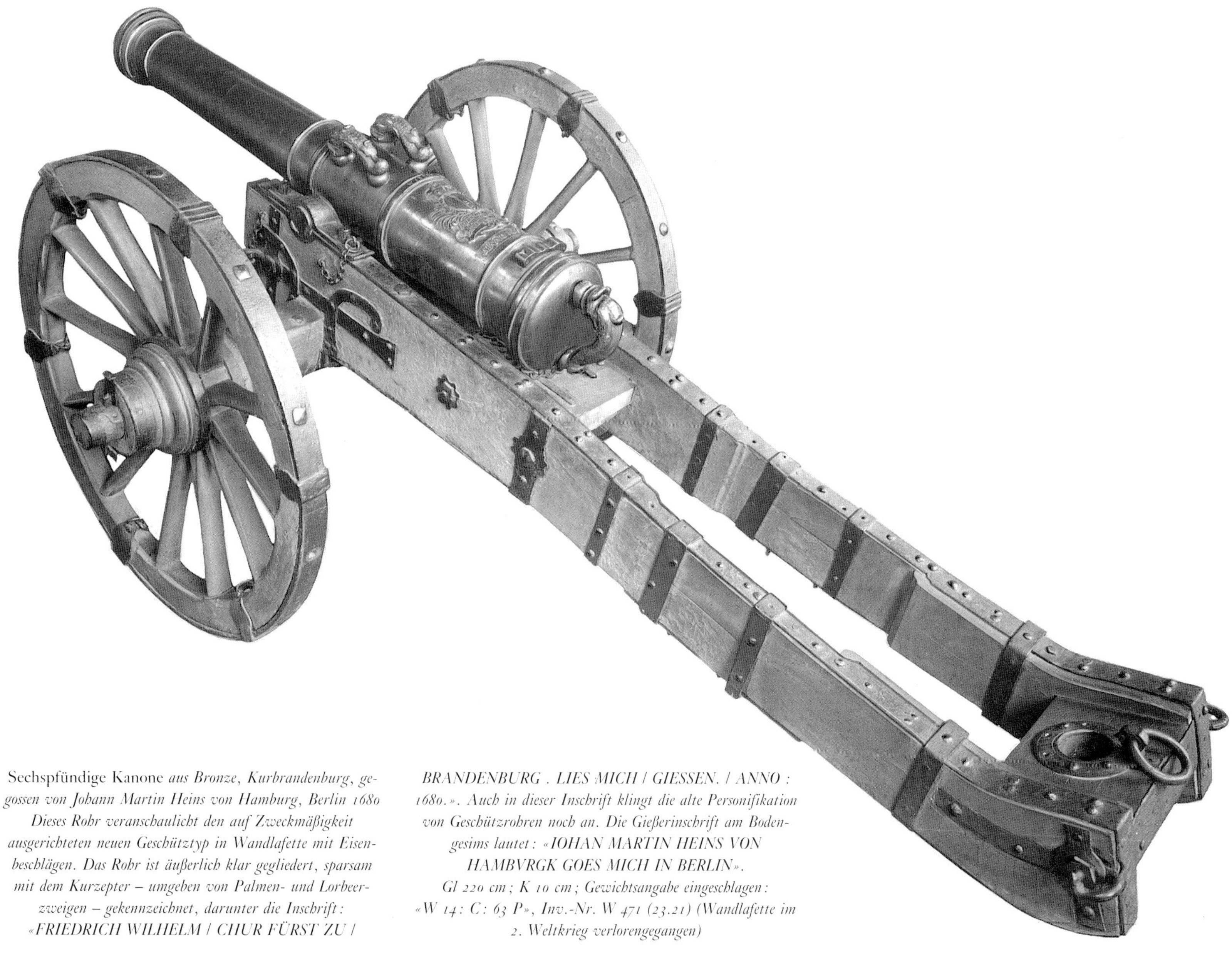

Sechspfündige Kanone *aus Bronze, Kurbrandenburg, gegossen von Johann Martin Heins von Hamburg, Berlin 1680 Dieses Rohr veranschaulicht den auf Zweckmäßigkeit ausgerichteten neuen Geschütztyp in Wandlafette mit Eisenbeschlägen. Das Rohr ist äußerlich klar gegliedert, sparsam mit dem Kurzepter – umgeben von Palmen- und Lorbeerzweigen – gekennzeichnet, darunter die Inschrift: «FRIEDRICH WILHELM / CHUR FÜRST ZU / BRANDENBURG. LIES MICH / GIESSEN. / ANNO: 1680.». Auch in dieser Inschrift klingt die alte Personifikation von Geschützrohren noch an. Die Gießerinschrift am Bodengesims lautet: «IOHAN MARTIN HEINS VON HAMBVRGK GOES MICH IN BERLIN». Gl 220 cm; K 10 cm; Gewichtsangabe eingeschlagen: «W 14: C: 63 P», Inv.-Nr. W 471 (23.21) (Wandlafette im 2. Weltkrieg verlorengegangen)*

saßen, rechts von der Rohrmündung. Nach dem Schuß wischte dieser Kanonier das Rohr aus und stieß mit dem Setzer die Kugel mit Kartusche bis zum Stoßboden.

Nummer 2 trug eine große Ledertasche mit drei Ladungen, von denen sie nach dem Auswischen eine in die Rohrmündung, links davon stehend, einführte. Ein Handlanger sorgte für Nachschub. Nummer 3, rechts neben dem Bodenstück stehend, zündete mit einem Luntenstock am Zündloch die Ladung, nachdem Nummer 1 gemeldet hatte, daß fertig geladen war. Nummer 4, links neben dem Bodenstück stehend, hatte nach dem Schuß (während des Auswischens und Ladens) den Daumen auf das Zündloch zu legen, damit keine Zugluft Pulverreste im Rohr zum Glimmen brachte. War die Ladung im Rohr, stach er mit der Räumnadel den Kartuschenbeutel an, führte das Schlagröhrchen in die Ladung ein und streute zur sicheren Zündung etwas Mehlpulver auf das Röhrchen. Dieser ausgebildete Artillerist übernahm auch das Richten des Geschützes nach der Höhe und gab Hinweise an die Mannschaft zur Veränderung der Seitenrichtung. Hierfür standen ein oder zwei Mann zur Verfügung. Weitere Hilfskräfte halfen beim Stellungswechsel des Geschützes. Sie trugen Avancierriemen, die in Haken an der Lafette eingehängt wurden, oder Avancierbäume, die zum Heben am Lafettenschwanz durch Ringe gesteckt wurden. Zusammengenommen gehörten bei einer Bataillonskanone zu einer Geschützbedienung bis zu zwölf Mann. Im Gefecht standen die beiden Bataillonsgeschütze in Höhe der Zwischenräume zweier Bataillone etwa 20 Schritt vor dem ersten Treffen und hielten beim Avancieren diesen Abstand. Bespannung und Protze folgten hinter dem Bataillon. Etwa bei einer Entfernung des Feindes von 1200 Schritt begann das Schießen mit Kugeln, bei 400 Schritt mit Kartätschen.

Ähnliche Aufgabenverteilung gab es auch für Haubitzen und Mörser. Ein Mann füllte nach dem Auswischen des Mörsers Pulver in die Kammer. Die Bombe wurde mit einem Bombenhaken, getragen von zwei Mann, in das senkrecht gestellte Rohr des Mörsers eingesetzt. Vor dem Abfeuern steckte ein Mann den Bombenzünder in Brand. Dieser konnte jedoch auch, wenn die Bombe mit dem Zünder zur Kammer eingesetzt wurde, durch das entflammte Pulver gezündet werden. Zum Richten der Mörser dienten Quadranten. Die erhalten gebliebenen brandenburgischen Bronzegeschütze des Zeughauses Berlin aus den Jahren 1646, 1660 und 1669 besitzen noch keine am Rohr befindlichen Teile einer Visiereinrichtung. Es wurde über die Platten des Mündungsgesimses anvisiert. Der Vierundzwanzigpfünder, Pallas genannt und gegossen von Albert Benninck in Lübeck 1679, trägt jedoch auf dem Mündungskopf ein hohes, kräftig ausgebildetes Korn und auf dem Bodengesims, in einem erhöhten Visierfuß eine spitzwinklig eingeschnittene Kimme. Die von Johann Jacobi 1706 gegossene Kanone und das Kurfürstenrohr «Albrecht Achilles» von 1708 sind auf der hinteren Platte des Bodengesimses ebenfalls mit einer in einen Visierfuß eingeschnittenen Kimme versehen, beim Rohr von 1706 ist in die hintere Platte des Mündungsgesimses eine Visierrinne eingeschnitten.

Während der Zwölfpfünder, gegossen von Benjamin Wittwerck, Danzig 1715, keine Visierhilfen besitzt, lassen die Fotos von dem nicht erhaltenen Sechspfünder von 1732 bis 1735 wiederum ein Korn auf dem Schiffskopf und eine Kimme auf dem Bodengesims erkennen. Korn und Visiereinschnitte auf Bodengesims oder Zündlochdeckel können auch für die Kanonenrohre von 1740, 1754 und 1790 sowie für die Haubitze von 1766 festgestellt werden. Am Stoßboden des Sechspfünders von 1790 ist oben mit drei Schrauben ein Scharnierblech befestigt, offensichtlich für ein Klappvisier. Das bewegliche Teil scheint zu fehlen. Klappvisiere gab es auch schon bei früheren preußischen Rohren. Die Autoren v. Malinowsky und v. Bonin schreiben dazu[426)]: «Als indessen die Holtzmannschen 3 ℔gen

Acht erhaltene 24pfündige Kanonen *aus Bronze der Geschützserie «Die zwölf Kurfürsten» und das «Königsgeschütz» (zweites Rohr von vorn), gegossen von Johann Jacobi, Berlin, 1708–1710*
Entwürfe für die Verzierungen von Andreas Schlüter (Rohr «Albrecht Achilles» im Vordergrund, Zeughaus Berlin, die anderen im Besitz des Musée de l'Armée Paris).
Friedrich I. ließ die zwölf Rohre zur Erinnerung und Würdigung seiner Vorfahren gießen. Durch die hervorragende Gestaltung gehören die Rohre zu den kunstgeschichtlich bedeutendsten Bronzerohren. 1710 ließ der König ein 13. Rohr, das «Königsgeschütz», mit seinem eigenen Bildnis gießen

Kammerstücke in den Jahren 1747 und 1748 nachgebohrt wurden, erhielt auch die bisherige Visireinrichtung eine namhafte Veränderung, welche man wahrscheinlich auch bei anderen Feldgeschützen anwendete. Es wurde nämlich hinten mit drei Schrauben ein sogenanntes Klappvisir befestigt, welches 1 Zoll hoch und in der Höhe ½″ mit einem Visirloche versehen war. Die obere Kante hatte die Gestalt zweier gegen einander gelegter Daumen, und diente ebenfalls zum Visiren . . . Auch Dieskau gab seinen 1768 proportionirten 3℔dern von 20 D. Länge einen angeschraubten, in 4 Zolle getheilten Aufsatz, der wahrscheinlich ebenfalls ein Klappvisir gewesen ist.»

Die Höhenrichtung erhielten Kanonen und Haubitzen durch Richtkeile, die zwischen Bodenstück und Ruhriegel eingetrieben wurden. Durch zwei Schildzapfen ließen sich selbst schwere Rohre leicht in ihrer Richthöhe verändern. Eine Verbesserung wurde durch Richtmaschinen erreicht, die zwischen den Lafettenwänden montiert wurden. In Preußen bevorzugte man die Richtmaschine mit Richtkeil, horizontal liegender Spindel und Doppelkurbel von 1762. Eine längsgerichtete Spindel – eine Welle mit Gewinde – unter dem Richtkeil liegend, schob den Keil beim Drehen der Kurbel vor und zurück, dabei wurde das Rohr gehoben bzw. gesenkt.

In anderen Artillerien, so beispielsweise in Sachsen, wurden Richtmaschinen mit vertikal angeordneten Spindeln bevorzugt. Sie veränderten die Höhenrichtung der Rohre über einen kantigen Anguß statt einer Traube am Stoßboden.[427]

Sehr interessant ist es, die Entwicklung der äußeren Form und Verzierung von Bronzekanonen des 16./17. mit denen des 18. Jahrhunderts zu vergleichen. Stilelemente der Renaissance, wie die peinlich genaue Proportionierung der Oberflächengliederung des Geschützrohres in Felder und die Berechnung der Verjüngung des Rohres nach der gleichen Methode wie es bei architektonischen Säulen geschah, prägten sich bei der Gestaltung der Bronzerohre aus. Ebenso überrascht es, festzustellen, daß in der Barockzeit eine tiefgestaffelte Gliederung des Mündungskopfes und des Bodengesimses nach dem Vorbild architektonischer Friese erfolgte. Ausführungen und Aufrisse über die Proportionierung von Geschützrohren im Anhang von Architekturbüchern bestätigen die Übereinstimmung zwischen Architekturelementen und Formen dieser Kriegsinstrumente. Die in der Baukunst üblichen Benennungen Platte, Plättchen, versenkte Platte, Viertelstab, Rundstab und Hohlkehle werden auch für die Kennzeichnung der Einzelteile des «Friesenkopfes» bei Geschützrohren verwendet. Dieser Friesenkopf blieb in Preußen bis 1717 bei Kanonen und Haubitzen vorherrschend. In gleichem Maße überrascht die Feststellung, daß die meisten bronzenen Geschützrohre individuelle Namen erhielten, sozusagen verlebendigt oder personifiziert wurden. Die Ursachen dürfen durchaus in der Absicht der Kriegsherren gesehen werden, den ungebildeten Stückknecht, der das Geschütz bedienen mußte, psychologisch zu beeinflussen. Um das «Teufelswerk», so hatte Martin Luther die Feuerwaffen bezeichnet,[428)] zu entteufeln und es den Bedienungsmannschaften sympathischer zu machen, gab man den Geschützen Na-

Jedes Kurfürsten-Rohr enthält auf dem Vorderfeld das Reliefbildnis eines Kurfürsten im Kurmantel, mit Kurhut, Zepter und Kurschwert. Mit Ausnahme des Gesichtes gleichen sich hierin die meisten Dargestellten. Friedrich Wilhelm trägt jedoch einen offenen Kurmantel, darunter einen Harnisch und ist in typisch barocker Körperhaltung dargestellt. Die Person Friedrichs I. ist umgeben von Kronen und Adlern. Seine errungene Königswürde und sein Streben nach Repräsentation und wirkungsvoller Erscheinung werden durch einen Hermelinmantel mit drapierter Schleppe und eine prunkvolle Rüstung unterstrichen

Bodenfeld des Kurfürstenrohres «Albrecht Achilles» Die hohe künstlerische Qualität von Bildhauer und Gießer wird bei der Kartusche auf dem Bodenfeld in ihrer phantasiereichen, bewegten Umrahmung aus einer Verbindung von Tier, Roll- und Blattwerk besonders spürbar

men von vertrauten, starken, listigen, klugen oder blitzschnellen Lebewesen oder von im Kriege wichtigen Eigenschaften, wie «Brekke Muer» oder «Schnurrhindurch». Über 30 Vogelnamen für Geschütze ließen sich nachweisen.[429] Die Verlebendigung war für jederman durch die Reliefdarstellung des Namensvorbildes auf dem Rohr erkennbar, der häufig ein dem einfachen Soldaten verständlicher Vers zugeordnet war, wie beispielsweise auf einer brandenburgischen Feldschlange: «DIE · SCHLANG · HAT · GAR · SCHARF · GESICHT · DAFIR · HILFT · BANZER · UND · HARNISCH · NICHT · ANNO 1580.[430]

Doch sollten die Feuerwaffen auch vom Feind gefürchtet werden, und das «Teuflische» wurde dann als Mittel gegen diesen gebraucht. Höllenhunde, Lucifer, Tod, Drache, Basilisk und Schlange spieen Feuer und Geschoß gegen die Feinde. Noch im Jahre 1713 befand sich im Berliner Zeughaus eine dreipfündige Kanone, genannt der Bauern Tanz von 1526.[431] Vielleicht lag hier für die Reliefgestaltung der Kupferstich eines bekannten Renaissancekünstlers zugrunde, wie es in anderen Fällen für die Lucas Cranach-Werkstatt, für Sebald Beham und Albrecht Dürer nachweisbar oder zu vermuten ist.[432]

Nach dem verheerenden Dreißigjährigen Krieg hatte das Volk keinen Sinn mehr für Kanonen mit humorvollen oder grotesken Darstellungen und reizvollen Sprüchen. In zunehmendem Maße wandelte sich das äußere Bild der Geschützrohre, ohne auf Verlebendigung und reiche Verzierungen zu verzichten. Unter dem Einfluß barocker Hofkultur erhielten nun Geschütze vorwiegend Namen antiker Götter- und Heldengestalten, personifizierter Tugenden und Laster, von Gestirnen, Monatsnamen oder Buchstaben des Alphabetes. Mit Mars, Jupiter, Pallas Athene oder Helena waren die einfachen Söldner nicht vertraut, auch mußte man ihnen auf den Rohren die Vorzüge und Laster von «Superbia» (Hochmut) und «Justitia» moralisierend und weniger poetisch erst erläutern.

Nach diesen allgemeinen kulturgeschichtlichen Ausführungen über die Verlebendigung und Verzierung der Masse der Bronzekanonen sollen Beispiele aus der brandenburgisch-preußischen Artillerie aufgezeigt werden. Eine «Spezifikation aller metallenen Kanonen, Mortiers und Haubitzen, nebst deren Inscription und Devisen, welche sich in dem großen Arsenal zu Berlin befinden. September 1713»[433] läßt auch die Veränderung gegenüber den alten Namen erkennen. Aufgeführt sind bei den 24pfündigen Kanonen die Geschütznamen mit dem Gußjahr:
Europa, Asia und Afrika, 1671; Jupiter, Neptun, Pluto, Pallas Athene und Ceres, 1678/1679. Von dem 24-Pfünder «Neptunus» ist eine Zeichnung überliefert.[434] Auf dem langen Feld sind dargestellt: Neptun mit Dreizack, eine Nereide und ein Delphin; auf dem Bodenfeld Wappen und Profilbüste Kurfürst Friedrich Wilhelms sowie eine leere Kartusche für die Herrschertitel.

Vier weitere Rohre dieser Kalibergröße sind mit der Angabe einer Devise versehen: «Nec de Genero» (Und ich arte nicht aus), gegossen 1672; «Sperno invidiam» (Ich verachte den Neid), gegossen 1677; im gleichen Jahr hergestellt «Urget majora» (Er leitet Größere); beim vierten Rohr stand unter einem Adler auf dem langen Feld «Claudit et aperit» (Er schließt und öffnet, ursprünglich der Schlüssel gemeint, hier auf den Adler bezogen), gegossen 1679.[435]

Unter den 12pfündigen Kanonen von 1679 befinden sich zwei mit latinisierten Namen «Intrepidus» (der Unerschrockene) und «Indefessus» (der Unermüdete), ferner mehrere mit lateinischen Wahlsprüchen.[436]

Die Gestaltung des Zwölfpfünder-Rohres «Intrepidus» ist ebenfalls durch eine Zeichnung bekannt. Auf dem langen Feld steht auf einem Berg ein zur Sonne blickender Adler mit

Zehnpfündige Haubitze *aus Bronze, Preußen 1766 Über dem Emblem auf dem langen Feld die Devise: «PRO GLORIA ET PATRIA», über dem Namenszug «FR» (nicht ligiert) auf dem Bodenfeld die Devise: «ULTIMA RATIO REGIS».*

Gl 145 cm; K 17,2 cm; am Stoßboden Gewichtsangabe eingeschlagen: «W 16 C 97 Pf»; Seelenlänge 111,4 cm; L der Kammer 32,5 cm; alte Inv.-Nr. 02.263 (1948 eingeschmolzen)

ausgebreiteten Flügeln, unter seinen Fängen in fliegendem Band die Devise: «VIVAT PATRIA». Auf fliegendem Band unter dem Berg bezeichnet: «INTREPIDUS».[437] Das Bodenfeld füllen Wappen und Profilbüste Kurfürst Friedrich Wilhelms und eine leere Kartusche.

Vereinzelt kommen auch noch die alten Benennungen nach Tieren vor, wie beispielsweise bei einer 24pfündigen Kanone aus dem Jahre 1677 «darauf zwei Elephanten miteinander kämpfend», dabei diese Worte: «Wann man mich zu Zorn gebracht, So beweise Ich meine Macht.»[438] Das «Ich» läßt deutlich die beabsichtigte Verlebendigung erkennen. Ein durch Zeichnung bekannter 300pfündiger brandenburgischer Bronzemörser, 1678 von Albert Benninck in Lübeck gegossen, hatte ebenfalls Henkel in Form von Elefanten. Auf dem Vorderfeld befand sich eine Profilbüste und auf dem Bodenfeld unter dem Kurhut der Namenszug «FW».[439]

Auch unter Kurfürst Friedrich III. wurden noch bildhafte Darstellungen auf den Rohren angebracht. Eine 24pfündige Kanone von 1691 trug auf dem langen Feld die Darstellung «ein Helm, um welchen Bienen herumfliegen» mit dem selbstgefälligen Vers: «Friedrich, dem der Sieg gegeben Läßt das Volk in Freuden leben». Auf einem weiteren Rohr mit gleichem Kaliber, ebenfalls 1691 gegossen, befand sich ein Amboß mit dem Vers: «Tapfer in der Krieges-Schaar Unverändert in Gefahr». Ebenfalls durch Zeichnung bekannt ist ein 200pfündiger Bronzemörser, gegossen von Albert Benninck, Lübeck 1691,[440] mit Henkeln in Löwenform und Namenszug «F 3 C» (Friedrich III., Kurfürst) auf dem Bodenfeld.

Da veraltete Geschützrohre in der Regel zu Rohren neuer Konstruktion umgegossen wurden, sind nur relativ wenig kurbrandenburgische und altpreußische Stücke erhalten. Teilweise sind es besonders kostbar verzierte oder als Beutestücke in anderen Ländern aufbewahrte Exemplare.[441] Auch in neuerer Zeit, so nach dem 2. Weltkrieg, kamen Bronzerohre zum Einschmelzen, weil Kupfer dringend zum Wiederaufbau der Industrie benötigt oder als Reparationen abgeliefert wurde.

Das älteste erhaltene, kurbrandenburgische Bronzerohr aus der Zeit Kurfürst Friedrich Wilhelms ist eine Viertelkartaune, gegossen von Jacob Neuwert, Berlin 1646, mit Titeln und Wappen des Kurfürsten. Die Not des Dreißigjährigen Krieges verbot wohl eine Verlebendigung durch plastische Gestaltungen und reiche Verzierung. Das lange Feld ist leer, jedoch setzen reliefierte Bänder mit Armaturen, Trophäen und Lilien dekorative Akzente. Von dem Berliner Gießer Jacob Neuwert ist noch die Zeichnung eines weiteren Rohres im Kupferstichkabinett Berlin erhalten.[442)] Sie stellt einen Vierpfünder mit Chiffre «FWC» (Friedrich Wilhelm Churfürst) auf dem Bodenfeld und der Jahreszahl «ANNO 1651» dar. In einer Nut am Bodengesims stehen die Buchstaben: «G. M. I. N. W. Z. B.» (Goß Mich Jacob NeuWert Zu Berlin). Im Jahre 1653 goß Jacob Neuwert ferner drei vierzigpfündige Kanonen mit einem Gewicht von je 75 Zentnern und 40 Pfund,[443)] 1654 eine sechzehnpfündige Haubitze mit großem Wappen des Kurfürsten auf dem Bodenfeld.

Eine sechspfündige Kanone, gegossen von Gerard Koster 1660 in Amsterdam, ist das einzige erhaltene von etwa 20 Rohren, die die Stadt Amsterdam dem Kurprinzen Karl Emil von Brandenburg jeweils zu einem Geburtstag schenkte. Kurfürst Friedrich Wilhelm hatte den Kurprinzen bereits mit neun Jahren in einen fortifikatorischen Lehrgang zu dem Architekten und Festungsbaumeister Johann Gregor Memhardt geschickt. In den folgenden Jahren erhielten Karl Emil und Prinz Friedrich eine Übungsschanze auf dem Schwerinschen Gute bei Alt-Landsberg, wo sie zeitweise mit Soldaten Übungmanöver abhielten.[444)]

Diese Prinzenerziehung läßt erkennen, welche Bedeutung Kurfürst Friedrich Wilhelm dem Befestigungswesen und der Artillerie beimaß. Die Wandlung in der Kriegskunst beeinflußte Erziehung und Ausbildung der Söhne des regierenden Feudaladels. An die Stelle der Turniere und des Turnierspielzeugs traten jetzt gespielte Artilleriemanöver, Modellschanzen und Modellkanonen. Wiederum von einem Berliner Geschützgießer stammt die Halbe Kartaune, eine 24pfündige Kanone, die die Stadt Magdeburg, gemeinsam mit einem zweiten, nicht mehr erhaltenen Rohr, als Huldigung dem Kurfürsten im Jahre 1669 schenkte.[445)] Der Wortlaut der Dedikation ist in einer Schrifttafel auf dem langen Feld enthalten: «ALS · FRIEDRICH · WILHELM · DIR / DEIN MAGDEBVRG THET · SCHWEREN / DA THET · ES · AUCH · DAR · AUF / UNS · BEIDE · DIR · VEREHREN / WIR

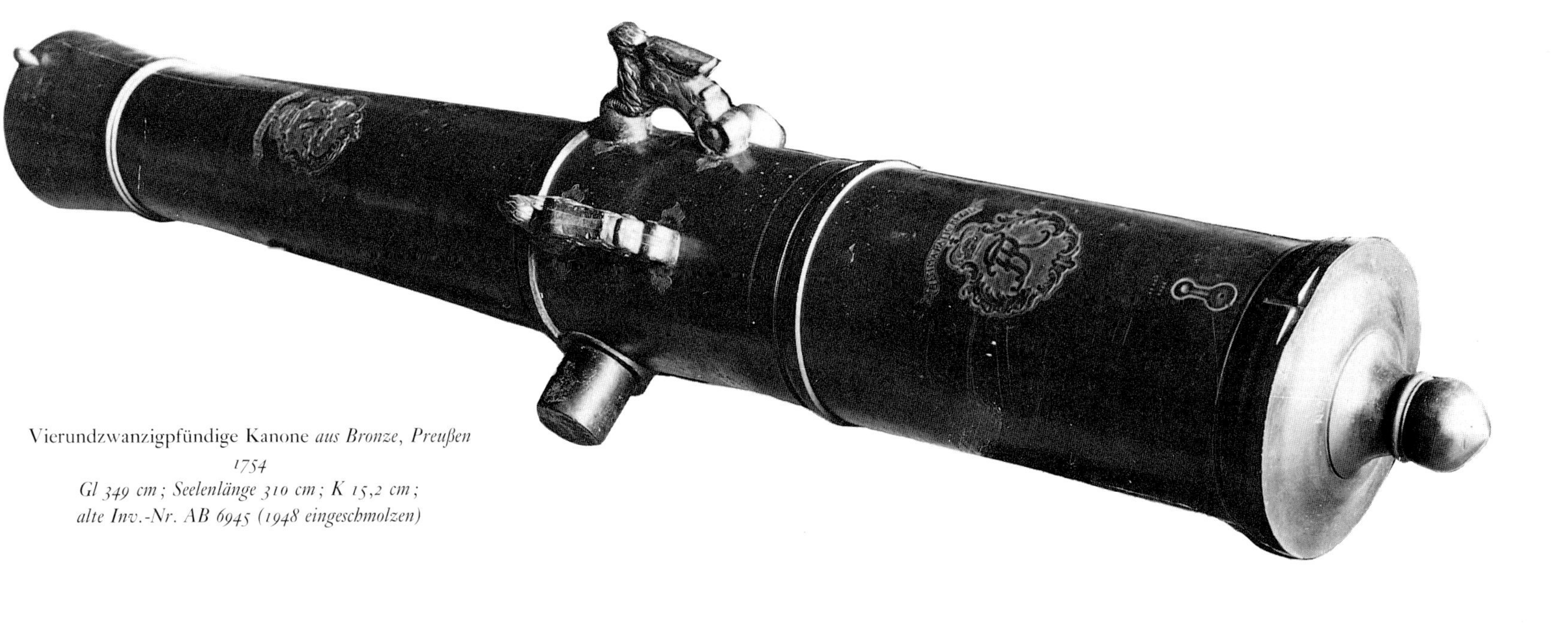

Vierundzwanzigpfündige Kanone *aus Bronze, Preußen 1754*
Gl 349 cm; Seelenlänge 310 cm; K 15,2 cm; alte Inv.-Nr. AB 6945 (1948 eingeschmolzen)

Sechspfündige Kanone *aus Bronze, Preußen 1790*
Auf dem langen Feld in Rocaillen-Kartusche preußischer Adler mit Schwert und Blitzbündel, darüber in fliegendem Band: «PRO GLORIA ET PATRIA»; auf dem Bodenfeld Namenszug «FWR» (Friedrich Wilhelm II.); an der Traube Jahreszahl «1790» eingeschlagen.
Gl 214 cm; K 9,2 cm; Gewichtsangabe am Stoßboden eingeschlagen: «W: 14 C 77 Pf»; alte Inv.-Nr. 23.25 (1948 eingeschmolzen)

· WAREN · BEIDE · ZWAR / ZVM · STREITEN NUR GEMACHT / DOCH · HAT · VNS · NUN DIE LIEB / VND TREW · HIERHER · GEBRACHT».

Die unter Friedrich Wilhelm politisch und ökonomisch gewachsene Stellung Kurbrandenburgs kommt auch in künstlerisch hervorragend gestalteten und verzierten Bronzegeschützrohren zum Ausdruck. Der im Zeughaus Berlin befindliche 24-Pfünder (Pallas Athene genannt), der von dem berühmtesten deutschen Geschützgießer des 17. Jahrhunderts, Albert Benninck aus Lübeck, im Jahre 1679 gegossen wurde, ist ein einzigartiges Beispiel dafür, wie Elemente der barocken Baukunst Form und Verzierung der Bronzekanonen beeinflußten. Gesimse, Profilierungen, kleinplastische und Reliefgestaltungen bilden mit dem Rohrkörper im Sinne von Bauplastik und Bauornament eine Einheit. Die an Gesimse oder Profile anschließenden kleinen Felder sind völlig mit Reliefverzierungen angefüllt, daran anschließend abwechselnd große und kleine stehende Akanthusblätter im langen Feld. In der Mitte dieses Feldes steht die Figur der Pallas Athene in Relief, umgeben von gravierten Trophäen- und Armaturengruppen. Die grotesken, zugleich aber lustig wirkenden Delphinhenkel mit großen Augen, wulstiger Oberlippe und angedeuteten Zahnreihen sind von gleichartigen gravierten Zierelementen umgeben. Von großer künstlerischer Qualität ist das Ensemble auf dem Bodenfeld mit großem, vom Kurhut bekröntem Wappen, einer Profilbürste des Kurfürsten und Schriftreihen mit seinen Herrschertiteln, flankiert von zwei fliegenden Adlern. Als Handhabe am Stoßboden dient ein mit der Bauchseite nach außen gewölbter Delphin, der im weit aufgerissenen Maul eine Kugel hält. Die Spezifikation von 1713 führt, wie bereits erwähnt, weitere 24pfündige Kanonen aus dem Jahre 1679 mit den Namen Jupiter, Neptun, Pluto und Ceres auf.[446] Es darf angenommen werden, daß auch diese Rohre von Albert Benninck gegossen wurden und in ähnlicher Weise kostbar verziert waren, wie eine Zeichnung vom Rohr «NEPTUNUS» bestätigt.

Auffällig ist die hohe Zahl von Rohren, die als Geschenke an Kurfürst Friedrich Wilhelm und König Friedrich I. die Artillerie des finanzschwachen Landes verstärkten. Erinnert sei an die 20 sechspfündigen Kanonen, die die Stadt Amsterdam jeweils dem Kurprinzen Karl Emil zum Geburtstag schenkte, und an die beiden 24pfündigen Kanonen, die die Stadt Magdeburg 1669 als Huldigungsgeschenk dem Kurfürsten übergab. Auch Offiziere, wie Generalleutnante Graf von Dönhoff und von Schöning verehrten dem Kurfürsten 1685 je einen 12-Pfünder aus Bronze. Generalmajor Freiherr von Sonsfeldt schenkte insgesamt sechs dreipfündige Kanonen, 1697 gegossen.[447] Ein Kanonengeschenk erhielt Friedrich I. von seinem Sohn Friedrich Wilhelm zum Geburtstag;[448] zum Krönungstag verehrte ihm sein Bruder Prinz Philipp Wilhelm, Generalfeldzeugmeister der Artillerie, einen 24-Pfünder; Generalfeldmarschall Graf von Wartensleben ein gleiches Rohr 1709 zu Neujahr und Fürst Leopold von Anhalt-Dessau schenkte einen 24-Pfünder 1711 mit dem Wunsch «lange lebe und immerdar siege der König».[449] Offensichtlich benötigte die brandenburgisch-preußische Artillerie derartige Geschenke. In mehreren Fällen ist die Schenkung auf den Rohren in Reliefbuchstaben vermerkt.

Eine Vereinheitlichung – nicht nur bei Geschütztypen, sondern auch in der Kennzeichnung und Verzierung – der brandenburgischen Rohre setzte unter Kurfürst Friedrich Wilhelm mit den Bronzegüssen von 1680 im Berliner Gießhaus ein. Zwei erhalten gebliebene Rohre, ein drei- und ein sechspfündiges Regimentsstück, gegossen von Johann Martin Heins von Hamburg 1680, veranschaulichen die Vereinfachung. Henkel und Handhabe am Stoßboden sind als Delphine gestaltet, das lange Feld ist glatt, Kurzepter und Inschrift mit Jahreszahl kennzeichnen das Rohr als Waffe des brandenburgischen Landesherrn. Bezeichnend ist, wie bei den meisten Rohren der zweiten Hälfte des 17. und des 18. Jahrhunderts,

Modell eines preußischen Zwölfpfünders M 1759, *in Lafette M 1762*
Aus dem alten Modellbestand des Zeughauses Berlin.
Inv.-Nr. W 3282 (AD 11140)

Vertikale Richtmaschine des Zwölfpfünder-Modells

daß der Name des Stückgießers versteckt in einer Nut im Bodengesims eingraviert ist, während im 16. Jahrhundert selbstbewußte Handwerker ihren Namen auf dem Rohr in Reliefbuchstaben, oft in eine Gießerinschrift eingefügt, anbrachten. Der absolute Herrschaftsgewalt beanspruchende Fürst oder Monarch duldete neben seinem Namen und seinen Symbolen auf einem Geschützrohr nicht mehr gleichwertig Namen und Zeichen eines bürgerlichen Handwerkers.

Das große repräsentative Zeughaus in Berlin mit seinen wirkungsvollen Fassaden, dem reichen plastischen und ornamentalen Schmuck, weitgehend von Andreas Schlüter geschaffen, mußte in einem prunkliebenen König, wie es Friedrich I. war, den Wunsch wecken, in dieses Haus eine die Machtvollkommenheit repräsentierende große Anzahl kostbarer Geschütze aufzustellen. In Johann Jacobi, der 1697 als «Hof- und Artillerie-Gießer» verpflichtet wurde, fand der König einen ausgezeichneten Mann für seine kostspieligen Pläne.

Das Programm für den Guß repräsentativer Geschützrohre beschränkte sich jedoch nicht nur auf die Innenausstattung des Zeughauses, sondern bereits vor dem prachtvollen Gebäude sollten Besucher der Residenzstadt durch Riesenkanonen beeindruckt werden. Geplant war, vier 100pfündige Kanonen, nach den vier Erdteilen Europa, Asien, Afrika und Amerika benannt, jeweils an einer Seite des im Grundriß quadratischen Zeughauses aufzustellen. Das erste Geschütz dieser Reihe goß Johann Jacobi am 31. Oktober 1704. Louis v. Malinowski/Robert v. Bonin geben in ihrer «Geschichte der brandenburgsich-preußischen Artillerie»[450] eine genaue Beschreibung dieses prunkvollen Rohres. Es heißt darin: «Zu dem Gußmetall, wozu 664 Ctr. (Zentner – H. M.) Metall in e i n e m Feuer geschmolzen wurden, ist unter anderen auch eine 36 ℔tge türkische, 1686 in Ofen eroberte Kanone verwendet worden. Am 7. Juni desselben Jahres (gemeint ist 1705 – H. M.) ward dieses Geschütz hinter dem langen Zeughause zu Berlin angeschossen und trieb seine Kugel mit 50 ℔ Ladung 5400 Schritt weit.» Die Kosten für das Geschütz betrugen insgesamt 17 828 Reichs-Taler.[451]

Das zweite Rohr mit dem Namen «Europa» war auch im Rohrguß fertig, konnte aber wegen fehlender Geldmittel nicht weiter bearbeitet werden und wurde unter König Friedrich Wilhelm I. eingeschmolzen. Obwohl dieser Monarch für prunkvolle, lediglich der Repräsentation dienende Kanonen nichts übrig hatte, ließ er das, die Bewunderung der Besucher seiner Hauptstadt erregende Geschütz «Asia» nicht einschmelzen. Friedrich II. ordnete jedoch im Jahre 1744 an, aus der «Asia» kleinere Rohre gießen zu lassen.

In der künstlerischen Gestaltung und Verzierung übertrafen die sogenannten zwölf Kurfürstenrohre, jeweils mit dem Bildnis eines brandenburgischen Kurfürsten in Relief verziert, und ein 13. Rohr, das «Königsgeschütz» mit Bildnis Friedrichs I., alle bisher für Brandenburg-Preußen gefertigten Bronzerohre. Andreas Schlüter hatte die Entwürfe für die Verzierungen der 24pfündigen Kanonenrohre gefertigt, Johann Jacobi hat sie zwischen 1708 und 1710 in Berlin gegossen.

Bis auf das Geschütz mit dem Bildnis des Kurfürsten «Albrecht Achilles» wurden alle 24-Pfünder dieser Geschützserie unter Friedrich II. zur Verteidigung der von den Preußen eroberten Stadt Prag eingesetzt. Beim Rückzug gingen sie an die Österreicher verloren und wurden nach Wien transportiert. Napoleon I. ließ die kostbaren Geschütze 1805 als Beute nach Frankreich überführen. Sieben Kurfürstenrohre und das Königsgeschütz kamen nach Paris. Vier Rohre standen bis 1867 in Straßburg vor dem dortigen Gießhaus und sind seitdem verschollen, höchstwahrscheinlich wurden sie eingeschmolzen.

Im 2. Weltkrieg ließ Hitler neben vielen anderen historischen Gegenständen die acht Geschützrohre aus Paris nach Berlin bringen. Auf dem Hof des Berliner Zeughauses wurden sie zur Schau gestellt. Nach dem 2. Weltkrieg kamen sie wieder nach Paris zurück. Sie bezeugen eine wechselvolle Geschichte, wie sie durch Kriege vielen Kunstwerken zuteil wurde.

Konsequent beendete Friedrich Wilhelm I. auch die dekorative Ausschmückung und Personifizierung bzw. Verlebendigung der Geschützrohre aus Bronze. Das Geschütz wurde in Preußen endgültig versachlicht. Geschütznamen wie «ASIA» oder «Die zwölf Kurfürsten» gab es von nun ab nicht mehr. Zur Unterscheidung erhielten die Rohre Nummern oder Buchstaben. 1726 befanden sich im Berliner Zeughaus Rohre mit den Nummern 1 bis 204 und mit den Buchstaben A bis T.[452]

In der Mitte des langen Feldes der Kanonen stand während der gesamten Regierungszeit Friedrich Wilhelms I. in Relief der gegen die Sonne auffliegende preußische Adler, über ihm in einem Schriftband die Devise: «NON SOLI CEDIT». Die Mitte des Bodenfeldes preußischer Rohre zierte in Relief der gekrönte, von zwei Palmenzweigen umgebene Namenszug «FWR». Nur geringfügige feine Unterschiede bestehen in der handwerklich-technischen Ausführung bei diesen Kennzeichnungen von 1715 bis 1740. Auch unter Friedrich II. stehen gleichartige Kennzeichnungen auf den Bronzegeschützrohren. Der Adler auf dem langen Feld trägt jedoch keine Krone mehr, dafür aber im rechten Fang ein Schwert und im linken die Blitzbündel. Auf Grund der veränderten politischen Situation und der Vorliebe Friedrichs für die französische Kultur wählte er eine andere Devise als sein Vater, nämlich: «PRO GLORIA ET PATRIA». Hier war natürlich Preußen gemeint. Der Wahlspruch stand in einem fliegenden Band über der Kartusche mit dem Adler. Der Namenszug «FR» (nicht ligiert wie bei Friedrich I.) zierte in Relief das Bodenfeld, in fliegendem Band darüber stand ein zweiter Wahlspruch: «ULTIMA RATIO REGIS» (Das letzte Beweismittel des Königs).[453)] Diese Devise wählten schon Richelieu, Ludwig XIV. und sein Nachfolger für Geschützrohre. Während die Kartuschen unter Friedrich II. in den ersten Regierungsjahren aus Palmenzweigen und Königskrone bestanden, wurden sie in späteren Jahren aus schwungvollen Rocaillen und der Krone gebildet. Auf manchen Rohren sind die Kennzeichnungen nicht in Relief, sondern als Gravierung ausgeführt. Fertigungstechnische und finanzielle Gründe hatten diese Veränderung verursacht. 1785 schreibt Johann Georg Krünitz [454)]: «Sollen auch Wappen und Nahmen der Fürsten, Devisen und andere ausserwesentliche Zierrathen auf das Stück kommen, so werden diese ebenfalls vermittelst gehöriger Formen auf dem Modell ausgedruckt, doch lässet man heutiges Tages lieber dergleichen weg, weil die erhabenen Figuren bey dem Abdrehen hinderlich sind, und das Verschneiden viel Zeit wegnimmt. Dagegen werden Figuren mit dem Grabstichel in die fertige Kanone geschnitten.» Hinzu kam, daß der Stückgießer nach den ihm von militärtechnisch orientierten Artillerieoffizieren vorgelegten Zeichnungen das Rohr zu fertigen hatte, sein Einfluß auf schöne Formgebung damit weiterhin zurückging.

Der preußische Adler mit der Devise «PRO GLORIA ET PATRIA» auf dem langen Feld und das Monogramm «FWR» mit der Devise «ULTIMA RATIO REGIS» auf dem Bodenfeld blieben unter Friedrich Wilhelm II. und III. die Kennzeichnungen auf Geschützrohren.

Während im 16./17. Jahrhundert Henkel und Handhaben am Stoßboden als Funktionsteile mannigfaltige plastische Formen, häufig in Gestalt des Namensvorbildes, erhielten, beschränkte man sich im 18. Jahrhundert in Preußen auf einen vorherrschenden Typ, den Henkel in Form eines Greifen, die Handhabe bis 1774 in Form einer spitz auslaufenden Traube, danach kugelig gerundet. Im gleichen Jahr verzichtete man für die leichteren drei- und sechspfündigen Kanonen auf Henkel überhaupt. Im 19. Jahrhundert haben die Henkel nur noch eine glatte Bügelform. Namengebung, Verzierung und Kennzeichnung der Geschützrohre sind artilleristisch gesehen ohne besonderen Wert, sie zeigen jedoch, wie stark Kriegsinstrumente in die allgemeine Kultur eines Volkes eingebunden waren, wie der Geschützguß eigenschöpferische Leistungen mit besonderer Spezifik, eigenen Motiven und Gestaltungen hervorgebracht hat. Es wird ferner deutlich, wie die Feuerwaffe in die Vorstellungswelt der Menschen eingeordnet war, wie gesellschaftliche Veränderungen neue Inhalte und Formen hervorbrachten. Das volkstümliche, belebende Element ging in den stehenden Heeren absolutistischer Herrschaftsgewalt verloren. Das gewaltige Anwachsen der Artillerie und der zunehmende Einfluß von Artillerieoffizieren auf den Geschützguß führten allmählich zur reinen Zweckform beim Kriegsinstrument.

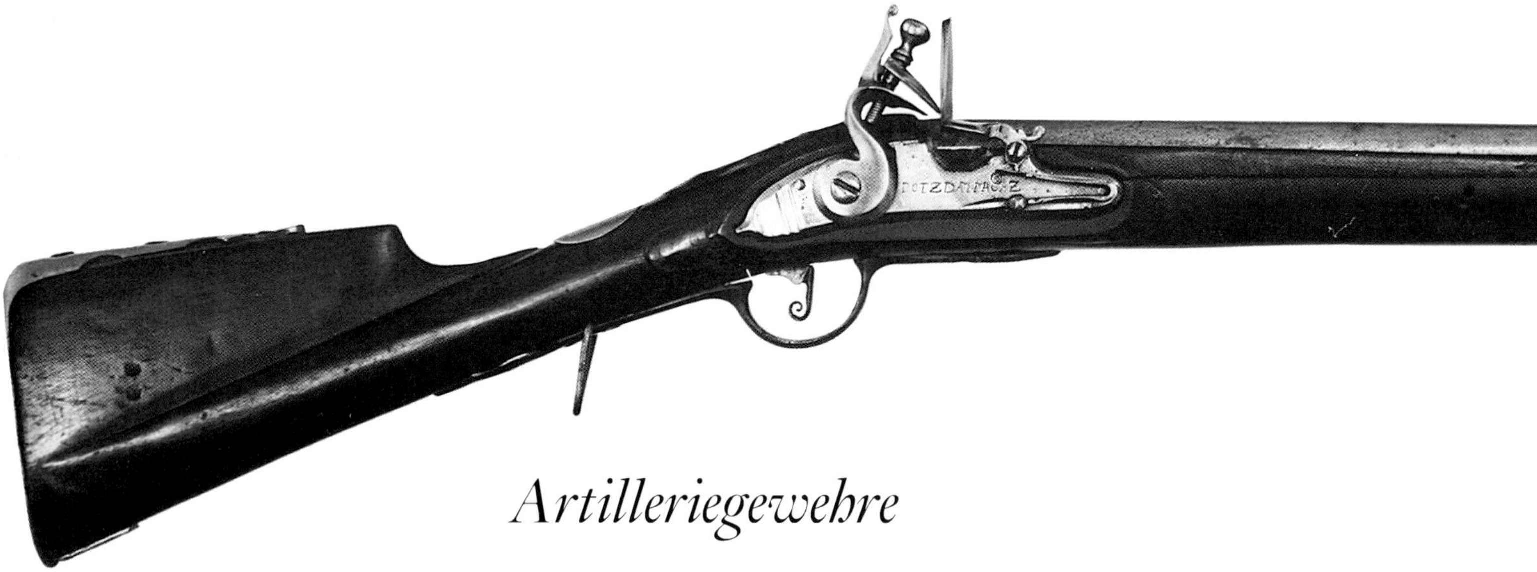

Artilleriegewehre

Die Feldartillerie war insbesondere auf dem Marsch aber auch in Stellungen durch überraschende Reiterangriffe gefährdet. Die Bewaffnung mit Gewehren und Bajonetten war deshalb angebracht. Eine Zusammenfassung in Pelotons war in beiden Fällen nicht möglich. Die Waffen wurden zur Verteidigung der Geschütze benötigt, und aus deren Deckung heraus feuerte der Artillerist auf kurze Distanz. Deshalb konnte das Artilleriegewehr auch einen glatten Lauf besitzen. Die Bewaffnung des preußischen Feldbataillons mit Gewehren erfolgte 1716, die Einziehung der Artilleriegewehre 1756.

In der einschlägigen Literatur wurde bisher nur über ein noch erhaltenes spezielles Artilleriegewehr der altpreußischen Armee berichtet. Es befand sich früher in der Sammlung des ehemaligen Berliner Zeughauses und trug auf dem Lauf die Inschrift: «Königl. Preuß. Feld. Artill.»[455] Auf dem Daumenblech befand sich der Namenszug «FR» mit Krone. Das Gewehr zählt zu den Kriegsverlusten, kann sich jedoch als Beutestück noch in einem anderen Land befinden. Das Museum für Deutsche Geschichte Berlin erwarb im Jahre 1957 aus einer Privatsammlung ein Gewehr, das auf dem Lauf die Inschrift trägt: «Konigl. Pre. . . Feld-Artill$^{\underline{e}}$ 1 $^{\underline{te}}$ Batt$^{\underline{on}}$.» Das Daumenblech trägt das «FR» mit Krone eingraviert. Verfasser konnte nach einem alten Ausstellungsfoto des Berliner Zeughauses mit der Lupe feststellen, daß die von Curt Jany überlieferte Inschrift auf dem Artilleriegewehr des Zeughauses richtig wiedergegeben wurde, so daß es sich bei dem 1957 erworbenen Exemplar um ein weiteres

Bajonett *für ein Artilleriegewehr, 1741–1756*
Das Bajonett hat eine volle Dreikantklinge, die Tülle ist bezeichnet: «1. C. No. 8» (1. Kompanie, Waffen-Nr. 8). Am Hals ist ein kleiner Punkt mit gebogenem Hals eingeschlagen. Gl 43,6 cm; Kl 36 cm; Kb 2,2 cm; L der Tülle 6,2 cm; G 290 g; Inv.-Nr. W 57.246

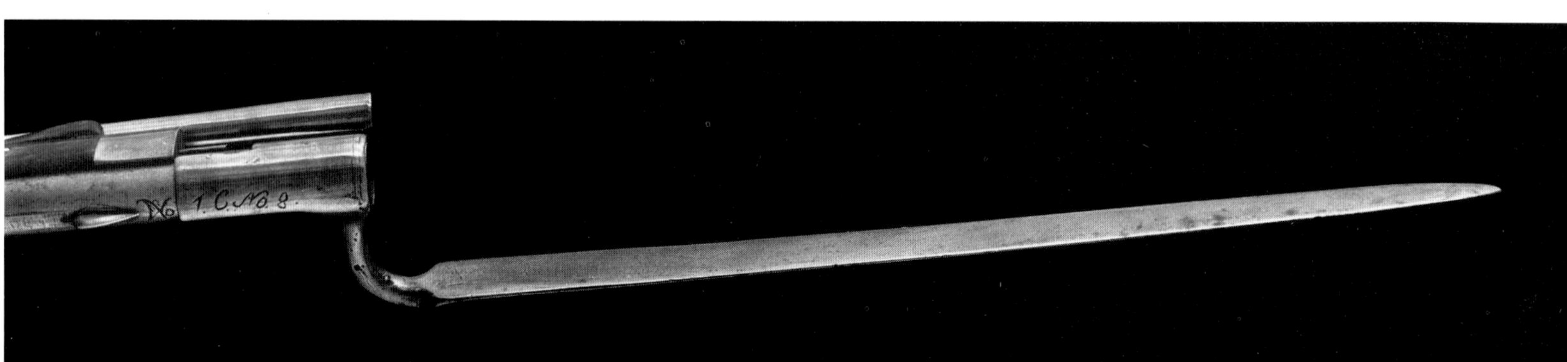

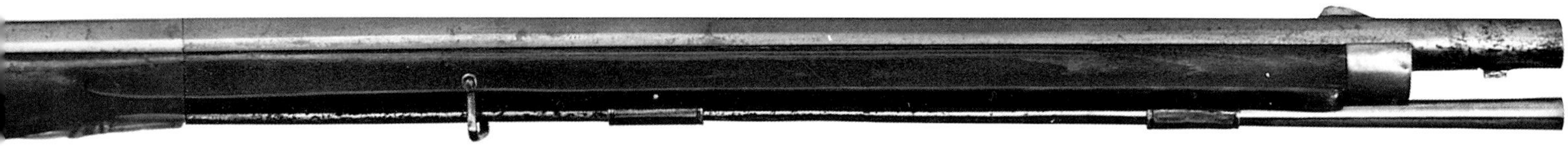

Artilleriegewehr, *1741–1756*
Vor dem Korn eingeschlagen: «No 8», auf dem zugehörigen Bajonett ebenfalls bezeichnet: «1. C. No. 8»; Schloßblech bezeichnet: «POTZDAM MAGAZ» und «S et D». Einige Teile des Gewehrs sind ergänzt (siehe S. 216).
Gl 130 cm; L des Laufes 91 cm; K 17 mm; G 3440 g (mit Bajonett 3730 g); Inv.-Nr. W 57.246

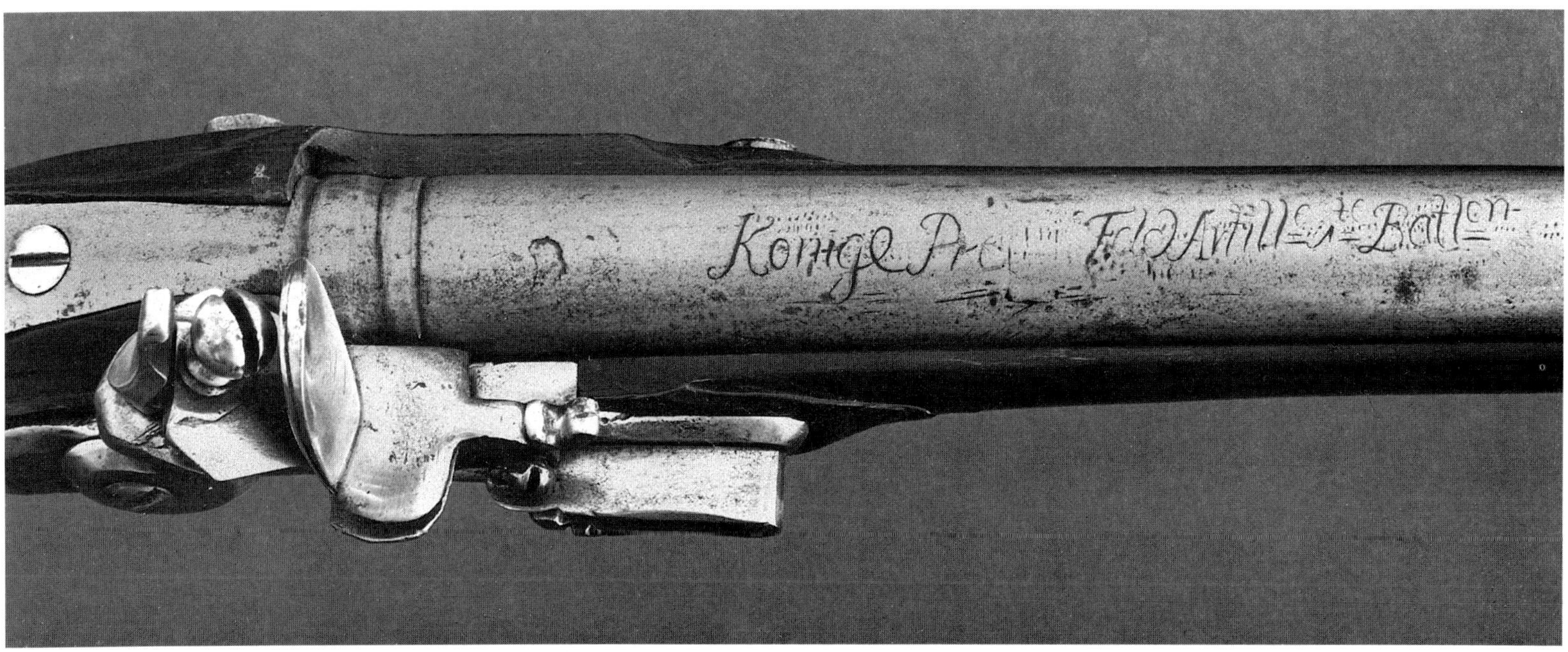

Laufinschrift der Abb. oben

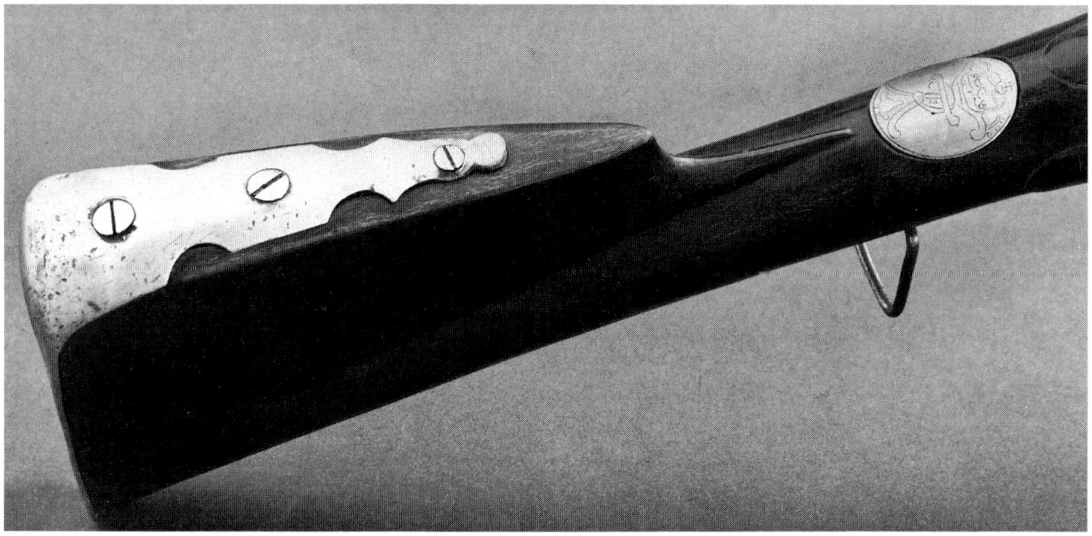

Kolben der Abb. oben

Originalgewehr handelt. Der Schriftduktus beider Inschriften stimmt in den wesentlichen Zügen überein. König Friedrich II. hatte im Oktober 1741 ein zweites Feldbataillon aufstellen lassen,[456)] bis zu diesem Zeitpunkt gab es nur ein Feldbataillon Artillerie. Die Inschriften auf den beiden Artilleriegewehren verdeutlichen diese Veränderungen. Das bis 1945 im Zeughaus aufbewahrte Gewehr gehört in die Zeit vor Oktober 1741, das vom ehemaligen Museum für Deutsche Geschichte Berlin erworbene in die Zeit danach, denn eine Bezeichnung mit «1. Bataillon» wäre davor nicht nötig gewesen.

Von dem Artilleriegewehr des Zeughauses sind folgende Angaben bekannt:[457)] Kaliber 17 Millimeter, Länge 132 Zentimeter, Gewicht 3,87 Kilogramm. Das Daumenblech trug zwar das «FR», dieses könnte aber auch nachgraviert sein, nachdem das «FWR» abgeschliffen wurde. Die spitz auslaufenden Schaftverschneidungen deuten auf eine frühe Fertigung hin.

Leider sind an dem vom Museum für Deutsche Geschichte Berlin erworbenen Gewehr einige Ergänzungen. 30 Millimeter vor dem Spitzröhrchen ist der Schaft völlig erneuert. Am Lauf unten ist 300 Millimeter von der Mündung entfernt eine querverlaufende Schweißnaht erkennbar. Der Lauf könnte hier eingebrochen gewesen sein. Die mittlere Stiftöse am Lauf ist versetzt. Auch am Schloß sind einige Besonderheiten. Das Schloßblech trägt die Bezeichnung «POTZDAM MAGAZ», jedoch sind nicht nur die Buchstaben «AM» sondern auch «MA» ligiert, statt «S et D» steht nur «S e D». Der Lauf trägt keine Abnahmestempel, an der Unterseite jedoch eine Schlagmarke, ein schräg gestelltes «V» in einem Schild, daneben ein größeres eingeschlagendes freistehendes «V». Das Schloß besitzt keine Marke, auch nicht der Beschlag. Die Herstellung könnte auch in einem anderen Ort als in Potsdam erfolgt sein, die Kennzeichnung auf dem Schloßblech später ausgeführt worden sein. In allen Merkmalen stimmt das Gewehr mit preußischen Gewehrtypen überein, so auch mit dem Kuhfußkolben. Vor dem Korn trägt das Gewehr die Numerierung «No 8», das zugeordnete Bajonett ist mit «1. C. No. 8« (1. Companie, Nummer 8) gekennzeichnet. Aus der Fotografie und der rekonstruierten Zeichnung des Zeughausgewehrs geht hervor,[458)] daß dieses Exemplar ebenfalls für ein Tüllenbajonett eingerichtet war.

Auf einige weitere Details des Gewehrs sei noch hingewiesen. An der Unterseite des Laufes ist hinter der Bajonetthaft «Ü:L» eingeschlagen; das Korn fällt nach vorn ab; auf dem Schwanzschraubenblatt befindet sich eine Visierrinne, am Pulversack drei unterschiedlich breite Querrinnen. Die Batterie hat eine aufgeschweißte Schlagfläche aus Stahl. Der Schaft ist aus Nußbaum gefertigt und hat gerundete Schaftverschneidungen. Die Ladestockröhrchen sind kantig, das Nasenband ist erneuert.

Nachstehend seien die wichtigsten Maßangaben zum Gewehr aufgeführt:

Gesamtlänge	1300 Millimeter
Lauflänge	910 Millimeter
Schloßblechlänge	154 Millimeter
Schloßblechhöhe	31 Millimeter
Länge des Schloßgegenbleches	145 Millimeter
Größte Höhe des Schloßgegenbleches	11 Millimeter
Länge der Röhrchen	36 und 37 Millimeter
Länge des Spitzröhrchens	99 Millimeter
Länge des Nasenbandes	25 Millimeter
Kornlänge	23 Millimeter
Länge des Abzugsbügels	260 Millimeter
Länge des Daumenbleches	40 Millimeter

Breite des Daumenbleches	29 Millimeter
Höhe des Kolbenbleches	119 Millimeter
Breite des Kolbenbleches	56 Millimeter
Länge des Ladestockes	867 Millimeter
Durchmesser an der Stoßfläche	13 Millimeter
Kaliber	17 Millimeter
Gewicht	3440 Gramm (mit Bajonett 3730 Gramm)

Im Buchsweiler Inventar[459)] ist unter Nr. 37 ein Artilleriegewehr aufgeführt, jedoch wird eine Laufinschrift nicht erwähnt. Eine Kennzeichnung von Läufen war bei der Infanterie und Kavallerie nicht üblich. Auch nach 1756 wurden gelegentlich noch Gewehre an die Artillerie ausgegeben.[460)]

Hieb- und Stichwaffen

Die Bewaffnung der Büchsenmeister und Stückknechte mit Blankwaffen in der brandenburgischen Artillerie unter Kurfürst Friedrich Wilhelm ist durch erhaltene Originale nicht nachweisbar. Die nicht streng militärische, sondern mehr zünftlerische oder gildenmäßige Organisation dieser Truppe gestattete es, sehr unterschiedliche Waffen zu tragen. Offiziere und Mannschaften scheinen den Degen bevorzugt zu haben, wie bildliche Darstellungen erkennen lassen. Gehilfen für das Herbeischaffen der Kugeln und für Schanzarbeiten trugen keine Blankwaffe, da sie hinderlich war. Der Degen gehörte auch unter dem Nachfolger Friedrich III. (I.) zur Bewaffnung der Artilleristen. «Die Offiziere trugen, wie die Mannschaften, den Degen über den Rock geschnallt, an einem Gehenke von Elenshaut, mit Gold eingefaßt. Über dem Gehenke saß die silberne mit schwarz durchwirkte Schärpe.»[461)] Zum Jahre 1709 heißt es in einem Musterungsbericht der Artillerie in Pillau, daß am Offiziersdegen eine schwarz/silberne Troddel hing.[462)]

Nach einem gleichartigen Bericht über die Kolberger Artillerie-Kompanie von 1705 trugen die Offiziere «. . . vergoldete Degen mit Degenquast von Silber und schwarzer Seide . . . Flinte mit Bajonett», die Korporale «einen messingen übergüldeten Degen, einen gelbledern Gehenke mit Messingschnallen . . .», der Kanonier «Ein Degen mit messingnem Gefäß. Ein gelbledernes gelaschtes Leibgehenk. Eine Pulverflasche mit einem schmalen Riemen von gelbem Leder gelascht und mit Messing beschlagen. Hirschfänger.»[463)] Diese zuletzt, ohne Erläuterung aufgeführte Waffe dürfte von einigen statt des Degens getragen worden sein. Sie eignete sich besser als der Degen, Strauchwerk zu beseitigen und Reisig für Faschinen zu schlagen. Der Degen blieb auch in der Artillerie unter Friedrich Wilhelm I. die Blankwaffe für Offiziere, Unteroffiziere und Mannschaften. Nach dem Montierungs-Reglement von 1713 sollten alle fünf Jahre neue Degen und Espontons beschafft werden.

Im Oktober 1741 hatte Friedrich II. eine Verstärkung des Artilleriekorps durch ein zweites Bataillon angeordnet. Dieses neue Bataillon soll keine Seitenwaffen, sondern nur Bajonette zum Artilleriegewehr erhalten haben.[464)] Vermutlich wurde 1744 – das genaue Jahr der Einführung ist nicht bekannt – ein «Artilleriepallasch» eingeführt. Diese zeitgenössische Bezeichnung stimmt nicht mit der üblichen Bezeichnung für den Waffentyp «Pal-

«Pallasch» *für Mannschaften der Artillerie, 3. Viertel 18. Jahrhundert*
Gl 67 cm; Kl 55,2 cm; Kb 3 cm; G 700 g; Inv.-Nr. W 75.137

«Pallasch» *für Mannschaften der Artillerie, 3. Viertel 18. Jahrhundert*
Untere Enden der Mitteleisen fehlen. Am Vollgriff eingeschlagen: «IVM No . . .».
Gl 69,2 cm; Kl 57,5 cm; Kb 3,2 cm; G 880 g; Inv.-Nr. W 75.136

lasch» überein, worunter man eine Kavalleriewaffe mit gerader ein- oder zweischneidiger Klinge und Säbelgriff versteht. Der Artilleriepallasch läßt sich durch erhalten gebliebene Exemplare belegen. Er ist in der Regel 65 bis 75 Zentimeter lang, hat eine gerade, zweischneidige Klinge von meist sechskantigem oder bikonvexem Querschnitt mit Spitze, in der Mittellinie, zum Teil etwas abgerundet, und mit nur drei bis vier Millimeter langer Fehlschärfe. Das Gefäß besteht aus zwei gegossenen Messingteilen: 1. der geraden flachen Parierstange mit zwei Mitteleisen und dem von einem Ende der Parierstange rechtwinklig abzweigenden Griffbügel sowie einer geschweiften Terzspange; 2. dem Vollgriff mit imitierter ganzer Griffkappe, einem schnabelförmigen Griffkopf und großem gerundetem Vernietknopf. Die oberen Enden der Mitteleisen sind leicht in den Griff eingelassen. Die unteren Enden sind in später Zeit oft abgesägt worden. Der Griffbügel ist in den Griffkopf eingelassen.

Der Artilleriepallasch wurde in einer braunen Lederscheide getragen. Wie bei anderen Scheiden auch, sind Mundblech und Ortblech verdeckt. Von diesem ist nur der Boden sichtbar. Der ebenfalls sichtbare Tragehaken aus Messing verjüngt sich nach unten. Auch sechs Infanterieregimenter wurden mit dem Pallasch bewaffnet, die Regimenter Renouard (Nr. 3), Malschitzki (Nr. 28), Treuenfels (Nr. 29), Borke (Nr. 30), Fürst zu Hohenlohe (Nr. 32) und Kurfürst von Hessen (Nr. 48). Der Pallasch des Regiments von Renouard hatte einen Holzgriff, der mit Leder überzogen war.[465] Auch die 1759 errichtete reitende Artillerie erhielt den Artilleriepallasch; Gesellen von Zimmer-, Riemer-, Stellmacher- und Schmiedemeistern waren davon ausgeschlossen. 1756 wird er jedoch für Trainleute erwähnt,[466] 1785 dann auch für Gesellen und Wagenmeister.[467] Um 1795 werden als Pallaschträger unter anderem Wagenmeister, Schirrmeister, Wagenbauer, Fouriere und Reitschmiedemeister, welche beritten waren, genannt.[468] Feldwebel trugen 1789 ein silbernes Portepee.

Die reitende Artillerie erhielt 1802 – nach anderen Angaben 1809 – statt des Pallasches den Husarensäbel. Mineure waren unter Friedrich II. mit einem kurzen Säbel bewaffnet. Das Messinggefäß hatte einen Griffbügel, der in eine leicht abwärts gerichtete Parierstange überging, ferner eine abwärts gerichtete Muschel. Knauf, Muschel und Klinge waren mit dem ligierten «FR» gekennzeichnet. Ein bergmännischer Schlägel kreuzte jeweils einen der beiden Schenkel der Buchstaben.[469]

Offiziere der Artillerie führten den Infanterie-Offiziersdegen.

Luntenspieße und Spontons

Im 16./17. Jahrhundert führten die Büchsenmeister zum Entflammen des Pulvers im Geschütz und gleichzeitig als sichtbares Zeichen ihrer militärischen Stellung einen Luntenspieß. Diese Stangenwaffe hatte eine schmale vierkantige Stoßklinge oder eine breite Partisa-

KÖNIGL: PREUSS: ARTILLERIE
POTZ DAM

Detail des Kurzgewehrs Abb. S. 222 rechts

nenklinge, von der seitlich je ein geschweifter Arm mit einer Luntenklemme abzweigte. Waffe und Gebrauchsgegenstand waren miteinander kombiniert. Mitunter sind Exemplare durch Ätzmaterial verziert worden. Auch bei der brandenburgischen Artillerie waren diese Luntenspieße gebräuchlich, wie beispielsweise die Belagerung von Wolgast 1676, die auf einem Gobelin dargestellt ist,[470)] beweist. Die Lunte war unterhalb der Klinge um den Schaft gewickelt und beide Enden wurden in den Luntenklemmen mit Flügelschrauben befestigt. Bei Versagen einer glimmenden Lunte hatte man die zweite als Ersatz. Häufig wurde zum Zünden des Pulvers auch eine kurze, für die Handhabung geeignetere Zündrute mit nur einer Luntenklemme verwendet. Der weiter verwendete Luntenspieß wurde dadurch, insbesondere nach Einführung stehender Heere, zum Chargenabzeichen.

Unter König Friedrich Wilhelm I. führten Unteroffiziere der Artillerie ein Kurzgewehr in Form eines Luntenspießes.[471)] Es hatte eine Partisanenklinge mit verstärkter Spitze und durchgehendem Mittelgrat. Die Basis des Blattes verbreiterte sich halbmondartig. Das Blatt mit kurzem Hals war in ein Gewinde der Tülle eingeschraubt. Die achtkantige Tülle war an den Enden und in der Mitte durch Querwulste verstärkt. Die beiden unteren Querwulste besaßen Einschnitte, in die zwei Arme der Luntenklemmen eingelassen wurden, durchgehende Kopfschrauben sicherten den Halt. Die geschweiften Arme spalteten sich in zwei Lippen, durch die je eine Flügelschraube zum Festdrehen der Lunten hindurch ging. Die Anbringungsform der Luntenarme an der Tülle wirkt vom handwerklichen Standpunkt aus etwas unvollkommen. Luntenarme zweigen in der Regel direkt von einem Hals ab und sind nicht aufgeschraubt. Eine Erklärung für die preußische Form könnte sein, daß bei der geringen Zahl der benötigten Kurzgewehre für die Artillerie in der Fertigung Tüllen von Spontons und Kurzgewehren für die Infanterie verwendet und dann die Luntenklemmen hieran montiert wurden. Zwei Schaftfedern sind mit fünf Nägeln an einem Schaft von rundem Querschnitt befestigt.

Auf beide Seiten des Blattes ist eine Königskrone geätzt, jedoch ohne Namenszug. Auf dem halbmondförmigen Teil des Blattes steht in einem geschweiften Band die Inschrift: «KÖNIGL: PREUSS: ARTILLERIE», darunter in freiem Feld «POTZDAM». Wilhelm Gohlke setzt die Einführung dieser Luntenspieße mit obiger Inschrift in das Jahr 1709. Da die Potsdam-Spandauer Manufaktur frühestens im Jahre 1723 Klingen lieferte, können frühere Exemplare nicht diesen Ortsnamen getragen haben, denn um eine Kennzeichnung durch den Hersteller handelt es sich auf jeden Fall. Wilhelm Gohlke vermerkt ferner[472)], «Korporale führten ein Kurzgewehr ohne Luntenklammern, das auf beiden Seiten der Klinge mit einer brennenden Granate versehen war. Im Jahre 1731 erhielten auch die Unteroffiziere Kurzgewehre dieser Art.» Es besteht der Verdacht, daß hier Kurzgewehre für Unteroffiziere der Grenadiere als Kurzgewehre für Korporale der Artillerie angesehen wurden. Im Bestand des Zeughauses Berlin befinden sich Kurzgewehre für Unteroffiziere der Artillerie, bei denen die Luntenhalter abmontiert sind. Ein Verzicht auf diese Teile des Kurzgewehres ist durchaus verständlich, da diese langen Stangenwaffen im Felde nicht mehr zum Zünden verwendet wurden. Es ist möglich, daß im Jahre 1731 die Luntenhalter abgeschafft wurden, neu gefertigte sie nicht mehr erhielten. Ab 1740 besaß die preußische Artillerie keine Kurzgewehre mehr.

Offiziere der Fußartillerie führten im allgemeinen im 17. Jahrhundert als Waffe und Würdezeichen eine Partisane. Diese Stangenwaffen waren auf dem Blatt oft mit einem Wappen oder Hoheitszeichen des Kriegsherrn und auch mit artilleristischen Motiven, wie beispielsweise mit zwei gegenständigen Geschützrohren auf einer österreichischen Offiziers-Partisane von 1663, gekennzeichnet und verziert.[473)] Da Artillerieoffiziere im allgemeinen

Kurzgewehr *für Unteroffiziere der Artillerie, 1723–1740*
Auf der Tülle die Buchstaben eingeschlagen:
«VO / W. L. C.».
Gl 215 cm; Kl mit Tülle 34,3 cm; B des Blattes 8,5 cm;
B an den Luntenhaltern 20 cm; G 2120 g; Inv.-Nr. W 2591
(AD 10671 a); 17,8 cm langer, konischer Eisenschuh mit 8
bzw. 13,2 cm langen Schaftfedern am Schuh

Sponton *für Offiziere der Fußartillerie, 1740–1786*
Ein sehr seltenes Exemplar, das Blatt trägt
unter dem «FR» mit Krone in einem
geschweiften Band die Inschrift:
«ARTILLERIE: ROYALE!», darunter zwei kleine
flammende Granaten; schwarz bemalter Schaft, konischer
Messingschuh mit Endknopf.
Gl 204,5 cm; Kl mit Tülle 35,7 cm; des Blattes 8 cm;
L des Knebels 10,5 cm; G 1540 g; Inv.-Nr. W 56.32

Kurzgewehr *für Unteroffiziere der Artillerie, 1723–1740*
Konischer Messingschuh mit Endknopf.
Gl 217,5 cm; Kl mit Tülle 33,6 cm; B des Blattes 8,5 cm;
B an den Luntenhaltern 20 cm; G 1740 g; Inv.-Nr. W 58
(AD 10671 c)

beritten waren, spielten diese Waffen in Feldschlachten keine Rolle. Nur bei der Aufstellung der Mannschaft im Garnisondienst, bei Paraden und feierlichen Aufmärschen kamen sie zum Einsatz. Spezielle Partisanen von Offizieren der brandenburgischen und der preußischen Artillerie bis zur Regierungszeit Friedrich Wilhelms I. sind dem Verfasser nicht bekannt.

In der Armee Friedrichs II. war das Offiziersspont on jedoch nicht nur bei der Infanterie, sondern auch bei der Fußartillerie eingeführt. In der Fachliteratur ist bisher wohl kein erhaltenes Exemplar publiziert. Das ehemalige Museum für Deutsche Geschichte im Zeughaus Berlin konnte im Jahre 1956 aus einer Privatsammlung ein gut erhaltenes Sponton für Artillerieoffiziere aus der Zeit Friedrichs II. erwerben. Da diese Waffe offensichtlich das einzige erhaltene Exemplar ist, sollen hier einige Details beschrieben werden.

Die Klinge entspricht in der Form der des Infanterie-Offiziersspontons. Das zweischneidige Blatt hat einen Mittelgrat; in den eingezogenen gerundeten hinteren Teil des Blattes sind fünf pfeilspitzenartige und zwei halbmondförmige Verzierungen eingeschnitten. An den kurzen profilierten Hals schließt sich ein Gewinde an, das in die Tülle eingeschraubt ist. Der profilierte achtkantige Knebel ist an den Enden leicht auf- bzw. abwärts gebogen. Die achtkantige Tülle hat drei Querwulste. Zwei Schaftfedern sind mit sechs Nägeln am Schaft von rundem Querschnitt befestigt.

Die auf beide Seiten des Blattes geätzte Chiffre «FR» ist kleiner als bei Spontons für Infanterieoffiziere, ohne Krone nur 38 Millimeter hoch. In geschweiftem Band, das an den Enden in kleine Lilien ausläuft, steht die Bezeichnung «ARTILLERIE : ROYALE.» Darunter befinden sich in den Ecken des Blattes je eine schräg stehende, 20 Millimeter hohe Granate. An der schmalen Unterseite des Blattes sind ein «W» und sieben Punkte eingeschlagen. Der Messingschuh ist mit zwei Nägeln befestigt.

Eine «Designation, Was eine Ober Officier Mondierung von der Artillerie kostet» (ohne Jahreszahl) bestätigt die Bewaffnung der Artillerieoffiziere unter Friedrich II. mit Spontons. Ein Stück kostete vier Reichstaler und 16 Groschen.[474)]

Der Überblick über die Bewaffnung der brandenburgisch-preußischen Armee von 1640 bis 1806 sollte die grundlegenden Entwicklungstendenzen der Waffenproduktion und Militärtechnik – eingebunden in allgemein europäische Prozesse und Ereignisse – erkennen lassen. Die Waffentypen und ihr militärischer Einsatz wichen in den Armeen europäischer Staaten im genannten Zeitraum nur geringfügig voneinander ab. Ein wesentlicher Faktor für militärische Erfolge war die Ausbildung der Soldaten in der Handhabung der Blankwaffen und im Schießen mit Handfeuerwaffen und Geschützen. Vorteile erreichte die preußische Infanterie durch das schnellere Massenfeuer mit Gewehren, das durch harte Disziplin, «Dressur» und «Griffe kloppen» erreicht worden war. Die Voraussetzungen schufen Fürst Leopold von Anhalt-Dessau und König Friedrich Wilhelm I. durch sehr detaillierte, lange geheim gehaltene Reglements. Für die kaiserlichen Truppen erschien erst im Jahre 1737 ein offizielles Reglement, ein ausführliches für die gesamte Infanterie erst 1749. Andere Staaten führten erst in der zweiten Hälfte des 18. Jahrhunderts, meist nach dem Vorbild des preußischen Reglements von 1743, gedruckte Vorschriften ein, im Herzoglich Württembergischen Heer beispielsweise 1754.

Die militärischen Erfolge Friedrichs des Großen hatten zur Einführung preußischer Waffentypen auch in anderen deutschen sowie ausländischen Staaten beigetragen. Das badische Infanteriegewehr Modell 1771 basierte beispielsweise auf dem Vorbild des preußischen

Infanteriegewehrs Modell 1740, der badische Infanterie-Offiziersdegen und der Interimsdegen der Kürassieroffiziere glichen den preußischen Waffen des gleichen Typs. Obwohl Infanteriesäbel, Offiziersspontons und Kurzgewehre keine nennenswerte militärtechnische Bedeutung besaßen, wurden sie trotzdem als Symbolwaffen der preußischen Infanterie in Heere anderer Staaten übernommen.

Waffentechnische Neuerungen, wie der eiserne, später der zylindrische Ladestock und das konische Zündloch, steigerten zwar die Feuergeschwindigkeit, trotzdem war das preußische Infanteriegewehr nach den beiden zuletzt genannten Neuerungen dem französischen Modell 1777 in der Haltbarkeit und der Treffgenauigkeit unterlegen. Statt der Ösen-Stift-Verbindung zwischen Lauf und Schaft, die das Schaftholz stark beanspruchte, hatte das französische Gewehr drei Laufringe; statt des schwanenhalsförmigen Hahnes, der am Hals leicht abbrach, wenn beispielsweise der Feuerstein herausfiel, war das französische Gegenstück gerade und kräftiger. Auch die französischen Kavalleriepistolen Modell 1763 und 1777 hatten nicht mehr die genannten Stiftverbindungen und besaßen den kräftigen Hahn. Da die französischen Hand- und Faustfeuerwaffen in verschiedenen Manufakturen hergestellt wurden, erhielten diese Proportions- und Dimensionstabellen für sämtliche Waffenteile, um die Gleichartigkeit zu garantieren.

Die österreichische Infanterie erhielt nach dem ersten Koalitionskrieg (1792–1797) die nach französischem Vorbild gefertigte Infanterieflinte Modell 1798. Die Kavalleriepistole Modell 1798 basierte ebenfalls auf französischer Konstruktion. Auch russische Waffen von 1805 und 1809 lassen diesen Einfluß erkennen.

Entscheidender als diese Waffen war für den Erfolg der französischen Revolutionstruppen und der Napoleonischen Heere die Taktik mit dem Gefecht in zerstreuter Ordnung, dem Schützenfeuer und dem Kolonnenstoß. Im Zusammenhang mit der Heeresform nach der Niederlage der preußischen Armee bei Jena und Auerstedt im Jahre 1806 wurden mit dem Neupreußischen Gewehr Modell 1809 dann auch in Preußen bewährte Einzelteile französischer Handfeuerwaffen übernommen.

Marken, Stempel und Kennzeichnungen der Waffenmanufaktur Potsdam-Spandau auf Handfeuerwaffen der Sammlung des Zeughauses Berlin

Waffe Inventarnummer	Lauf Oberseite	Lauf Linke Seite	Lauf Unterseite	Schwanzschraubenblatt	Schloßblech außen	Schloßblech innen	Röhrchen	Spitzröhrchen	Schloßgegenblech	Abzugsbügel	Abzugsblech	Daumenblech	Kolbenblech Kolbenkappe
Infanteriegewehr M 1723 W 2064		CB	X CB V		POTZDAM MAGAZ S A D	IK *		T	● O /			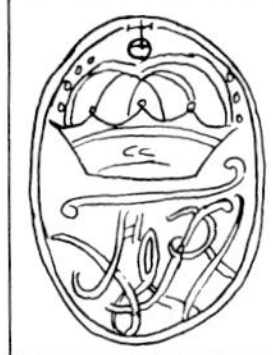	
Infanteriegewehr M 1740 W 57.258	7 7 *	*	W SI * UI		VLW *		III (v) I (m) II (b)	*	IRZ *	STR			TRZ P *
Infanteriegewehr M 1740 W 2071		LM *	> J	IIIIV (Unterseite)	POTZDAMMAGAZ S A D	I IIIIV	I+ (2.) II+ (3.)	T IIIIV X	X A >IIII	A (innen) C4 (außen)	IIIIIV (innen) IIIIV (am Abzugbebel)	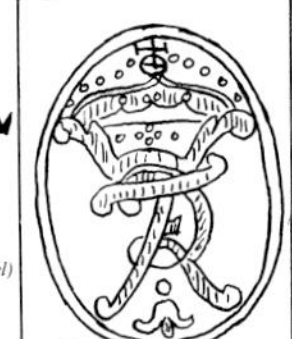 A (innen)	H
Infanteriegewehr M 1740 W 2065			≡ M		POTZDAMMAGAZ S A D	CM IIII (an 3 Schloßteilen) *	D II (2.) D III (3.)	D	W IIII	D	H (außen) IIII (an der Kante)	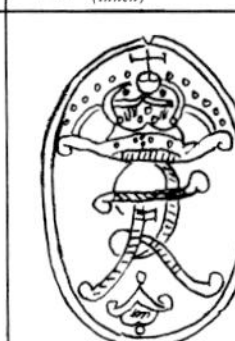 D (innen)	D
Infanteriegewehr M 1780/87 W 59.129		IFI	> = D F	F (oben)	POTZDAMMAGAZ SAD	SBM	A (1.-3.)	I	A	(innen)	C		
Infanteriegewehr M 1780/87 W 3336		T	≤ – V		POTZDAMMAGAZ SAD	B H1 IIII (1.) IIII (2.) * (an 2 Schloßteilen)	/ (1.) /// (3.)		V X ≡				
Infanteriegewehr M 1780/87 W 2070		H *	/ A D		POTZDAMMAGAZ DSE	CFB *	S I (1.) S II (2.) S III (3.)	A	A IIII	• (innen)	RR (außen) *		• (innen)
Infanteriegewehr M 1780/87 W 5322		F.I.S. E A *	\ ≡ GA		POTZDAM MAGAZ SAD	MR *	I (2.) A (3.)	I	I	• • S	P II (an der Kante)		I

Waffe Inventarnummer	Lauf Oberseite	Lauf Linke Seite	Lauf Unterseite	Schwanzschraubenblatt	Schloßblech außen	Schloßblech innen	Röhrchen	Spitzröhrchen	Schloßgegenblech	Abzugsbügel	Abzugsblech	Daumenblech	Kolbenblech Kolbenkappe
Füsiliergewehr M 1787 W 2067	IMO	TM			POTZDAMMAGAZ SetD	W	* (1.) * (2.) * (3.)	S	T	I	C		I (innen) 117 (außen)
Schützengewehr M 1787 W 59.201		IK	K I			IMÖ •• (an 4 Schloßteilen)	I (1.) II (2.)	I (innen)	III II • (innen)	A X IIII (innen) C4 (außen)			S (innen) N (außen)
Jägerbüchse Anspach-Bayreuth 1757–1791 W 3368							III (1.) III (2.)						
Jägerbüchse 1796–1800 W 3324			DI			M (an 5 Schloßteilen)	S (1.) S (2.)	A	H (innen) II	A (innen)	M.S. (außen) (innen)		A (innen) A (außen) N
Nothardtgewehr M 1801 W 54.35		D	D X	(innen)		M III (an 4 Schloßteilen)	B V (1.) B VV (2.) B I (3.)	L (innen)	S (innen)	• S	K (außen) / III (an der Kante)		H (innen)
Nothardtgewehr M 1801 W 57.245					POTSDAM	B • (an 5 Schloßteilen) ••	H • (1.) J (2.) I (3.)		L •  (innen)	B •	CS (außen) • (innen)		H
Infanteriegewehr (Prinzengewehr) 1796–1801 W 1163					POTZDAMMAGAZ SS	• B			I	I			
Infanteriegewehr (Prinzengewehr) 1801–1806 W 1162					POTSDAM	• B	I I (2.) I I (3.)	I I					
Dragonergewehr 1726–1774 W 59.1281		IRS		(Unterseite)	POTZDAMMAGAZ SAD	C.F.B (an 5 Schloßteilen)	X / (1.) X (2.) X / (3.)	A	X	a		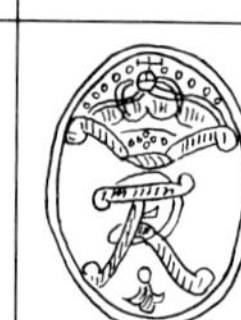	
Artilleriegewehr 1740–1786 W 57.246					POTZDM·MAGAZ SAD				W			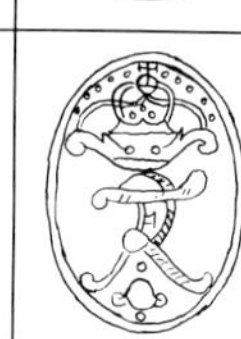 (innen)	

Waffe Inventarnummer	Lauf Oberseite	Lauf Linke Seite	Lauf Unterseite	Schwanzschraubenblatt	Schloßblech außen	Schloßblech innen	Röhrchen	Spitzröhrchen	Schloßgegenblech	Abzugsbügel	Abzugsblech	Daumenblech	Kolbenblech Kolbenkappe
Kürassierkarabiner 1740–1774 W 57.249					POTZDAMMAGAZ SAD	CM (an 3 Schloßteilen) *	D *	*	W *	(innen)	P (außen) (an der Kante)	 D (innen)	
Kurzer Husarenkarabiner M 1742 W 57.250		FI	P C		POTZ DA I AGAZ	(an 2 Schloßteilen)		I	M	*		 I (innen)	
Kurzer Husarenkarabiner M 1742 W 3799		IK			POTZDAMMAGAZ DSE	B (an 3 Schloßteilen)			S		DK (innen)	 (innen)	
Kurzer Husarenkarabiner M 1742 W 57.251		MA *		(innen)		ICC *	H (1.)	H	W	A	(innen)	L H	W (innen)
Mittlerer Husarenkarabiner M 1742 W 2068		FIS *	S		POTZDAMMAGAZ DSE	CFB *	A	S	X S	A	DK (außen) X (an der Kante)	 A (innen)	I (innen) I (außen)
Husarenbüchse M 1787 W 57.259		D	GA		POTSDAMMAGAZ DSE	(innen)					(an der Kante)		N (außen)
Kavalleriekarabiner 1796–1797 W 54.265		IK *	S	M.S. (außen) (innen) *	POTZDAMMAGAZ G.S.	IMC (an 2 Schloßteilen) *	I (1.) I (2.)	I	S (innen) *	H (innen)			I (innen) (an der Kante) I (außen) N
Kavalleriekarabiner 1801 W 4709		*			POTZDAMMAGAZ DSE	IVO *	I		A	(innen)	L (außen) (an der Kante)		

Waffe Inventarnummer	Lauf Oberseite	Lauf Linke Seite	Lauf Unterseite	Schwanzschraubenblatt	Schloßblech außen	Schloßblech innen	Röhrchen	Spitzröhrchen	Schloßgegenblech	Abzugsbügel	Abzugsblech	Daumenblech	Kolbenblech Kolbenkappe
Kavalleriekarabiner 1801 W 4710		FIS *	D		POTZDAMMAGAZ DSE	IHP *	A		S (innen) \\		I (an der Kante) DM (außen)		I (innen)
Kavalleriepistole M 1731 W 59.510		M	≤ = ≤ M	M (Unterseite)	POTZDAM.MAGAZ. SetD.	VI (an 4 Schloßteilen)		✓	T	A	V	 (innen)	
Kavalleriepistole M 1731 W 1363		J	< ≡	(innen)	POTSDAMMAGAZ SetD	K IIIV			≡ < W	• • A	M	 A (innen)	
Kavalleriepistole M 1731 (gekürzt) W 59.511			M I	*	POTZDAM·MAGAZ SetD	*		*	D VI *	D VI *		 S (innen)	
Kavalleriepistole M 1731 (gekürzt) W 59.679		AS *	< < O		POTZDAMMAGAZ SetD				K IIII	iC	L		
Kavalleriepistole M 1731 (gekürzt) W 59.307			≡ X IHJ	7 (außen)	LEHR A BERLIN	*			TRZ *	TR7 (innen) *	IX		
Kavalleriepistole M 1731/42 W 70.84			V		POTZDAMMAGAZ SAD	D			A	X	J (innen)		
Husarenpistole M 1742 W 59.306			≤ =		POTZDAMMAGAZ SetD	MB		A	Y I	• • A	J V (innen)	 2 (innen)	D

Waffe Inventarnummer	Lauf Oberseite	Lauf Linke Seite	Lauf Unterseite	Schwanzschraubenblatt	Schloßblech außen	Schloßblech innen	Röhrchen	Spitzröhrchen	Schloßgegenblech	Abzugsbügel	Abzugsblech	Daumenblech	Kolbenblech Kolbenkappe
Kavalleriepistole M 1742 W 58.2			A I	V (innen)	POTZDAMMAGAZ SetD	MA *	T	X •	HI (innen)	 (innen)	
Kavalleriepistole M 1742 W 59.476			I	*	POTZDAM		X *	X *	D V *	T *			W (innen)
Kavalleriepistole M 1742 W 59.305					POTZDAMMAGAZ SctD	VB (an 3 Schloßteilen)			IIIX				
Husarenpistole M 1742/89 W 1323			+ + / X		POTZDAMMAGAZ SAD X (oben)	(3.) B XII (Schlagfeder) V (auf Einzelteilen 4×)			X + /	× (innen)	PR (außen) (innen)	 (innen) \+×	
Kavalleriepistole M 1742 W 59.4111			X		POTZDAMMAGAZ SAD	H·W X			V X	D •X•	M X (innen)		
Kavalleriepistole M 1789 W 59.555			//	(Unterseite)	POTZDAMMAGAZ G.S	IMÖ (an 5 Schloßteilen) *			A	A	(an der Kante) T.H (außen)		
Kavalleriepistole M 1789 W 59.512		R			POTZDAMMAGAZ DSE	IVO: *			A // (innen)	A // (innen) N (außen)	T (außen)	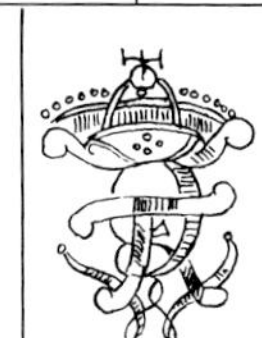 (außen rechts) I	

Zeichnungen von Joachim Zemke

ANHANG

Anmerkungen

1 Vgl. C. Kling, Geschichte der Bekleidung, Bewaffnung und Ausrüstung; C. Jany, Geschichte der Königlich Preußischen Armee; M. Jähns, Geschichte der Kriegswissenschaften; H. Bleckwenn, Urkunden und Kommentare
2 Vgl. D. Lehner, Die altpreußischen Schußwaffen; A. Wirtgen, Die preußischen Handfeuerwaffen; G. Maier, Preußische Blankwaffen; G. Seifert, Fachwörter der Blankwaffenkunde
3 Vgl. H. Müller / F. Kunter, Europäische Helme; H. Müller / H. Kölling, Europäische Hieb- und Stichwaffen; H. Müller, Alte Helme; H. Müller, Alte Geschütze; Waffen und Uniformen in der Geschichte (Katalog); Alte Hieb- und Stichwaffen (Katalog)
4 So geschehen im Kölnischen Stadtmuseum
5 Vgl. J. Willers, Die Nürnberger Handfeuerwaffe, S. 141
6 Vgl. E. Egg, Der Tiroler Geschützguß 1400–1600, S. 161
7 Vgl. 400 Jahre Suhler Jagdwaffen, S. 7
8 Vgl. S. 30ff.
9 Vgl. S. 53
10 Vgl. H. Müller, Das Eisenhüttenwerk Zehdenick, S. 51/52
11 Vgl. C. Jany, Geschichte der Königlich Preußischen Armee, Bd. 1, S. 35
12 Vgl. Über den rechten Gebrauch der Muskete
13 Vgl. C. Jany, Bd. 1, S. 38
14 Vgl. H. Müller, Gewehre Pistolen Revolver, S. 158 und Abb. 125
15 Vgl. C. Jany, Bd. 1, S. 337
16 Vgl. C. Jany, Bd. 2, S. 248
17 Vgl. O. Groehler, Leopold I., S. 8; W. Hahlweg, Die Heeresreform der Oranier
18 Vgl. M. Jähns, Geschichte der Kriegswissenschaften, Bd. 2
19 Faksimiledruck der Ausgabe 1726 mit einer Einleitung von H. Bleckwenn, Osnabrück 1968
20 Vgl. Reglement vor die Königl. Preußische Infanterie von 1726, S. 40
21 Ebenda, S. 227
22 Vgl. Reglement vor die Königl. Preußische Infanterie von 1743, S. 187
23 Lebensgeschichte und natürliche Abenteuer, S. 98/99
24 Vgl. Reglement von 1726, S. 81/82
25 Vgl. H. Bleckwenn, «Lange Kerls und Korporalstock»
26 Vgl. S. Fiedler, Kriegswesen und Kriegführung, S. 148
27 Reglement vor die Königl. Preußische Infanterie von 1743, S. 347
28 Tagebuch Dieterich Sigismund's von Buch, S. 75ff.
29 Vgl. Reglement von 1726, S. 376
30 Ebenda, S. 549
31 Ebenda, S. 553
32 Vgl. S. 42
33 Vgl. Reglement von 1726, S. 604
34 Ebenda, S. 605
35 Ebenda, S. 635
36 Ebenda, S. 608
37 Vgl. H. R. Uhlemann, Berliner Büchsenmacher
38 Vgl. C. Jany, Geschichte der Königlich Preußischen Armee, Bd. 1, S. 330
39 Ebenda, S. 330 und 345
40 Vgl. K. Mews, Geschichte der Essener Gewehr-Industrie
41 Ebenda, S. 23f.; vgl. auch A. Wirtgen, die preußischen Handfeuerwaffen, Textband, S. 11/12 (hier eine Zusammenstellung der Lieferungen)
42 Vgl. W. Weiß. Suhler Handfeuerwaffen, S. 76
43 Stadtarchiv Suhl, 6.7.3./C – 1: Zit. nach: D. Schaal, Katalog Suhler Feuerwaffen, S. 13
44 Vgl. S. 86
45 Vgl. K. Mews, Beschaumarke der Essener Büchsen, S. 31
46 Ebenda
47 Vgl. C. Jany, Geschichte der Königlich Preußischen Armee, Bd. 1, S. 328
48 Ebenda, S. 591
49 Ebenda, S. 458
50 Ebenda, S. 804
51 Vgl. K. Mews, Geschichte der Essener Gewehrindustrie, S. 57; A. Wirtgen, Die preußischen Handfeuerwaffen, Textband, S. 8
52 Vgl. D. Lehner, Heere der Vergangenheit, Gruppe III, Taf. Nr. 6; A. Wirtgen, Textband, S. 8ff., Tafelband, Abb. 3–15
53 Vgl. Maße und Details bei A. Wirtgen, Textband, S. 10/11, Tafelband, Abb. 16–24
54 Ebenda, Textband, S. 14
55 Ebenda, S. 12
56 Vgl. W. Hassenstein, Zur Geschichte der Königlichen Gewehrfabrik, S. 29–31; A. Wirtgen, Die preußischen Handfeuerwaffen, Textband, S. 26–28 (geringfügig gekürzt)
57 Vgl. A. Wirtgen, Die preußischen Handfeuerwaffen, Textband, S. 25
58 Vgl. Potsdam, Geschichte der Stadt in Wort und Bild, S. 31
59 Vgl. E. Heer, Der Neue Støckel, Bd. 3, S. 1696
60 Ebenda, S. 1605
61 Vgl. J. S. Halle, Werkstaete der heutigen Künste, Bd. 3, S. 390
62 Vgl. 400 Jahre Suhler Jagdwaffen, S. 8
63 Vgl. E. Heer, Der Neue Støckel, Bd. 3, S. 1699
64 Ebenda
65 Vgl. A. Wirtgen, Die preußischen Handfeuerwaffen, Textband, S. 29/30
66 Vgl. P. Rehfeld, Die preußische Rüstungsindustrie, S. 15
67 Vgl. W. Hassenstein, Aus der Gründungszeit der alten preußischen Waffenschmiede, S. 4
68 Vgl. A. Wirtgen, Die preußischen Handfeuerwaffen, Tafelband, Abb. 53: «Stufenweiser Entstehungsgang eines Laufes»
69 Vgl. Abschnitt «Schützengewehre und Jägerbüchsen», S. 96ff.
70 Vgl. J. S. Halle, Werkstaete der heutigen Künste, Bd. 3, S. 383; J. G. Krünitz, Encyklopädie, 232. Teil, S. 360–362
71 Vgl. F. W. Deiß, Das Deutsche Soldatenbuch, Bd. 1, S. 176 (Beschreibung nach F. L. Streit, Militärische Encyklopädie, Berlin 1800)
72 J. S. Halle, Werkstaete der heutigen Künste, Bd. 3, S. 386
72 Ebenda, S. 386 f.
74 Ebenda
75 Ebenda, S. 389
76 Vgl. A. Wirtgen, Die preußischen Handfeuerwaffen, Textband, S. 74, Tafelband, Taf. 33, Abb. 72/73
77 Vgl. W. Hassenstein, Zur Geschichte der Königlichen Gewehrfabrik, S. 30
78 Vgl. A. Wirtgen, Die preußischen Handfeuerwaffen, Textband, S. 62
79 Vgl. v. Roggenbucke, Handbuch für Officiere, S. 72
80 Vgl. Tabelle S. 225ff.
81 D. Lehner, Die altpreußischen Schußwaffen, Taf. 10
82 Vgl. J. G. Krünitz, Encyklopädie, 232. Teil, S. 362/363

83 Vgl. W. Hassenstein, Zur Geschichte der Königlichen Gewehrfabrik, S. 30
84 Vgl. W. Hassenstein, Abnahme und Preise, S. 7
85 Ebenda, S. 251
86 Ebenda
87 Ebenda, S. 273
88 Vgl. C. Jany, Geschichte der Königlich Preußischen Armee, Bd. 1, S. 596. G. Seifert bemerkt zum Begriff «Wolfsklinge» in: Fachwörter der Blankwaffenkunde, S. 37 u. a.: «. . . zunächst jede mit einem Wolfszeichen signierte Klinge, Ausdruck wurde aber im 17. Jh. zur ‹Typenbezeichnung›, d. h. man verstand unter einer W. alle Haudegenklingen von bikonvexem (linsenförmigem) Querschnitt – auch dann, wenn diese kein Wolfszeichen trugen; der Ausdruck erhielt sich in dieser Bedeutung bis weit in das 18. Jh.»
89 Neunter Teil, Berlin 1776, S. 58
90 Vgl. H. Müller / H. Kölling, Europäische Hieb- und Stichwaffen, S. 192, Abb. 102/103 und S. 372/373
91 Vgl. C. Jany, Geschichte der Königlich Preußischen Armee, Bd. 1, S. 807
92 Vgl. A. Wirtgen, Die preußischen Handfeuerwaffen, Textband, S. 34
93 Vgl. Die Bewaffnung und Ausrüstung der Armee Friedrichs des Großen, S. 49, Anm. 42
94 Oeconomische Encyclopädie, Neunter Teil, Stichwort: «Degen-Klinge», S. 577
95 Vgl. H. W. Laumanns, Königlich Preußische Gewehrfabrik Potsdam-Spandau. In: DWJ 8/1981, S. 117
96 Vgl. W. Hassenstein, Abnahme und Preise, S. 8
97 Oeconomische Encyclopädie, Neunter Teil, S. 49
98 Ebenda
99 Ebenda, S. 60–62
100 Vgl. S. 211–213
101 Im Zeughaus Berlin
102 Vgl. G. Maier, Preußische Blankwaffen, Teil I, S. 157
103 Im Zeughaus Berlin
104 Vgl. H. Müller / H. Kölling, Europäische Hieb- und Stichwaffen, S. 378
105 Vgl. S. 46
106 Vgl. G. Maier, Preußische Blankwaffen, Teil I, S. 157
107 Vgl. S. 47
108 Vgl. C. O. Mylius, Des Corporis Constitutionum Marchicarum, Fünfter Teil, S. 650
109 Ebenda, S. 564 ff. F. Nicolai berichtet in «Beschreibung der Königlichen Residenzstädte Berlin und Potsdam . . .», S. 553: «Schwerdtfeger . . . Die Klingen machen sie nicht selbst, sondern kaufen sie in der Niederlage der Gewehrfabrik in Spandau . . . Sie haben beständig Arbeit für die K. Armee, auch übernehmen sie Lieferungen für auswärts.»
110 Vgl. C. Kling, Geschichte der Bekleidung, Bewaffnung und Ausrüstung, Zweiter Teil, S. 381 und 410
111 Vgl. S. 48
112 Dritter Band, S. 251 f.
113 Vgl. L. v. Malinowsky I./R. v. Bonin, Geschichte der brandenburgisch-preussischen Artillerie, Erster Teil, S. 629
114 Vgl. F. W. Deiß, Das Deutsche Soldatenbuch, Bd. 1, S. 181 ff.
115 Vgl. L. v. Malinowsky I. / R. v. Bonin, Geschichte der brandenburgisch-preussischen Artillerie, Erster Teil, S. 624/625
116 Ebenda, S. 633
117 Vgl. Technische Kulturdenkmale in der Mark Brandenburg, S. 13 f.
118 Ebenda, S. 23
119 Neuntes Stück, Berlin 1751, S. 643–653
120 Staatliches Archiv Potsdam, Pr. Br. Rep. 2, 2. Bau-Reg., Amt Zehdenick Nr. 14
121 Vgl. H. Müller, Das Eisenhüttenwerk Zehdenick, Abb. S. 47
122 Vgl. L. v. Malinowsky I. / R. v. Bonin, Geschichte der brandenburgisch-preussischen Artillerie, Erster Teil, S. 650ff.
123 Vgl. F. Nicolai, Beschreibung der Königlichen Residenzstädte Berlin und Potsdam, S. 1099
124 Vgl. Landeskunde der Provinz Brandenburg, II. Geschichte von Mielke, S. 439
125 Vgl. R. Schmidt, Erinnerungen an Zehdenick, S. 94
126 Staatliches Archiv Potsdam, Pr. Br. Rep. 2, 2. Bau-Reg., Amt Zehdenick Nr. 14
127 Ebenda, Amt Zehdenick Nr. 1, Nr. 29
128 Vgl. H. Müller, Das Eisenhüttenwerk Zehdenick, S. 52
129 Vgl. I. Mittenzwei / E. Herzfeld, Brandenburg-Preußen 1648 bis 1789, S. 351
130 Eine ausführliche Beschreibung enthält das Werk von L. v. Malinowsky I. / R. v. Bonin, Geschichte der brandenburgisch-preussischen Artillerie, Erster Teil, S. 650 ff.
131 Ebenda
132 Vgl. J. J. v. Wallhausen, Kriegskunst zu Fuß, Oppenheim 1615
133 Vgl. C. Jany, Geschichte der Königlich Preußischen Armee, Bd. 1, S. 329
134 Ebenda
135 Vgl. S. 17
136 Vgl. C. Jany, Geschichte der Königlich Preußischen Armee, Bd. 1, S. 161
137 Vgl. Über den rechten Gebrauch der Muskete, Faksimiledruck 1974
138 Vgl. M. Jähns, Geschichte der Kriegswissenschaften, Zweite Abteilung, S. 1650/1651; C. Jany, Geschichte der Königlich Preußischen Armee, Bd. 1, S. 616/617
139 Vgl. S. 38
140 Vgl. C. Jany, Geschichte der Königlich Preußischen Armee, Bd. 1, S. 329
141 Vgl. Reglement vor die Königl. Preußische Infanterie von 1726, S. 39; Reglement von 1743, S. 42
142 Vgl. M. Jähns, Geschichte der Kriegswissenschaften, Zweite Abteilung, S. 1652
143 Zit. nach: M. Jähns, Geschichte der Kriegswissenschaften, Zweite Abteilung, S. 1651. Erläuterungen zu den Kommandos nach H. Kersten, Das erste preußische Exerzier-Reglement. C. Jany vermerkt: «Das im Jahre 1702 bei der Armee eingeführte ‹Exercise von den Handgriffen mit der Flint› wurde zum Gebrauche der Landmiliz gedruckt.» (Geschichte der Königlich Preußischen Armee, Bd. 1, S. 572)
144 Vgl. C. v. Eickstedt, Reglements und Instructionen, Tafel I–XXVI; C. Jany, Geschichte der Königlich Preußischen Armee, Bd. 1, S. 617, Anm. 594
145 Vgl. C. v. Eickstedt, Reglements und Instructionen, S. 3–8
146 Vgl. G. Ortenburg, Waffe und Waffengebrauch im Zeitalter der Kabinettskriege, S. 84/85
147 Vgl. Reglement vor die Königl. Preußische Infanterie von 1726, S. 40
148 Vgl. W. Eckardt, Ladebewegungen von der Muskete bis zum Gewehr 98, S. 114/115
149 S. 16
150 S. 13
151 S. 15
152 Vgl. Das Königliche Zeughaus, 1914, S. 126; A. Wirtgen, Die preußischen Handfeuerwaffen, Textband, S. 5/6, Tafelband, Taf. 1, Abb. 1 und 2
153 Im Fürstenwalder Museum wurden diese Gewehre der Zeit Friedrichs II. zugeordnet. Sie tragen die Inventarnummern VF 15, 25, 27, 29, 32, 33, 38, 39, 40, 41, 43 bis 48
154 Im Zeughaus Berlin, Inv. Nr. W 3377 (alte Inv. Nr. 12.61; Übernahme im Jahre 1912, nicht 1914 wie bei A. Wirtgen, Anm. 16, angegeben)
155 Gleiches Monogramm befindet sich auf einem Mörser, vgl. S. 191, Abb.
156 Im Zeughaus Berlin, Inv. Nr. W 3376 (alte Inv. Nr. 12.63). Die Zeitangabe bei E. Heer, Der Neue Støckel, mit 1730/40 ist falsch
157 Ein Gewehr im Zeughaus Berlin, Inv. Nr. W 3375 (alte Inv. Nr. 12.64) und Exemplare im Stadt- und Kreismuseum Fürstenwalde/Spree
158 Gleichartiges Monogramm auf einem Geschützrohr, vgl. S. 194, Abb.
159 Dieses Gewehr, alte Zeughaus-Inv. Nr. 12.62, befindet sich nicht mehr im Berliner Bestand, es zählt zu den Kriegsverlusten
160 Vgl. E. Heer, Der Neue Støckel, Bd. 3, S. 1668
161 Die Kennzeichnung «MAGASIN ROYALL» tragen zwei Gewehre des Zeughauses Berlin und acht Gewehre in Fürstenwalde
162 Beschaumarke vgl. auch E. Heer, Der Neue Støckel, Bd. 3, S. 1722, Nr. 1771
163 Bei größeren Aufträgen, die von einem Büchsenmacher oder Lieferanten in der geforderten Zeit nicht erledigt werden konnten, zogen diese zur Herstellung andere Laufschmiede und Schloßmacher heran. Der Lieferant schlug dann oft zu der Marke des Herstellers seine eigene in den Lauf bzw. das Schloß ein
164 Die Marke ist nicht im Støckel und nicht im Neuen Støckel enthalten
165 Vgl. C. Jany, Geschichte der Königlich Preußischen Armee, Bd. 1, S. 804, Anm. 368
166 Vgl. E. Heer, Der Neue Støckel, Bd. 1, S. 298
167 Ebenda, S. 713
168 Ebenda, S. 2
169 Ebenda, S. 630 und 699
170 Vgl. Das Königliche Zeughaus, S. 126; A. Wirtgen, Die preußischen Handfeuerwaffen, Textband, S. 5/6
171 A. Wirtgen, Textband, S. 5
172 Akten der Stadt Müncheberg wurden von v. Menges ausgewertet. Zit. nach: A. Wirtgen, S. 56
173 Ebenda, S. 6
174 Vgl. C. Jany, Geschichte der Königlich Preußischen Armee, Bd. 1, S. 572. Zur allgemeinen Problematik

«Landmiliz» vgl. H. Schnitter, Volk und Landesdefension

175 Vgl. C. Jany, Geschichte der Königlich Preußischen Armee, Bd. 1, S. 804, Anm. 368

176 Ebenda, S. 804

177 Ebenda

178 A. Wirtgen, Die preußischen Handfeuerwaffen, Textband, S. 8–10, Tafelband, Taf. 33, Abb. 72/73; vgl. auch D. Lehner, Heere der Vergangenheit, Gruppe III, Taf. Nr. 6

179 Vgl. A. Wirtgen, Textband, S. 74

180 Ebenda, S. 10/11, Tafelband, Taf. 7–9

181 Ebenda, S. 11 und Anm. 41

182 Vgl. A. Hoff, Feuerwaffen, Bd. 2, S. 36

183 Vgl. C. Jany, Geschichte der Königlich Preußischen Armee, Bd. 1, S. 804, Anm. 370

184 Diese Abweichungen konnten erst mit Hilfe von Präzisions-Werkzeugen seit der 2. Hälfte des 19. Jahrhunderts vermieden werden

185 Vgl. S. 41

186 Das Gewehr wurde im Jahre 1931 aus der Wachsenburg-Sammlung in Thüringen vom Zeughaus erworben. Weitere Originale von Garde-Infanteriegewehren befinden sich auf Burg Forchtenstein in Österreich. Vgl. D. Lehner, Heere der Vergangenheit, Gruppe III, Taf. Nr. 7; A. Wirtgen, Die preußischen Handfeuerwaffen, Textband, S. 92

187 Auf den drei Gemälden der Riesengrenadiere Friedrich Wilhelms I. im Zeughaus Berlin sind die Schwanzschraubenblätter blankeisern gemalt

188 Vgl. W. Hassenstein, Abnahme und Preise, S. 31

189 Vgl. H. Bleckwenn, Urkunden und Kommentare, S. 97ff.

190 Vgl. A. Wirtgen, Die preußischen Handfeuerwaffen, Textband, S. 91/92

191 Die gleiche Marke vgl. bei A. Wirtgen, Tafelband, Taf. 41, Abb. 100

192 Vgl. F. W. Deiß, Das Deutsche Soldatenbuch, Bd. 1, S. 136

193 Vgl. W. Hassenstein, Abnahme und Preise, S. 8

194 Beispiele für Veränderungen und für Maßangaben vgl. bei A. Wirtgen, Die preußischen Handfeuerwaffen, Textband, S. 94–97

195 Vgl. C. Jany, Geschichte der Königlich Preußischen Armee, Bd. 3, S. 85

196 Ebenda

197 Das konische Zündloch wurde bereits im Jahre 1704 von Gottfried Hantzsch in Nürnberg für Pistolen erfunden und 1760 bei den Büchsen für Hannoversche Jäger eingeführt. Vgl. U. Knispel, Faustfeuerwaffen, S. 87

198 Vgl. A. Wirtgen, Der seitliche Feuerschirm an preußischen Gewehren, S. 272–275

199 Über die Wirkung des Feuergewehrs, S. 83 f.

200 Vgl. C. Jany, Geschichte der Königlich Preußischen Armee, Bd. 3, S. 643

201 Im Besitz des Bayerischen Armeemuseums in Ingolstadt (vgl. A. Wirtgen, Die preußischen Handfeuerwaffen, Textband, S. 153, Tafelband, Taf. 97, Abb. 358) und im Zeughaus Berlin, erworben aus Privatbesitz 1958

202 Vgl. Das Wiener Bürgerliche Zeughaus, Barock und Klassizismus, S. 40/41, Abb. 10 und Das Wiener Bürgerliche Zeughaus, S. 158/159, Abb. 78/79

203 Zu österreichischen Wallgewehren vgl. auch A. Dolleczek, Monographie der k. und k. öster.-ung. blanken und Handfeuerwaffen, S. 101/102

204 Vgl. W. Hassenstein, Zur Geschichte der Königlichen Gewehrfabrik, S. 38

205 Im Buchsweiler Inventar sind unter Nr. 19 und 57 Füsilier- bzw. Grenadier-Unteroffiziersgewehre erwähnt. Vgl. H. Bleckwenn, Urkunden und Kommentare, S. 102; A. Wirtgen, Die preußischen Handfeuerwaffen, Textband, S. 111

206 Vgl. D. Lehner, Heere der Vergangenheit, Gruppe III, Taf. Nr. 15

207 Vgl. W. Hassenstein, Abnahme und Preise, S. 274

208 Vgl. A. Wirtgen, Die preußischen Handfeuerwaffen, Textband, S. 111/112, Tafelband, Taf. 71 und 71a

209 Vgl. D. Lehner, Heere der Vergangenheit, Gruppe III, Tafel Nr. 15

210 Vgl. Anm. 208

211 Vgl. W. Hassenstein, Abnahme und Preise, S. 274

212 Vgl. A. Wirtgen, Die preußischen Handfeuerwaffen, Textband, S. 115/116, Tafelband, Taf. 72a–c und 73

213 Inv. Nr. W 59.201

214 Ein Originalbajonett scheint nicht mehr zu existieren

215 Vgl. C. Kling, Geschichte der Bekleidung, Bewaffnung und Ausrüstung, Dritter Teil, S. 34, Fig. a und b sowie Befehl vom 18. Februar 1790

216 Vgl. C. Jany, Die alte Armee von 1655 bis 1740, S. 20; C. Kling, Geschichte der Bekleidung, Bewaffnung und Ausrüstung, Dritter Teil, S. 60

217 Vgl. G. v. Scharnhorst, Über die Wirkung des Feuergewehrs, S. 90 ff.; Tabelle über Schießversuche mit Büchsen bei W. Eckardt / O. Morawietz, Die Handwaffen des brandenburgisch-preußisch-deutschen Heeres, S. 96

218 Vgl. C. Kling, Geschichte der Bekleidung, Bewaffnung und Ausrüstung, Dritter Teil, S. 175, Anlage 113

219 Vgl. W. Hassenstein, Abnahme und Preise, S. 7

220 Ebenda

221 Vgl. C. Kling, Geschichte der Bekleidung, Bewaffnung und Ausrüstung, Dritter Teil, S. 152, Anlage 84

222 Vgl. W. Hassenstein, Abnahme und Preise, S. 276

223 Vgl. D. Lehner, Heere der Vergangenheit, Gruppe III, Taf. Nr. 16

224 Vgl. C. Kling, Geschichte der Bekleidung, Bewaffnung und Ausrüstung, Dritter Teil, S. 160, Anlage 96

225 Ebenda, Anlage 97

226 Vgl. A. Wirtgen, Die preußischen Handfeuerwaffen, Textband, S. 117 ff., Tafelband, Taf. 74–78; H. Lehner, Die Entwicklung der militärischen Jägerbüchsen. In: DWJ, Heft 3–8/1985

227 Zu der Jägerbüchse aus den USA, die die Nr. 871 trägt, schreibt A. Wirtgen, Textband, S. 118: «Auch diese Nummer weist auf Preußen hin, da kein anderes Land eine Truppe besaß, die mit so viel Jägerbüchsen ausgerüstet war.»

228 Vgl. J. F. Støckel, Haandskydevaabens Bedømmelse, Bd. 2, S. 960, Nr. 5762, hier bezeichnet: «Suhl ca. 1755»

229 Für die freundliche Mitteilung und die Fotos habe ich Mr. George D. Moller, Lakewood/Colorado, vielmals zu danken.

230 Vgl. A. Wirtgen, Die preußischen Handfeuerwaffen, Textband, S. 118 ff., Tafelband, Taf. 76, 76a und 77

231 Ebenda

232 Vgl. H. Lehner, Die Entwicklung der militärischen Jägerbüchsen. In: DWJ, Heft 8/1985, S. 959; A. Wirtgen, Handfeuerwaffen und preußische Heeresreform, S. 99/100, Abb. 51–55, hier Jäger-Korpsbüchse, gefertigt zwischen 1775 und 1784 bezeichnet

233 Vgl. D. Lehner, Heere der Vergangenheit, Gruppe III, Taf. Nr. 16

234 Vgl. auch H. Lehner, Die Entwicklung der militärischen Jägerbüchsen. In: DWJ, Heft 8/1985

235 Vgl. A. Wirtgen, Handfeuerwaffen und preußische Heeresreform, S. 68

236 Vgl. C.-F. Gumtau, Die Jäger und Schützen, Zweiter Teil, S. 165 f., Anlage 102

237 Vgl. auch H. Lehner, Die Entwicklung der militärischen Jägerbüchsen; A. Wirtgen, Handfeuerwaffen, S. 102/103

238 Vgl. D. Lehner, Heere der Vergangenheit, Gruppe III, Taf. Nr. 16

239 Vgl. S. 162

240 Abb. in Ausstellungskatalog: Patriotische Kunst aus der Zeit der Volkserhebung 1813, S. 10

241 Vgl. C. Jany, Geschichte der Königlich Preußischen Armee, Bd. 1, S. 331

242 Ebenda

243 Ebenda, S. 595. Die «messingschen Kreuze» sind die Parierstangen, der «Beschlag» bezieht sich auf die Scheiden

244 Vgl. C. v. Eickstedt, Reglements und Instructionen, S. 4

245 Vgl. C. Jany, Geschichte der Königlich Preußischen Armee, Bd. 1, S. 592

246 Ebenda, Anm. 522. Eine Kennzeichnung von Klingen mit dem Regimentsnamen oder eines Kommandeurs kam unter Friedrich I. öfter vor. Ein Säbel des ehemaligen Berliner Zeughauses war bezeichnet: «Muskausches Dragoner-Regiment 1701»; vgl. Das Königliche Zeughaus, 1900, S. 86

247 Vgl. C. Jany, Geschichte der Königlich Preußischen Armee, Bd. 1, S. 596

248 Vgl. K. W. v. Schöning, Historisch-biographische Nachrichten, Erster Teil, S. 182/183: «Se. Majestät befehlen: daß künftig bei sämtlichen Truppen die Bajonette auf einerlei Art angefertigt werden sollen und zwar, daß dieselben neben dem Lauf gesteckt, und nicht mehr in denselben . . .»

249 Vgl. A. Wirtgen, Die preußischen Handfeuerwaffen, Textband, S. 169/170, Tafelband, Taf. 100/101a

250 Ebenda

251 Ebenda

252 Vgl. C. Jany, Geschichte der Königlich Preußischen Armee, Bd. 1, S. 820

253 Ebenda, Bd. 2, S. 62

254 Um vor Verlust zu schützen, wurden 1741 zwei Bataillone mit angelöteten Versuchsbajonetten ausgerüstet. Vgl. W. Hassenstein, Abnahme und Preise, S. 30

255 Zur Entwicklung der Hieb- und Stichwaffen vgl. Publikationen von G. Maier, H. Müller / H. Kölling, G. Seifert, H. Seitz und E. Wagner
256 Vgl. S. 104
257 Vgl. S. 191, 194
258 Abb. bei F. W. Deiß, Das Deutsche Soldatenbuch, Bd. 1, S. 142 und H. Müller/H. Kölling, Europäische Hieb- und Stichwaffen, S. 112
259 Abb. bei F. W. Deiß, Das Deutsche Soldatenbuch, Bd. 1, S. 159 und H. Bleckwenn, Unter dem Preußen-Adler, S. 45
260 Abb. bei F. W. Deiß, Das Deutsche Soldatenbuch, Bd. 1, S. 157
261 Vgl. C. Jany, Geschichte der Königlich Preußischen Armee, Bd. 1, S. 595
262 Ebenda, S. 596
263 Ebenda
264 Vgl. C. Kling, Geschichte der Bekleidung, Bewaffnung und Ausrüstung, Erster Teil, S. 76. Es waren die Regimenter Renouard (No. 3), Malschitzki (No. 28), Treuenfels (No. 29), Borcke (No. 30), Fürst zu Hohenlohe (No. 32) und Kurfürst von Hessen (No. 48). Sie trugen Pallasche wie die Artilleristen
265 Vgl. F. W. Deiß, Blank- und Schutzwaffen Preußens, S. 324; G. Seifert, Das preußische «Seitengewehr m/St», S. 677
266 Ebenda, S. 678
267 Vgl. G. Maier, Preußische Blankwaffen, Teil I, S. 28/29 und Die Bewaffnung und Ausrüstung, S. 136
268 Vgl. Reglement vor die Königl. Preußische Infanterie von 1726, S. 364; C. Jany, Geschichte der Königlich Preußischen Armee, Bd. 1, S. 731
269 Abb. bei F. W. Deiß, Das deutsche Soldatenbuch, Bd. 1, S. 159
270 Gemälde der Kurhessischen Hausstiftung, Schloß Fasanerie bei Fulda; vgl. H. Bleckwenn, Unter dem Preußen-Adler, S. 57
271 Ebenda, S. 47
272 Ebenda, S. 101; F. W. Deiß, Das Deutsche Soldatenbuch, Bd. 1, S. 133; H. Müller / H. Kölling, Europäische Hieb- und Stichwaffen, S. 115
273 Vgl. G. Maier, Preußische Blankwaffen, Teil I, S. 153 ff.
274 Abb. bei H. Bleckwenn, Unter dem Preußen-Adler, S. 78
275 Vgl. S. 44ff.
276 Vgl. E. Wagner, Hieb- und Stichwaffen, S. 219 und Abb. Taf. 27; G. Maier, Preußische Blankwaffen, Teil I, S. 158
277 Vgl. O. Groehler, Leopold I., S. 14. Statt «1756» muß es hier heißen «1736»
278 Vgl. C. Römer, 500 Jahre Krieg und Frieden, S. 114, Abb. 60a und S. 123/124
279 Vgl. H. Bleckwenn, Unter dem Preußen-Adler, S. 159
280 Vgl. G. Maier, Preußische Blankwaffen, Teil I, S. 157
281 1897 überwiesen von Kaiser Wilhelm II. an das Zeughaus Berlin, Geschenk der Baronin von Steiger, Graz
282 Vgl. Stichdegen des Generals von Seydlitz, S. 48ff., Abb.
283 Vgl. Die Bewaffnung und Ausrüstung der Armee Friedrichs des Großen, S. 141/142
284 Ebenda, S. 144
285 Ebenda, S. 146
286 Vgl. W. Gohlke, Die blanken Waffen und die Schutzwaffen, S. 55
287 Vgl. W. Seifert, Der Hirschfänger
288 Vgl. C. Kling, Geschichte der Bekleidung, Bewaffnung und Ausrüstung, Dritter Teil, S. 153/154
289 Ebenda, S. 157
290 Ebenda, S. 158
291 Vgl. A. Wirtgen, Die preußischen Handfeuerwaffen, Textband, S. 121, Tafelband, Taf. 80/80a
292 Vgl. G. Maier, Preußische Blankwaffen, Teil VIII, S. 1414/1415
293 Vgl. H. Lehner, Die Entwicklung der militärischen Jägerbüchsen. In: DWJ, Heft 7/1985, S. 864, Abb. 125 und 130
294 Vgl. F. W. Deiß, Blank- und Schutzwaffen Preußens, S. 328
295 Vgl. C. Kling, Geschichte der Bekleidung, Bewaffnung und Ausrüstung, Dritter Teil, S. 160, Anlage 97
296 Ebenda, S. 164, Anlage 101
297 Ebenda, S. 177
298 Vgl. G. Seifert, Drei deutsche Faschinenmesser, S. 948/949
299 Ebenda
300 Vgl. G. Maier, Preußische Blankwaffen, Teil II, S. 203
301 Vgl. F. Askgaard, Die Schweinsfeder, S. 196
302 Vgl. N. di Carpegna, Antiche Armi dal Sec. IX al XVIII, S. 64; U. Franzoi, Die Waffensammlung des Dogenpalastes, S. 99
303 Vgl. W. Reid, Buch der Waffen, S. 85
304 Vgl. H. Bleckwenn, Das Esponton des altpreußischen Offiziers, S. 1
305 Ebenda
306 Vgl. H. Müller / H. Kölling, Europäische Hieb- und Stichwaffen, S. 404, Abb. 377
307 Vgl. H. Bleckwenn, Das Esponton des altpreußischen Offiziers, S. 1, hier Hinweis auf: M.A.D.L.C. «Dictionnaire Militaire», Paris 1745, Bd. I, S. 439
308 Vgl. C. Jany, Geschichte der Königlich Preußischen Armee, Bd. 1, S. 776/777
309 Vgl. H. Bleckwenn, Das Esponton des altpreußischen Offiziers, S. 5
310 Ebenda; vgl. G. Ortenburg, Das Exerzitium der Offiziere, S. 12–20
311 Vgl. Reglement vor die Königl. Preußische Infanterie, Berlin 1743. Über die Handhabung beim Salutieren, beim Trauermarsch und Gebet vgl. G. Ortenburg, Das Exerzitium der Offiziere, S. 12–20
312 Das Zeughaus Berlin besitzt insgesamt 17 Spontons aus der Zeit Friedrichs II.
313 Vgl. S. 133 (bei Kurzgewehren)
314 Vgl. auch Angaben bei H. Bleckwenn, Das Esponton des altpreußischen Offiziers, S. 3/4
315 Beispiele bei H. Müller/H. Kölling, Europäische Hieb- und Stichwaffen, Abb. 378–387
316 Vgl. Z. Żygulski, Stara Broń W Polskich Zbiorach, S. 42
317 Vgl. A. Dolleczek, Monographie der k. u. k. österr.-ung. blanken und Handfeuer-Waffen, S. 18
318 Vgl. C. v. Eickstedt, Reglements und Instructionen, S. 3
319 Vgl. H. Bleckwenn, Unter dem Preußen-Adler, S. 111, Abb.
320 Vgl. S. 130/131
321 Auf dem Blatt eines Kurzgewehres a. A. des Regiments v. Kalkstein steht die Regimentsbezeichnung in drei Reihen übereinander innerhalb eines Doppelkreises. Abb. bei H. Bleckwenn, Die friderizianischen Uniformen 1753–1786, Bd. 1, S. 163
322 Vgl. C. Kling, Geschichte der Bekleidung, Bewaffnung und Ausrüstung, Erster Teil, S. 175
323 Reglement vor die Königl. Preußische Infanterie von 1726, S. 635
324 Vgl. Reglement vor die Königl. Preußische Infanterie von 1743, S. 647
325 Nach Scheelens Aufzeichnungen aus dem Archiv des Generalstabes; vgl. C. Kling, Geschichte der Bekleidung, Bewaffnung und Ausrüstung, Erster Teil, S. 176
326 Vgl. C. Jany, Geschichte der Königlich Preußischen Armee, Bd. 2, S. 774
327 Regiment des Prinzen Georg Wilhelm von Hessen-Darmstadt (Füsilierregiment No. 47, 1743–1747); vgl. H. Bleckwenn, Unter dem Preußen-Adler, S. 110; M. Šercer, Staro Oružje na Motki, S. 104, Taf. 35. Das Kurzgewehr ist bezeichnet: «REGIMENT VON PRINC GEORGE COMPAGNIE N° 2»
328 Vgl. F. Askgaard, Die Schweinsfeder
329 Ebenda, S. 197, Abb. 3 und S. 201
330 Vgl. C. Jany, Geschichte der Königlich Preußischen Armee, Bd. 1, S. 345
331 Vgl. M. Jähns, Geschichte der Kriegswissenschaften, Bd. 2, S. 1655
332 Vgl. K. Gless, Das Pferd im Militärwesen, S. 83ff.
333 Vgl. C. Jany, Geschichte der Königlich Preußischen Armee, Bd. 1, S. 300/301
334 Vgl. Die Bewaffnung und Ausrüstung der Armee Friedrichs des Großen, S. 19 und Anm. 24
335 Die Kriege Friedrichs des Großen, Bd. 3, S. 260
336 Reglement vor die Königl. Preußische Husaren-Regimenter, Berlin 1743, S. 108
337 Ebenda, S. 15
338 Ebenda, S. 102
339 Vgl. A. Wirtgen, Die preußischen Handfeuerwaffen, Tafelband, Abb. I–VII
340 Zeughaus Berlin; Tøjhusmuseet Kopenhagen; Bayerisches Armeemuseum Ingolstadt; Staatliches Museeum Heidecksburg Rudolstadt und Muzeum Wojska Polskiego Warschau
341 Exemplar in Rudolstadt
342 Angabe bei A. Wirtgen, Die preußischen Handfeuerwaffen, Textband, Anm. 5
343 Zeughaus Berlin
344 Ebenda und Angabe bei A. Wirtgen, Textband, Anm. 5
345 Vgl. C. Jany, Geschichte der Königlich Preußischen Armee, Bd. 1, S. 349
346 Ebenda, S. 604
347 Vgl. A. Wirtgen, Die preußischen Handfeuerwaffen, Textband S. 13

348 Vgl. C. Jany, Geschichte der Königlich Preußischen Armee, Bd. 1, S. 807
349 Vgl. C. Kling, Geschichte der Bekleidung, Bewaffnung und Ausrüstung, Zweiter Teil, Taf. zwischen S. 90/91; C. Jany, Bd. 1, S. 807
350 Vgl. A. Wirtgen, Die preußischen Handfeuerwaffen, Textband, S. 140/141, Tafelband, Taf. 95
351 Vgl. Die Bewaffnung und Ausrüstung der Armee Friedrichs des Großen, S. 102/103
352 Vgl. C. Kling, Geschichte der Bekleidung, Bewaffnung und Ausrüstung, Zweiter Teil, Tafel zwischen S. 268/269
353 Vgl. A. Wirtgen, Die preußischen Handfeuerwaffen, Textband, S. 126/127
354 Vgl. A. Wirtgen, Handfeuerwaffen und preußische Heeresreform, S. 139–147
355 Sammlung von C. Besch, Berlin
356 Vgl. Tabelle im Anhang S. 225ff.; A. Wirtgen, Die preußischen Handfeuerwaffen, Tafelband, Taf. 38, Abb. 90/91 sowie D. Lehner, Heere der Vergangenheit, Gruppe III, Taf. Nr. 10
357 Vgl. W. Hassenstein, Zur Geschichte der Königlichen Gewehrfabrik in Spandau, S. 33
358 Vgl. A. Wirtgen, Die preußischen Handfeuerwaffen, Tafelband, Taf. 103a
359 Vgl. C. Jany, Geschichte der Königlich Preußischen Armee, Bd. 1, S. 807
360 Vgl. W. Hassenstein, Abnahme und Preise, S. 7
361 Ebenda
362 Vgl. C. Kling, Geschichte der Bekleidung, Bewaffnung und Ausrüstung, Zweiter Teil, S. 335
363 Ebenda, S. 342
364 Ebenda, S. 386
365 Vgl. C. Jany, Geschichte der Königlich Preußischen Armee, Bd. 1, S. 786; H. Bleckwenn, Urkunden und Kommentare, S. 108; H. Bleckwenn, Unter dem Preußen-Adler, S. 115
366 Vgl. C. Kling, Geschichte der Bekleidung, Bewaffnung und Ausrüstung, Zweiter Teil, S. 358
367 Ebenda, S. 303
368 Ebenda, Anm. 4
369 Vgl. G. Seifert, Der preußische Kürassierdegen 1733. In: DWJ, Heft 3/1969, S. 210–212
370 Zit. nach: G. Maier, Preußische Blankwaffen, Teil I, S. 71
371 Vgl. C. Kling, Geschichte der Bekleidung, Bewaffnung und Ausrüstung, Zweiter Teil, S. 273
372 Vgl. G. Maier, Preußische Blankwaffen, Teil I, S. 87 ff.
373 Vgl. C. Kling, Geschichte der Bekleidung, Bewaffnung und Ausrüstung, Zweiter Teil, S. 273
374 Vgl. auch G. Maier, Preußische Blankwaffen, Teil I, S. 107
375 Vgl. C. Kling, Geschichte der Bekleidung, Bewaffnung und Ausrüstung, Zweiter Teil, S. 358
376 Ebenda, S. 415
377 Ebenda, S. 416
378 Vgl. G. Maier, Preußische Blankwaffen, Teil I, S. 65
379 Ebenda, S. 66; Die Bewaffnung und Ausrüstung der Armee Friedrichs des Großen, S. 152/153
380 Vgl. G. Maier, Preußische Blankwaffen, Teil I, S. 65
381 Musterordnung vom 22. März 1672 siehe Corpus juris militaris, Bd. 2, S. 861–863
382 Vgl. C. Jany, Geschichte der Königlich Preußischen Armee, Bd. 1, S. 339, Anm. 501
383 Ebenda, Anm. 502
384 Vgl. C. Kling, Geschichte der Bekleidung, Bewaffnung und Ausrüstung, Zweiter Teil, S. 186
385 Ebenda, S. 16 und Abb. S. 135
386 Wann dieses Exemplar umgearbeitet wurde, läßt sich nicht genau sagen, vermutlich jedoch vor der Herstellung von Kürassen in Potsdam-Spandau
387 Es könnte ein Merkmal früher Kürasse unter Friedrich Wilhelm I. sein
388 Vgl. C. Kling, Geschichte der Bekleidung, Bewaffnung und Ausrüstung, Zweiter Teil, Abb. S. 126
389 Durch die Verkürzung der Taillenborten ließ sich der Riemen leichter unter den Haken einlegen
390 Vgl. W. Hassenstein, Abnahme und Preise, S. 8
391 Vgl. C. Kling, Geschichte der Bekleidung, Bewaffnung und Ausrüstung, Zweiter Teil, S. 193
392 Vgl. Der Küraß in der Preußischen Armee, Fachnotiz in ZHWK, NF, Bd. 1, S. 189
393 Vgl. C. Kling, Geschichte der Bekleidung, Bewaffnung und Ausrüstung, Zweiter Teil, S. 89
394 Vgl. D. Lehner, Heere der Vergangenheit, Gruppe III, Taf. Nr. 17; A. Wirtgen, Die preußischen Handfeuerwaffen, Textband, S. 133
395 Vgl. D. Lehner, Taf. Nr. 17
396 Vgl. R. Wirtgen, 2 Handfeuerwaffen, Teil II, Preußen, S. 100
397 Vgl. C. Kling, Geschichte der Bekleidung, Bewaffnung und Ausrüstung, Zweiter Teil, Taf. zwischen S. 90/91, Fig. 2
398 Vgl. D. Lehner, Heere der Vergangenheit, Gruppe III, Taf. Nr. 19
399 Vgl. Teil III, S. 48
400 Vgl. C. Kling, Geschichte der Bekleidung, Bewaffnung und Ausrüstung, Zweiter Teil, S. 284, Anlage 68
401 Ebenda, S. 79
402 Vgl. Die Bewaffnung und Ausrüstung der Armee Friedrichs des Großen, S. 156, Abb. 39
403 Vgl. auch G. Maier, Preußische Blankwaffen, Teil I, S. 123
404 Die Blankwaffen der ehemaligen Kurf. und Kgl. Sächsischen Kavallerie, S. 52, Abb. D II a 10
405 Vgl. G. Maier, Preußische Blankwaffen, Teil I, S. 134/135
406 Armeewerk, Blatt 7. Eine weitere Sonderform mit ausladendem Knöchelschild veröffentlicht G. Maier, Teil I, S. 140/141
407 Vgl. C. Kling, Geschichte der Bekleidung, Bewaffnung und Ausrüstung, Zweiter Teil, S. 80
408 Blank- und Schutzwaffen Preußens. In: ZHWK, Bd. 5, S. 326
409 Die blanken und die Schutzwaffen, S. 63; A. Dolleczek, Monographie der ... blanken und Handfeuer-Waffen, Taf. II; E. Wagner, Hieb- und Stichwaffen, S. 393, Taf. 31. Alle bilden jeweils einen Säbel der österreichischen Husaren, um 1700, von unterschiedlicher Form ab
410 Vgl. W. Eckardt/O. Morawietz, Die Handwaffen, S. 34
411 Vgl. G. Maier, Preußische Blankwaffen, Teil I, S. 36
412 Vgl. Das Königliche Zeughaus, 1914, S. 135; Abb. auch bei H. Müller/H. Kölling, Europäische Hieb- und Stichwaffen, S. 408, Nr. 415 (hier noch nicht als sogenannter «Kleistsäbel» erkannt)
413 Vgl. H. Bleckwenn, Unter dem Preußen-Adler, S. 193. Für den Hinweis auf ein weiteres Gemälde eines preußischen Husarenoffiziers, des Majors August Levin v. Dingelstedt – 1753 im Regiment v. Puttkamer –, auf dem dieser einen gleichartigen Säbel mit Silberdekor trägt, habe ich Herrn Dipl. Ing. A. Wunderlich und Herrn J. Zierach zu danken.
414 Reglement vor die Königl. Preußische Husaren-Regimenter, Berlin 1743, S. 54
415 Ebenda, S. 355 f.
416 Vgl. Tabelle bei v. Malinowsky L./v. Bonin, Geschichte der brandenburgisch-preußischen Artillerie, Zweiter Teil, S. 10
417 Ebenda, S. 40
418 Ebenda, S. 146 ff.
419 Ebenda
420 Ebenda, S. 63
421 Ebenda, S. 68
422 Vgl. C. Jany, Geschichte der Königlich Preußischen Armee, Bd. 1, S. 810
423 Zusammengestellt nach: H. Bleckwenn, Die preußischen Feldgeschütz-Typen. In: ZfH, 1957, S. 69 bis 74, 85–89, 116–118; ZfH, 1958, S. 2–4
424 Vgl. v. Malinowsky L. / v. Bonin, Geschichte der brandenburgisch-preußischen Artillerie, Zweiter Teil, S. 69
425 Vgl. C. Jany, Geschichte der Königlich Preußischen Armee, Bd. 2, S. 325
426 Geschichte der brandenburgisch-preußischen Artillerie, Zweiter Teil, S. 74
427 Ebenda, S. 61
428 Vgl. M. Luthers Tischreden, S. 233/234
429 Vgl. H. Müller, Deutsche Bronzegeschützrohre, S. 82/83
430 Vgl. K. W. v. Schöning, Historisch-biographische Nachrichten, Erster Teil, S. 227
431 Ebenda, S. 234
432 Vgl. H. Müller, Deutsche Bronzegeschützrohre, S. 52/53 und 100
433 Vgl. K. W. v. Schöning, Historisch-biographische Nachrichten, Erster Teil, S. 222 ff.
434 Ehemals Zeughaus Berlin, nur noch als Foto nachweisbar
435 Zu den Devisen vgl. J. Dielitz, Die Wahl- und Denksprüche
436 Vgl. K. W. v. Schöning, Historisch-biographische Nachrichten, Erster Teil, S. 227
437 Ebenda. v. Schöning gibt das Gewicht des Rohres mit «39 Ctr. 100» an, als Standort um 1713 nennt er Magdeburg
438 Ebenda, S. 224
439 Zeichnung früher im Zeughaus Berlin, nur noch als Foto nachweisbar; vermutlich der bei v. Schöning, S. 237 aufgeführte 300pfündige Mörser
440 Ebenda, S. 224. Von der Zeichnung existiert im Zeughaus Berlin nur noch ein Foto

441 Preußische Geschützrohre befinden sich vor allem im Heeresgeschichtlichen Museum in Wien, im Musée de L'Armee Paris, im Kreml in Moskau und im Museum in Borodino. Nach dem 2. Weltkrieg kamen in Berlin 24 preußische Bronzerohre in die Schmelze
442 Vgl. Der Große Kurfürst, S. 50
443 Vgl. K. W. v. Schöning, Historisch-biographische Nachrichten, Erster Teil, S. 180
444 Vgl. F. Holtze, Gechichte der Befestigung von Berlin, S. 43
445 Vgl. H. Müller, Deutsche Bronzegeschützrohre, S. 158/159; H. Müller, Alte Geschütze, S. 56/57
446 Vgl. K. W. v. Schöning, Historisch-biographische Nachrichten, Erster Teil, S. 224
447 Ebenda, S. 229
448 Ebenda, S. 225
449 Ebenda, S. 226
450 Vgl. v. Malinowsky I./v. Bonin, Geschichte der brandenburgisch-preußischen Artillerie, Zweiter Teil, S. 37 f.
451 Vgl. F. Weinitz, Der Hundertpfünder Asia, S. 212
452 Vgl. v. Malinowsky I./v. Bonin, Geschichte der brandenburgisch-preußischen Artillerie, Zweiter Teil, S. 37 f. Zu Buchstabenserien vgl. H. Müller, Deutsche Bronzegeschützrohre, S. 170 ff.
453 Nach H. Bleckwenn, Unter dem Preußen-Adler, S. 116, «der letzte Beweisgrund des Königs»
454 D. J. Krünitz, Oeconomische Encyclopädie, 34. Teil, S. 272
455 Inv. Nr. des ehemaligen Berliner Zeughauses: AD 3441. Inschrift vgl. C. Jany, Geschichte der Königlich Preußischen Armee, Bd. 1, S. 797, Anm. 358
456 Ebenda, Bd. 2, S. 55
457 Ebenda, Bd. 1, S. 797, Anm. 358
458 Vgl. Nachzeichnung des Artilleriegewehrs des ehemaligen Zeughauses. In: D. Lehner, Heere der Vergangenheit, Gruppe III, Taf. Nr. 11; A. Wirtgen, Die preußischen Handfeuerwaffen, Tafelband, Taf. 95 b
459 Vgl. H. Bleckwenn, Urkunden und Kommentare, S. 97 ff.
460 Vgl. C. Jany, Geschichte der Königlich Preußischen Armee, Bd. 2, S. 298
461 Vgl. v. Malinowsky I./v. Bonin, Geschichte der brandenburgisch-preußischen Artillerie, Erster Teil, S. 352/353
462 Ebenda
463 Vgl. C. Jany, Geschichte der Königlich Preußischen Armee, Bd. 1, S. 603
464 Ebenda, Bd. 2, S. 55
465 Vgl. Die Bewaffnung und Ausrüstung der Armee Friedrichs des Großen, S. 162, Abb. 44
466 Vgl. v. Malinowsky I./v. Bonin, Geschichte der brandenburgisch-preußischen Artillerie, Erster Teil, S. 360
467 Ebenda
468 Ebenda
469 Vgl. H. Bleckwenn, Die friderizianischen Uniformen, Bd. IV, S. 37
470 Vgl. Hohenzollern-Jahrbuch, 1897, S. 32
471 Im Zeughaus Berlin befinden sich fünf Exemplare, davon zwei ohne Luntenhalter
472 Vgl. W. Gohlke, Die blanken Waffen und die Schutzwaffen, S. 54
473 Vgl. H. Müller/H. Kölling, Europäische Hieb- und Stichwaffen, S. 261, Nr. 264
474 Vgl. H. Bleckwenn, Ökonomie-Reglements, S. 424

Literaturverzeichnis

Bücher und Kataloge

Alte Hieb- und Stichwaffen. Katalog zur Sonderausstellung des Museums für Deutsche Geschichte, Berlin 1986

Aretin, Karl Otmar von: Friedrich der Große. Größe und Grenzen des Preußenkönigs. Bilder und Gegenbilder, Freiburg/Basel/Wien 1985

Blair, Claude: European and American Arms ca. 1100 bis 1850, London 1962

– Pistols of the World, London 1968

Bleckwenn, Hans: Die friderizianischen Uniformen 1753 bis 1786, 4 Bde., Harenberg Taschenbücher, Dortmund 1984

– Die Ökonomie-Reglements des altpreußischen Heeres, Teil I, Bd. 2 der Reihe: Das altpreußische Heer, Erscheinungsbild und Wesen 1713–1807, Osnabrück 1973

– Urkunden und Kommentare zur Entwicklung der altpreußischen Uniform als Erscheinungsbild und gesellschaftliche Manifestation, Teil I, Bd. 1 der Reihe: Das altpreußische Heer, Erscheingungsbild und Wesen 1713–1807, Osnabrück 1971

– Unter dem Preußen-Adler. Das brandenburgisch-preußische Heer 1640–1807, München 1978

Bruchstück aus dem Campagne-Leben eines preußischen Feldpredigers in den zehn Wochen vor der nächtlichen Schlacht bey Hochkirch den 14ten Oktober 1758 bis Weynachten desselben Jahres, Berlin 1790

Bräker, Ulrich: Lebensgeschichte und natürliche Abenteuer des armen Mannes im Tockenburg, Neudruck, Berlin 1985

Brandenburgische Jahrbücher, Heft 6: Technische Kulturdenkmale in der Mark Brandenburg, Teil II, Potsdam und Berlin 1937

Carpegna, Nolfo di: Antiche Armi dal Sec. IX al XVIII già Collezione Odescalchi, Venedig 1969

Das Königliche Zeughaus. Führer durch die Ruhmeshalle und die Sammlungen, Berlin 1910 und 1914

Das Wiener Bürgerliche Zeughaus. Rüstungen und Waffen aus fünf Jahrhunderten. Ausstellung des Historischen Museums der Stadt Wien im Schloß Schallaburg bei Melk, Wien 1977

Das Wiener Bürgerliche Zeughaus. Barock und Klassizismus, Ausstellungskatalog des Historischen Museums der Stadt Wien, Wien 1962

Deiß, F. W.: Das Deutsche Soldatenbuch. Deutschlands Wehr und Waffen im Wandel der Zeiten. Von den Germanen bis zur Neuzeit, Bd. 1, Berlin 1928

Delbrück, Hans: Geschichte der Kriegskunst im Rahmen der politischen Geschichte, Teil 4: Neuzeit, Berlin 1920 (Neudruck Berlin-West 1962)

Der Große Kurfürst 1620–1688, Sammler, Bauherr, Mäzen. Ausstellungskatalog der Staatlichen Schlösser und Gärten, Potsdam-Sanssouci 1988

Die Bewaffnung und Ausrüstung der Armee Friedrichs des Großen. Ausstellungskatalog in der Wehrtechnischen Studiensammlung Koblenz und im Wehrtechnischen Museum in Rastatt, Rastatt 1986

Die Kriege Friedrichs des Großen, hrsg. vom Großen Generalstabe, Abteilung Kriegsgeschichte, Bd. 1–20, Berlin 1890 bis 1913

Dielitz, J.: Die Wahl- und Denksprüche, Feldgeschreie, Losungen, Schlacht- und Volksrufe, besonders des Mittelalters und der Neuzeit, Frankfurt/Main 1884

Dolleczek, Anton: Monographie der k. u. k. österr.-ung. blanken und Handfeuer-Waffen, Kriegsmusik, Fahnen und Standarten seit Errichtung des stehenden Heeres bis zur Gegenwart, Wien 1896

Drescher, Horst/Renate Kroll: Potsdam. Ansichten aus drei Jahrhunderten, Weimar 1981

Eckardt, Werner / Otto Morawietz: Die Handwaffen des brandenburgisch-preußisch-deutschen Heeres 1640 bis 1945, Hamburg 1973

Egg, Erich: Der Tiroler Geschützguß 1400–1600. Tiroler Wirtschaftsstudien. Schriftenreihe der Jubiläumsstiftung der Kammer der gewerblichen Wirtschaft für Tirol, Bd. 9, Innsbruck 1961

Eickstedt, C. von: Reglements und Instructionen für die Churfürstlich-Brandenburgischen Truppen zur Zeit der Regierung Friedrichs des Dritten (Ersten) als Churfürst und als König, Berlin 1837

Engels, Friedrich: Die Armeen Europas. In: Karl Marx/Friedrich Engels, Werke, Bd. 11, Berlin 1969

– Infanterie, In: Ebenda

– Kavallerie, In: Ebenda

– Artillerie, In: Ebenda

Ernst, Armin: Europäische Ordonnanzpistolen 1650 bis 1850. Eine Auswahl, Waldkrainburg 1981

Fester, Richard: Die Instruktion Friedrichs des Großen für seine Generale von 1747, Berlin 1936

Fiedler, Siegfried: Grundriß der Militär- und Kriegsgeschichte, Bd. 1. Die stehenden Heere im Zeitalter des Absolutismus 1640–1789, München 1980

– Kriegswesen und Kriegführung im Zeitalter der Kabinettskriege, Koblenz 1986

Fleming, Hanns Friedrich von: Der vollkommene teutsche Soldat, Leipzig 1726

Friedrich II. und die Kunst. Ausstellung zum 200. Todestag, Teil 1 und 2, Potsdam-Sanssouci 1986
Franzoi, Umberto: Die Waffensammlung des Dogenpalastes in Venedig, Venedig 1966
Gheyn, Jacob de: Waffenhandlung von den Rören, Musquetten und Spießen, Amsterdam 1608
Gless, Karlheinz: Das Pferd im Militärwesen, Berlin 1980
Gloger, Bruno: Friedrich Wilhelm, Kurfürst von Brandenburg. Biografie, Berlin 1985
Gohlke, Wilhelm: Die blanken Waffen und die Schutzwaffen, ihre Entwicklung von der Zeit der Landsknechte bis zur Gegenwart mit besonderer Berücksichtigung der Waffen in Deutschland, Österreich-Ungarn und Frankreich, Krefeld 1972
– Geschichte der gesamten Feuerwaffen bis 1850, Leipzig 1911 (Sammlung Göschen, Bd. 530)
Gottberg, Bernd: Die preußische Kavallerie 1648–1871, Berlin 1988
Groehler, Olaf: Die Kriege Friedrichs II., Berlin 1986
– Leopold I. Fürst von Anhalt-Dessau, Preußischer Generalissimus, Kaiserlicher Feldmarschall. Beiträge zur Stadtgeschichte, Heft 5, hrsg. vom Museum für Stadtgeschichte Dessau, Dessau 1987
Gumtau, Carl-Friedrich: Die Jäger und Schützen des preußischen Heeres; Was sie waren, was sie sind und was sie sein werden, 3 Teile, Berlin 1834, 1835 und 1838
Hahlweg, Werner: Die Heeresreform der Oranier und die Antike. Studien zur Geschichte des Kriegswesens der Niederlande, Deutschlands, Frankreichs, Englands, Italiens, Spaniens und der Schweiz vom Jahre 1589 bis zum Dreißigjährigen Kriege, Berlin 1941
Halle, Johann Samuel: Werkstaette der heutigen Künste oder die neue Kunsthistorie, Bd. 3, Brandenburg und Leipzig 1764
Heer, Eugène: Der Neue Støckel. Internationales Lexikon der Büchsenmacher, Feuerwaffenfabrikanten und Armbrustmacher von 1400–1900, 3 Bde., Schwäbisch Hall 1978, 1979 und 1982
Hilbert, Klaus/Karl Lehmann/Lothar Richmann: Degen Pallasche Säbel Faschinenmesser. Griffwaffen für Hieb und Stich aus dem Bestand des Armeemuseums der Deutschen Demokratischen Republik, Dresden 1989
Historisches Museum der Stadt Wien. Ausstellungskatalog: Das Wiener Bürgerliche Zeughaus, Barock und Klassizismus, Wien 1962
Hinrichs, Carl: Friedrich Wilhelm I. König in Preußen. Eine Biographie, Hamburg 1941
Hoff, Arne: Feuerwaffen, 2 Bde., Braunschweig 1969
Hohenzollern-Jahrbuch. Forschungen und Abbildungen zur Geschichte der Hohenzollern in Brandenburg-Preußen, Berlin, Leipzig 1897ff.
Holtze, Friedrich: Geschichte der Befestigung von Berlin. Schriften des Vereins für die Geschichte der Stadt Berlin, Heft X, Berlin 1874
Hüttemann, Bernd: Das Erscheinungsbild und die Gefechtsformen der preußischen Artillerie im 7jährigen Krieg 1756–1763, M. Hüttemann Verlag, allgemeine Reihe Bd. 20, Paderborn 1989
Jähns, Max: Geschichte der Kriegswissenschaften, vornehmlich in Deutschland, 3 Bde., München und Leipzig 1889–1891
400 Jahre Suhler Jagdwaffen 1563/1963, Suhl 1963
Jany, Curt: Geschichte der Königlich Preußischen Armee bis zum Jahre 1807, 3 Bde., Berlin 1928/1929, Bd. 4, Osnabrück 1964
Katalog Zbiorów Wiek XVIII. Muzeum Polskiego w Warszawie, Warschau 1960
Kathe, Heinz: Der «Soldatenkönig» Friedrich Wilhelm I. 1688–1740, König in Preußen – Eine Biographie, Berlin 1978
Kling, Constantin: Geschichte der Bekleidung, Bewaffnung und Ausrüstung des Königlich Preußischen Heeres, 3 Bde., Bd. 1: Die Infanterieregimenter, Weimar 1902; Bd. 2: Die Kürassier- und Dragonerregimenter, Weimar 1906; Bd. 3: Die leichte Infanterie oder die Füsilierbataillone und die Jäger, Weimar 1912
Knispel, Udo: Faustfeuerwaffen, Übersicht über Entwicklung und Ausbildung der einzelnen Waffentypen, München 1975
Krünitz, Johann Georg: Oekonomisch-technologische Encyklopädie oder allgemeines System der Staats-, Stadt-, Haus- und Land-Wirtschaft, und der Kunst-Geschichte, 9. Teil, Berlin 1776; 10. Teil, Berlin 1777; 34. Teil, Berlin 1785 und 232. Teil, Berlin 1856
Kurzer Abriß der deutschen Militärgeschichte, Berlin 1984
Ladendorf, Heinz: Andreas Schlüter, Berlin 1937
Landeskunde der Provinz Brandenburg, II. Geschichte, von Mielke, Berlin 1910
Lehner, Dieter: Die altpreußischen Schußwaffen und ihre Beiwaffen 1713–1823. «Heere der Vergangenheit», hrsg. von Jürgen Olmes, Krefeld 1973
Lenz, Friedrich/Otto Unholtz: Die Geschichte des Bankhauses Gebrüder Schickler, Berlin 1912
Lugs, Jaroslav: Handfeuerwaffen. Systematischer Überblick über die Handfeuerwaffen und ihre Geschichte, 2 Bde., Berlin 1986
Luther, Martin: Tischreden, Berlin 1914 (Deutsche Bibliothek 86)
Maier, Gerhard: Preußische Blankwaffen, Teil I–VIII, 1975–1981
Malinowsky I., Louis von/Robert von Bonin: Geschichte der brandenburgisch-preußischen Artillerie, 1. bis 3. Teil, Berlin 1840–1842
Markov, Walter/Heinz Helmert: Schlachten der Weltgeschichte, Leipzig 1983
Mehring, Franz: Krieg und Politik, hrsg. von Ernst Engelberg, Bd. I: Militärpolitische und Militärgeschichtliche Aufsätze, eingel. von Heinz Helmert, Berlin 1959
Menzel, Adolph von: Die Armee Friedrichs des Großen in ihrer Uniformierung, Berlin 1851, 1855 und 1857
Mews, Karl: Geschichte der Essener Gewehr-Industrie. Ein Beitrag zur Geschichte der rheinisch-westfälischen Industrie. In: Beiträge zur Geschichte von Stadt und Stift Essen, 31. Heft, Essen 1909
Mittenzwei, Ingrid: Friedrich II. von Preußen. Eine Biographie, Berlin 1984
Mittenzwei, Ingrid/Erika Herzfeld: Brandenburg-Preußen 1648–1789, Berlin 1987
Müller, Heinrich: Alte Geschütze. Kostbare Stücke aus der Sammlung des Museums für Deutsche Geschichte, Berlin 1980
– Deutsche Bronzegeschützrohre 1400–1750, Berlin 1968
– Gewehre Pistolen Revolver. Hand- und Faustfeuerwaffen vom 14. bis 19. Jahrhundert, Leipzig 1985
– Historische Waffen. Kurze Entwicklungsgeschichte der Waffen vom Frühfeudalismus bis zum 17. Jahrhundert, Berlin 1957
Müller, Heinrich/Hartmut Kölling: Europäische Hieb- und Stichwaffen aus der Sammlung des Museums für Deutsche Geschichte, Berlin 1990
Müller, Heinrich/Fritz Kunter: Europäische Helme aus der Sammlung des Museums für Deutsche Geschichte, Berlin 1984
Müller, Reinhold/Manfred Lachmann: Spielmann – Trompeter – Hoboist. Aus der Geschichte der deutschen Militärmusiker, Berlin 1988
Mylius, Christlob O.: Des Corporis Constitutionum Marchicarum, 5. Teil, Halle 1737–1750/1755
Nicolai, Friedrich: Beschreibung der Königlichen Residenzstädte Berlin und Potsdam, aller daselbst befindlicher Merkwürdigkeiten, und der umliegenden Gegend, Berlin 1786 (Neudruck Berlin 1980)
Ortenburg, Georg: Waffe und Waffengebrauch im Zeitalter der Kabinettskriege, Koblenz 1986 (Heerwesen der Neuzeit, Abteilung II, Bd. 1)
Patriotische Kunst aus der Zeit der Volkserhebung 1813. Ausstellungskatalog Deutsche Akademie der Künste, Berlin 1953
Preußen, Versuch einer Bilanz. Eine Ausstellung der Berliner Festspiele GmbH. Ausstellungsführer, hrsg. von Gottfried Korff, Text von Winfried Ranke, Bd. 1, Reinbek bei Hamburg 1981
Reglement vor die Königl. Preußische Infanterie von 1726, Faksimiledruck mit einer Einleitung von H. Bleckwenn, Osnabrück 1968
Reglement vor die Königl. Preußische Dragoner-Regimenter, Berlin 1743
Reglement vor die Königl. Preußische Husaren-Regimenter, Berlin 1743
Reglement vor die Königl. Preußische Infanterie, Berlin 1743
Roggenbucke v.: Handbuch für Officiere, worin die Anfertigung, die Konstruktion, der Gebrauch, die Behandlung und Beurteilung der Militair-Schießwaffen deutlich und zweckmäßig auseinander gesetzt ist mit Kupfern und Tabellen, Erfurt 1822
Römer, Christof: 500 Jahre Krieg und Frieden. Braunschweigische Militärgeschichte vom Fehdezeitalter bis zum Ende des Absolutismus. Veröffentlichungen des Braunschweigischen Landesmuseums 33, Braunschweig 1982
Schaal, Dieter: Katalog Suhler Feuerwaffen 17.–18. Jh. Staatliche Kunstsammlungen Dresden, Historisches Museum, Dresden 1978
Scharnhorst, Gerhard von: Über die Wirkung des Feuergewehrs. Für die Königl. Preußischen Kriegs-Schulen, Berlin 1813
Schmidt, Rudolf: Die Handfeuerwaffen, 2 Bde., Nachdruck Graz 1968
Schnitter, Helmut: Volk und Landesdefension. Volksaufgebote, Defensionswerke, Landmilizen in den deutschen Territorien vom 15. bis zum 18. Jahrhundert, Berlin 1977
Schnitter, Helmut/Thomas Schmidt: Absolutismus und Heer. Zur Entwicklung des Militärwesens im Spätfeudalismus. (Militärhistorische Studien 25, Neue Folge des Militärgeschichtlichen Instituts der Deutschen Demokratischen Republik), Berlin 1987

Schöning, Kurd Wolfgang von: Historisch-biographische Nachrichten zur Geschichte der Brandenburgisch-Preußischen Artillerie, 3 Bde., Berlin 1844/1845

Schoeps, Hans-Joachim: Preußen. Geschichte eines Staates, Frankfurt/Main, Berlin 1981

Seeger, Karl von: Marschallstab und Kesselpauke. Tradition und Brauchtum in der deutschen und österreichisch-ungarischen Armee, Stuttgart 1939

Seifert, Gerhard: Der Hirschfänger, Schwäbisch Hall 1973
- Einführung in die Blankwaffenkunde, bezogen auf die europäischen blanken Trutzwaffen, Haiger 1982
- Fachwörter der Blankwaffenkunde, Deutsches Abc der europäischen blanken Trutzwaffen (Hieb-, Stoß-, Schlag- und Handwurfwaffen), Haiger 1981
- Schwert – Degen – Säbel. Die Erscheingungsformen der langen Griffwaffen Europas für den Sammler und Liebhaber als Grundriß dargestellt, Hamburg 1962

Seitz, Heribert: Blankwaffen, 2 Bde., Braunschweig 1965

Šercer, Marija: Staro Oružje na Motki. Povijesni Musej Hrvatske Zagreb. Katalog Muzejskih Zbirki VII, Zagreb 1972

Stefańska, Zofia: Katalog zbiorów. Wiek XVII. Muzeum Wojska w Warszawie, Warschau 1967

Streit, F. L.: Militairische Encyclopädie für künftige Officiere besonders für Preußische. In vier Teilen, Berlin 1800

Struensee, Carl August: Anfangsgründe der Artillerie, Leipzig und Liegnitz 1769

Tagebuch Dietrich Sigismund's von Buch 1674 bis 1683

Thierbach, Moritz: Die geschichtliche Entwicklung der Handfeuerwaffen, bearbeitet nach den in deutschen Sammlungen noch vorhandenen Originalen, Dresden 1886/1887

Transfeldt, Walter: Wort und Brauch im deutschen Heer. Allerlei Militärisches, was mancher nicht weiß. 8. Aufl., bearbeitet von Otto Quenstedt, Stuttgart 1983

Über den rechten Gebrauch der Muskete für die Jungen und unerfahrenen Soldaten. 43 Faksimiledrucke nach Originalstichen von Jacob de Gheyn, hrsg. vom Armeemuseum der Deutschen Demokratischen Republik, Berlin 1974

Uhlemann, Manfred/Otto Rückert: Potsdam. Geschichte der Stadt in Wort und Bild, Berlin 1986

Vogler, Günter/Klaus Vetter: Preußen. Von den Anfängen bis zur Reichsgründung, Berlin 1984

Waffen und Uniformen in der Geschichte. Ausstellungskatalog des Museums für Deutsche Geschichte, Berlin 1957

Waffenmuseum Suhl. Ausstellung von Handfeuerwaffen aus fünf Jahrhunderten, Suhl 1988

Wagner, Eduard: Hieb- und Stichwaffen, Prag 1966

Wallhausen, Johann Jacobi von: Kriegskunst zu Fuß, Oppenheim 1615 (Nachdruck Graz 1971)
- Kriegskunst zu Pferdt, Frankfurt a. M. 1616 (Nachdruck Graz 1971)

Weinitz, Franz: Johann Jacobi. Der Gießer des Reiterdenkmals des Großen Kurfürsten in Berlin. Sein Leben und seine Arbeiten, Berlin 1914

Willers, Johannes Karl Wilhelm: Die Nürnberger Handfeuerwaffe bis zur Mitte des 16. Jahrhunderts. Entwicklung, Herstellung, Absatz nach archivalischen Quellen (Nürnberger Werkstücke zur Stadt- und Landesgeschichte, Bd. 11), Nürnberg 1973

Wirtgen, Arnold: Die preußischen Handfeuerwaffen. Modelle und Manufakturen 1700–1806, 2 Bde., Osnabrück 1976 (Teil IV, Bd. 8 der Reihe: Das Altpreußische Heer. Erscheingungsbild und Wesen, 1713–1807, hrsg. von H. Bleckwenn)
- Handfeuerwaffen und preußische Heeresreform 1807 bis 1813, Herford und Bonn 1988 (Bd. 3 Wehrtechnik und wissenschaftliche Waffenkunde)

Wirtgen, Rolf: Die Sammlungen des Wehrgeschichtlichen Museums im Schloß Rastatt. 2 Handfeuerwaffen, Teil I: Die historisch-technische Entwicklung, Koblenz 1980; Teil II: Preußen (bis 1870), Koblenz 1979

Żygulski, Zdzisław: Stara Broń W Polskich Zbiorach, Warschau 1982

Zeitschriftenartikel

Askgaard, Finn: Die Schweinsfeder. In: Blankwaffen. Festschrift Hugo Schneider zu seinem 65. Geburtstag, hrsg. von Karl Stübner und Hans Wetter, Stäfa (Zürich) 1982

Bleckwenn, Hans: Altpreußische Kurzgewehre. In: Zeitschrift für Heereskunde, Berlin, H. IV/1961, S. 71/72
- Das Esponton des altpreußischen Offiziers. In: Das Sponton, Heereskundliches Mitteilungsblatt der Sammlung «Heere der Vergangenheit», H. 1/1961, S. 1–6
- Die preußischen Feldgeschütztypen 1756–1762 in Beziehung zur allgemeinen Gefechtstaktik. In: Zeitschrift für Heeres- und Uniformkunde, H. IV/1957, S. 69–74; H. V/1957, S. 85–89; H. VI/1957, S. 116–118; H. I/1958, S. 2–4
- «Lange Kerls und Korporalstock». In: Zeitschrift für Heereskunde, Nr. 197/1965, S. 2–5
- Preußische Kurzgewehre alter Art vor und nach 1755. In: Das Sponton. Heereskundliches Mitteilungsblatt der Sammlung «Heere der Vergangenheit», Krefeld 1966, S. 17–20
- Zum Problem des militärischen Design im 18. Jahrhundert. In: Waffen- und Kostümkunde, München Berlin H. 2/1974, S. 75–80
- Zur Handhabung der Geschütze bei der friderizianischen Feldartillerie. In: Zeitschrift für Heereskunde, Berlin Nr. 200/1965, S. 96–105

Deiß, F. W.: Blank- und Schutzwaffen Preußens vom 18. Jahrhundert ab. In: Zeitschrift für Historische Waffenkunde, Bd. 5, Dresden 1909–1911, S. 324 bis 330
- Preußens Blankwaffen der letzten 100 Jahre. In: Archiv für Waffen- und Uniformkunde, Nr. 1–3, Frankfurt/Main 1918

Eckardt, Werner: Ladebewegungen von der Muskete bis zum Gewehr 98. In: Zeitschrift für Heeres- und Uniformkunde, Hamburg, H. 94/96, 1936, S. 109–116

Fiedler, Siegfried: «Die Geburt des preußischen Drills». In: Zeitschrift für Heereskunde, Beckum, Nr. 310/1983, S. 151–155

Groehler, Olaf: Probleme der preußischen Kriegskunst im Zeitalter der Schlesischen Kriege (1740–1763). In: Zeitschrift für Militärgeschichte, Berlin, H. 3/1966, S. 286 ff.
- Pulver und Blei. Preußens Rüstungsindustrie unter Friedrich II. In: Visier, Zeitschrift für Sportschießen und Waffenkunde, Berlin H. 12/1982, S. 20/21

Hahlweg, Werner: Zur Geschichte des Zeughauses. Neuaufgefundene Zeughauspläne mit Inventarverzeichnis vom Jahre 1732. In: Berliner Museen, Berichte aus den Preuß. Kunstsammlungen, Beiblatt zum Jahrbuch der Preuß. Kunstsammlungen, LIX. Jg., Berlin 1938, S. 4–10

Hassenstein, Wilhelm: Abnahme und Preise der Gewehre und Waffen in der Gewehrfabrik Spandau im 18. Jahrhundert. In: Zeitschrift für das gesamte Schieß- und Sprengstoffwesen ..., München, Nr. 35/1940 und 36/1941
- Aus der Gründungszeit einer alten deutschen Waffenschmiede. In: Ebenda, Nr. 10/1941, 9 und 10/1942
- Zur Geschichte der Königlichen Gewehrfabrik in Spandau unter besonderer Berücksichtigung des 18. Jahrhunderts. In: Beiträge zur Geschichte der Technik und Industrie. Jahrbuch des Vereins Deutscher Ingenieure, Bd. 4, Berlin 1912, S. 28ff.

Jacobsen, Holger: Altpreußische (?) Kavalleriedegen mit Eisengefäß. In: Deutsches Waffen-Journal, Schwäbisch Hall, H. 4/1966, S. 26–28

Kersten, Fritz: Das erste preußische Exerzier-Reglement. In: Zeitschrift für Heereskunde, Beckum, Nr. 305/1983, S. 14/15; Nr. 306/1983, S. 54; Nr. 310/1983, S. 156/157; Nr. 316/1984, S. 165

Kling, Constantin: Von Pike, Bajonett und Sponton. In: Gesellschaft für Heereskunde, Mitteilungen, Berlin, H. 1/1929, S. 1/2 und H. 2/1929, S. 5–7

Kölling, Hartmut: Ehrenwaffen von 1789–1830 (1. Teil), Degen, Säbel und Orden. In: Visier, Zeitschrift für Sportschießen und Waffenkunde, Berlin, H. 6/1982, S. 26–29
- Faschinenmesser. In: Ebenda, H. 7/1979, S. 20/21

Koerner, Ernst von: Die Blankwaffen der ehemaligen Kurf. und Kgl. Sächsischen Kavallerie von dem Beginn der Neuzeit bis zur Auflösung des sächs. Heeres. In: Jahresweiser des ehemaligen Soldaten, 1942. Sachsen und seine Soldaten, Berlin-Dresden o. J., S. 50–61

Laumanns, Horst W.: Königlich Preußische Gewehrfabrik Potsdam-Spandau. In: Deutsches Waffen-Journal, Schwäbisch Hall, H. 6/1981, S. 840–847; H. 7/1981, S. 986–991; H. 8/1981, S. 1170/1171
- Königlich Preußische Gewehrfabrik Potsdam-Spandau 1800–1860. In: Ebenda, H. 9/1981, S. 1276 bis 1281

Lehner, Dieter: Die preußischen Infanteriegewehre. Erster Teil. In: Deutsches Waffen-Journal, Schwäbisch Hall, H. 12/1968, S. 955–957
- Eine Jägerbüchse des 18. Jahrhunderts. In: Zeitschrift für Heereskunde, Nr. 205/1966, S. 74–78
- Fälschungen preußischer Waffen. In: Deutsches Waffen-Journal, Schwäbisch Hall, H. 3/1971, S. 254–256

Lehner Heinz: Die ältesten preußischen Steinschloßpistolen und ihre Entwicklung aus dem niederländischen Waffentyp. In: Deutsches Waffen-Journal, Schwäbisch Hall, H. 1/1976, S. 156–161
- Die preußischen Kavalleriepistolen in der Zeit Friedrichs des Großen. In: Deutsches Waffen-Journal, Schwäbisch Hall, H. 12/1972, S. 1280–1286; H. 2/1973, S. 132–136

– Die Entwicklung der militärischen Jägerbüchsen aus den privaten Büchsen. In: Deutsches Waffen-Journal, Schwäbisch Hall, H. 3/1985, S. 302–309; H. 4/1985, S. 440–444; H. 5/1985, S. 568–570; H. 6/1985, S. 706–711; H. 7/1985, S. 860–865 und H. 8/1985, S. 959

Mews, Karl: Beschaumarke der Essener Büchsen. In: Zeitschrift für Historische Waffenkunde, Bd. 5, Dresden 1909–1911, S. 31

Müller, Heinrich: Das Eisenhüttenwerk Zehdenick. In: Festschrift zur 750-Jahrfeier der Havelstadt Zehdenick, Zehdenick 1967, S. 44–53

Ortenburg, Georg: Das Exerzitium der Offiziere mit dem Sponton. In: Zeitschrift für Heereskunde, Berlin, Nr. 203/1966, S. 12–20

Redling, Karl: Schweizer Garde oder die Hundert-Schweizer in brandenburgisch-preußischen Diensten 1696–1713. In: Zeitschrift für Heereskunde, Berlin, Nr. 221/1969, S. 61–64

Rehfeld, Paul: Die preußische Rüstungsindustrie unter Friedrich dem Großen. In: Forschungen zur brandenburgischen und preußischen Geschichte, Bd. 55, 1944, S. 1–31

Schmidt, Rudolf: Erinnerungen an Zehdenick. In: Templiner Kreiskalender, Heimatjahrbuch für 1929

Schneider, Hugo: Suhler Schußwaffenfabrikation in schweizerischer Sicht. In: Waffen- und Kostümkunde, München Berlin, H. 1/1968, S. 62–68

Schnitter, Helmut: Desertion im 18. Jahrhundert. Zwei Dokumente zum Verhältnis von Volk und Armee im spätfeudalen preußischen Militarismus. In: Militärgeschichte, Berlin, H. 1/1974

– Einige Probleme der Geschichte des feudalen Militärwesens in den deutschen Ländern. In: Zeitschrift für Militärgeschichte, H. 6/1970

– Zu einigen Problemen der Herausbildung der stehenden Söldnerheere im Entwicklungsprozeß des Militärwesens in Deutschland im 17./18. Jahrhundert. In: Zeitschrift für Militärgeschichte, H. 1/1970

Seifert, Gerhard: Das preußische «Seitengewehr m/St.». In: Deutsches Waffen-Journal, Schwäbisch Hall, H. 7/1972, S. 677–679

– Das voll entwickelte Degengefäß. In: Deutsches Waffen-Journal, Schwäbisch Hall, H. 1/1966, S. 38–41

– Der preußische Kürassierdegen 1733. In: Deutsches Waffen-Journal, Schwäbisch Hall, H. 3/1969, S. 210–212

– Drei deutsche Faschinenmesser und ihre Unterscheidungsmerkmale. In: Deutsches Waffen-Journal, H. 9/1972, S. 948/949

Stradonitz, Stephan Kekule von: Zwei Degen und ein Schwert Friedrichs des Großen. In: Zeitschrift für Historische Waffen- und Kostümkunde, N. F., Bd. 2, Berlin 1926–1928, S. 83–89

Thierbach, Moritz: Über die Entwicklung des Bajonetts. In: Zeitschrift für Historische Waffenkunde, Bd. 2, Dresden 1900–1902, S. 423–432

Uhlemann, Heinz R.: Berliner Büchsenmacher. In: Waffen- und Kostümkunde, München, Berlin, H. 2/1974, S. 123–127; H. 2/1976, S. 141–147; H. 2/1977, S. 137–150

– Die in der alten Berliner Rüstkammer nachweisbaren Namen französischer und niederländischer Büchsenmacher. Zugleich ein Beitrag über die älteren Inventare der Zeughaussammlung. In: Waffen- und Kostümkunde, München Berlin, H. 2/1981, S. 110 bis 112

– Preußische Blankwaffen 1781. In: Zeitschrift für Heeres- und Uniformkunde, Hamburg, Nr. 107/1939, S. 28

– Zur Geschichte des brandenburgischen Heerwesens im 16. und 17. Jahrhundert. Regesten aus Berliner Archiven. In: Waffen- und Kostümkunde, München Berlin, H. 2/1985, S. 141–145

Weinitz, Franz: Zwei Kanonenrohre im Berliner Zeughause, nach Entwürfen Andreas Schlüters gegossen von Johann Jacobi. In: Berliner Museen. Berichte aus den Preuß. Kunstsammlungen. Beiblatt zum Jahrbuch der Preuß. Kunstsammlungen, Jg. XLIII., Berlin 1922, S. 35/36

– Der Hundertpfünder Asia. In: Zeitschrift für Historische Waffenkunde, Bd. 3, Dresden 1902–1905, S. 209–214

Weiß, Walter: Suhler Handfeuerwaffen im 16. Jahrhundert. In: Natur und Heimat, Dresden, H. 2/1959, S. 74–76

Wendel, Heinrich: Handgranaten – Granatgewehre. In: Deutsches Waffen-Journal, Schwäbisch Hall, H. 8/1981, S. 1126–1133

Wirtgen, Arnold: Der seitliche Feuerschirm an preußischen Gewehren. In: Deutsches Waffen-Journal, Schwäbisch Hall, H. 3/1975, S. 272–275

Namenregister

Ortsregister